Duchowe Przygotowanie
na Wyłaniający się Świat

◯

Kroki do Wiedzy

◯

Księga
Wewnętrznego Poznania

DUCHOWE PRZYGOTOWANIE
NA WYŁANIAJĄCY SIĘ ŚWIAT

KROKI
DO
WIEDZY

KSIĘGA
WEWNĘTRZNEGO POZNANIA

Marshall Vian Summers

KROKI DO WIEDZY: *Księga Wewnętrznego Poznania*

Copyright © 1999 by The Society for the New Message.
Wszelkie prawa zastrzeżone. Żadna część tej publikacji nie może być powielana, przechowywana w systemie odzyskiwania danych lub przekazywana w jakiejkolwiek formie bądź za pomocą jakichkolwiek środków – elektronicznych, mechanicznych, kopiowana na zdjęciach, nagraniach lub w inny sposób bez uprzedniej pisemnej zgody wydawcy.

Redakcja: Darlene Mitchell
Projekt Księgi: Argent Associates, Boulder, Kolorado, USA

TYTUŁ PIERWOTNIE OPUBLIKOWANO W JĘZYKU ANGIELSKIM
ISBN: 978-1-884238-77-2 *STEPS TO KNOWLEDGE: The Book of Inner Knowing*
Library of Congress Catalog Card Number: 00551019
Steps to Knowledge Wydanie III

NKL Polish POD Version 4.5

Publisher's Cataloging-in-Publication
(Provided by Quality Books, Inc.)

Summers, Marshall Vian.
   Steps to knowledge : the book of inner knowing : spiritual preparation for an emerging world / Marshall Vian Summers — third edition.
   pages cm
   LCCN 00551019
   978-1-884238-18-5 (English print legacy)
   978-1-884238-77-2 (English print pod)
   978-1-942293-77-4 (Polish print)
   978-1-884238-67-3 (English ebook)
   978-1-942293-78-1 (Polish ebook)

   1. Society for The Greater Community Way of Knowledge.
2. Spiritual exercises. I. Title

BP605.S58S84 2014   299'.93
                                      QBI14-334

Księga *Kroki do Wiedzy* służy jako Księga Praktyk Nowego Posłania w studiowaniu i stosowaniu Drogi Wiedzy Większej Społeczności. *Kroki do Wiedzy* to księga Nowego Posłania od Boga i jest publikowana przez Bibliotekę Nowej Wiedzy – markę wydawniczą Stowarzyszenia na rzecz Nowego Posłania. Stowarzyszenie to religijna organizacja non-profit poświęcona prezentowaniu i nauczaniu Nowego Posłania dla ludzkości. Księgi Biblioteki Nowej Wiedzy można zamówić na www.newknowledgelibrary.org, w twojej lokalnej księgarni i u wielu innych sprzedawców on-line.

Nowe Posłanie jest studiowane w przeszło 30 językach w ponad 90 krajach. Księga *Kroki do Wiedzy* jest tłumaczona na wiele języków naszego świata przez oddaną, złożoną z wolontariuszy grupę studentów-tłumaczy z całego świata. Te tłumaczenia będą dostępne on-line na www.newmessage.org.

The Society for the New Message
P.O. Box 1724 • Boulder, CO 80306-1724
(303) 938-8401 • (800) 938-3891 011
303 938 84 01 (International)
www.newknowledgelibrary.org society@newmessage.org
www.newmessage.org www.newmessage.org/pl

Wprowadzenie

Kroki do Wiedzy to Księga Wewnętrznego Poznania. Jej roczny plan nauczania, podzielony na 365 „kroków" bądź lekcji, jest zaprojektowany tak, aby umożliwić studentom uczyć się doświadczania i stosowania ich Własnej Wiedzy lub Duchowej Mocy na świecie. *Kroki do Wiedzy* mają na celu zrealizowanie tego zadania krok po kroku, w miarę jak studenci są zapoznawani z tymi kluczowymi ideami oraz praktykami, które czynią to przedsięwzięcie możliwym. Praktykowanie każdego dnia zapewnia solidną bazę doświadczenia i rozwija myślenie, percepcję oraz wewnętrzną motywację, które są niezbędne zarówno do osiągania sukcesów na świecie, jak i do duchowego rozwoju.

Czym jest Wiedza?

Kroki do Wiedzy opisują Wiedzę w następujący sposób:

> „Wiedza stanowi twoje prawdziwe Ja, twój prawdziwy Umysł i twoje prawdziwe relacje we wszechświecie. Rozporządza ona również twoim większym powołaniem na świecie, a także doskonałym wykorzystaniem twojej natury, wszystkimi twoimi wrodzonymi zdolnościami i umiejętnościami, nawet twoimi ograniczeniami – wszystkim, co ma służyć dobru na świecie".
>
> (Krok 2)

Wiedza jest wnikliwszym, duchowym umysłem, który Stwórca podarował każdej osobie. Jest źródłem każdego znaczącego działania, wnoszenia wkładu i relacji. Jest naszym naturalnym systemem Wewnętrznego Przewodnictwa. Jej rzeczywistość jest tajemnicza, lecz jej Obecności można doświadczyć bezpośrednio. Wiedza jest niezwykle mądra oraz skuteczna w prowadzeniu każdej osoby do odnalezienia jego lub jej właściwych relacji, pracy i wnoszenia wkładu. Jest równie mocno skuteczna w przygotowywaniu osoby do rozpoznawania wielu przepaści i pułapek, które istnieją po drodze. Stanowi bazę do tego, by widzieć, wiedzieć i działać z pewnością oraz mocą. Jest podstawą życia.

Komu przeznaczone są *Kroki do Wiedzy*?

Kroki do Wiedzy zostały zapewnione jako Droga dla tych, którzy odczuwają, że duchowe powołanie i cel wyłaniają się w ich życiu, ale którzy potrzebują nowego podejścia, aby w pełni zrozumieć, co to znaczy. Często odczuwali oni to przyciąganie przez długi czas. *Kroki* zapewniają fundament, na którym mogą oni zacząć odpowiadać na to powołanie. Jedynym wstępnym wymogiem jest determinacja w poznawaniu swojego celu, znaczenia oraz kierunku.

Do czego mają służyć?

Kroki do Wiedzy stanowią zarówno drogę do Boga, jak i ścieżkę wnoszenia wkładu na świecie. Angażują one studenta w rozwiązanie dwu najbardziej fundamentalnych kwestii w życiu: „Kim jestem?" oraz „Dlaczego tu jestem?". *Kroki* odnoszą się do tych pytań w kontekście celu, relacji oraz wspólnoty. Podkreślają, że wszyscy poszukują tego na świecie oraz że dążenie to leży u podstaw wszystkich pragnień i przedsięwzięć uznawanych tutaj za istotne. Doświadczenie celu, relacji oraz wspólnoty daje każdej osobie jakiekolwiek poczucie znaczenia i tożsamości, które mogą mieć w każdym możliwym momencie. *Kroki* wskazują, że te potrzeby są nieodłączne dla każdej osoby oraz że wszyscy przynieśli odpowiedź na te potrzeby z ich Przedwiecznego Domu. Jest więc napisane, że każda osoba nieświadomie nosi w sobie swoje własne spełnienie w obrębie Własnej Wiedzy.

Poprzez praktykę i objawienie, *Kroki do Wiedzy* dają studentom niezbędne struktury, aby odnaleźć Wiedzę, zaangażować się w Wiedzę i podążać za Wiedzą w każdej sytuacji. Wraz z tym zaczynają oni odnajdywać swój prawdziwy kierunek w życiu. Studiowanie każdego dnia buduje umiejętność oraz pewność, jakie może zapewnić tylko konsekwentne stosowanie własnych zdolności.

Odzyskanie oraz stosowanie Własnej Wiedzy jest celem tej księgi duchowej praktyki i jej nauczania. W każdym kroku położony jest nacisk na równoczesne rozwijanie wewnętrznego i zewnętrznego życia studenta, albowiem Wiedza (Samorealizacja) oraz Mądrość

(Postępowanie) muszą wyrosnąć razem. Tym samym poprzez studiowanie i stosowanie Drogi Wiedzy student naturalnie rozwija cierpliwość, obiektywizm, wnikliwość, moc, tolerancję, a także nieustające poczucie własnej wartości.

Jak zostały podarowane

Kroki do Wiedzy zostały objawione nauczycielowi Marshallowi Vianowi Summersowi latem 1989 roku. Zostały one przekazane w przeciągu dwudziestu dniu w stanie objawienia. *Kroki do Wiedzy* zostały przekazane za pośrednictwem grupy niewidocznych duchowych nauczycieli, którzy określają siebie jako Nauczyciele Większej Społeczności. Ich przesłanie jest uniwersalne, a jednak ich metody są wyjątkowe dla naszych czasów i świata.

Dlaczego zostały napisane

Nasz świat znajduje się u progu Wyłonienia się do Większej Społeczności inteligentnego życia we wszechświecie dookoła nas. W związku z tym bardziej uniwersalne rozumienie i sposób widzenia relacji międzyludzkich, duchowości oraz ludzkiego rozwoju są potrzebne w tym czasie. *Kroki do Wiedzy* zostały zapewnione tym, którzy wykazują obietnicę bycia głównymi ofiarodawcami podczas następnego wielkiego okresu w ludzkiej historii, gdzie ludzkość zaczyna napotykać inne rasy z Większej Społeczności. Jest to największy próg, jakiemu kiedykolwiek stawialiśmy czoła. Z perspektywy Większej Społeczności jasnym jest jednak, iż ludzkość jest nieprzygotowana. To przygotowało grunt pod ofiarowanie światu nowego duchowego rozumienia i nauczania, albowiem Stwórca nie pozostawiłby nas samych i nieprzygotowanych na nasze wyłonienie się do Większej Społeczności. Zostało zatem ofiarowane duchowe przygotowanie o wyjątkowym charakterze, które może umożliwić mężczyznom i kobietom uzyskać moc, współczucie oraz umiejętność potrzebne, aby służyć światu w czasie transformacji. W celu przygotowania tych osób na odnalezienie ich większego powołania w życiu, *Kroki do Wiedzy* oraz siostrzane księgi zostały ofiarowane jako przewodnik i jako zasób.

Jak pracować z *Krokami*

Proszę wziąć pod uwagę poniższe zalecenia, które umożliwią ci uzyskanie maksymalnych korzyści ze studiowania *Kroków do Wiedzy*:

∞ *Kroki do Wiedzy* to kompletny program nauczania. Każdy krok przybliża cię do twojego samopoznania. Dlatego też zaplanuj przejść przez całą drogę. Jeśli się nie zatrzymasz, poczynisz postęp.

∞ Chociaż *Kroki do Wiedzy* to program do samodzielnej nauki, to zaleca się odszukanie innych osób, z którymi możesz podzielić się swoją praktyką i doświadczeniem. To w maksymalny sposób wykorzystuje twoją możliwość do uczenia się i zapewnia istotne podstawy do tworzenia nowych relacji.

∞ Podążaj za „krokami" w *Krokach do Wiedzy* dokładnie tak, jak zostały podane. Nie zmieniaj praktyk w żaden sposób. Jest to bardzo ważne. Jeśli chcesz, możesz zostać przy jednej lekcji dłużej niż jeden dzień, ale nie zostawaj przy którejkolwiek lekcji zbyt długo, inaczej możesz stracić tempo w realizacji programu nauczania.

∞ Nie pomijaj ani nie zmieniaj kolejności w celu praktykowania lekcji, które uważasz za atrakcyjne. Każda z lekcji jest zaprojektowana w taki sposób, aby zabrać cię krok dalej w danym momencie. To zapewnia bezpieczną i skuteczną przeprawę w twoim podejściu do Wiedzy. Podążaj i wykorzystuj krok na dany dzień. Jest on doskonały na ten dzień.

∞ Czytaj lekcję zarówno rano, gdy wstajesz, jak i później w ciągu dnia. Przy jednej z tych okazji możesz również przeczytać lekcję w pierwszej osobie, gdy chcesz nadać przesłaniu osobisty charakter.

∞ *Kroki do Wiedzy* nauczą cię jak ćwiczyć i w jaki sposób skutecznie rozwijać nawyki nauczania. Czasami może się okazać, że pozostanie przy praktykach będzie sporym wyzwaniem. Pamiętaj jednak, że poprzez swoje praktyki *Kroki* zbudują zarówno twoją moc, jak i samoświadomość. Jesteś w stanie ćwiczyć, a czynienie tego zharmonizuje i przekształci twoje życie.

◌ Wyznacz regularne okresy praktyk każdego dnia. Nie pozwalaj okolicznościom dyktować twoją zdolność do doskonalenia się. Praktyka jest kluczowa do budowania środowiska służącego wyłonieniu się Wiedzy. Czasy praktyk zostały dodane na dole każdego kroku, aby wspomóc cię we włączaniu ćwiczeń do twojego dnia.

◌ Prowadzenie dziennika jest niezwykle cenne przy śledzeniu swojego postępu i obserwowaniu w jaki sposób każdy krok odgrywa rolę w służeniu ci każdego dnia. Dziennik jest potężnym narzędziem podczas procesu samopoznania i wesprze cię w stosowaniu kroków. Ponadto prowadzenie dziennika bardzo cię wspomoże w wykorzystywaniu praktyk Przeglądu, jakie występują w przeciągu programu nauczania.

◌ Bądź cierpliwy i zezwól, aby kroki pracowały na twoją korzyść. Postępowanie zgodnie z kolejnością kroków, w jakiej zostały podane, jest niesłychanie potężne. To zajmuje czas. Wielka podróż składa się z wielu małych kroków. Każdy z nich jest niezbędny.

◌ Jeśli przegapisz dzień, po prostu wróć do praktyki. Nie potępiaj siebie (ani programu nauczania). Musisz tylko iść z *Krokami* dalej, aby w pełni z nich skorzystać.

◌ *Kroki do Wiedzy* mogą podważyć utrzymywane przekonania i założenia. Jeżeli do tego dojdzie, zaakceptuj to wyzwanie i zobacz, co ci to przyniesie. Musisz spoglądać poza ograniczoną perspektywę, aby uzyskać szerszą. W ten oto sposób udaje się osiągnąć satysfakcję.

◌ *Kroki do Wiedzy* to dar od Boga przekazany poprzez niewidocznych nauczycieli, którzy służą ludzkości. Jest to dar, który możesz otrzymać i podarować.

Na Zakończenie

Potęga i rozmach *Kroków do Wiedzy* są tak wielkie, jaki jest ich cel. Ich Źródło pochodzi spoza tego świata. Nauczają, że świat jest na etapie wkraczania do Większej Społeczności światów. Oferują nowe duchowe rozumienie i przygotowanie, jakie są potrzebne, aby uaktywnić duchowe moce oraz ziemskie zdolności każdej osoby. To odkupi przeszłość tych ludzi oraz przygotuje ich na przyszłość. *Kroki do Wiedzy* zalecają perspektywę, która jest szersza niż czysto ludzki punkt widzenia przy pojmowaniu wydarzeń w ramach tego świata i poza nim. Byłoby zatem właściwe powiedzieć, że program nauczania zawarty w *Krokach do Wiedzy* stanowi Uniwersalną Mądrość w najprawdziwszym tego słowa znaczeniu.

Jak *Kroki* często sygnalizują, Prawda, jakkolwiek określana, musi zostać w pełni doświadczona, aby mogła zostać zrealizowana i odpowiednio zastosowana. Jest to proces stopniowy. *Kroki do Wiedzy* zostały ofiarowane, aby służyć tym, którzy w tym czasie zostali powołani do uświadomienia sobie swojego duchowego dziedzictwa i celu na świecie.

Kroki do Wiedzy

Część Pierwsza

∞

KROK 1:	Jestem teraz bez Wiedzy.
KROK 2:	Wiedza jest ze mną. Gdzie jestem ja?
KROK 3:	Co tak naprawdę wiem?
KROK 4:	Chcę tego, co myślę, że wiem.
KROK 5:	Wierzę w to, w co chcę wierzyć.
KROK 6:	Mam prawdziwą podstawę na świecie.
KROK 7:	PRZEGLĄD

∞

KROK 8:	Dzisiaj będę wyciszony.
KROK 9:	W spokoju wszystko może być znane.
KROK 10:	Czym jest Wiedza?
KROK 11:	Nie jestem oderwany od życia.
KROK 12:	Moja indywidualność ma wyrażać samo życie.
KROK 13:	Chcę być oddzielony, aby być wyjątkowym.
KROK 14:	PRZEGLĄD

∞

KROK 15:	Dzisiaj wysłucham moich doświadczeń.
KROK 16:	Poza moim umysłem znajduje się Wiedza.
KROK 17:	Dzisiaj chcę usłyszeć prawdę.
KROK 18:	Dzisiaj czuję prawdę powstającą we mnie.
KROK 19:	Dzisiaj pragnę widzieć.
KROK 20:	Nie pozwolę, aby zwątpienie i zamęt spowolniły mój postęp.

KROK 21:	PRZEGLĄD	

∞

KROK 22:	Jestem otoczony przez Nauczycieli Boga.
KROK 23:	Jestem kochany, otoczony i wspierany przez Nauczycieli Boga.
KROK 24:	Jestem godzien miłości Boga.
KROK 25:	Jestem w jedności z największą prawdą życia.
KROK 26:	Moje błędy dają początek mojej Wiedzy.
KROK 27:	Mam Mądrość, którą pragnę odkryć.
KROK 28:	PRZEGLĄD

∞

KROK 29:	Dzisiaj będę obserwować samego siebie, aby dowiedzieć się o Wiedzy.
KROK 30:	Dzisiaj będę obserwować mój świat.
KROK 31:	Pragnę ujrzeć świat, jakiego nie widziałem nigdy wcześniej.
KROK 32:	Prawda jest ze mną. Mogę ją poczuć.
KROK 33:	Mam w swoim życiu misję do spełnienia.
KROK 34:	Jestem początkującym studentem Wiedzy.
KROK 35:	PRZEGLĄD

∞

KROK 36:	Moje życie jest tajemnicą do zbadania.
KROK 37:	Istnieje droga do Wiedzy.
KROK 38:	Bóg zna drogę do Wiedzy.
KROK 39:	Moc Boga jest ze mną.
KROK 40:	Dzisiaj poczuję moc Boga.
KROK 41:	Nie obawiam się mocy Boga.
KROK 42:	PRZEGLĄD

∞

KROK 43:	Moją wolą jest znać Boga.
KROK 44:	Pragnę znać moją własną siłę.
KROK 45:	Sam nic nie mogę zrobić.

KROK 46:	Muszę być mały, aby być wielkim.
KROK 47:	Dlaczego potrzebuję Nauczycieli?
KROK 48:	Prawdziwa instrukcja jest dostępna dla mnie.
KROK 49:	PRZEGLĄD

KROK 50:	Dzisiaj będę z Wiedzą.
KROK 51:	Pozwólcie mi rozpoznać moje obawy, ażebym mógł dostrzec prawdę poza nimi.
KROK 52:	Jestem wolny, aby odnaleźć źródło mojej Wiedzy.
KROK 53:	Moje dary są dla innych.
KROK 54:	Nie będę żył w idealizmie.
KROK 55:	Zaakceptuję świat takim, jaki jest.
KROK 56:	PRZEGLĄD

KROK 57:	Wolność jest ze mną.
KROK 58:	Wiedza jest ze mną.
KROK 59:	Dzisiaj nauczę się cierpliwości.
KROK 60:	Dzisiaj nie będę osądzać świata.
KROK 61:	Miłość daje sama z siebie poprzez mnie.
KROK 62:	Dzisiaj nauczę się słuchać życia.
KROK 63:	PRZEGLĄD

KROK 64:	Dzisiaj wysłucham drugiego.
KROK 65:	Przybyłem, aby pracować na świecie.
KROK 66:	Przestanę narzekać na świat.
KROK 67:	Nie wiem, czego chcę dla świata.
KROK 68:	Dzisiaj nie stracę wiary w siebie.
KROK 69:	Dzisiaj będę zaprawiać się w wyciszeniu.
KROK 70:	PRZEGLĄD

| KROK 71: | Jestem tutaj, aby służyć wyższemu celowi. |

KROK 72:	Dzisiaj zaufam moim najgłębszym skłonnościom.
KROK 73:	Pozwolę, aby moje błędy mnie uczyły.
KROK 74:	Pokój trwa przy mnie dzisiaj.
KROK 75:	Dzisiaj wysłucham mojego Ja.
KROK 76:	Dzisiaj nie będę osądzać drugiego.
KROK 77:	PRZEGLĄD

KROK 78:	Nic nie mogę zrobić sam.
KROK 79:	Pozwolę, by zaistniała dzisiaj niepewność.
KROK 80:	Mogę tylko ćwiczyć.
KROK 81:	Nie będę się dzisiaj oszukiwać.
KROK 82:	Dzisiaj nie będę osądzać drugiego.
KROK 83:	Poważam Wiedzę ponad wszystko inne.
KROK 84:	PRZEGLĄD

KROK 85:	Odnajduję dzisiaj szczęście w małych rzeczach.
KROK 86:	Szanuję tych, którzy mnie obdarowali.
KROK 87:	Nie będę się bać tego, co wiem.
KROK 88:	Moje Wyższe Ja nie jest pojedynczą osobą.
KROK 89:	Moje emocje nie mogą odwieść mojej Wiedzy.
KROK 90:	Dzisiaj nie przyjmę żadnych założeń.
KROK 91:	PRZEGLĄD

KROK 92:	Mam do odegrania pewną rolę na świecie.
KROK 93:	Zostałem tutaj posłany w pewnym celu.
KROK 94:	Moja wolność polega na odnalezieniu mojego celu.
KROK 95:	Jakżeż mógłbym się spełnić?
KROK 96:	Wolą Boga jest, abym był nieobciążony.
KROK 97:	Nie wiem, czym jest spełnienie.

KROK 98:	PRZEGLĄD

∞

KROK 99:	Dzisiaj nie będę obwiniać świata.
KROK 100:	Dzisiaj jestem początkującym studentem Wiedzy.
KROK 101:	Świat mnie potrzebuje, ale ja zaczekam.
KROK 102:	Wiele muszę się oduczyć.
KROK 103:	Bóg mnie zaszczyca.
KROK 104:	Bóg wie o mnie więcej niż ja sam.
KROK 105:	PRZEGLĄD

∞

KROK 106:	Nie ma Mistrzów żyjących na świecie.
KROK 107:	Dzisiaj nauczę się być szczęśliwy.
KROK 108:	Szczęście jest czymś, czego muszę się nauczyć ponownie.
KROK 109:	Nie będę się dzisiaj spieszyć.
KROK 110:	Będę dzisiaj ze sobą szczery.
KROK 111:	Dzisiaj będę spokojny.
KROK 112:	PRZEGLĄD

∞

KROK 113:	Nie dam się przekonać innym.
KROK 114:	Moi prawdziwi przyjaciele są ze mną. Nie jestem sam.
KROK 115:	Dzisiaj wysłucham potęgi Wiedzy.
KROK 116:	Dzisiaj będę cierpliwy z Wiedzą.
KROK 117:	Lepiej jest być prostym aniżeli biednym.
KROK 118:	Dzisiaj nie będę unikać świata.
KROK 119:	PRZEGLĄD

∞

KROK 120:	Będę dzisiaj pamiętać o swojej Wiedzy.
KROK 121:	Dzisiaj jestem wolny, aby dać.
KROK 122:	Daję dzisiaj bez poczucia straty.
KROK 123:	Nie będę się dzisiaj nad sobą użalać.

KROK 124:   Dzisiaj nie będę udawać, że jestem szczęśliwy.
KROK 125:   Dzisiaj nie muszę być kimś.
KROK 126:   PRZEGLĄD

KROK 127:   Dzisiaj nie będę próbował policzyć się z Bogiem.
KROK 128:   Moi Nauczyciele są ze mną. Nie muszę się bać.
KROK 129:   Moi Nauczyciele są ze mną. Ja będę z nimi.
KROK 130:   Relacje przyjdą do mnie, kiedy będę przygotowany.
KROK 131:   Dzisiaj będę szukać doświadczenia prawdziwego celu w życiu.
KROK 132:   Nauczcie mnie być wolnym, ażebym mógł dołączyć.
KROK 133:   PRZEGLĄD

KROK 134:   Nie wyznaczę mojego celu dla siebie.
KROK 135:   Nie określę dzisiaj mojego przeznaczenia.
KROK 136:   Moim celem jest odzyskanie mojej Wiedzy i pozwolenie jej na wyrażanie się na świecie.
KROK 137:   Zaakceptuję tajemnicę mojego życia.
KROK 138:   Muszę jedynie podążać za krokami tak, jak są one podane.
KROK 139:   Przybyłem na świat, aby służyć.
KROK 140:   PRZEGLĄD

KROK 141:   Będę dzisiaj pewny siebie.
KROK 142:   Dzisiaj będę konsekwentny.
KROK 143:   Dzisiaj będę wyciszony.
KROK 144:   Uszanuję dziś siebie.
KROK 145:   Uszanuję dziś świat.
KROK 146:   Uszanuję dziś moich Nauczycieli.
KROK 147:   PRZEGLĄD

KROK 148:   Moja praktyka jest moim darem dla Boga.

KROK 149:	Moja praktyka jest moim darem dla świata.
KROK 150:	Dzisiaj będę się uczyć, aby się nauczyć.
KROK 151:	Nie będę używać strachu, aby wspierać moje osądy.
KROK 152:	Nie będę podążać za strachem na świecie.
KROK 153:	Moje Źródło pragnie wyrazić się poprzez mnie.
KROK 154:	PRZEGLĄD

༜

KROK 155:	Świat błogosławi mnie, gdy otrzymuję.
KROK 156:	Nie będę się dzisiaj martwić o siebie.
KROK 157:	Nie jestem sam we wszechświecie.
KROK 158:	Jestem bogaty, a więc mogę dać.
KROK 159:	Biedni nie mogą dać. Ja nie jestem biedny.
KROK 160:	Świat jest biedny, ale ja nie jestem.
KROK 161:	PRZEGLĄD

༜

KROK 162:	Dzisiaj nie będę się bać.
KROK 163:	Poczuję dziś Wiedzę.
KROK 164:	Dzisiaj uszanuję to, co wiem.
KROK 165:	Moje obowiązki są niewielkie. Moja misja jest wielka.
KROK 166:	Moja misja jest wielka. Dlatego też jestem wolny, by zająć się drobnymi rzeczami.
KROK 167:	Wraz z Wiedzą jestem wolny na świecie.
KROK 168:	PRZEGLĄD

༜

KROK 169:	Świat jest we mnie. Ja to wiem.
KROK 170:	Dzisiaj postępuję zgodnie z Pradawnym Rytuałem przygotowania.
KROK 171:	Moje dawanie stanowi potwierdzenie mojego bogactwa.
KROK 172:	Muszę odzyskać moją Wiedzę.
KROK 173:	Dzisiaj uczynię to, co konieczne.
KROK 174:	Moje życie jest niezbędne.

KROK 175:	PRZEGLĄD
KROK 176:	Dzisiaj będę podążać za Wiedzą.
KROK 177:	Dzisiaj nauczę się być szczery.
KROK 178:	Będę pamiętać o tych, którzy mnie dziś obdarowali.
KROK 179:	Dzisiaj podziękuję światu za uczenie mnie tego, co prawdziwe.
KROK 180:	Narzekam, ponieważ brakuje mi Wiedzy.
KROK 181:	Dzisiaj otrzymuję miłość Wiedzy.
KROK 182:	PRZEGLĄD

Część Druga

KROK 183:	Szukam doświadczenia, nie odpowiedzi.
KROK 184:	Moje pytania są większe niż wcześniej myślałem.
KROK 185:	Przybyłem na świat w pewnym celu.
KROK 186:	Wywodzę się z Przedwiecznego Dziedzictwa.
KROK 187:	Jestem obywatelem Większej Społeczności światów.
KROK 188:	Moje życie na tym świecie jest ważniejsze niż mi się wcześniej wydawało.
KROK 189:	Moja Duchowa Rodzina istnieje we wszystkich miejscach.
KROK 190:	Świat wyłania się do Większej Społeczności światów i dlatego przybyłem.
KROK 191:	Moja Wiedza jest większa niż moje człowieczeństwo.
KROK 192:	Nie będę dzisiaj zaniedbywać drobnych rzeczy.
KROK 193:	Wysłucham dzisiaj innych bez osądu.
KROK 194:	Udam się tam, gdzie jestem dzisiaj potrzebny.
KROK 195:	Wiedza jest potężniejsza niż mi się wydaje.

KROK 196:	PRZEGLĄD	

∞

KROK 197:	Wiedzy trzeba doświadczyć, aby ją sobie uświadomić.
KROK 198:	Dzisiaj będę silny.
KROK 199:	Świat, który postrzegam, wyłania się do Większej Społeczności światów.
KROK 200:	Moje myśli są zbyt małe, aby pomieścić Wiedzę.
KROK 201:	Mój umysł został stworzony, aby służyć Wiedzy.
KROK 202:	Dostrzegam dzisiaj Większą Społeczność.
KROK 203:	Większa Społeczność wpływa na świat, który widzę.
KROK 204:	Będę dzisiaj w pokoju.
KROK 205:	Dzisiaj nie będę osądzać świata.
KROK 206:	Miłość wypływa teraz ze mnie.
KROK 207:	Przebaczam tym, którzy w moim mniemaniu mnie skrzywdzili.
KROK 208:	Wszystko, co prawdziwie cenię, będzie wyrażone z Wiedzy.
KROK 209:	Dzisiaj nie będę okrutny wobec siebie.
KROK 210:	PRZEGLĄD

∞

KROK 211:	Mam wspaniałych przyjaciół poza tym światem.
KROK 212:	Czerpię siłę ze wszystkich, którzy ćwiczą ze mną.
KROK 213:	Nie rozumiem świata.
KROK 214:	Nie rozumiem siebie.
KROK 215:	Moi Nauczyciele są ze mną. Nie jestem sam.
KROK 216:	W moim życiu jest Duchowa Obecność.
KROK 217:	Oddaję się dzisiaj Wiedzy.
KROK 218:	Przechowam dzisiaj Wiedzę w sobie.
KROK 219:	Nie pozwolę, by ambicja mnie dziś zwiodła.
KROK 220:	Użyję dziś powściągliwości, żeby wielkość mogła rosnąć we mnie.
KROK 221:	Jestem wolny, aby być dzisiaj zdezorientowany.
KROK 222:	Świat jest w zamęcie. Osądzać go nie będę.

KROK 223:	Przyjmę Wiedzę w tym dniu.
KROK 224:	PRZEGLĄD

∞

KROK 225:	Dzisiaj będę poważny i zarazem radosny.
KROK 226:	Wiedza jest ze mną. Nie będę się bał.
KROK 227:	Dzisiaj nie będę myślał, że wiem.
KROK 228:	Nie będę dziś biedny.
KROK 229:	Nie będę winił drugiego za mój ból.
KROK 230:	Moje cierpienie jest zrodzone z zamętu.
KROK 231:	Mam powołanie w tym świecie.
KROK 232:	Moje powołanie w życiu wymaga rozwoju innych.
KROK 233:	Jestem częścią Większej Siły na rzecz dobra na świecie.
KROK 234:	Wiedza służy ludzkości na wszelkie sposoby.
KROK 235:	Potęga Wiedzy staje się dla mnie oczywista.
KROK 236:	Z Wiedzą będę wiedział, co robić.
KROK 237:	Dopiero zaczynam pojmować znaczenie mojego życia.
KROK 238:	PRZEGLĄD

∞

KROK 239:	Wolność należy dziś do mnie.
KROK 240:	Małe idee nie mogą sprostać mojej potrzebie Wiedzy.
KROK 241:	Mój gniew jest nieuzasadniony.
KROK 242:	Mój największy dar dla świata to moja Wiedza.
KROK 243:	Nie muszę być wyjątkowy, aby dać.
KROK 244:	Jestem zaszczycony, kiedy inni są silni.
KROK 245:	Kiedy inni zawodzą, przypominam sobie o potrzebie Wiedzy.
KROK 246:	Nie ma usprawiedliwienia dla nieodzyskania Wiedzy.
KROK 247:	Wysłucham dzisiaj moich Wewnętrznych Nauczycieli.
KROK 248:	Zdam się na Mądrość wszechświata, aby zostać poinstruowanym.
KROK 249:	Sam nic nie mogę zrobić.

KROK 250:	Dzisiaj nie będę się trzymać z dala od siebie.
KROK 251:	Jeżeli będę trwać przy Wiedzy, nie będzie zamętu w moich relacjach.
KROK 252:	PRZEGLĄD

∽

KROK 253:	Wszystko, czego naprawdę potrzebuję, zostanie mi zapewnione.
KROK 254:	Ufam moim Nauczycielom, którzy trwają przy mnie.
KROK 255:	Błędy tego świata mnie nie zniechęcą.
KROK 256:	Świat wyłania się do Większej Społeczności światów.
KROK 257:	Życie jest większe niż kiedykolwiek myślałem.
KROK 258:	Kim są dzisiaj moi przyjaciele?
KROK 259:	Przybyłem na świat, aby nauczać.
KROK 260:	Jestem dzisiaj przyjacielem świata.
KROK 261:	Muszę się nauczyć dawać z rozróżnieniem.
KROK 262:	Jakżeż mogę osądzać siebie, skoro nie wiem, kim jestem?
KROK 263:	Z Wiedzą wszystko staje się jasne.
KROK 264:	Dowiem się dzisiaj o wolności.
KROK 265:	Większa wolność czeka na mnie.
KROK 266:	PRZEGLĄD

∽

KROK 267:	Istnieje proste rozwiązanie na wszystkie problemy, z którymi się dzisiaj mierzę.
KROK 268:	Nie dam się dzisiaj zwieść złożoności.
KROK 269:	Potęga Wiedzy rozwinie się ze mnie.
KROK 270:	Z władzą wiąże się odpowiedzialność.
KROK 271:	Zaakceptuję dziś odpowiedzialność.
KROK 272:	Moi Nauczyciele będą mnie prowadzić, gdy idę naprzód.
KROK 273:	Moi Nauczyciele przechowują dla mnie wspomnienie mojego Przedwiecznego Domu.
KROK 274:	Szukam dziś wolności od ambiwalencji.
KROK 275:	Dzisiaj szukam wolności od niepewności.

KROK 276:	Wiedza jest moim zbawieniem.
KROK 277:	Moje idee są małe, lecz Wiedza jest wielka.
KROK 278:	To, co jest niezmienne, wyrazi się poprzez mnie.
KROK 279:	Muszę doświadczyć mojej wolności, aby ją sobie uświadomić.
KROK 280:	PRZEGLĄD

∞

KROK 281:	Ponad wszystko inne szukam Wiedzy.
KROK 282:	Nauczę się akceptować odpowiedzialność podtrzymywania Wiedzy na świecie.
KROK 283:	Świat jest ambiwalentny, ale ja nie jestem.
KROK 284:	Spokój jest moim darem dla świata.
KROK 285:	W ciszy wszystko może być znane.
KROK 286:	Dzisiaj niosę ze sobą w świat spokój.
KROK 287:	Wraz z Wiedzą nie mogę być w stanie wojny.
KROK 288:	Wrogowie to tylko przyjaciele, którzy nie nauczyli się łączyć.
KROK 289:	Dzisiaj jestem studentem Wiedzy.
KROK 290:	Mogę być tylko studentem. Będę zatem studentem Wiedzy.
KROK 291:	Jestem wdzięczny moim braciom i moim siostrom, którzy występują przeciw mnie.
KROK 292:	Jakżeż mogę się złościć na świat, skoro on mi tylko służy?
KROK 293:	Nie pragnę dziś cierpieć.
KROK 294:	PRZEGLĄD

∞

KROK 295:	Zgłębiam teraz tajemnicę mojego życia.
KROK 296:	Nasi Novare Coram
KROK 297:	Novre Novre Comey Na Vera Te Novre
KROK 298:	Mavran Mavran Conay Mavran
KROK 299:	Nome Nome Cono Na Vera Te Nome
KROK 300:	Przyjmuję tych wszystkich, którzy stanowią dzisiaj moją Duchową Rodzinę.

KROK 301:	Nie zatracę się dzisiaj w niepokoju.
KROK 302:	Nie będę się dzisiaj opierać światu.
KROK 303:	Nie ulegnę dziś perswazjom świata.
KROK 304:	Nie będę dzisiaj studentem strachu.
KROK 305:	Czuję dzisiaj potęgę miłości.
KROK 306:	Odpocznę dziś w Wiedzy.
KROK 307:	Wiedza żyje teraz we mnie.
KROK 308:	PRZEGLĄD

༒

KROK 309:	Świat, który postrzegam, usiłuje stać się jedną społecznością.
KROK 310:	Jestem wolny, ponieważ pragnę dawać.
KROK 311:	Świat mnie wzywa. Muszę się przygotować, aby mu służyć.
KROK 312:	Mam do rozwiązania większe problemy na świecie.
KROK 313:	Pozwólcie mi rozpoznać, że to, co złożone, jest proste.
KROK 314:	Nie będę się dzisiaj obawiał podążać.
KROK 315:	Dzisiaj nie będę sam.
KROK 316:	Zaufam dziś moim najgłębszym skłonnościom.
KROK 317:	Muszę tylko porzucić moją ambiwalencję, aby poznać prawdę.
KROK 318:	Większa Moc działa na świecie.
KROK 319:	Dlaczegóż miałbym się bać, skoro Większa Moc jest na świecie?
KROK 320:	Jestem wolny, aby działać na świecie.
KROK 321:	Świat oczekuje na mój wkład.
KROK 322:	PRZEGLĄD

༒

KROK 323:	Moja rola na świecie jest zbyt istotna, żeby ją zaniedbać.
KROK 324:	Nie będę dzisiaj osądzać drugiego.
KROK 325:	Świat wyłania się do Większej Społeczności światów. Muszę być zatem uważny.

KROK 326:	Większa Społeczność jest czymś, co mogę poczuć, ale czego nie mogę zrozumieć.
KROK 327:	Będę dzisiaj w pokoju.
KROK 328:	Dzisiaj uszanuję tych, którzy mnie obdarowali.
KROK 329:	Jestem wolny, aby miłować dzisiaj świat.
KROK 330:	Nie będę zaniedbywać drobnych rzeczy w moim życiu.
KROK 331:	To, co małe, wyraża to, co wielkie.
KROK 332:	Dopiero zaczynam pojmować znaczenie Wiedzy w moim życiu.
KROK 333:	Obecność jest ze mną. Mogę ją poczuć.
KROK 334:	Obecność moich Nauczycieli jest ze mną każdego dnia.
KROK 335:	Ogień Wiedzy jest ze mną każdego dnia.
KROK 336:	PRZEGLĄD

∞

KROK 337:	Sam nic nie mogę zrobić.
KROK 338:	Dzisiaj będę uważny.
KROK 339:	Obecność miłości jest teraz ze mną.
KROK 340:	Moja praktyka jest moim wkładem dla świata.
KROK 341:	Jestem szczęśliwy, ponieważ mogę teraz otrzymać.
KROK 342:	Jestem dzisiaj studentem Wiedzy.
KROK 343:	Dzisiaj uszanuję źródło mojego przygotowania.
KROK 344:	Moja Wiedza to dar, który przekazuję światu.
KROK 345:	Moja Wiedza jest moim darem dla mojej Duchowej Rodziny.
KROK 346:	Jestem na świecie, aby pracować.
KROK 347:	Pozwolę, aby moje życie się dzisiaj rozwinęło.
KROK 348:	Dzisiaj będę świadkiem rozwijającego się świata.
KROK 349:	Jestem szczęśliwy, że w końcu mogę służyć prawdzie.
KROK 350:	PRZEGLĄD

Ostatnie Lekcje

KROK 351:	Służę ważniejszemu celowi, którego teraz zaczynam doświadczać.
KROK 352:	Jestem dzisiaj prawdziwym studentem Wiedzy.
KROK 353:	Mój Prawdziwy Dom jest w Bogu.
KROK 354:	Muszę doświadczać mojego Prawdziwego Domu, gdy jestem na świecie.
KROK 355:	Mogę być w pokoju na świecie.
KROK 356:	Odnajdę dzisiaj moje Ja.
KROK 357:	Jestem na świecie, aby wyrazić moje Ja.
KROK 358:	Pragnę być w domu na świecie.
KROK 359:	Jestem obecny, aby służyć światu.
KROK 360:	Muszę się nauczyć, jak ujawniać wielkość na świecie.
KROK 361:	Jestem dzisiaj prowadzony do światła Wiedzy.
KROK 362:	Uczę się uczyć, ponieważ niosę dziś Wiedzę w sobie.
KROK 363:	Wiedza jest moim prawdziwym pragnieniem, ponieważ jestem studentem Wiedzy.
KROK 364:	Wiedza mnie niesie, ponieważ jestem studentem Wiedzy.
KROK 365:	Jestem zobowiązany uczyć się, aby się nauczyć. Jestem zobowiązany przekazać to, co mam przekazania. Jestem zobowiązany, ponieważ jestem częścią życia. Jestem częścią życia, ponieważ stanowię jedno z Wiedzą.

Konkordancja

O Procesie Tłumaczenia

Historia Posłańca

Głos Objawienia

O Stowarzyszeniu na rzecz Nowego Posłania

Księgi Nowego Posłania

Otrzymał

MARSHALL VIAN SUMMERS

26 V – 14 VI 1989

Albany, Nowy Jork

DEDYKACJA

*„Ta metoda jest dana
wszystkim studentom Wiedzy na świecie
z wdzięcznością i wielkim oczekiwaniem
ze strony twojej Duchowej Rodziny.*

Postępuj zgodnie z podanymi instrukcjami.

*W ten sposób potęga oraz skuteczność tego
dzieła zostaną ci ujawnione i tym samym
Nasz dar dla ciebie zostanie ci przekazany.*

*Przyznajemy ci go
z wielkim podekscytowaniem,
a poprzez ciebie – twojemu światu".*

Kroki do Wiedzy

Część Pierwsza

Krok 1

Jestem teraz bez Wiedzy.

Musi być punkt wyjścia w każdym istotnym momencie rozwoju. Musisz zacząć z miejsca, w którym jesteś, a nie z miejsca, w którym chcesz być. Zaczynasz tutaj, rozumiejąc, że jesteś bez Wiedzy. To nie znaczy, że Wiedza nie jest z tobą. To po prostu znaczy, że ty nie jesteś z Wiedzą. Wiedza oczekuje, abyś zaczął działać. Wiedza oczekuje, aby cię obdarzyć. Zatem zaczynasz przygotowywać się do tego, aby być w relacji z Wiedzą, większym aspektem umysłu, jaki zabrałeś ze sobą ze swojego Przedwiecznego Domu.

Dzisiaj trzykrotnie poświęć 10 minut, zastanawiając się nad tym, czym jest Wiedza, nie tylko wykorzystując swoje własne poglądy, nie tylko wykorzystując swoje dotychczasowe rozumienie, ale zastanawiając się nad tym, czym naprawdę jest Wiedza.

Praktyka 1: *Trzy 10 – minutowe okresy praktyki.*

Krok 2

WIEDZA JEST ZE MNĄ. GDZIE JESTEM JA?

WIEDZA JEST Z TOBĄ, CAŁKOWICIE, ale przebywa ona w części twojego umysłu, do którego nie pozyskałeś jeszcze dostępu. Wiedza stanowi twoje prawdziwe Ja, twój prawdziwy Umysł i twoje prawdziwe relacje we wszechświecie. Rozporządza ona również twoim większym powołaniem na świecie, a także doskonałym wykorzystaniem twojej natury, wszystkimi twoimi wrodzonymi zdolnościami i umiejętnościami, nawet twoimi ograniczeniami – wszystkim, co ma służyć dobru na świecie.

WIEDZA JEST Z TOBĄ, ALE GDZIE JESTEŚ TY? Dzisiaj zastanów się nad tym, gdzie jesteś. Jeżeli nie jesteś z Wiedzą, to gdzie jesteś? Zatem dzisiaj trzykrotnie za każdym razem po 10 minut zastanów się nad tym, gdzie jesteś, nie tylko pod względem fizycznym czy geograficznym, ale w kategoriach twojej świadomości względem siebie samego na świecie. Zastanawiaj się bardzo, bardzo ostrożnie. Nie pozwól swojemu umysłowi na odwrócenie twojej uwagi od tego zorientowania. Teraz jest istotne, abyś na początku swojego przygotowania zadawał te pytania bardzo poważnie.

PRAKTYKA 2: *Trzy 10 – minutowe okresy praktyki.*

Krok 3

Co tak naprawdę wiem?

Dzisiaj zapytaj samego siebie, co wiesz naprawdę i odróżnij to, co wiesz, od tego, co myślisz, na co masz nadzieję albo czego pragniesz dla siebie lub dla swojego świata, czego się boisz, w co wierzysz, co otaczasz opieką i co sobie cenisz. Odróżnij to pytanie od wszystkich tego rodzaju orientacji najlepiej jak potrafisz i zapytaj samego siebie: „Co tak naprawdę wiem?". Musisz nieustannie sprawdzać, jakich odpowiedzi udzielasz sobie na to pytanie, aby dowiedzieć się, czy stanowią one twoje przekonania bądź założenia albo przekonania lub założenia innych ludzi, czy też być może nawet całej ludzkości.

Dzisiaj trzykrotnie za każdym razem po 10 minut zadawaj sobie to pytanie i zastanawiaj się bardzo poważnie nad swoją odpowiedzią, a także nad znaczeniem tego pytania: „Co tak naprawdę wiem?".

Praktyka 3: *Trzy 10 – minutowe okresy praktyki.*

Krok 4

Chcę tego, co myślę, że wiem.

Chcesz tego, co myślisz, że wiesz i jest to coś, co stanowi podstawę twojego rozumienia samego siebie oraz twojego świata. W rzeczywistości stanowi to podstawę całej twojej tożsamości. Jednakże po rzetelnym przeanalizowaniu zauważysz, że twoje rozumienie opiera się głównie na założeniach, a owe założenia nie zostały w dużej mierze poparte twoimi doświadczeniami, jeśli w ogóle.

Dzisiaj w trakcie swoich trzech krótkich okresów praktyki, w których poświęcisz całą swoją uwagę na analizowanie swoich założeń, zastanów się nad tym, co naprawdę myślisz, że wiesz, włączając w to rzeczy, których nie myślałeś kwestionować. Dzisiejsze ćwiczenie jest zatem następstwem poprzednich kroków, gdzie zacząłeś dostrzegać różnicę pomiędzy tym, co myślisz, że wiesz, a rzeczywistą Wiedzą samą w sobie, a także relacją pomiędzy tym, co myślisz o Wiedzy, a swoimi założeniami, przekonaniami i nadziejami.

A zatem w trakcie każdej sesji praktyki bardzo ważne jest, abyś zastanowił się nad tym, co myślisz, że wiesz. Kiedy zdasz sobie sprawę, że opiera się to głównie na twoich założeniach, to uświadomisz sobie, jak słaba jest twoja podstawa na świecie. Zrozumienie tego może być niepokojące i przygnębiające, ale jest to absolutnie niezbędne, aby dać ci impuls oraz pragnienie do tego, ażebyś odkrył swoją prawdziwą podstawę na świecie.

Praktyka 4: *Trzy 10 – minutowe okresy praktyki.*

Krok 5

WIERZĘ W TO, W CO CHCĘ WIERZYĆ.

To stwierdzenie przedstawia wielką głupotę ludzkości, a także najbardziej niebezpieczne formy oszukiwania samego siebie występujące u ludzi. Przekonania oparte są głównie na tym, czego się sobie życzy, a nie na tym, co faktycznie ma miejsce i nie na tym, co jest prawdziwe. Mogą one w rzeczywistości stanowić większe ideały ludzkości, a w tym kryją w sobie prawdziwe odbicie, ale na co dzień i w najbardziej praktycznych kwestiach ludzie opierają swoje przekonania na tym, na co liczą, a nie na tym, co naprawdę istnieje. Musisz mieć bardzo solidne rozumienie tego, że podejście do jakiegokolwiek rozwiązania i do jakiegokolwiek konstruktywnego przedsięwzięcia musi rozpocząć się od obecnej rzeczywistości. To, kim jesteś i co dzisiaj masz, musi być twoim punktem wyjścia.

Zatem dzisiaj w trakcie każdego ze swoich trzech okresów praktyki zastanów się nad tym stwierdzeniem. Sprawdź, w co wierzysz, a następnie sprawdź to, czego chcesz. Odnajdziesz, iż nawet twoje bojaźliwe lub negatywne przekonania są powiązane z twoimi ambicjami. Tylko ostrożne zastosowanie dzisiejszej praktyki ci to ujawni.

Praktyka 5: *Trzy 10 – minutowe okresy praktyki.*

Krok 6

MAM PRAWDZIWĄ PODSTAWĘ NA ŚWIECIE.

POZA PRZEKONANIAMI I ZAŁOŻENIAMI, które maskują twój własny strach i twoją niepewność, istnieje dla ciebie prawdziwa podstawa na świecie. Ta podstawa jest zbudowana na twoim życiu poza tym światem, bo właśnie stamtąd pochodzisz i tam właśnie powrócisz. Przybyłeś z miejsca, do którego powrócisz i nie przybywasz z pustymi rękoma.

DZISIAJ DWUKROTNIE POŚWIĘĆ DWA DŁUŻSZE OKRESY od 15 do 20 minut, rozważając, czym może być twoja prawdziwa podstawa. Zastanów się nad wszystkimi swoimi pomysłami odnoszącymi się do tego. Jest to bardzo ważna kwestia. Musisz zdać sobie sprawę ze swojej potrzeby co do tego, aby zadawać to pytanie ze szczerością i z przenikliwą głębią.

BEZ PRAWDZIWEJ PODSTAWY twoje rzeczywiste osiągnięcia oraz rozwój byłyby pozbawione nadziei. Jest więc wielkim błogosławieństwem, że to posiadasz, nawet jeśli jest ci to nieznane.

PRAKTYKA 6: *Dwa 15-20 – minutowe okresy praktyki.*

Krok 7

PRZEGLĄD

Podczas dzisiejszych dwu okresów praktyki przejrzyj wszystko to, co omówiliśmy do tej pory, zaczynając od pierwszego kroku i kontynuując aż do włączenia kroku z dnia poprzedniego. Następnie rozważ całą sekwencję kroków ogółem. Jest bardzo ważne w tym momencie, abyś nie wymagał, żeby dojść do jakichś wniosków, ale uświadomił sobie zakres, w jakim potrzebujesz prawdziwej Wiedzy. Jeżeli szczerze podejmiesz się dzisiaj tej praktyki, będzie dla ciebie oczywiste, że masz tę wielką potrzebę. Jesteś bezbronny bez swoich założeń, ale jesteś również w pozycji, ażeby otrzymać prawdę oraz pewność w życiu.

Poświęć dzisiaj dwa okresy praktyki, każdy po 30 minut, aby rozważyć te sprawy.

Praktyka 7: *Dwa 30 – minutowe okresy praktyki.*

Krok 8

Dzisiaj będę wyciszony.

Dzisiaj w trakcie swoich dwu praktyk medytacyjnych** przez 15 minut zaprawiaj się w wyciszeniu. Rozpocznij od wzięcia trzech głębokich wdechów, a następnie skoncentruj się na wewnętrznym punkcie. To może być zmyślony punkt lub może to być punkt w twoim ciele fizycznym. Mając oczy zamknięte, po prostu poświęć temu całą swoją uwagę bez osądu i oceny. Nie zniechęcaj się, jeżeli pierwsze próby okażą się trudne. Zaczynanie czegokolwiek istotnego w życiu może być na początku trudne, ale jeśli wytrwasz, osiągniesz ten wielki cel, albowiem w spokoju wszystko może być znane.

Praktyka 8: *Dwa 15 – minutowe okresy praktyki.*

Krok 9

W SPOKOJU WSZYSTKO MOŻE BYĆ ZNANE.

Spokój umysłu pozwala Większemu Umysłowi na wyłonienie się i na ujawnienie swojej Mądrości. Ci, którzy doskonalą się w wyciszeniu wraz z pragnieniem Wiedzy, będą się przygotowywać na wyłonienie się większego objawienia i prawdziwej przenikliwości. Przenikliwość może wyłonić się podczas praktyki albo podczas dowolnej, zwykłej czynności. Istotnym aspektem jest tutaj to, że poczyniono przygotowania.

Dzisiaj dwukrotnie zaprawiaj się we wczorajszym treningu wyciszenia, ćwicz jednak, nie oczekując rezultatu. Nie używaj tego treningu, aby zadać pytanie w dowolnej formie, ponieważ zaprawiasz się w wyciszeniu, w którym wszystkie domysły i wszystkie poszukiwania się kończą. Dzisiaj dwukrotnie przez 15 minut raz jeszcze zaprawiaj się w wyciszeniu.

Praktyka 9: *Dwa 15 – minutowe okresy praktyki.*

Dlaczego ja to w ogóle robię?

Bardzo dobre pytanie! Dlaczego to w ogóle robisz? Dlaczego zadajesz takie pytania? Dlaczego poszukujesz większych rzeczy? Dlaczego się starasz? Te pytania są nieuniknione. Oczekujemy ich. Dlaczego to robisz? Robisz to, ponieważ jest to niezbędne. Jeżeli pragniesz czegoś więcej niż prowadzić czysto powierzchowne i niestabilne życie, musisz zejść głębiej i nie opierać swojej pewności siebie tylko na słabych założeniach i pełnych nadziei oczekiwaniach. Czeka na ciebie większy dar, ale musisz przygotować się na niego pod względem umysłowym, emocjonalnym i fizycznym. Bez Wiedzy nie jesteś świadom swojego celu. Nie jesteś świadom swojego pochodzenia oraz swojego przeznaczenia i przejdziesz przez to życie, jakby to był niespokojny sen i nic ponadto.

Krok 10

Czym jest Wiedza?

Powiedzmy, że Wiedza nie jest tym, z czym jest zwykle utożsamiana. To nie pomysły. To nie zbiór informacji. To nie system przekonań. To nie proces samooceny. To wielka tajemnica twojego życia. Jej zewnętrznymi objawami są dogłębna intuicja, ogromna przenikliwość, niewytłumaczalna świadomość rzeczy, mądre postrzeganie teraźniejszości oraz przyszłości, a także mądre rozumienie przeszłości. Jednak pomimo tych wspaniałych osiągnięć umysłu, Wiedza jest czymś więcej niż tym. To jest twoje Prawdziwe Ja, Ja, które nie jest oderwane od życia.

PRAKTYKA 10: *Przeczytaj dzisiaj lekcję trzykrotnie.*

Krok 11

Nie jestem oderwany od życia.

Niezależnie od wielkich określeń zbudowanych na twojej indywidualności i wszystkim tym, co jest utożsamiane z tobą osobiście – twoim ciałem, twoimi ideami, twoimi trudnościami, twoją specyficzną formą ekspresji, twoimi osobliwościami, twoimi talentami – nie jesteś oderwany od życia. Jest to tak oczywiste, jeśli spojrzysz na siebie z prostotą i zdasz sobie sprawę, że sama natura twojego ciała, sama tkanina twojego fizycznego ciała, jest całkowicie wykonana z tego, czym życie jest w fizycznym wymiarze. Jest całkiem oczywiste, iż jesteś zrobiony z tych samych „rzeczy", co wszyscy inni wokół ciebie. To, co jest tajemnicze, to twój umysł. Wydaje się on być odległym punktem rozumienia, ale jest on tak samo częścią życia, jak twoja fizyczna tkanina. Jesteś jednostką nieświadomą swojego Źródła i swojego całkowitego włączenia w życie. Twoja indywidualność jest teraz ciężarem, lecz będzie dla ciebie wielkim szczęściem, kiedy będzie mogła wyrazić samo życie.

PRAKTYKA 11:   *Przeczytaj dzisiaj lekcję trzykrotnie.*

Krok 12

MOJA INDYWIDUALNOŚĆ MA WYRAŻAĆ SAMO ŻYCIE.

Tutaj twoja wyjątkowość jest ogromnym atutem, a także źródłem radości, nie źródłem bolesnego wyobcowania ani źródłem bolesnego osądu wobec siebie samego czy innych ludzi. To rozróżnienie nie wynosi cię ponad innych ani nie stawia cię poniżej nikogo innego. To jedynie dokładnie określa twój prawdziwy cel stojący za twoją indywidualnością i jej wielką obietnicą na przyszłość. Jesteś tutaj, aby coś wyrazić. To jest prawdziwe znaczenie podarowane twojej indywidualności, ponieważ nie chcesz już więcej być oddzielony.

Dzisiaj dwukrotnie wykorzystaj dwa okresy ciszy, wykonując ćwiczenie, które do tej pory zilustrowaliśmy.

PRAKTYKA 12: *Dwa 15 – minutowe okresy praktyki.*

Krok 13

CHCĘ BYĆ ODDZIELONY, ABY BYĆ WYJĄTKOWYM.

Ta myśl stanowi prawdziwy motyw oddzielenia, nie jest on jednak konieczny. Nie dajemy tego tutaj jako potwierdzenie, ale jako wyrażenie twojego obecnego stanu. Chcesz być oddzielony, gdyż to określa twoje ja; twoje ja jest definiowane w warunkach oddzielenia, a nie w warunkach włączenia. Oddzielenie jest źródłem całego twojego bólu i zamętu umysłu. Twoje fizyczne życie demonstruje oddzielone życie, ale tylko z pewnego punktu widzenia. Z innego punktu widzenia wcale nie demonstruje ono oddzielenia. Demonstruje ono wyjątkowe wyrażanie Większej Rzeczywistości.

Dzisiaj dwukrotnie poświęć 15 minut, koncentrując się na dzisiejszej myśli. Zastanów się poważnie nad tym, co ta lekcja oznacza i odwołaj się do swojego własnego doświadczenia, aby rozważyć znaczenie tego dla własnego życia. Zastanów się nad tym, ile twoje pragnienie oddzielenia kosztowało cię pod względem czasu, energii oraz bólu. Zdaj sobie sprawę ze swojej motywacji do oddzielenia, a będziesz wiedział, że chcesz być wolny.

Praktyka 13: *Dwa 15 – minutowe okresy praktyki.*

Krok 14

PRZEGLĄD

RAZ JESZCZE PRZEJRZYJ WSZYSTKIE DOTYCHCZAS UDZIELONE LEKCJE. W tym Przeglądzie przeczytaj ponownie instrukcje, które zostały udzielone w każdym kroku. Przejrzyj również wszystkie swoje sesje treningowe, ażeby określić głębię swojego zaangażowania w praktykę, a także rezultaty, jakich doświadczyłeś. Przez cały swój plan nauki będziesz zgłębiać zawartość swojego własnego doświadczenia. To będzie opierało się na sobie i ostatecznie ujawni ci świadomość twojej własnej Wiedzy.

DZISIAJ POŚWIĘĆ JEDEN OKRES PRAKTYKI trwający około 45 minut, aby przejrzeć wszystkie instrukcje i aby przejrzeć rezultaty oraz jakość swojej praktyki. Jutro wspólnie rozpoczniemy następny etap Naszego przygotowania.

PRAKTYKA 14: *Jeden 45 – minutowy okres praktyki.*

Krok 15

Dzisiaj wysłucham moich doświadczeń.

"Dzisiaj wysłucham moich doświadczeń, aby odkryć zawartość mojego umysłu".

Uświadom sobie, iż prawdziwa zawartość twojego umysłu jest pogrzebana pod tym wszystkim, co dodałeś, począwszy od dnia swoich narodzin. Ta prawdziwa zawartość pragnie wyrazić się w kontekście twojego obecnego życia i obecnej sytuacji. Aby to dostrzec, musisz słuchać uważnie i z czasem uświadomić sobie różnicę pomiędzy prawdziwą zawartością swojego umysłu oraz jego wiadomościami dla ciebie a wszystkimi innymi pobudkami i pragnieniami, jakie odczuwasz. Oddzielenie myśli od Wiedzy jest jednym z wielkich dokonań, które będziesz miał okazję zrealizować w trakcie tego programu nauczania.

Dzisiaj jedna 45 – minutowa praktyka będzie poświęcona wewnętrznemu nasłuchiwaniu. To będzie od ciebie wymagało słuchania bez osądzania samego siebie, nawet jeżeli treść twoich myśli jest niepokojąca. Nawet jeżeli treść twoich myśli jest nieprzyjemna, musisz słuchać bez osądu, aby pozwolić swojemu umysłowi na otwarcie się. Usiłujesz usłyszeć coś bardziej dogłębnego niż twój umysł, ale musisz przejść przez umysł, aby tam dotrzeć.

Praktyka 15: *Jeden 45 – minutowy okres praktyki.*

Krok 16

POZA MOIM UMYSŁEM ZNAJDUJE SIĘ WIEDZA.

Poza twoim umysłem znajduje się Wiedza, prawdziwy ośrodek twojego jestestwa, twoje Prawdziwe Ja, nie ja, które skonstruowałeś, aby poradzić sobie z trudnościami na świecie, ale twoje Prawdziwe Ja. Z tego Prawdziwego Ja pochodzą myśli oraz wrażenia, skłonności oraz kierunek. Większość z tego, co twoje Prawdziwe Ja ci przekazuje, nie możesz jeszcze usłyszeć, ale z czasem nauczysz się słuchać, gdy twój umysł stanie się wyciszony i gdy wypracujesz niezbędne udoskonalenie w nasłuchiwaniu i zdolności rozróżniania.

Dzisiaj trenuj trzykrotnie za każdym razem po 15 minut. Wsłuchuj się bardziej uważnie niż dzień wcześniej. Nasłuchuj głębszych skłonności. Raz jeszcze musisz słuchać bez osądu. Nie wolno ci niczego zmieniać. Musisz słuchać uważnie, ażeby nauczyć się słyszeć.

PRAKTYKA 16: *Trzy 15 – minutowe okresy praktyki.*

Krok 17

Dzisiaj chcę usłyszeć prawdę.

Pragnienie usłyszenia prawdy jest czymś, co jest zarówno procesem, jak i rezultatem prawdziwego przygotowania. Rozwijanie zdolności słuchania oraz chęci słuchania dostarczy ci tego, czego poszukujesz. Prawda jest dla ciebie całkowicie korzystna, ale na początku może być całkiem wstrząsająca i rozczarowująca w odniesieniu do twoich innych planów i celów. Musisz zaryzykować, jeśli chcesz mieć pewność oraz wzmocnienie, które przyniesie ci prawda. Prawda zawsze przynosi rozwiązanie konfliktu, zawsze zapewnia doświadczenie siebie, zawsze daje ci poczucie obecnej rzeczywistości i zawsze zapewnia dla ciebie kierunek, abyś szedł dalej.

Dzisiaj w trakcie swoich trzech 15 – minutowych okresów praktyki trenuj nasłuchiwanie prawdy, próbując słuchać poza umysłem i emocjami. Raz jeszcze nie przejmuj się, jeżeli jedyne co słyszysz, to gonitwę swoich własnych myśli. Pamiętaj, rozwijasz nasłuchiwanie. To jest najważniejsze. Tak jak ćwicząc mięsień w ciele, rozwijasz zdolność umysłu, zwaną nasłuchiwaniem. A zatem w tym dniu trenuj nasłuchiwanie, podejmując się tych okresów praktyki, aby poświęcić się celem poczucia prawdy powstającej w tobie.

Praktyka 17: *Trzy 15 – minutowe okresy praktyki.*

Krok 18

DZISIAJ CZUJĘ PRAWDĘ POWSTAJĄCĄ WE MNIE.

Prawdy trzeba w pełni doświadczyć. To nie jest tylko pomysł; to nie jest tylko obraz, chociaż obrazy i pomysły mogą jej towarzyszyć. To jest doświadczenie, tak więc jest to coś, co jest dogłębnie odczuwalne. Może się ona manifestować w nieco inny sposób dla tych, którzy zaczynają ją zgłębiać, niemniej jednak ona powstanie. Jest to coś, co musisz poczuć. Aby być ukierunkowanym na odczucia, twój umysł musi być wyciszony. Prawda jest czymś, co odczujesz całym swoim ciałem, całym swoim jestestwem.

Wiedza nie przemawia do ciebie w każdym momencie, ale zawsze ma dla ciebie przesłanie. Zbliżenie się do Wiedzy oznacza, że stajesz się coraz bardziej podobny do samej Wiedzy – bardziej kompletny, bardziej konsekwentny, bardziej szczery, bardziej oddany, bardziej skoncentrowany, bardziej zdyscyplinowany, bardziej współczujący i bardziej miłujący samego siebie. Wszystkie te cechy są rozwijane, gdy zbliżasz się do tego, co jest źródłem tych cech.

To w tym właśnie kierunku dzisiaj będziesz trenować przesuwanie się, gdy odczuwasz prawdę powstającą w tobie. To zespoi wszystkie twoje aspekty, dając ci stałe doświadczenie siebie samego. Podczas swoich trzech 15 – minutowych okresów praktyki poświęć swoją pełną uwagę, aby poczuć prawdę powstającą w tobie. Trenuj w wyciszeniu i nie zniechęcaj się, jeżeli na początku będzie to trudne. Po prostu ćwicz, a będziesz kontynuował.

Ponadto w przeciągu dnia bez wątpliwości i niezdecydowania dąż do swojego prawdziwego celu w życiu. Od tego prawdziwego celu nadejdą wszystkie istotne rzeczy, jakie będziesz musiał osiągnąć, a także wielka potęga wizji oraz zdolność rozróżniania, co umożliwi ci odnalezienie tych, których przybyłeś odnaleźć na świecie.

PRAKTYKA 18: *Trzy 15 – minutowe okresy praktyki.*

Krok 19

DZISIAJ PRAGNĘ WIDZIEĆ.

PRAGNIENIE, ABY WIDZIEĆ, JEST JAK PRAGNIENIE, ABY WIEDZIEĆ. Ono również wymaga udoskonalenia zdolności twojego umysłu. Widzieć w sposób wyraźny oznacza, iż nie patrzysz preferencyjnie. To oznacza, iż jesteś w stanie postrzegać to, co rzeczywiście ma miejsce, zamiast tego, co chcesz ujrzeć. Rzeczywiście jest coś, co dzieje się poza twoimi pragnieniami. To jest bardzo prawdziwe. Pragnienie, aby widzieć, jest zatem pragnieniem, aby dostrzec większą prawdę. To wymaga większej szczerości oraz większej otwartości umysłu.

DZISIAJ PODCZAS SWOICH DWU SESJI PRAKTYKI trenuj spoglądanie na jeden prosty, zwyczajny przedmiot. Nie odrywaj wzroku od tego przedmiotu, ale patrz i trenuj spoglądanie bardzo skrupulatnie. Nie próbujesz niczego dostrzec. Po prostu spoglądasz z otwartym umysłem. Kiedy umysł jest otwarty, doświadcza on swej własnej głębi oraz doświadcza głębi tego, co postrzega.

WYBIERZ JEDEN PROSTY PRZEDMIOT, KTÓRY MA BARDZO NIEWIELKIE ZNACZENIE dla ciebie i wpatruj się w niego dzisiaj dwukrotnie przez co najmniej 15 minut. Zezwól, aby twój umysł stał się bardzo wyciszony. Oddychaj głęboko i regularnie, gdy wpatrujesz się w ów przedmiot. Pozwól, aby twój umysł się uspokoił.

PRAKTYKA 19: *Dwa 15 – minutowe okresy praktyki.*

Krok 20

NIE POZWOLĘ, ABY ZWĄTPIENIE I ZAMĘT SPOWOLNIŁY MÓJ POSTĘP.

CÓŻ MOŻE SPOWOLNIĆ TWÓJ POSTĘP, jak tylko twoje własne niezdecydowanie i cóż może zrodzić niezdecydowanie prócz tego, co wywołuje zamęt umysłu? Masz większy cel, co jest zilustrowane w tym programie nauczania. Nie pozwól, aby zwątpienie i zamęt były dla ciebie przeszkodą. Bycie prawdziwym studentem oznacza, że zakładasz bardzo niewiele i że kierujesz się w sposób, którego sam nie określasz, ale który jest ci przekazany przez Większą Moc. Większa Moc pragnie wynieść cię do swojego własnego poziomu zdolności. W ten sposób otrzymujesz dar przygotowania po to, ażebyś mógł podarować go innym. Tym sposobem zostaje ci udzielone coś, czego sam nie możesz sobie zapewnić. Zdajesz sobie sprawę ze swojej osobistej mocy i zdolności, ponieważ muszą one zostać rozwinięte, ażebyś postępował zgodnie z programem nauczania o takim charakterze. Uświadamiasz sobie również swoje włączenie w życie, gdy życie usiłuje służyć ci w twoim rozwoju.

ZATEM WYKONAJ TO SAMO ĆWICZENIE, jakiego próbowałeś poprzedniego dnia w twoich dwu okresach praktyki i nie pozwól, aby zwątpienie i zamęt cię od tego odwiodły. Bądź dzisiaj prawdziwym studentem. Zezwól sobie na skoncentrowanie się na swojej praktyce. Poświęć się swojej praktyce. Bądź dzisiaj prawdziwym studentem.

PRAKTYKA 20: *Dwa 15 – minutowe okresy praktyki.*

Krok 21

PRZEGLĄD

W twoim trzecim Przeglądzie przejrzyj wszystkie lekcje z minionego tygodnia, a także rezultaty tych lekcji. Praktykuj dzisiaj bez wyciągania żadnych wniosków, tylko po prostu rozpoznaj ścieżkę rozwoju i zanotuj postęp, jaki dotąd poczyniłeś. Jest za wcześnie, aby wyciągać realne wnioski, chociaż może to być bardzo kuszące. Początkujący studenci nie są w pozycji, aby osądzać własny program nauczania. Na to prawo trzeba sobie zasłużyć i przyjdzie ono później, jeśli pragniesz, aby twoje osądy odniosły prawdziwy skutek i aby były mądre.

A zatem podczas swojego jednego okresu praktyki przejrzyj ostatni dział treningu i to wszystko, czego dotąd doświadczyłeś.

Praktyka 21: *Jeden 45 – minutowy okres praktyki.*

Krok 22

JESTEM OTOCZONY PRZEZ NAUCZYCIELI BOGA.

Rzeczywiście jesteś otoczony przez Nauczycieli Boga, którzy podjęli się przygotowania pod wieloma względami podobnego do tego, którego ty się teraz podejmujesz. Chociaż podarowane w wielu odmiennych formach, w różnych erach, w różnych światach, dany im był bardzo podobny rodzaj przygotowania, mądrze dostosowany do ich poprzedniego stanu umysłu i okoliczności w życiu.

Dzisiaj w trakcie dwu 15 – minutowych okresów praktyki poczuj obecność Nauczycieli Boga. Nie możesz jeszcze ujrzeć ich swoimi oczami ani nie możesz usłyszeć ich swoimi uszami, ponieważ te zmysły nie zostały jeszcze wystarczająco rozwinięte, ale możesz poczuć ich obecność, albowiem ich obecność otacza cię i chroni. W swojej praktyce nie pozwól innym myślom się wtrącać. Nie oddawaj się zwątpieniu lub zamętowi, musisz bowiem się przygotować, aby pozyskać nagrodę, jakiej szukasz i musisz wiedzieć, że nie jesteś sam na świecie, ażeby mieć siłę, pewność siebie oraz źródło mądrości niezbędne do osiągnięcia tego, do czego zostałeś posłany.

Jesteś otoczony przez Nauczycieli Boga. Są oni tutaj, aby cię kochać, wspierać i naprowadzać.

Praktyka 22: *Dwa 15 – minutowe okresy praktyki.*

Krok 23

JESTEM KOCHANY, OTOCZONY I WSPIERANY PRZEZ NAUCZYCIELI BOGA.

PRAWDZIWOŚĆ TEGO STANIE SIĘ OCZYWISTA w trakcie twojego przygotowania, lecz na razie może to wymagać ogromnej wiary. Ta idea może podważać istniejące idee bądź przekonania, niemniej jednak jest ona prawdziwa. Plan Boga jest niewidoczny i rozpoznawany przez bardzo nielicznych, ponieważ bardzo nieliczni mają otwartość umysłu, a także wysokiej klasy zdolność uwagi, która pozwala im dostrzec to, co wyraźnie ma miejsce wokół nich, co w tym momencie nie jest dla nich wcale takie oczywiste. Twoi Nauczyciele kochają cię, otaczają cię i wspierają cię, wstępujesz bowiem do Wiedzy. To wzywa ich do twojego boku. Jesteś jednym z nielicznych, którzy mają obietnicę oraz możliwość, ażeby wyłonić się ze snu swojej własnej wyobraźni do łaski Rzeczywistości.

ZATEM DZISIAJ W TRAKCIE SWOICH DWU OKRESÓW PRAKTYKI poczuj tę miłość, wsparcie oraz naprowadzanie. To jest uczucie. To nie idee. To jest uczucie. Jest to coś, co musisz poczuć. Miłość jest czymś, co musisz poczuć, aby to wiedzieć. Rzeczywiście jesteś kochany, otoczony oraz wspierany przez swoich Nauczycieli i jesteś nader godzien ich wielkiego daru dla ciebie.

PRAKTYKA 23: *Dwa 15 – minutowe okresy praktyki.*

Krok 24

Jestem godzien miłości Boga.

Zaiste, jesteś godzien miłości Boga. W rzeczywistości naprawdę jesteś miłością Boga. Bez żadnego udawania, w samym sercu ciebie, to jest twoje Prawdziwe Ja. To nie jest jeszcze Ja, którego doświadczasz i dopóki go nie doświadczysz, nie udawaj, że stanowi to twoje doświadczenie. Utrzymuj jednak świadomość, iż to jest twoje Ja. Jesteś osobą, lecz jesteś kimś więcej niż osobą. Jakżeż możesz być niegodzien miłości Boga, jeżeli to jest to, kim jesteś? Twoi Nauczyciele otaczają cię i zapewniają to, kim jesteś, ażebyś mógł doświadczyć siebie i swojej prawdziwej relacji z życiem.

Dzisiaj w trakcie swoich dwu okresów praktyki raz jeszcze trenuj otrzymywanie miłości, wsparcia i naprowadzania swoich Nauczycieli, a jeżeli jakakolwiek myśl to utrudnia, jeżeli jakiekolwiek uczucie to uniemożliwia, przypomnij sobie o swojej wielkiej wartości. Jesteś godzien nie ze względu na to, co uczyniłeś na świecie. Jesteś godzien ze względu na to, kim jesteś, skąd przybywasz i dokąd zmierzasz. Twoje życie może być wypełnione błędami i pomyłkami, niewłaściwymi decyzjami i słabymi wyborami, lecz wciąż przybywasz ze swojego Przedwiecznego Domu, do którego powrócisz. Twoja wartość w oczach Boga jest niezmieniona. Jest tylko wielki wysiłek, by naprawić swoje błędy, żebyś mógł doświadczyć swojego Prawdziwego Ja, ażeby mogło ono zostać udostępnione światu.

Zatem w swoich okresach praktyki trenuj receptywność oraz doświadczanie prawdziwej wartości. Nie pozwól, by jakaś myśl była sprzeczna z największą prawdą życia.

Praktyka 24: *Dwa 15 – minutowe okresy praktyki.*

Krok 25

JESTEM W JEDNOŚCI Z NAJWIĘKSZĄ PRAWDĄ ŻYCIA.

CO JEST NAJWIĘKSZĄ PRAWDĄ ŻYCIA? Jest to coś, co musi zostać doświadczone, albowiem żadna wielka prawda nie może zostać ujęta w samej idei, chociaż idee mogą ją odzwierciedlać w ramach twojego obecnego doświadczenia. Wielka prawda jest wytworem wielkiej relacji. Masz wspaniałą relację z życiem. Masz wspaniałą relację z twoimi prawdziwymi Nauczycielami, którzy są w tobie. Ostatecznie doświadczysz wielkiej relacji z osobami w twoim zewnętrznym życiu, lecz najpierw musisz doświadczyć źródła swojej wielkiej relacji w swoim prawdziwym istnieniu. Wówczas jest to jedynie kwestia przekazywania jej do zewnętrznego świata, co uczynisz z czasem w sposób naturalny.

W SWOICH DWU OKRESACH PRAKTYKI trenuj odczuwanie tej relacji. Raz jeszcze jesteś proszony o to, aby otrzymać, ponieważ musisz to otrzymać, aby to podarować. Jak tylko zostaje to otrzymane, to będzie to dawało samo z siebie naturalnie. W rezultacie twoja wartość zostaje przywrócona, ponieważ jest ona całkiem oczywista. Nie musisz fałszywie siebie przedstawiać ani przeinaczać swojego doświadczenia. Dzielenie się wielką miłością w sposób szczery oznacza, iż musisz jej doświadczać. To właśnie to doświadczenie pragniemy ci dzisiaj podarować.

PRAKTYKA 25: *Dwa 15 – minutowe okresy praktyki.*

Krok 26

MOJE BŁĘDY DAJĄ POCZĄTEK MOJEJ WIEDZY.

Uzasadnianie błędu jest bezcelowe, ale błąd może doprowadzić cię do docenienia prawdy, a w ten sposób może doprowadzić do prawdziwej Wiedzy. To jest jego jedyna prawdziwa wartość. Nie akceptujemy błędu, ale jeśli błąd się pojawi, pragniemy, aby służył twojej najprawdziwszej potrzebie tak, ażebyś mógł wyciągnąć z niego naukę i nie powtarzał go więcej. Nie chodzi tylko o to, żebyś zapominał o swoich błędach, gdyż nie możesz tego robić. Nie chodzi tylko o to, żebyś uzasadniał swoje błędy, gdyż to uczyniłoby cię nieszczerym. Nie chodzi tylko o to, żebyś patrzył na swoje błędy jak na czystą posługę dla ciebie, gdyż one rzeczywiście były bolesne. To naprawdę oznacza, że rozpoznajesz, iż błąd jest błędem, a następnie usiłujesz wykorzystać go na swoją korzyść. Ból i udręka błędu muszą zostać zaakceptowane, to bowiem nauczy cię, co jest rzeczywiste, a co nie, co cenić, a czego nie. Wykorzystywanie swojego błędu do rozwoju oznacza, że zaakceptowałeś błąd, a teraz usiłujesz go wykorzystać, aby wydzielić z niego wartość, ponieważ dopóki wartość nie zostanie wydzielona z błędu, to pozostaje on tylko błędem i będzie źródłem bólu oraz niewygody dla ciebie.

Dzisiaj w swoich dwu 30-minutowych okresach praktyki spójrz na konkretne błędy, jakie popełniłeś, które były bardzo bolesne. Nie próbuj odrzucać bólu o nich, ale dostrzeż, jak w swoich obecnych okolicznościach w życiu możesz je wykorzystać na swoją korzyść. Wykorzystywanie błędów w ten sposób może ci pokazać, co potrzebujesz zrobić i jakie poprawki bądź zmiany muszą zostać naniesione, aby poprawić jakość swojego życia. Pamiętaj, iż jakiekolwiek rozwiązanie tyczące się błędu zawsze jest źródłem prawdziwego rozpoznania oraz prawdziwej zdolności rozróżniania w relacji.

W swoich okresach praktyki przejrzyj błędy, jakie przyjdą ci na myśl, gdy siedzisz cicho w samotności, a następnie zobacz, jak każdy z nich może zostać wykorzystany na twoją obecną korzyść. Czego należy się z nich nauczyć? Co musi być zrobione, czego nie zrobiono przedtem? Czego nie wolno robić, co było robione wcześniej? W jaki sposób te błędy mogą zostać rozpoznane z wyprzedzeniem? Jakie są oznaki, które je poprzedzają i jak takie oznaki mogą zostać rozpoznane w przyszłości przed popełnieniem błędu?

Użyj tych okresów praktyki do tego introspektywnego procesu, a gdy zakończysz, nie mów o wynikach nikomu innemu, ale pozwól, aby dochodzenie było nadal prowadzone, co nastąpi naturalnie.

Praktyka 26: *Dwa 30 – minutowe okresy praktyki.*

Krok 27

MAM MĄDROŚĆ, KTÓRĄ PRAGNĘ ODKRYĆ.

To OŚWIADCZENIE STANOWI TWOJĄ PRAWDZIWĄ WOLĘ. Jeżeli tego nie odczuwasz, to znaczy, iż zajmujesz się czymś, co jest fałszywe i co nie ma prawdziwej podstawy w twoim jestestwie. Jeżeli kiedykolwiek poczułeś, że prawda cię zdradziła, wówczas nie rozpoznałeś jej wartości. Być może zawiodła ona twoje plany i cele. Być może utraciłeś coś, na czym ci naprawdę zależało. Być może powstrzymała cię przed poszukiwaniem czegoś, co było pożądane. We wszystkich jednak przypadkach ocaliła cię od bólu i nieszczęścia. Dopóki twoja prawdziwa rola nie zostanie rozpoznana, nie możesz docenić tego, w jaki sposób prawda ci się przysłużyła, albowiem dopóki twoja prawdziwa funkcja nie zostanie odkryta, będziesz usiłował żądać i uzasadniać inne role. Jeżeli te inne role są odpychane i odrzucane przez prawdę, może zaistnieć wielki zamęt oraz konflikt. Pamiętaj jednak, że prawda ocaliła cię przed popełnieniem większego błędu, który popełniłbyś w przeciwnym wypadku.

LUDZIE NIE MOGĄ DOŚWIADCZYĆ WIEDZY, ponieważ są zaabsorbowani myślami i osądami. Te myśli i osądy kreują niezależny świat dla jednostki, niezależny świat, z którego nie widzą wyjścia. Mogą oni jedynie zobaczyć zawartość swoich myśli i to całkowicie zabarwia ich doświadczenie życia tak bardzo, iż nie mogą zobaczyć świata w ogóle.

ZATEM W SWOICH DWU 30 – MINUTOWYCH OKRESACH PRAKTYKI spójrz i zobacz, jak prawda ci się przysłużyła. Spójrz na doświadczenia, które były radosne. Spójrz na doświadczenia, które były bolesne. W szczególności w przypadku bolesnych doświadczeń zobacz, jak prawda ci się przysłużyła. Przyjrzyj się otwarcie. Nie broń poprzedniej pozycji, jeżeli jesteś do tego nęcony. Jeżeli ból wciąż istnieje z powodu straty we wcześniejszym czasie, zaakceptuj ten ból oraz niechęć do niego, ale spróbuj spojrzeć i zobaczyć, jak naprawdę przysłużyła ci się ta strata.

Ten punkt widzenia polegający na odnoszeniu pożytku ze swojego doświadczenia jest czymś, co musisz rozwijać. To nie uzasadnia samego doświadczenia. Zrozum to. To jedynie daje ci możliwość wykorzystania swojego doświadczenia do swojego rozwoju i do swojego wzmocnienia. Prawda działa w świecie iluzji, aby wspomóc tych, którzy odpowiadają na prawdę w ich życiu. Ty odpowiadasz na prawdę, inaczej nie podejmowałbyś się tego programu rozwoju. Tak więc dotarłeś do punktu, gdzie wydaje się, że prawda konkuruje z innymi rzeczami i dlatego też jest bardzo trudna do rozpoznania. W tym programie rozwoju prawda będzie się różniła od wszystkiego innego w taki sposób, że będziesz mógł doświadczyć jej bezpośrednio i nie będziesz zdezorientowany względem jej pojawienia się albo jej korzystnego występowania w twoim życiu. Albowiem prawda jest tutaj, aby ci służyć, tak jak ty jesteś tutaj, aby służyć prawdzie.

Praktyka 27: *Dwa 30 – minutowe okresy praktyki.*

Krok 28

PRZEGLĄD

Zaczniemy nasz czwarty okres Przeglądu od specjalnej modlitwy.

„Akceptuję moją Wiedzę jako dar od Boga. Akceptuję moich Nauczycieli jako moich starszych braci i siostry. Akceptuję świat jako miejsce, gdzie Wiedza może zostać odzyskana i wniesiona. Akceptuję moją przeszłość jako manifestację życia bez Wiedzy. Akceptuję cuda mojego życia jako manifestację obecności Wiedzy i oddaję się teraz rozwijaniu tego, co jest największym dobrem w moim wnętrzu, aby zostało podarowane światu".

Raz jeszcze przejrzymy miniony tydzień praktyki, czytając ponownie wszystkie instrukcje i przeglądając z każdym krokiem to, co wydarzyło się w twoich okresach praktyki. Upewnij się, że sprawdzasz, jak głęboko byłeś zaangażowany w praktykę – jak bardzo chciałeś przeszukać i zbadać, jak ostrożnie przyjrzałeś się swojemu własnemu doświadczeniu i do jakiego zakresu czułeś się zmotywowany, aby przeniknąć jakiekolwiek bariery, jakie mogą istnieć.

Nasz jeden 45 – minutowy okres praktyki Przeglądu zacznie dawać ci perspektywę na twój rozwój w tym przygotowaniu. To jest korzystne nie tylko dla ciebie, ale i dla tych, którym będziesz służył w przyszłości, ponieważ tak jak ty teraz otrzymujesz, będziesz pragnął dawać w jakimkolwiek kontekście i w jakiekolwiek formie, jakie będą dla ciebie odpowiednie. Musisz zrozumieć, jak ludzie się uczą i jak ludzie się rozwijają. To musi pochodzić z twojego własnego doświadczenia i musi stanowić miłość oraz współczucie, które są naturalnymi emanacjami twojej Wiedzy. Raz jeszcze nie pozwól, aby zwątpienie lub zamęt odwiodły cię od twojego prawdziwego zadania.

Praktyka 28: *Jeden 45 – minutowy okres praktyki.*

Krok 29

Dzisiaj będę obserwować samego siebie, aby dowiedzieć się o Wiedzy.

W tym szczególnym dniu praktyki obserwuj samego siebie w ciągu dnia, zachowując w miarę możliwości świadomość swoich myśli i swojego zachowania. W celu rozwinięcia tej zdolności do samoobserwacji musisz być wolny od osądzania tak bardzo, jak to możliwe, gdyż osąd uniemożliwia ci być uważnym. Musisz analizować samego siebie, jak gdybyś był kimś innym, wobec kogo możesz być znacznie bardziej obiektywny.

Będziemy dzisiaj ćwiczyć co godzinę. Co godzinę będziesz musiał sprawdzać swoje myśli i obserwować swoje obecne zachowanie. To nieustanne sprawdzanie siebie samego umożliwi ci stać się dalece bardziej zaangażowanym w swoje obecne doświadczenie oraz pozwoli twojej Wiedzy na wywieranie pozytywnego wpływu na ciebie w znacznie większym stopniu. Wiedza wie, czego potrzebujesz i wie, jak ci służyć, ale musisz nauczyć się, jak otrzymać. Z czasem musisz też nauczyć się dawać, ażebyś mógł otrzymać więcej. Twoje otrzymywanie jest istotne, ponieważ umożliwia ci dawać, a dawanie stanowi sedno spełnienia w tym świecie. Nie możesz jednak dawać, znajdując się w zubożałym stanie. Twoje dawanie musi być więc szczere, zrodzone z przepełniającej się receptywności, którą rozwinąłeś w sobie, w swoich relacjach z innymi oraz z życiem.

Każdy okres praktyki wymaga jedynie kilku minut, ale musisz poświęcić swoją pełną uwagę. Nie musisz zamykać swoich oczu, aby to zrobić, aczkolwiek jeśli jest to stosowne, to będzie to pomocne. Możesz praktykować w trakcie rozmowy z drugą osobą. W rzeczywistości istnieje bardzo niewiele okoliczności, które nie pozwolą ci na moment introspekcji. W trakcie praktyki po prostu zapytaj samego siebie: „Jak się czuję?" oraz „Co robię teraz?". To wszystko. Następnie poczuj, czy jest coś, co musisz zrobić, a czego nie robisz. Jeśli nie ma żadnych poprawek do naniesienia, kontynuuj to, czym się zajmujesz. Jeżeli trzeba nanieść poprawki, nanieś je tak szybko, jak tylko możliwe. Pozwól, aby twoje wewnętrzne przewodnictwo wpłynęło na ciebie, co nastąpi, jeżeli nie jesteś zarządzany przez pobudki, strach lub ambicję. Obserwuj samego siebie w tym dniu.

Praktyka 29: *Cogodzinna praktyka.*

Krok 30

Dzisiaj będę obserwować mój świat.

W tym dniu obserwuj swój świat, postępując zgodnie z tym samym planem praktyki, tak jak to miało miejsce poprzedniego dnia. Obserwuj swój świat bez osądu i obserwuj to, co robisz na świecie bez osądu. Następnie poczuj, czy cokolwiek musi być zrobione. Powtarzamy, twoje cogodzinne praktyki zajmują tylko kilka minut, a w miarę postępu treningu staną się one szybsze, bardziej przenikliwe i skuteczniejsze.

Pragniemy, ażebyś postrzegał świat bez osądu, ponieważ to umożliwi ci widzieć świat takim, jaki jest naprawdę. Nie myśl, że widziałeś świat takim, jaki jest naprawdę, albowiem to, co widziałeś, to twój osąd wobec świata. Świat, jaki ujrzysz bez osądu, jest inny niż świat, jaki widziałeś kiedykolwiek wcześniej.

Praktyka 30: *Cogodzinna praktyka.*

Krok 31

PRAGNĘ UJRZEĆ ŚWIAT, JAKIEGO NIE WIDZIAŁEM NIGDY WCZEŚNIEJ.

To stanowi twoje pragnienie Wiedzy. To stanowi twoje pragnienie pokoju. To wszystko jest tym samym pragnieniem. To pragnienie pochodzi z twojej Wiedzy. Może ono rywalizować z innymi pragnieniami. Może ono zagrażać innym rzeczom, chociaż nie musi. Zatem oświadczenie na dzisiaj odzwierciedla twoją prawdziwą wolę w życiu. Gdy jest ona potwierdzona, staja się ona bardziej widoczna dla ciebie i z czasem będziesz w stanie doświadczać jej coraz więcej.

Dzisiaj co każdą godzinę odczuwaj swoje pragnienie ujrzenia innego świata. Spójrz na świat bez osądu i powiedz do siebie: „Pragnę ujrzeć inny świat". Rób tak co każdą godzinę. Postaraj się nie przegapić żadnej sesji praktyki. Trenuj niezależnie od tego, co czujesz, niezależnie od tego, co się dzieje. Jesteś kimś więcej niż swoimi stanami emocjonalnymi, a więc nie musisz się ich wypierać, z czasem jednak będziesz musiał je kontrolować. Jesteś kimś więcej niż obrazami, jakie widzisz wokół siebie, gdyż przeważnie odpowiadają one twojemu osądowi wobec świata. W tym dniu spoglądaj bez osądu i odczuwaj to, co się dzieje.

PRAKTYKA 31: *Cogodzinna praktyka.*

Krok 32

Prawda jest ze mną. Mogę ją poczuć.

Prawda jest z tobą. Możesz ją poczuć i może ona zalśnić w twoim umyśle oraz w twoich emocjach, jeśli jej na to pozwolisz. Dzisiaj kontynuuj swoje przygotowanie w rozwijaniu pragnienia prawdy oraz zdolności doświadczania prawdy.

W swoich dwu dłuższych okresach praktyki, z których każdy zajmie 30 minut, siedź spokojnie z zamkniętymi oczami, oddychając głęboko i regularnie, usiłując poczuć prawdę poza nieustanną nerwowością swojego umysłu. Użyj swojego oddechu, aby zejść głębiej, gdyż twój oddech zawsze zabierze cię poza twoje myśli, jeżeli będziesz się go trzymał w sposób świadomy. Nie pozwalaj, aby coś cię rozpraszało i zniechęcało. Jeżeli coś wypełnia twój umysł i masz trudności z uwolnieniem tego, powiedz sobie, że spojrzysz na to trochę później, lecz w tej chwili bierzesz mały urlop od swojego umysłu. Trenuj odczuwanie prawdy. Nie myśl o prawdzie. Trenuj odczuwanie prawdy.

Praktyka 32: *Dwa 30 – minutowe okresy praktyki.*

Krok 33

MAM W SWOIM ŻYCIU MISJĘ DO SPEŁNIENIA.

Masz w swoim życiu misję do spełnienia, misję, która została ci zlecona, zanim tu przybyłeś, misję, którą przeanalizujesz, gdy stąd odejdziesz. Obejmuje ona odzyskanie Wiedzy oraz właściwą współpracę z innymi w celu osiągnięcia określonych rezultatów na świecie. Nie jest takie ważne, ażebyś w tej chwili oceniał swoje życie, by dostrzec, czy odzwierciedla ono ten większy cel, ponieważ jesteś teraz zaangażowany w odzyskanie Wiedzy. W miarę jak twoja Wiedza staje się coraz silniejsza, opromieni cię ona swoją dobroczynnością i rozbłyśnie ona poprzez ciebie. Twoje działania będą wtedy modyfikowane w razie potrzeby. Tak więc nie potrzebujesz potępiać ani wybaczać przeszłości, ani swoich obecnych działań, teraz bowiem dopasowujesz się do większej siły w sobie.

Dzisiaj w trakcie swoich długich okresów praktyki zastanów się nad myślą, że istnieje większa misja, którą masz w życiu. Pomyśl o tym. Nie daj się natychmiast przekonać swoim pierwszym odpowiedziom. Rozważ to ostrożnie. Pomyśl, co to może oznaczać. Pomyśl o momentach w swoim życiu, kiedy myślałeś o tym wcześniej albo rozważałeś możliwość tego. W swoich dwu okresach praktyki będziesz miał zatem sposobność, aby to rozważyć, strzeż się jednak – nie wyciągaj jeszcze wniosków.

Praktyka 33: *Dwa 30 – minutowe okresy praktyki.*

Krok 34

JESTEM POCZĄTKUJĄCYM STUDENTEM WIEDZY.

Jesteś początkującym studentem Wiedzy. Niezależnie od tego, za jak intuicyjnego się uważasz, niezależnie od tego, za jak sprawnego umysłowo się uważasz, niezależnie od tego, za jak emocjonalnie szczerego się uważasz, bez względu na twój rozpoznawany stopień rozwoju, jesteś początkującym studentem Wiedzy. Ciesz się, że tak jest, gdyż początkujący studenci są w pozycji, aby nauczyć się wszystkiego i nie potrzebują bronić swoich osiągnięć. Nie pomniejszamy twoich osiągnięć, ale zamiast tego pragniemy zaświecić światłem prawdy na wielkość, która oczekuje na odkrycie w tobie, wielkość, która podaruje ci prawdziwą równowagę w życiu i z czasem ujawni ci, co dokładnie przybyłeś tutaj dokonać.

SWOJE DWA OKRESY PRAKTYKI rozpocznij od przyznania samemu sobie, że jesteś początkującym studentem Wiedzy i od przypomnienia sobie, aby nie wyciągać przedwczesnych wniosków zarówno względem tego przygotowania, jak i swoich zdolności jako studenta. Takie osądy są przedwczesne i rzadko odzwierciedlają prawdę w jakikolwiek sposób. Zazwyczaj są one formą zniechęcenia do samego siebie, a więc nie służą wcale żadnemu godnemu celowi.

PO WYGŁOSZENIU DO SIEBIE DZISIEJSZEJ IDEI i przypomnieniu sobie, aby nie osądzać, przez 15 minut zaprawiaj się w wyciszeniu w trakcie swoich dwu okresów praktyki. Postaraj się poczuć prawdę w sobie. Skoncentruj swój umysł na jednym punkcie albo fizycznym, albo wymyślonym, jeśli to konieczne. Pozwól, aby we wnętrzu wszystko się uspokoiło. Wycisz się tak bardzo, jak to możliwe i nie zniechęcaj się, jeśli wystąpią trudności. Jesteś początkującym studentem Wiedzy, a więc możesz nauczyć się wszystkiego.

Praktyka 34: *Dwa 15 – minutowe okresy praktyki.*

Krok 35

PRZEGLĄD

Niniejszy Przegląd da ci sposobność, aby dowiedzieć się czegoś o Drodze Wiedzy Większej Społeczności. W trakcie dwu 30 – minutowych okresów praktyki przejrzyj swoje instrukcje i doświadczenia w praktyce z minionego tygodnia. Uczyń to, osądzając jak najmniej. Jedynie spójrz i zobacz, co zostało zlecone, co uczyniłeś i jaki był rezultat. Ten obiektywny Przegląd da ci największy dostęp do wglądu i zrozumienia z minimalną ilością bólu i samookaleczenia. Uczysz się teraz, aby stać się obiektywnym względem swojego życia bez tłumienia zawartości swoich emocji. Zamiast dążyć do zniszczenia jednego ze swoich aspektów, po prostu usiłujesz rozwijać drugi.

Zatem w swoim Przeglądzie użyj tego jako drogowskazu: „Będę patrzył, ale nie będę osądzał". W ten sposób będziesz w stanie rozpoznawać rzeczy. Pamiętaj, o ile prostszym może być dla ciebie pozyskanie wglądu w życie drugiej osoby i jak niewielki możesz mieć w swoje własne. Większa obiektywność jest możliwa z innymi, ponieważ nie starasz się wykorzystać ich życia do żadnego określonego powodu, a stopień, do jakiego starasz się to zrobić, pomniejsza twoją zdolność do zrozumienia tych osób, ich natury, ich rozwoju albo ich przeznaczenia. A zatem im mniej starasz się wykorzystywać swoje życie, tym bardziej będziesz w stanie je rozumieć, doceniać je oraz pracować z jego nieodłącznymi mechanizmami dla swojego większego rozwoju.

Praktyka 35: *Dwa 30 – minutowe okresy praktyki.*

Krok 36

MOJE ŻYCIE JEST TAJEMNICĄ DO ZBADANIA.

TWOJE ŻYCIE NAPRAWDĘ JEST TAJEMNICĄ i owszem, ono prawdziwie wymaga, ażebyś je zbadał, jeżeli pragniesz pojąć jego cel, jego znaczenie i jego prawdziwy kierunek. Jest to niezbędne dla twojego szczęścia i spełnienia na świecie, jeśli przyjrzałeś się bowiem ostrożnie swojemu życiu, uświadomisz sobie, że drobne przyjemności nie mogły cię usatysfakcjonować. Ty bowiem, który poszukujesz Wiedzy, musisz otrzymać coś większego. Musisz przeniknąć zwyczajną powierzchnię rzeczy, które wydają się odpowiednio stymulować większość ludzi. Musisz zaakceptować swoją głębszą tęsknotę, w przeciwnym razie wywołasz u siebie niepotrzebny żal oraz konflikt. To nieistotne, co inni ludzie sobie cenią. Ważne jest to, co ty sobie cenisz. Jeżeli poszukujesz większego znaczenia, które jest prawdziwym znaczeniem, musisz przedrzeć się przez powierzchnię swojego umysłu.

DZISIAJ PODCZAS SWOICH DWU OKRESÓW PRAKTYKI ponownie skoncentruj się w trakcie medytacji na odczuwaniu obecności swoich Duchowych Nauczycieli. To nie jest coś, co musisz próbować zrobić. To po prostu oznacza odprężenie się, oddychanie oraz pozwolenie swojemu umysłowi na otwarcie się. Jakość twojej relacji z twoimi Nauczycielami jest kluczowa do dania ci siły i zachęty, gdyż słusznie możesz wątpić w swoje własne umiejętności, ale masz dobry powód, aby w pełni zaufać umiejętnościom swoich Nauczycieli, którzy przeszli tędy wcześniej na ich drodze do Wiedzy. Oni znają drogę, którą pragną się teraz z tobą podzielić.

PRAKTYKA 36: *Dwa 15 – minutowe okresy praktyki.*

Krok 37

ISTNIEJE DROGA DO WIEDZY.

Jakżeż może nie być drogi do Wiedzy, skoro to jest twoje Prawdziwe Ja? Jakżeż może nie być drogi dla Wiedzy, aby się wyrażała, skoro stanowi ona najbardziej naturalną formę ekspresji? Jakżeż może nie być drogi dla Wiedzy, aby prowadziła cię w relacjach, skoro Wiedza jest doskonałym źródłem wszystkich twoich relacji? Istnieje droga do Wiedzy. Wymaga ona umiejętności oraz chęci. Rozwinięcie obu będzie wymagało czasu. Musisz nauczyć się cenić prawdę i nie cenić tego, co jest fałszywe, a nauczenie się oddzielania tych dwu rzeczy oraz ich rozpoznawania wymaga czasu. Potrzeba czasu, aby nauczyć się, że to, co fałszywe cię nie satysfakcjonuje oraz że to, co prawdziwe cię satysfakcjonuje. Trzeba się tego nauczyć metodą prób i błędów oraz poprzez kontrast. Gdy zbliżasz się do Wiedzy, twoje życie staje się pełniejsze, bardziej pewne i bardziej ukierunkowane. Gdy od niej odchodzisz, powracasz do zamętu, frustracji i gniewu.

DZISIAJ W TRAKCIE SWOICH DWU OKRESÓW PRAKTYKI, które nie będą praktykami medytacyjnymi, poświęć przynajmniej 15 minut, myśląc o wszystkich drogach uzyskania dostępu do Wiedzy. Napisz na kartce papieru wszystkie drogi prowadzące do Wiedzy. Spędź oba okresy praktyki w ten sposób i wyczerp wszystkie możliwości, jakie przyjdą ci do głowy. Postaraj się być bardzo precyzyjny. Wykorzystaj swoją wyobraźnię, ale wyznacz drogi, które wydają się dla ciebie bardzo rzeczywiste i znaczące. W ten sposób będziesz wiedział, co myślisz na temat tego, jak znaleźć drogę do Wiedzy i zdasz sobie przez to sprawę, że Bóg zna drogę do Wiedzy.

PRAKTYKA 37: *Dwa 15 – minutowe okresy praktyki.*

Krok 38

Bóg zna drogę do Wiedzy.

Jakżeż możesz odnaleźć swoją drogę, kiedy jesteś zagubiony? Jakżeż możesz znać pewność, kiedy tak bardzo cenisz sobie tymczasowość? Jakżeż możesz znać potęgę swojego własnego życia, kiedy tak bardzo jesteś przestraszony zagrożeniami utraty i zniszczenia? Życie jest dla ciebie łaskawe, ponieważ oferuje ci nie tylko nagrodę, ale i drogę do nagrody. Gdyby to zależało od ciebie, byłoby to zaiste okrutne, gdyż musiałbyś spróbować każdej możliwości, jaką byłbyś w stanie sobie wyobrazić, po czym miałbyś możliwości, jakie inni sobie wyobrazili, a nawet możliwości pozyskania Wiedzy, które inni wykorzystali z powodzeniem, ale które w rzeczywistości mogą nie działać dobrze dla ciebie. W swoim krótkim okresie na świecie jakżeż możesz wszystko to osiągnąć i wciąż utrzymać swoją żywotność? Jakżeż możesz utrzymać swoją zachętę do Wiedzy, kiedy tak wiele dróg cię rozczaruje?

Nabierz dzisiaj otuchy, wiedząc, że Bóg zna drogę do Wiedzy, a ty musisz jedynie podążać drogą, jaka została podarowana. W ten sposób Wiedza po prostu wyłania się w tobie, ponieważ jest uznawana, albowiem tylko Bóg zna Wiedzę w tobie i tylko Wiedza w tobie zna Boga. Kiedy te dwa rezonują ze sobą, oba stają się bardziej oczywiste. W tym odnajdziesz pokój.

Dzisiaj w trakcie swoich dwu okresów praktyki, z których każdy potrwa 30 minut, trenuj odczuwanie obecności Boga w ciszy, w spokoju. Nie myśląc o Bogu, nie spekulując, nie zastanawiając się, nie powątpiewając, trenuj po prostu odczuwanie. To nie jest marzenie, na którym się teraz koncentrujesz, chociaż jesteś przyzwyczajony do koncentrowania się na marzeniu. W ciszy i spokoju wszystko staje się oczywiste. Bóg jest bardzo spokojny, gdyż Bóg nigdzie się nie wybiera. Gdy ty stajesz się wyciszony, będziesz czuł moc Boga.

Praktyka 38: *Dwa 30 – minutowe okresy praktyki.*

Krok 39

MOC BOGA JEST ZE MNĄ.

Moc Boga jest z tobą. Jest ona w twojej Wiedzy. Ucz się zatem, aby odzyskać swoją Wiedzę, a nauczysz się, jak odzyskać moc, którą Bóg ci podarował i odzyskasz również swoją moc, gdyż twoja moc będzie niezbędna, by zbliżyć się do mocy Boga. Zatem wszystko to, co jest autentycznie potężne i wszystko to, co jest autentycznie dobre, będzie potwierdzone w tobie oraz w Bogu. Niech ten dzień będzie zatem dniem poświęconym doświadczaniu tej obecności i tej mocy w twoim życiu. Nie musisz mieć wyobrażeń na temat Boga. Nie musisz mieć obrazów albo wizerunków, aby wzmocnić swoje rozumienie lub przekonanie. Musisz jedynie wykorzystać praktyki, jakie są tutaj dane.

W SWOICH DWU GŁĘBOKICH PRAKTYKACH MEDYTACYJNYCH, z których każda potrwa 30 minut, raz jeszcze wejdź w stan wyciszenia i pozwól sobie odczuwać moc Boga. Wykorzystaj swoją własną moc, ażeby ukierunkować swój umysł i nie pozwól, aby zwątpienia oraz obawy cię zniechęciły. Moc Boga stanowi tajemnicę twojego życia, gdyż stanowi ona moc, którą wziąłeś ze sobą od Boga w celu wykorzystania jej w sposób odpowiedni na świecie zgodnie z Większym Planem. Pozwól sobie zatem wejść w praktykę z poświęceniem, z prostotą i z pokorą, aby móc poczuć moc Boga.

PRAKTYKA 39: *Dwa 30 – minutowe okresy praktyki.*

Krok 40

Dzisiaj poczuję moc Boga.

Moc Boga jest tak kompletna i tak całkowita, że nasyca ona wszystko. Jedynie te umysły, które są oddzielone i zagubione w cenieniu sobie swoich własnych myśli, mogą być oddzielone od wielkiej życzliwości Boga. Ci, którzy odpowiedzieli Bogu, stali się z czasem Posłańcami Boga, ażeby móc udzielić daru Łaski tym, którzy pozostają pogrążeni w zamęcie.

Wszystkie pozorne potęgi twojego świata – siły natury, nieuchronność twojej śmierci, nieustannie obecne zagrożenie choroby, utraty i zniszczenia oraz wszystkie przejawy konfliktu – wszystko to są tymczasowe ruchy w wielkim bezruchu Boga. To właśnie ten wielki bezruch wzywa cię do powrotu do pokoju oraz pełnej przyjemności Boga, musisz się jednak przygotować.

Dzisiaj przygotowujesz się podczas swoich 30 – minutowych okresów praktyki. W trakcie cichej medytacji staraj się poczuć moc Boga. Nie musisz przywoływać magicznych obrazów, gdyż ta moc jest czymś, co musisz poczuć, jest ona bowiem wszędzie. Niezależnie od swoich okoliczności lub stanu, czy są one korzystne dla twojego rozwoju, czy też nie, dzisiaj możesz poczuć moc Boga.

Praktyka 40: *Dwa 30 – minutowe okresy praktyki.*

Krok 41

Nie obawiam się mocy Boga.

To stwierdzenie jest tak ważne dla twojego szczęścia, ponieważ musisz ponownie nauczyć się, aby ufać mocy miłości oraz mocy Boga. W tym celu musisz porzucić swoje poprzednie idee, założenia i oceny bolesnych doświadczeń z przeszłości. Bolesnym jest bycie oddzielonym od tego, co kochasz ponad wszystko, a jedynym sposobem na to, aby utrzymać to oddzielenie, jest złorzeczyć temu, co kochasz, nadać mu nikczemny zamiar, a następnie wzbudzić w sobie poczucie winy. Aby poczuć i zaakceptować moc Boga, zło i poczucie winy muszą cię opuścić. Musisz wyruszyć, aby zbadać to, co jest najbardziej naturalne. To tak jakby jednocześnie odkrywać nowe terytorium i wracać do domu.

Zatem trenuj dzisiaj dwukrotnie w wyciszeniu odczuwanie mocy Boga. Nie szukaj u Boga odpowiedzi. Nie musisz w ogóle mówić, a jedynie być obecnym, gdy bowiem uczysz się być w relacji z tym, co jest źródłem wszystkich twoich relacji, informacja, jakiej potrzebujesz, może z łatwością do ciebie przyjść, aby cię prowadzić, dodać ci otuchy i poprawić cię, kiedy jest to konieczne. Najpierw jednak musisz poczuć moc Boga, a w tym odnajdziesz swoją własną siłę.

Praktyka 41: *Dwa 30 – minutowe okresy praktyki.*

Krok 42

PRZEGLĄD

Dzisiaj w swoim Przeglądzie przejrzyj wszystkie udzielone instrukcje z minionego tygodnia, a także swoje doświadczenia treningu. Zwróć dzisiaj szczególną uwagę na to, jak poważnie i jak ostrożnie trenujesz. Upewnij się, że nie zmieniasz i nie dostosowujesz lekcji, aby odpowiadały twoim gustom i oczekiwaniom. Pamiętaj, że musisz jedynie podążać zgodnie z programem nauczania, aby otrzymać jego prawdziwe nagrody. Twoja część jest mała. Nasza część jest wielka. My dajemy środki. Musisz jedynie za nimi podążać, w wierze i w prawdziwym oczekiwaniu. Postępując w ten sposób, rozwiniesz cierpliwość, zdolność rozróżniania, zaufanie, konsekwentność oraz poczucie własnej wartości. Dlaczego poczucie własnej wartości? Z uwagi na to, że musisz cenić siebie wysoko, aby pozwolić sobie zbliżyć się do wielkich darów Wiedzy. Nic innego nie zniweczy nienawiści do samego siebie w sposób bardziej stosowny i bardziej kompletny aniżeli otrzymywanie darów, jakie są ci przeznaczone.

Dzisiaj zatem w swoim jednym długim okresie praktyki przejrzyj miniony tydzień praktyki. Bez osądu spójrz i zobacz, co zostało zaoferowane, co uczyniłeś i co może być zrobione, by pogłębić swoją praktykę tak, ażebyś mógł otrzymać jej korzyści w sposób bardziej bezpośredni. Jeśli masz trudności, rozpoznaj problemy i spróbuj je rozwiązać. Zaangażuj się bardziej w przyszłym tygodniu. Czyniąc tak, skorygujesz zwątpienie w samego siebie oraz zamęt jedynie poprzez kierowanie swoją wolą.

Praktyka 42: *Jeden długi okres praktyki.*

Krok 43

MOJĄ WOLĄ JEST ZNAĆ BOGA.

Twoją wolą jest znać Boga. To jest twoja prawdziwa wola. Jakiekolwiek inne pragnienie czy motywacja jest ucieczką od tego, co stanowi twoją prawdziwą wolę. To twoja wola stała się dla ciebie najbardziej przerażająca. Obawiasz się tego, co wiesz i co najgłębiej odczuwasz. To prowadzi cię do odnajdywania schronienia w innych rzeczach, które ciebie nie przedstawiają, a w tym tracisz swoją tożsamość i usiłujesz skonstruować tożsamość, która jest powiązana z tymi rzeczami, jakich poszukiwałeś do ucieczki. W odosobnieniu jesteś nieszczęśliwy, ale w relacji szczęście jest odzyskane.

Twoją wolą jest znać Boga. Nie obawiaj się swojej woli. Jesteś stworzony przez Boga. Wolą Boga jest znać ciebie. Twoją wolą jest znać Boga. Nie ma innej woli. Wszystkie motywacje inne niż ta są jedynie zrodzone z zamętu i strachu. Znajomość Boga daje Bogu moc i tobie również daje moc.

Dzisiaj w swoich dwu okresach praktyki w cichej medytacji trenuj odczuwanie siły swojej własnej woli. Nie pozwól, aby strach i zwątpienie przesłoniły ci umysł. Nie musisz próbować odczuwać woli Boga. Ona tam po prostu jest. Wymaga ona jedynie twojej uwagi do tego, aby ją rozpoznać. Dlatego też praktykuj głęboko poprzez po prostu bycie obecnym wobec tego doświadczenia.

Praktyka 43: *Dwa 30 – minutowe okresy praktyki.*

Krok 44

Pragnę znać moją własną siłę.

To oświadczenie możesz uznać za bardzo akceptowalne ze względu na swoje natychmiastowe zapotrzebowanie na nie w swoich obecnych okolicznościach, ale to oświadczenie jest znacznie głębsze niż może się to wydawać na początku. Masz o wiele więcej siły niż twierdzisz, lecz nie możesz sobie tego w pełni uświadomić, dopóki jej zastosowanie nie jest ukierunkowane w sposób, który prawdziwie cię odradza i wywołuje twoje prawdziwe zdolności.

Jak możesz zbliżyć się do swojej siły, jeżeli czujesz się słaby i bezradny, kiedy czujesz się niegodny, kiedy ciąży na tobie poczucie winy lub zamętu albo jeśli w złości winisz innych za swoje widoczne porażki? Zdobycie siły oznacza uwolnienie wszystkiego, co cię powstrzymuje. Nie uwalniasz swoich przeszkód, twierdząc, że one nie istnieją. Pojawienie się przeszkód jest jedynie oznaką, że musisz przez nie przejść. Twoja własna siła jest wtedy rozwijana. Szukasz swojej siły i wykorzystujesz ją, aby odnaleźć swoją siłę. Pragniemy, ażebyś znał swoją siłę i wykorzystywał ją w swoim własnym imieniu.

Dzisiaj w swoich dwu praktykach medytacyjnych w ciszy i spokoju próbuj poczuć swoją własną siłę. Nie pozwól, aby same myśli cię zniechęciły, obawy i zwątpienia są bowiem jedynie myślami – ulotnymi rzeczami, które przemierzają twój umysł jak chmury. Poza chmurami twojego umysłu znajduje się wielki wszechświat Wiedzy. Dlatego też nie pozwól, aby chmury przesłoniły twój widok na gwiazdy ponad nimi.

Praktyka 44: *Dwa 30 – minutowe okresy praktyki.*

Krok 45

SAM NIC NIE MOGĘ ZROBIĆ.

Sam nic nie możesz zrobić. Nic nigdy nie zostało dokonane samodzielnie. Nic nigdy nie zostało osiągnięte samodzielnie, nawet w twoim świecie. Nic nigdy nie zostało stworzone samodzielnie, nawet w twoim umyśle. Nie można zdobyć uznania, robiąc coś samodzielnie. Wszystko jest wynikiem wspólnego wysiłku. Wszystko jest wytworem relacji.

Czy to poniża cię jako jednostkę? Zdecydowanie nie. To daje ci środowisko oraz rozumienie, aby zdać sobie sprawę ze swoich prawdziwych osiągnięć. Jesteś kimś więcej niż swoją indywidualnością, a więc możesz być wolny od jej ograniczeń. Działasz poprzez jednostkę, którą jesteś osobiście, jednakże jesteś kimś więcej niż tym. Zaakceptuj ograniczenia ograniczonego ja i nie wymagaj, aby ograniczone ja było Bogiem, inaczej obłożysz je wielkim ciężarem oraz wielkimi oczekiwaniami i ukarzesz je potem za jego porażki. To prowadzi do nienawiści do samego siebie. To prowadzi do wstrętu do swojego fizycznego życia i do okaleczania samego siebie osobiście pod względem emocjonalnym i fizycznym. Zaakceptuj swoje ograniczenia, ażebyś zaakceptował wielkość w ramach swojego życia.

Dzisiaj zatem w swoich dwu okresach praktyki, mając oczy otwarte, skoncentruj się teraz na swoich ograniczeniach. Rozpoznaj je. Nie osądzaj ich jako złe lub dobre. Po prostu je rozpoznaj. To daje ci pokorę, a w pokorze jesteś w pozycji, aby otrzymać wielkość. Jeżeli bronisz swoich ograniczeń, jak możesz otrzymać to, co je przewyższa?

Praktyka 45: *Dwa 15 – minutowe okresy praktyki.*

Krok 46

Muszę być mały, aby być wielkim.

Czy to sprzeczność, że musisz być mały, aby być wielkim? Nie jest to sprzeczność, jeżeli zrozumiesz znaczenie tego. Rozpoznanie swoich ograniczeń pozwala ci działać bardzo skutecznie w ograniczonym kontekście. To demonstruje większą rzeczywistość niż mogłeś sobie kiedykolwiek wyobrazić. Twoja wielkość nie może opierać się jedynie na nadziei albo wysokich oczekiwaniach. Nie może opierać się na idealizmie, ale na prawdziwym doświadczeniu. Pozwól sobie być małym, a doświadczysz wielkości, która jest w tobie oraz wielkości, która jest częścią ciebie.

Dzisiaj w swoich dwu okresach praktyki pozwól sobie mieć ograniczenia, ale bez osądzania. Nie ma potępienia. Aktywnie zaangażuj swój umysł w skupianiu się na swoich ograniczeniach. Skupiaj się bez potępiania. Patrz obiektywnie. Przeznaczone ci jest bycie nośnikiem, aby Większa Rzeczywistość wyrażała się w tym świecie. Twój nośnik służący ekspresji jest całkiem ograniczony, ale jest w pełni odpowiedni do wykonania zadania, jakie masz do wykonania. Akceptując jego ograniczenia, możesz zrozumieć jego mechanizm i nauczyć się pracować z nim w sposób konstruktywny. Wtedy nie jest już ograniczeniem, ale formą radosnej ekspresji dla ciebie.

Praktyka 46: *Dwa 15 – minutowe okresy praktyki.*

Krok 47

DLACZEGO POTRZEBUJĘ NAUCZYCIELI?

Zadasz to pytanie prędzej czy później i być może wielokrotnie. Zadanie takiego pytania jest zrodzone z twoich oczekiwań wobec samego siebie. Kiedy jednak spojrzysz ostrożnie na swoje życie, to zobaczysz, że miałeś wymaganą instrukcję do wszystkiego, czego się nauczyłeś. Być może rzeczy, które poczułeś w swoim wnętrzu, wydawały się stworzone przez ciebie, ale one również są rezultatem instrukcji. Poprzez relacje byłeś przygotowywany do wszystkiego, czego się nauczyłeś niezależnie od tego, czy jest to praktyczna umiejętność, czy też wnikliwsze spostrzeżenie. Zrozumienie tego rodzi wielkie uznanie dla relacji i w pełni potwierdza moc wnoszenia wkładu na świecie.

Jeżeli miałbyś zamiar uczciwie podejść do nauki dowolnej umiejętności, najpierw musiałbyś rozpoznać, jak wiele nie wiesz, potem musiałbyś rozpoznać, jak wiele musisz się nauczyć, a następnie musiałbyś znaleźć najlepszą możliwą formę instrukcji. To musi mieć zastosowanie do odzyskania Wiedzy. Musisz zdać sobie sprawę z tego, jak niewiele wiesz, jak wiele musisz się dowiedzieć, a następnie otrzymać instrukcję, jaka jest dostarczana. Czy to słabość potrzebować nauczyciela? Nie. Jest to szczere rozpoznanie opierające się na szczerej ocenie. Jeśli zdasz sobie sprawę z tego, jak niewiele wiesz oraz jak wiele musisz się dowiedzieć i jaka jest moc samej Wiedzy, zrozumiesz, jakie to jest oczywiste. Jakżeż możesz dać tym, którzy myślą, że już mają, podczas gdy w rzeczywistości są ubodzy? Nie możesz. A ich ubóstwo będzie wymuszane i utrzymywane przez nich samych.

Dlaczego potrzebujesz Nauczyciela? Dlatego, że musisz się uczyć. I musisz oduczyć się tego, czego się nauczyłeś, a co cię powstrzymuje. Dzisiaj w swoich dwu okresach praktyki, mając oczy zamknięte w kontemplacji, rozważ, dlaczego potrzebujesz Nauczyciela. Obserwuj każde myśli, które sugerują, że mógłbyś dokonać tego na własną rękę, gdybyś był wystarczająco mądry albo wystarczająco silny, albo spełniał inne kryterium. Jeśli te oczekiwania się pojawią, rozpoznaj, czym one są. Są one naleganiem na pozostanie niedouczonym poprzez ogłoszenie siebie odpowiednim instruktorem. Nie możesz nauczyć siebie tego, czego nie wiesz, a usiłowanie uczynienia tego jedynie puszcza ponownie w obieg stare informacje i wiąże cię bliżej miejsca, w którym jesteś teraz.

Dlatego też dzisiaj podczas praktyki rozpoznaj swoją potrzebę prawdziwej instrukcji, a także swój opór, jeżeli tam jest, wobec obecności prawdziwej instrukcji, która jest dostępna teraz dla ciebie.

Praktyka 47: *Dwa 30 – minutowe okresy praktyki.*

Krok 48

PRAWDZIWA INSTRUKCJA JEST DOSTĘPNA DLA MNIE.

PRAWDZIWA INSTRUKCJA JEST DOSTĘPNA. Oczekiwała, ażebyś osiągnął etap dojrzałości, w którym uświadomisz sobie jej konieczność w swoim życiu. To rodzi prawdziwą motywację do nauki. Jest to zrodzone z rozpoznania swoich ograniczeń w świetle tego, co jest twoją prawdziwą potrzebą. Musisz kochać siebie, aby stać się studentem Wiedzy i ustawicznie kochać siebie, aby iść dalej. Nie ma żadnej innej przeszkody w nauce niż ta. Bez miłości jest strach, gdyż nic innego nie może zastąpić strachu. Miłość jednak nie została zastąpiona, a prawdziwe wsparcie jest dostępne dla ciebie.

DZISIAJ W SWOICH DWU PRAKTYKACH MEDYTACYJNYCH próbuj poczuć obecność tego prawdziwego wsparcia. W ciszy i spokoju odczuwaj to w swoim życiu i wokół siebie. Zaczniesz dostrzegać rzeczy, które są obecne, mimo że nie możesz ich zobaczyć. Będziesz w stanie odpowiadać na idee oraz informacje, mimo że nie możesz jeszcze usłyszeć źródła przesłania. Jest to rzeczywisty proces w twórczym myśleniu, albowiem ludzie otrzymują idee, oni ich nie tworzą. Jesteś częścią większego życia. Twoje osobiste życie jest nośnikiem jego ekspresji. Twoja indywidualność jest zatem coraz bardziej rozwijana i bardziej radosna, nie jest już dla ciebie więzieniem, ale formą radosnej ekspresji.

PRAWDZIWE WSPARCIE JEST DOSTĘPNE DLA CIEBIE. Trenuj w tym dniu odczuwanie jego trwałej obecności w swoim życiu.

PRAKTYKA 48: *Dwa 30 – minutowe okresy praktyki.*

Krok 49

PRZEGLĄD

To wyznacza zakończenie twojego siódmego tygodnia praktyki. W tym Przeglądzie jesteś proszony, aby przejrzeć wszystkie siedem tygodni praktyki, przeglądając wszystkie instrukcje i przywołując swoje doświadczenie z używania każdej z nich. To może wymagać kilku dłuższych okresów praktyki, ale jest dość istotne, abyś zrozumiał, co to znaczy być studentem oraz w jaki sposób rzeczywiście odbywa się nauka.

Bądź bardzo ostrożny, aby nie osądzać siebie jako studenta. Nie jesteś w pozycji, aby osądzać siebie jako studenta. Nie masz kryterium, ponieważ nie jesteś nauczycielem Własnej Wiedzy. W miarę postępowania odnajdziesz, że niektóre z twoich porażek doprowadzą do większych sukcesów oraz że niektóre z twoich domniemanych sukcesów mogą prowadzić do porażek. To podkreśli twój cały system oceny i doprowadzi do większego rozpoznania. To pozwoli ci być pełnym współczucia w stosunku do siebie oraz innych, których obecnie osądzasz za ich sukcesy oraz ich porażki.

Przejrzyj zatem pierwsze czterdzieści osiem lekcji praktyki. Postaraj się przypomnieć sobie, jak zareagowałeś na każdy krok i jak głęboko byłeś zaangażowany. Postaraj się spojrzeć na swoje sukcesy, swoje osiągnięcia i swoje przeszkody. Dotarłeś tak daleko. Gratulacje! Przeszedłeś pierwszy test. Zachęcamy teraz do kontynuowania, albowiem Wiedza jest z tobą.

Praktyka 49: *Kilka długich okresów praktyki.*

Krok 50

Dzisiaj będę z Wiedzą.

Bądź dzisiaj z Wiedzą, ażeby pewność oraz moc Wiedzy były dostępne dla ciebie. Pozwól, aby Wiedza dała ci spokój. Pozwól, aby Wiedza dała ci siłę i kompetencję. Pozwól, aby Wiedza cię uczyła. Pozwól, aby Wiedza ujawniła ci wszechświat, jaki prawdziwie istnieje, a nie taki, za jaki go osądzasz.

W swoich dwu okresach praktyki trenuj w wyciszeniu, odczuwając moc Wiedzy. Nie zadawaj pytań. To nie jest teraz konieczne. Nie sprzeczaj się ze sobą o rzeczywistość swojego dążenia, jest to bowiem bezużyteczne i pozbawione znaczenia. Nie możesz wiedzieć, dopóki nie otrzymasz, żeby natomiast otrzymać, musisz ufać swojej skłonności do tego, by wiedzieć.

Dzisiaj bądź z Wiedzą. Nie pozwól, aby coś cię odwiodło podczas twoich okresów praktyki. Musisz się jedynie odprężyć i być obecny. Dzięki tym praktykom większa obecność będzie rozpoznana, a to zacznie rozwiewać twoje obawy.

Praktyka 50: *Dwa 30 – minutowe okresy praktyki.*

Krok 51

POZWÓLCIE MI ROZPOZNAĆ MOJE OBAWY, AŻEBYM MÓGŁ DOSTRZEC PRAWDĘ POZA NIMI.

TWOJE PRZESZKODY MUSZĄ ZOSTAĆ ROZPOZNANE, aby móc widzieć poza nimi. Jeśli są one ignorowane lub zaprzeczane, jeśli są one chronione albo nazywane w inny sposób, nie zrozumiesz natury tego, co cię krępuje. Nie zrozumiesz tego, co cię gnębi. Twoje życie nie jest zrodzone ze strachu. Twoje Źródło nie jest zrodzone ze strachu. Być w stanie rozpoznać swój strach oznacza, że musisz uświadomić sobie, iż jesteś częścią czegoś większego. Pojmując to, możesz się nauczyć stać się obiektywnym wobec swojego życia i zrozumieć swoje obecne okoliczności bez potępiana samego siebie, ponieważ to w tych okolicznościach musisz się rozwijać. Musisz zacząć z miejsca, w którym jesteś. Aby tego dokonać, musisz poznać swoje mocne i słabe strony.

DZISIAJ PODCZAS SWOICH DWU OKRESÓW PRAKTYKI oceń obecność swoich obaw i przypomnij sobie, że twoja rzeczywistość znajduje się poza nimi, musisz je jednak rozpoznać, aby pojąć ich szkodliwy wpływ w twoim życiu. Zamknij oczy i powtórz myśl na dzisiaj; następnie rozważ każdą obawę, jaka pojawi się w twoim umyśle. Przypomnij sobie, że prawda znajduje się poza tą konkretną obawą. Pozwól, aby wszystkie obawy się pojawiły i zostały poddane ocenie w ten sposób.

ABY BYĆ BEZ STRACHU, MUSISZ ZROZUMIEĆ STRACH – jego mechanizm, jego wpływ na ludzi oraz jego efekt na świecie. Musisz rozpoznać to bez podstępu i bez preferencji. Jesteś wielką istotą działającą w ograniczonym kontekście, w ograniczonym środowisku. Zrozum ograniczenia swojego środowiska i zrozum ograniczenia swojego nośnika, a nie będziesz już więcej nienawidził samego siebie za swoje ograniczenia.

PRAKTYKA 51:   *Dwa 30 – minutowe okresy praktyki.*

Krok 52

JESTEM WOLNY, ABY ODNALEŹĆ ŹRÓDŁO MOJEJ WIEDZY.

Ź**RÓDŁO TWOJEJ WIEDZY ISTNIEJE W TOBIE** i również poza tobą. Nie ma różnicy dla źródła Wiedzy, gdzie ono istnieje, jest ono bowiem wszędzie. Twoje życie zostało ocalone, ponieważ Bóg umieścił Wiedzę w tobie. Nie zrozumiesz jednak swojego zbawienia, dopóki Wiedza nie zostanie dopuszczona do wyłonienia się i do obdarowania cię swoimi darami. Jakaż inna wolność jest wolna poza tą, która umożliwia ci otrzymać dar twojego prawdziwego życia? Każda inna wolność jest wolnością do bycia chaotycznym, wolnością do szkodzenia sobie. Wielka wolność polega na odnalezieniu Wiedzy i pozwoleniu jej na wyrażanie siebie poprzez ciebie. Dzisiaj jesteś wolny, aby odnaleźć źródło swojej Wiedzy.

W SWOICH DWU OKRESACH PRAKTYKI W WYCISZENIU przyjmij źródło swojej Wiedzy. Przypomnij sobie, że jesteś wolny, aby to zrobić. Niezależnie od strachu czy niepokoju, niezależnie od jakiegokolwiek poczucia winy lub wstydu, pozwól sobie otrzymać źródło swojej Wiedzy. Jesteś wolny, aby otrzymać dzisiaj źródło swojej Wiedzy.

PRAKTYKA 52: *Dwa 30 – minutowe okresy praktyki.*

Krok 53

Moje dary są dla innych.

Twoje dary są przeznaczone do ofiarowania innym, lecz najpierw musisz rozpoznać swoje dary i oddzielić je od swoich pomysłów, które je ograniczają, zmieniają je albo je wypierają. Jak możesz zrozumieć siebie z wyjątkiem w kontekście wnoszenia wkładu na rzecz innych? Sam nic nie możesz zrobić. Sam nie masz żadnego znaczenia. Jest tak dlatego, że nie jesteś sam. Będzie to postrzegane jako ciężar i jako zagrożenie, dopóki nie uświadomisz sobie wielkiego znaczenia tego oraz jak wielki jest to tak naprawdę dar. Jest to zbawienie twojego życia. Kiedy życie cię odzyskuje, ty odzyskujesz życie i otrzymujesz wszystkie jego nagrody, które znacznie przewyższają wszystko, co mógłbyś sobie dać. Wartość twojego życia jest urzeczywistniana i w pełni demonstrowana poprzez twoje wnoszenie wkładu na rzecz innych, ponieważ dopóki twój wkład nie zaistnieje, możesz jedynie częściowo zrozumieć samego siebie – swoją wartość, swój cel, swoje znaczenie i swój kierunek.

Dzisiaj w swoich dwu okresach praktyki czuj pragnienie wnoszenia wkładu na rzecz innych. Nie potrzebujesz teraz określać, do czego pragniesz się przyczynić. To nie jest tak istotne, jak twoje pragnienie wnoszenia wkładu, gdyż forma wnoszenia wkładu stanie się z czasem dla ciebie oczywista i będzie również ewoluować. To twoje pragnienie wnoszenia wkładu zrodzone z prawdziwej motywacji da ci radość w tym dniu.

Praktyka 53: *Dwa 30 – minutowe okresy praktyki.*

Krok 54

NIE BĘDĘ ŻYŁ W IDEALIZMIE.

Czym jest idealizm, jak tylko wyobrażeniami rzeczy, na które liczysz, opierając się na rozczarowaniu? Twój idealizm obejmuje samego ciebie, twoje relacje, a także świat, w którym żyjesz. Obejmuje on Boga i życie oraz wszystkie dziedziny doświadczenia, jakie możesz sobie wyobrazić. Bez doświadczenia jest idealizm. Idealizm może być pomocny na początku, gdyż może on zacząć prowadzić cię w prawdziwym kierunku, ale nie możesz opierać na nim swoich wniosków lub swojej tożsamości, jedynie bowiem doświadczenie może dać ci to, co jest prawdziwe dla ciebie i to, co możesz w pełni zaakceptować. Nie pozwól, aby prowadził cię idealizm, albowiem Wiedza jest tutaj, aby cię prowadzić.

Dzisiaj w swoich dwu okresach praktyki rozpoznaj zakres swojego własnego idealizmu. Obserwuj ostrożnie, kim chciałbyś być, jak twoim zdaniem powinien wyglądać twój świat i jakie według ciebie mają być twoje relacje. Powtórz dzisiejszą myśl i z zamkniętymi oczami przeanalizuj każdy z twoich ideałów. Mimo iż twoje ideały mogą wyglądać korzystnie oraz wydają się demonstrować twoje pragnienie miłości i harmonii, one w efekcie cię ograniczają, zastępują one bowiem to, co prawdziwie dałoby ci dary, jakich poszukujesz.

Praktyka 54: *Dwa 30 – minutowe okresy praktyki.*

Krok 55

ZAAKCEPTUJĘ ŚWIAT TAKIM, JAKI JEST.

IDEALIZM JEST PRÓBĄ NIEAKCEPTOWANIA ŚWIATA takiego, jaki jest. Uzasadnia on winę i potępienie. Wytwarza on oczekiwania wobec życia, które jeszcze nie istnieją, a tym samym czyni cię podatnym na poważne rozczarowanie. Twój idealizm wzmacnia twoje potępianie.

ZAAKCEPTUJ ŚWIAT DZISIAJ TAKIM, JAKI JEST, a nie takim, jaki chciałbyś, aby był. Wraz z akceptacją przychodzi miłość, nie możesz bowiem kochać świata, jaki chciałbyś, aby istniał. Możesz jedynie kochać świat takim, jaki jest. Zaakceptuj teraz siebie takiego, jaki istniejesz, a prawdziwe pragnienie zmiany i rozwoju naturalnie wyłoni się w tobie. Idealizm uzasadnia potępianie. Rozpoznaj tę wielką prawdę, a zaczniesz mieć bardziej natychmiastowe i bardziej dogłębne doświadczenie życia, a także tego, co jest rzeczywiste, co nie opiera się na nadziei albo oczekiwaniach, lecz na prawdziwym zaangażowaniu.

DLATEGO TEŻ DZISIAJ W SWOICH DWU 30 – MINUTOWYCH OKRESACH PRAKTYKI koncentruj się na akceptowaniu rzeczy dokładnie takimi, jakie są. Czyniąc tak, nie akceptujesz przemocy, konfliktu lub niewiedzy. Jedynie akceptujesz kondycje, jakie istnieją, ażebyś mógł działać z nimi w sposób konstruktywny. Bez tej akceptacji nie masz miejsca, z którego zacząć prawdziwe zaangażowanie. Pozwól światu, aby był dokładnie takim, jaki jest, to temu światu przybyłeś bowiem służyć.

PRAKTYKA 55: *Dwa 30 – minutowe okresy praktyki.*

Krok 56

PRZEGLĄD

W dzisiejszym Przeglądzie przejrzyj miniony tydzień lekcji i swojego w nie zaangażowania. Postaraj się zrozumieć, że chociaż czynienie postępów może wydawać się na początku wolne, to, co jest wolne i niezmienne rozwija się wielce. Zaangażowanie, które jest konsekwentnie stosowane, da ci prostą ścieżkę do twojego osiągnięcia.

Raz jeszcze przypominamy ci, ażebyś w swoim Przeglądzie powstrzymał się od osądzania samego siebie, jeżeli nie sprostałeś swoim oczekiwaniom. Zdaj sobie jedynie sprawę z tego, co jest wymagane, aby podążać zgodnie z instrukcjami, tak jak zostały podane i zaangażuj się w nie możliwie jak najpełniej. Pamiętaj, że uczysz się, aby się nauczyć i pamiętaj, że uczysz się, aby odzyskać poczucie własnej wartości oraz swoje prawdziwe zdolności.

Praktyka 56: *Jeden długi okres praktyki.*

Krok 57

WOLNOŚĆ JEST ZE MNĄ.

WOLNOŚĆ TRWA W TOBIE, oczekując, aby się w tobie narodzić, oczekując na bycie zaakceptowaną i odzyskaną, oczekując na to, by nią żyć i ją stosować, a także oczekując, aby ją szanować i za nią podążać. Ty, któryś żył pod ciężarem swojej własnej wyobraźni, ty, któryś był więźniem swoim własnych myśli oraz myśli innych osób, ty, któryś był przestraszony i zagrożony obliczami tego świata, masz teraz nadzieję, albowiem prawdziwa wolność trwa w tobie. Ona cię wyczekuje. Wziąłeś ją ze sobą ze swojego Przedwiecznego Domu. Niesiesz ją ze sobą każdego dnia, w każdym momencie.

W RAMACH TEGO PROGRAMU ROZWOJU uczysz się teraz zwracać w kierunku wolności oraz porzucać strach i mrok swojej własnej wyobraźni. W wolności odnajdziesz stabilność oraz konsekwentność. To da ci podstawę, na której zbudujesz swoją miłość i poczucie własnej wartości, a ta podstawa nie będzie wstrząśnięta światem, jest ona bowiem większa niż świat. Nie jest ona zrodzona z niepokoju oddzielenia. Jest ona zrodzona z prawdy twojego całkowitego włączenia w życie.

CO GODZINĘ POWTARZAJ DZISIEJSZĄ MYŚL i poświęć chwilę, aby poczuć, że wolność jest z tobą. Gdy zbliżysz się do wolności w ciągu dnia, będziesz w stanie coraz bardziej wyraźnie rozpoznawać, co cię powstrzymuje. Zrozumiesz, że powstrzymuje cię tylko twoje przywiązanie do swoich własnych myśli. To twoje zainteresowanie swoją własną wyobraźnią cię powstrzymuje. To złagodzi twój ciężar i zrozumiesz, że prawdziwy wybór jest dostępny. Uświadomienie sobie tego da ci siłę, aby zbliżyć się dzisiaj do wolności.

W SWOICH DWU GŁĘBOKICH OKRESACH MEDYTACYJNYCH powtórz dzisiejszą myśl i postaraj się pozwolić swojemu umysłowi na wyciszenie się, co jest zaczątkiem jego wolności. Ta praktyka polegająca na wyciszaniu się pozwoli twojemu umysłowi uwolnić się z kajdan, które go więżą – brak wybaczenia z przeszłości, jego niepokój o przyszłość i jego unikanie teraźniejszości. W wyciszeniu twój umysł wznosi się ponad wszystko to, co utrzymuje go małym, ukrytym oraz odizolowanym w swoim własnym mroku. Jakże blisko ciebie jest dzisiaj wolność, ty, który musisz być jedynie wyciszony, aby ją otrzymać. I jakże wielka jest twoja nagroda, ty, który przybyłeś na świat, albowiem wolność jest z tobą.

PRAKTYKA 57: *Dwa 30 – minutowe okresy praktyki.*
 Cogodzinna praktyka.

Krok 58

WIEDZA JEST ZE MNĄ.

Dzisiaj potwierdzamy obecność Wiedzy w twoim życiu. Co każdą godzinę potwierdzaj to oświadczenie, a następnie poświęć chwilę, aby starać się poczuć tę obecność. Musisz ją czuć. Nie możesz jej sobie wyobrazić, gdyż Wiedza musi być doświadczana. W jakichkolwiek okolicznościach dzisiaj się znajdziesz, powtarzaj to oświadczenie jednokrotnie co godzinę i staraj się poczuć jego znaczenie. Odnajdziesz, że jest wiele sytuacji, o których sądziłeś, iż są nieodpowiednie do praktyki, a w których możesz trenować. W ten sposób odnajdziesz, że masz moc, aby władać swoim doświadczeniem, ażeby odpowiadało ono twoim prawdziwym skłonnościom i odnajdziesz, że każda okoliczność stanowi odpowiednie środowisko do prawdziwego przygotowania oraz samodzielnego użycia.

Staraj się ćwiczyć co godzinę. Bądź świadom swojego czasu. Jeśli przegapisz godzinę, nie zamartwiaj się, lecz ponownie poświęć się praktyce w pozostałych godzinach w miarę postępowania. Wiedza jest dzisiaj z tobą. Bądź dzisiaj z Wiedzą.

Praktyka 58: *Cogodzinna praktyka.*

Krok 59

Dzisiaj nauczę się cierpliwości.

Udręczonemu umysłowi bardzo trudno jest być cierpliwym. Niespokojnemu umysłowi bardzo trudno jest być cierpliwym. Umysłowi, który poszukiwał całej swojej wartości w tymczasowych rzeczach, bardzo trudno jest być cierpliwym. Jedynie w pogoni za czymś większym cierpliwość jest niezbędna, ponieważ wymaga większego zastosowania. Pomyśl o swoim życiu w kategoriach długotrwałego rozwoju, nie w kategoriach natychmiastowego doznania i korzyści. Wiedza nie jest jedynie zachętą. To jest głębia potęgi, która jest uniwersalna i wieczna, a jej wielkość jest przekazana tobie, abyś ją przyjął i przekazał.

Trenuj dzisiaj co godzinę, potwierdzając, że będziesz się uczył być cierpliwym oraz że będziesz obiektywny wobec swojego życia, zamiast być krytycznym wobec swojego życia. Potwierdź, że staniesz się obiektywny wobec swoich zdolności i swoich okoliczności, ażebyś mógł zastosować wobec nich większą pewność.

Naucz się dzisiaj cierpliwości i ucz się cierpliwie. W ten sposób będziesz się poruszał szybciej, pewniej i z większą czułością.

Praktyka 59: *Cogodzinna praktyka.*

Krok 60

Dzisiaj nie będę osądzać świata.

Bez twoich osądów Wiedza może wskazać, co musisz zrobić i co musisz zrozumieć. Wiedza stanowi doskonalszy osąd, ale jest to osąd, który jest bardzo odmienny od twojego własnego, nie jest on bowiem zrodzony ze strachu. Nie posiada on gniewu. On zawsze ma służyć i odżywiać. Jest on sprawiedliwy, ponieważ prawdziwie rozpoznaje on obecny stan u wszystkich bez pomniejszania ich znaczenia lub ich przeznaczenia.

Nie osądzaj dzisiaj świata, ażebyś mógł widzieć świat takim, jaki jest. Nie osądzaj dzisiaj świata, ażebyś mógł zaakceptować świat takim, jaki jest. Pozwól, aby świat był dokładnie takim, jaki jest, ażebyś mógł go rozpoznać. Gdy tylko świat zostanie rozpoznany, uświadomisz sobie, jak mocno on cię potrzebuje i jak bardzo chcesz mu podarować. Świat nie potrzebuje winy. Potrzebuje on służby. Potrzebuje on prawdy. I ponad wszystko potrzebuje on Wiedzy.

Dzisiaj co godzinę poświęć chwilę i spójrz na świat bez osądu. Powtórz oświadczenie na dzisiaj i poświęć chwilę, spoglądając na świat bez osądu. Niezależnie od oblicza, jakie możesz zobaczyć, czy ci się podoba, czy też nie, czy uważasz je za piękne, czy szkaradne, czy uważasz je za godne, czy też niegodne, spójrz na nie bez osądu.

Praktyka 60: *Cogodzinna praktyka.*

Krok 61

MIŁOŚĆ DAJE SAMA Z SIEBIE POPRZEZ MNIE.

MIŁOŚĆ DAJE SAMA Z SIEBIE POPRZEZ CIEBIE, kiedy jesteś gotowy, aby być nośnikiem jej ekspresji. Nie musisz próbować być miłującym, aby zaspokoić poczucie własnego niedowartościowania lub winy. Nie musisz próbować być miłującym, aby zdobyć uznanie innych. Nie wzmacniaj swojego poczucia bezradności albo poczucia bycia bezwartościowym poprzez wzbudzanie szczęśliwego lub korzystnego uczucia wobec nich. Miłość w tobie wyrazi się sama z siebie, jest ona bowiem zrodzona z Wiedzy w tobie, której jest częścią.

DZISIAJ CO GODZINĘ, GDY SPOGLĄDASZ NA ŚWIAT, rozpoznaj, że miłość w tobie przemówi za siebie. Jeżeli jesteś pozbawiony osądzania, jeżeli jesteś zdolny do bycia ze światem, jaki jest on naprawdę i jeżeli jesteś zdolny do bycia z innymi ludźmi, jakimi są oni naprawdę, miłość w tobie przemówi za siebie. Nie próbuj zmuszać miłości do przemawiania za ciebie. Nie próbuj zmuszać miłości do wyrażania twoich pragnień albo twoich potrzeb, gdyż miłość sama przemówi poprzez ciebie. Jeśli jesteś obecny wobec miłości, będziesz obecny wobec świata, a miłość przemówi za ciebie.

PRAKTYKA 61: *Cogodzinna praktyka.*

Krok 62

Dzisiaj nauczę się słuchać życia.

Jeżeli jesteś obecny wobec świata, będziesz w stanie usłyszeć świat. Jeżeli jesteś obecny wobec życia, będziesz w stanie usłyszeć życie. Jeżeli jesteś obecny wobec Boga, będziesz w stanie usłyszeć Boga. Jeżeli jesteś obecny wobec siebie, będziesz w stanie się usłyszeć.

Dlatego też dzisiaj trenuj nasłuchiwanie. Co każdą godzinę trenuj wsłuchiwanie się w świat wokół siebie oraz w świat wewnątrz siebie. Powtórz oświadczenie, a następnie to przećwicz. Zajmuje to tylko chwilę. Odnajdziesz, że niezależnie od swoich okoliczności, znajdzie się sposób, aby trenować tego dnia. Nie pozwól, aby okoliczności cię zdominowały. Możesz ćwiczyć w ich ramach. Możesz znaleźć sposób, który nie wywołuje zażenowania albo niestosowności z innymi. Niezależnie od tego, czy jesteś sam, czy też z innymi, dzisiaj możesz ćwiczyć. Trenuj co godzinę. Trenuj nasłuchiwanie. Trenuj bycie obecnym. Słuchanie w sposób prawdziwy oznacza, iż nie osądzasz. To oznacza, że obserwujesz. Pamiętaj, rozwijasz wydział umysłu, który będzie niezbędny dla ciebie, ażebyś mógł przekazać i otrzymać wielkość Wiedzy.

Praktyka 62: *Cogodzinna praktyka.*

Krok 63

PRZEGLĄD

Tak jak dotychczas w swoim Przeglądzie przejrzyj miniony tydzień praktyki i dowiedz się o zakresie swojego zaangażowania oraz jak może on zostać zwiększony i polepszony. W tym tygodniu twój trening został rozwinięty. Został on zabrany w świat wraz z tobą, aby stosować go we wszystkich sytuacjach niezależnie od twoich stanów emocjonalnych, niezależnie od stanów emocjonalnych tych, którzy na ciebie wpływają oraz niezależnie od tego, gdzie jesteś i co robisz. W ten sposób wszystko staje się częścią twojej praktyki. Świat zatem zamiast być przerażającym miejscem, które cię gnębi, staje się użytecznym miejscem do rozwijania Wiedzy.

Zdaj sobie sprawę z siły, która jest ci dana, kiedy jesteś w stanie ćwiczyć niezależnie od swoich stanów emocjonalnych, jesteś bowiem kimś więcej aniżeli swoimi emocjami i nie musisz ich tłumić, aby to zrozumieć. Aby stać się obiektywnym wobec swoich stanów wewnętrznych, musisz działać z pozycji, w której możesz je obserwować i gdzie nie jesteś przez nie zdominowany. To pozwoli ci stać się obecnym wobec siebie oraz da ci prawdziwe współczucie i rozumienie. Wtedy nie będziesz wobec siebie tyranem, a tyrania w twoim życiu się zakończy.

W swoim jednym długim okresie praktyki bez potępiania poddaj ocenie ten miniony tydzień tak ostrożnie, jak to tylko możliwe. Pamiętaj, że uczysz się, jak ćwiczyć. Pamiętaj, że uczysz się rozwijać swoje umiejętności. Pamiętaj, że jesteś studentem. Bądź początkującym studentem, gdyż początkujący student przyjmuje niewiele założeń i pragnie nauczyć się wszystkiego.

Praktyka 63: *Jeden długi okres praktyki.*

Krok 64

DZISIAJ WYSŁUCHAM DRUGIEGO.

DZISIAJ PODCZAS TRZECH ODDZIELNYCH OKAZJI praktykuj wysłuchiwanie drugiej osoby. Wysłuchaj, nie oceniając i nie osądzając. Słuchaj, mając własny umysł niezaprzątnięty niczym innym. Zwyczajnie wsłuchuj się. Praktykuj dzisiaj z trzema różnymi osobami. Ćwicz wsłuchiwanie się. Bądź wyciszony, kiedy słuchasz. Staraj się słyszeć poza ich słowami. Dąż do tego, by widzieć poza ich wyglądem. Nie stwarzaj sobie o nich wyobrażeń. Po prostu słuchaj.

PRAKTYKUJ DZISIAJ WYSŁUCHIWANIE DRUGIEGO. Nie bądź zaangażowany w to, co oni mówią. W celu odbywania z nimi praktyki nie musisz odpowiadać im niewłaściwe, jeśli zwracają się bezpośrednio do ciebie. Będziesz angażował cały swój umysł w swojej rozmowie. Poświęć zatem czas, aby poćwiczyć słuchanie, nie zabierając głosu. Pozwól innym, aby się przed tobą uzewnętrznili. Odkryjesz, iż mają ci więcej do powiedzenia niż mogłeś na początku zakładać. Nie potrzebujesz tego rozszyfrowywać. Po prostu praktykuj dzisiaj wsłuchiwanie się, ażebyś mógł usłyszeć obecność Wiedzy.

PRAKTYKA 64: *Trzy okresy praktyki.*

Krok 65

PRZYBYŁEM, ABY PRACOWAĆ NA ŚWIECIE.

PRZYBYŁEŚ NA ŚWIAT, ABY PRACOWAĆ. Przybyłeś na świat, aby się uczyć i wnieść swój wkład. Przybyłeś z miejsca spoczynku, do miejsca wysiłku. Po zakończeniu pracy pójdziesz do domu do miejsca spoczynku. Można to tylko wiedzieć, a twoja Wiedza ci to ujawni, kiedy będziesz gotowy.

JAK NA RAZIE TRENUJ CO GODZINĘ. Powiedz sobie, że przybyłeś na świat, aby pracować, a następnie poświęć chwilę, aby odczuć rzeczywistość tego. Twoja praca jest ważniejsza niż twoje obecne zatrudnienie. Twój trud jest donioślejszy niż cokolwiek, co obecnie starasz się wykonać z ludźmi oraz dla ludzi. Twoje starania są większe niż to, co usiłujesz zrobić dla siebie. Zrozum, że nie wiesz, czym jest twoja praca. Zostanie ci to ujawnione i zmieni się to dla ciebie, uświadom sobie jednak dzisiaj, iż przybyłeś na świat, aby pracować. To potwierdzi twoją moc, twój cel i twoje przeznaczenie. To zaświadczy o rzeczywistości twojego Prawdziwego Domu, z którego przyniosłeś swoje dary.

PRAKTYKA 65: *Cogodzinna praktyka.*

Krok 66

Przestanę narzekać na świat.

Narzekanie na świat oznacza, iż nie spełnia on twojego idealizmu. Narzekanie na świat świadczy o tym, że nie rozpoznajesz, iż przybyłeś tutaj, aby pracować. Narzekanie na świat nie pomaga ci w zrozumieniu jego problemów. Narzekanie na świat wskazuje, że nie pojmujesz świata takiego, jaki jest. Twoje skargi sygnalizują, że pewne oczekiwania nie zostały spełnione. Owe rozczarowania są ci niezbędne, ażebyś zaczął pojmować świat takim, jaki jest w istocie i rozumiał siebie takiego, jaki jesteś naprawdę.

Dzisiaj co godzinę wykorzystuj to oświadczenie, a następnie je przećwicz. Co każdą godzinę poświęć minutę, nie narzekając na świat. Nie pozostawiaj godzin nieupilnowanych, ale bądź obecny w czasie praktyki. Rozpoznaj zakres, do jakiego inni narzekają na świat i jak niewiele im to daje oraz jak niewiele daje to światu. Świat już został potępiony przez tych, którzy w nim przebywają. Jeśli ma on być kochany i doglądany, jego problemy muszą zostać zidentyfikowane, a jego sposobności zaakceptowane. Któż może narzekać, gdy środowisko zostaje podarowane, w którym Wiedza może zostać odzyskana i ofiarowana? Świat potrzebuje jedynie Wiedzy oraz ekspresji Wiedzy. Jakżeż może być on wart potępienia?

Praktyka 66: *Cogodzinna praktyka.*

Krok 67

NIE WIEM, CZEGO CHCĘ DLA ŚWIATA.

Nie wiesz, czego chcesz dla świata, ponieważ nie rozumiesz świata i nie byłeś jeszcze w stanie dostrzec jego problemu. Kiedy uświadomisz sobie, że nie wiesz, czego chcesz dla świata, daje ci to sposobność oraz motywację, aby obserwować świat, żeby spojrzeć ponownie. Jest to kluczowe dla twojego pojmowania. Jest to kluczowe dla twojego dobrego samopoczucia. Świat cię rozczaruje tylko wtedy, gdy jest nierozumiany. Będziesz sobą rozczarowany tylko wtedy, gdy nie rozumiesz siebie. Przybyłeś na świat, aby pracować. Rozpoznaj sposobność, jaką ci to daje.

Praktykuj dzisiaj co godzinę we wszystkich okolicznościach. Wypowiedz oświadczenie, a następnie postaraj się uzmysłowić sobie jego prawdziwość. Nie wiesz, czego chcesz dla świata, lecz twoja Wiedza wie, jaki wkład musi wnieść. Bez twoich starań mających na celu zastąpienie Wiedzy wraz z twoimi własnymi koncepcjami dla świata, Wiedza wyrazi się bez przeszkód w sposób nieskrępowany, a ty oraz świat będziecie wielkimi beneficjentami jej darów.

Praktyka 67: *Cogodzinna praktyka.*

Krok 68

Dzisiaj nie stracę wiary w siebie.

Nie trać dzisiaj wiary w siebie. Podtrzymuj swoją praktykę. Podtrzymuj swój zamiar uczenia się. Nie wyciągaj wniosków. Miej tę otwartość i tę wrażliwość. Prawda istnieje bez twoich prób wzmocnienia się. Pozwól sobie być jej odbiorcą.

Dzisiaj co każdą godzinę ćwicz przypominanie sobie, że nie stracisz dzisiaj wiary w siebie. Nie trać wiary w Wiedzę, w obecność twoich Nauczycieli, w dobroczynność życia albo w twoją misję na świecie. Zezwól, by wszystkie te rzeczy zostały potwierdzone, ażeby mogły się tobie z czasem w pełni ujawnić. Jeśli jesteś wobec nich obecny, staną się dla ciebie tak oczywiste, że dostrzeżesz i poczujesz je we wszystkich rzeczach. Twoja wizja świata zostanie przekształcona. Twoje doświadczenie świata będzie odmienione. I cała twoja moc i energia zjednoczą się, aby się wyrazić.

Nie trać dzisiaj wiary w siebie.

Praktyka 68: *Cogodzinna praktyka.*

Krok 69

DZISIAJ BĘDĘ ZAPRAWIAĆ SIĘ W WYCISZENIU.

Dzisiaj podczas swoich dwu 30-minutowych okresów praktyki zaprawiaj się w wyciszeniu. Pozwól, aby twoja medytacja była głęboka. Poświęć się temu. Nie przystępuj do medytacji z żądaniami i wymaganiami. Przystąp do medytacji, aby się temu poświęcić. Jest to świątynia Prawdziwego Ducha w tobie, do którego przywodzisz sam siebie. Zatem w twoich okresach praktyki bądź obecny i bądź wyciszony. Pozwól sobie skąpać się w luksusie nicości. Obecność Boga jest bowiem najpierw odczuwana jako nicość, ponieważ charakteryzuje się brakiem ruchu, a potem w tej nicości zaczynasz rozpoznawać obecność, która przenika wszystkie rzeczy i nadaje wszelkie znaczenie w życiu.

Praktykuj dzisiaj wyciszenie tak, ażebyś mógł wiedzieć.

Praktyka 69: *Dwa 30 – minutowe okresy praktyki.*

Krok 70

PRZEGLĄD

Dzisiaj mija dziesięć tygodni praktyki. Gratulacje! Dotarłeś tak daleko. Bycie prawdziwym studentem oznacza, iż podążasz za krokami tak, jak są one przekazywane. Aby tak czynić, musisz nauczyć się szanować siebie, poważać źródło swojej edukacji, rozpoznawać swoje ograniczenia i cenić swoją wielkość. W ten oto sposób jest to dzień uhonorowania oraz dzień uznania dla ciebie.

Przejrzyj trzy ostatnie tygodnie praktyki. Przeczytaj ponownie zalecenia i przypomnij sobie każdy okres praktyki. Przypomnij sobie jakim rzeczom poświęciłeś swoją uwagę, a jakim nie. Uszanuj swoje uczestnictwo i postaraj się je dzisiaj zwiększyć. Wzmocnij swoją stanowczość, aby mieć Wiedzę i pogłęb swoje doświadczenie bycia prawdziwym naśladowcą tak, ażebyś w przyszłości mógł nauczyć się być prawdziwym przywódcą. Poszerz swoje doświadczenie bycia prawdziwym odbiorcą tak, ażebyś mógł być prawdziwym ofiarodawcą.

Niechaj ten dzień Przeglądu będzie zatem dniem uszanowania dla ciebie oraz dniem, który zintensyfikuje twoje oddanie. Szczerze przeanalizuj swoje uczestnictwo. Zbadaj swoje widoczne sukcesy i porażki. Twoje sukcesy dadzą ci zachętę, a twoje porażki nauczą cię, czego musisz dokonać, aby pogłębić swoje doświadczenie. Jest to dzień dowartościowania dla ciebie, któryś jest uhonorowany.

Praktyka 70: *Kilka długich okresów praktyki.*

Krok 71

JESTEM TUTAJ, ABY SŁUŻYĆ WYŻSZEMU CELOWI.

Jesteś tutaj, aby służyć wyższemu celowi, poza wyłącznie przetrwaniem i osiąganiem zadowolenia z rzeczy, o jakich możesz myśleć, że chcesz. Jest to prawda, ponieważ masz duchową naturę. Masz duchowe pochodzenie i duchowe przeznaczenie. Twoja porażka w tym życiu jest porażką odniesienia się do twojej duchowej natury, która została zniekształcona i oczerniona przez religie twojego świata, która została zaniedbana i zanegowana przez naukę twojego świata. Masz duchową naturę. Istnieje wyższy cel, któremu masz służyć. Kiedy ufasz swojej skłonności ku temu celowi, będziesz zdolny się do niego zbliżyć. Kiedy poczujesz pewność, że to wyraża rzeczywiste źródło miłości, wtedy zaczniesz się na to otwierać, a to będzie dla ciebie wielkim powrotem do domu.

Dzisiaj podczas swoich dwu medytacyjnych okresów praktyki pozwól sobie na otwarcie się na obecność miłości w swoim życiu. Siedząc w ciszy i oddychając głęboko, przyzwól sobie prawdziwie odczuwać obecność miłości, która znamionuje obecność wyższego celu w twoim życiu.

Praktyka 71: *Dwa 30 – minutowe okresy praktyki.*

Krok 72

Dzisiaj zaufam moim najgłębszym skłonnościom.

Ufaj swoim najgłębszym skłonnościom, gdyż są one godne zaufania, ale musisz nauczyć się je rozpoznawać i odróżniać je od wielu innych dążeń, przymusów i pragnień, które odczuwasz i jakie mają na ciebie wpływ. Możesz się tego nauczyć tylko drogą doświadczenia. Możesz się tego nauczyć, ponieważ twoje najgłębsze skłonności zawsze prowadzą cię do kluczowych relacji i z dala od osamotnienia albo relacji stwarzających podziały. Musisz tak postępować, aby się tego nauczyć, a to zajmie trochę czasu, lecz każdy krok, jaki poczynisz w tym kierunku, przybliży cię do źródła miłości w twoim życiu i zademonstruje ci Wyższą Moc, która trwa przy tobie, której musisz służyć i którą musisz nauczyć się otrzymywać.

Dzisiaj podczas swoich dwu okresów praktyki w ciszy i w spokoju otrzymuj tę Wyższą Moc, a gdy to robisz, ufaj swoim najgłębszym skłonnościom. Pozwól sobie poświęcić tym dwóm okresom praktyki swoją pełną uwagę, odkładając na bok wszystkie inne rzeczy na późniejsze rozważenie. Pozwól sobie rozpoznać swoje najgłębsze skłonności, którym musisz nauczyć się ufać.

Praktyka 72: *Dwa 30 – minutowe okresy praktyki.*

Krok 73

POZWOLĘ, ABY MOJE BŁĘDY MNIE UCZYŁY.

POZWOLENIE WŁASNYM BŁĘDOM NA UDZIELENIE CI WSKAZÓWEK nada im wartość. Bez tego nie miałyby żadnej wartości i zgodnie z twoim oszacowaniem świadczyłyby przeciwko tobie. Wykorzystywanie błędów jako formy pouczenia jest zatem uczynieniem użytku z twoich własnych ograniczeń, aby wskazywały drogę do wielkości. Bóg życzy sobie, byś uczył się na własnych błędach, ażebyś nauczył się wielkości Boga. Dzieje się tak nie po to, aby ci umniejszyć, lecz po to, aby cię wywyższyć. Jest wiele błędów, które popełniłeś i wciąż będą jakieś błędy, które będziesz popełniał. Pragniemy cię teraz poinstruować w celu ochrony ciebie przed powtarzaniem szkodliwych błędów oraz żebyś wyciągał z nich wnioski.

W TYM DNIU CO GODZINĘ powtarzaj sobie, że pragniesz uczyć się na własnych błędach i poczuj przez chwilę, co to oznacza. Tak więc dzisiaj poprzez wiele okresów praktyki zaczniesz pojmować oświadczenie, które wygłaszasz i być może wtedy zaczniesz dostrzegać, jak można to osiągnąć. Jeżeli jesteś skłonny uczyć się na własnych błędach, wówczas nie będziesz bał się ich rozpoznawać. Będziesz wtedy pragnął je zrozumieć, a nie zaprzeczał ich istnieniu, miewał o nich mylne wyobrażenia bądź nadawał im inne nazwy, lecz przyznawał się do nich dla swojego własnego dobra. Z tego rozpoznania będziesz w stanie wspomóc innych w odzyskaniu Wiedzy, ponieważ oni również muszą dowiedzieć się, jak uczyć się na swoich własnych błędach.

PRAKTYKA 73: *Cogodzinna praktyka.*

Krok 74

Pokój trwa przy mnie dzisiaj.

Dzisiaj pokój trwa przy tobie. Trwaj przy pokoju i otrzymuj jego błogosławieństwa. Przybądź do pokoju wraz ze wszystkim, co cię martwi. Przybądź z twoim ogromnym ciężarem. Staw się, nie szukając odpowiedzi. Staw się, nie szukając zrozumienia. Staw się, poszukując jego błogosławieństw. Pokój nie może ingerować w życie pełne konfliktu, lecz ty możesz wkroczyć w życie pełne pokoju. Przybywasz do pokoju, który na ciebie czeka, a w tym twoje ciężary zostaną uwolnione.

Dzisiaj podczas swoich dwu długich okresów praktyki zaprawiaj się w wyciszeniu, otrzymując pokój. Zezwól sobie na posiadanie takiego daru, a jeżeli jakaś myśl pojawi się, aby cię zniechęcić, przypomnij sobie o swojej wielkiej wartości – wartości twojej Wiedzy i wartości twojego Ja. Wiedz teraz, że jesteś skłonny uczyć się na własnych błędach oraz że nie musisz się z nimi identyfikować, ale wykorzystywać je jako cenny zasób dla swojego rozwoju, takimi bowiem mogą one dla ciebie zostać.

Ćwicz zatem otrzymywanie. Otwórz się dzisiaj trochę mocniej. Jeśli jest to niezbędne, odłóż na bok na późniejsze rozważenie wszystkie rzeczy, które cię absorbują. Pokój trwa dzisiaj przy tobie. Dzisiaj trwaj przy pokoju.

Praktyka 74: *Dwa 30 – minutowe okresy praktyki.*

Krok 75

DZISIAJ WYSŁUCHAM MOJEGO JA.

WSŁUCHUJ SIĘ DZISIAJ W SWOJE JA, nie to małe ja w tobie, które narzeka, martwi się, zastanawia się i pożąda, ale Większe Ja w tobie. Wsłuchuj się w Większe Ja w tobie, które jest Wiedzą, które jest zespolone z twoimi Duchowymi Nauczycielami, które jest zjednoczone z twoją Duchową Rodziną i które zawiera twój cel oraz twoje powołanie w życiu. Nie wsłuchuj się, aby zadawać pytania, ale naucz się słyszeć. I podczas gdy twoje wsłuchiwanie staje się głębsze, z czasem twoje Prawdziwe Ja przemówi do ciebie, kiedykolwiek to będzie konieczne, a ty będziesz wtedy w stanie wysłuchać i zareagować bez popadania w zamęt.

DZISIAJ PODCZAS SWOICH DWU OKRESÓW PRAKTYKI ćwicz wsłuchiwanie się w swoje Prawdziwe Ja. Nie ma żadnych pytań, które należy zadać. To nie jest konieczne. Jest wsłuchiwanie się, które masz rozwinąć. Wsłuchuj się dzisiaj w swoje Prawdziwe Ja, ażebyś mógł dowiedzieć się, co Bóg zna i miłuje.

PRAKTYKA 75: *Dwa 30 – minutowe okresy praktyki.*

Krok 76

Dzisiaj nie będę osądzać drugiego.

Nie osądzając, możesz widzieć. Nie osądzając, możesz się uczyć. Nie osądzając, twój umysł staje się otwarty. Nie osądzając, możesz zrozumieć siebie. Nie osądzając, możesz zrozumieć drugiego.

Dzisiaj co każdą godzinę powtarzaj to oświadczenie, gdy obserwujesz siebie i świat wokół siebie. Powtarzaj to oświadczenie i czuj jego oddziaływanie. Porzuć swoje osądy na parę chwil i poczuj kontrast oraz doświadczenie, jakie ci to zapewnia. Nie osądzaj dzisiaj drugiej osoby. Pozwól innym, aby się tobie ujawnili. Bez osądzania nie będziesz cierpiał pod ciężarem swojej korony cierniowej. Nie osądzając, poczujesz obecność swoich Nauczycieli, którzy cię wspomagają.

Pozwól, by twoje cogodzinne praktyki były spójne. Jeżeli przegapisz godzinę, przebacz sobie i poświęć się ponownie praktyce. Błędy są po to, aby cię uczyć, wzmocnić cię i pokazać ci, czego potrzebujesz się nauczyć.

Niezależnie od tego, co robi ktoś inny, niezależnie od tego, jak on lub ona mogli urazić twoją wrażliwość, twoje idee albo twoje wartości, nie osądzaj dzisiaj drugiego.

Praktyka 76: *Cogodzinna praktyka.*

Krok 77

PRZEGLĄD

Dzisiaj podczas swojego Przeglądu ponownie przypatrz się poprzedniemu tygodniowi praktyk oraz instrukcji. Raz jeszcze przeanalizuj te cechy w sobie, które wspomagają cię w twoim przygotowaniu oraz te cechy w sobie, które utrudniają twoje przygotowanie. Obserwuj te rzeczy w sposób obiektywny. Naucz się wzmacniać te aspekty w sobie, które pobudzają i wzmacniają twoje uczestnictwo w odzyskiwaniu Wiedzy i naucz się dostosować bądź poprawiać te cechy, które to zakłócają. Musisz rozpoznawać oba rodzaje, aby zyskać mądrość. Musisz dowiedzieć się o prawdzie i musisz dowiedzieć się o błędzie. Musisz tego dokonać, aby kontynuować i aby służyć innym. Dopóki nie nauczysz się o błędzie i nie będziesz mógł spojrzeć na niego obiektywnie oraz zrozumieć, dlaczego on wystąpił i jak można to załagodzić – do czasu, aż nauczysz się tych rzeczy – nie będziesz wiedział, jak służyć innym, a ich pomyłki rozgniewają cię i przyprawią cię o frustrację. Wraz z Wiedzą twoje oczekiwania będą w harmonii z naturą drugiej osoby. Wraz z Wiedzą nauczysz się, jak służyć i zapomnisz, jak potępiać.

Praktyka 77: *Jeden długi okres praktyki.*

Krok 78

NIC NIE MOGĘ ZROBIĆ SAM.

Nic nie możesz zrobić sam, nie jesteś bowiem sam. Nie znajdziesz większej prawdy. Nie odnajdziesz też prawdy, która by wymagała intensywniejszego przemyślenia i analizy. Nie przyjmuj tego za pewnik, ta prawda jest bowiem monumentalna. Koniecznie musisz ją zgłębić.

Dzisiaj co godzinę powtarzaj to oświadczenie i rozważaj jego wpływ. Uczyń to w każdych okolicznościach, gdyż z czasem dowiesz się jak uczyć się we wszystkich okolicznościach, jak ćwiczyć niezależnie od okoliczności, jak każda okoliczność może przynieść korzyść twojej praktyce oraz w jaki sposób każda praktyka może przysłużyć się każdej okoliczności.

Nic nie możesz zrobić sam, a podczas swojej dzisiejszej praktyki otrzymasz wsparcie ze strony twoich Duchowych Nauczycieli, którzy udzielą ci swojej siły. Poczujesz to, jak sam będziesz udzielał własnej siły. Uświadomisz sobie, że większa siła pozwoli ci na pójście naprzód, na przeniknięcie wielkiej zasłony niezrozumienia oraz na uzmysłowienie sobie źródła twojej Wiedzy, a także źródła twoich relacji w życiu. Zaakceptuj swoje ograniczenia, albowiem sam nic nie możesz zrobić, lecz wraz z życiem wszystkie rzeczy są ci podarowane, aby ci służyły. Wraz z życiem twoja prawdziwa natura jest ceniona i wychwalana w swojej służbie innym.

Praktyka 78: *Cogodzinna praktyka.*

Krok 79

POZWOLĘ, BY ZAISTNIAŁA DZISIAJ NIEPEWNOŚĆ.

Pozwolenie na zaistnienie niepewności świadczy o ogromnej wierze. Zwiastuje to powstawanie innej formy pewności. Kiedy pozwalasz, by zaistniała niepewność, oznacza to, iż stajesz się szczery, ponieważ po prawdzie jesteś niepewny. Pozwalając na zaistnienie niepewności, stajesz się cierpliwy, ponieważ cierpliwość jest wymagana, aby odzyskać swoją pewność. Pozwalając na zaistnienie niepewności, stajesz się tolerancyjny. Odchodzisz od osądu i stajesz się świadkiem życia w sobie i życia wokół siebie. Zaakceptuj dzisiaj niepewność, ażebyś mógł się uczyć. Przy braku zarozumiałości będziesz szukał Wiedzy. Nie osądzając, uświadomisz sobie swoją prawdziwą potrzebę.

DZISIAJ CO KAŻDĄ GODZINĘ powtarzaj dzisiejsze oświadczenie i przeanalizuj, co ono oznacza. Zbadaj to z perspektywy własnych uczuć i rozpatrz to w świetle tego, co widzisz na świecie wokół siebie. Niepewność istnieje, dopóki nie jesteś pewien. Jeśli pozwolisz, by ona zaistniała, możesz pozwolić Bogu ci służyć.

PRAKTYKA 79: *Cogodzinna praktyka.*

Krok 80

MOGĘ TYLKO ĆWICZYĆ.

MOŻESZ TYLKO ĆWICZYĆ. Życie jest praktyką. My jedynie przekierowujemy twoją praktykę tak, ażeby mogła ci służyć i ażeby mogła służyć innym. Zaprawiasz się cały czas, nieustannie, bez przerwy. Praktykujesz zamęt, ćwiczysz osądzanie, nabywasz wprawy w potępianiu innych, zaprawiasz się w poczuciu winy, praktykujesz alienację oraz wprawiasz się w braku konsekwentności. Wzmacniasz swoje osądy poprzez podtrzymywanie ich tworzenia. Wzmacniasz swoje niepewności poprzez ciągłe ich podkreślanie. Doskonalisz się w nienawiści do samego siebie drogą ustawicznego wywierania na nią wpływu.

JEŚLI SPOJRZYSZ NA SWOJE ŻYCIE W SPOSÓB OBIEKTYWNY chociaż przez chwilę, wtedy ujrzysz, że całe twoje życie jest praktyką. Będziesz się zatem zaprawiał niezależnie od tego, czy masz program nauczania korzystny dla ciebie, czy też nie. W związku z tym oferujemy teraz program nauczania, który możesz teraz realizować. Zastąpi on praktyki, które przyprawiały cię o zamęt i umniejszały twoją rolę, które dezorientowały oraz doprowadzały cię do błędu i zagrożenia. Zapewniamy ci doskonalszą praktykę, ażebyś nie praktykował tych rzeczy, które pomniejszają twoją wartość i twoją pewność.

DZISIAJ PODCZAS SWOICH DWU MEDYTACYJNYCH OKRESÓW PRAKTYKI powtarzaj oświadczenie, że możesz tylko ćwiczyć, a następnie doskonal się w przebywaniu w stanie wyciszenia i receptywności. Wzmocnij swoją praktykę, a potwierdzisz to, o czym mówimy. Możesz tylko ćwiczyć. Ćwicz zatem na dobre.

PRAKTYKA 80: *Dwa 30 – minutowe okresy praktyki.*

Krok 81

NIE BĘDĘ SIĘ DZISIAJ OSZUKIWAĆ.

Co godzinę praktykuj wypowiadanie tego oświadczenia i odczuwanie jego wpływu. Wzmocnij swoje zaangażowanie na rzecz Wiedzy. Nie popadaj w oczywistą łatwość oszukiwania samego siebie. Nie zadowalaj się jedynie założeniami i przekonaniami innych. Nie przyjmuj ogólników za prawdę. Nie akceptuj pozorów jako cech świadczących o rzeczywistości drugiej osoby. Nie akceptuj tylko swojej powierzchowności. Czynienie tych rzeczy pokazuje, że nie cenisz siebie ani swojego życia oraz że jesteś zbyt leniwy, aby podejmować wysiłki we własnym imieniu.

Musisz wkroczyć w niepewność, ażeby odnaleźć Wiedzę. Co to znaczy? To po prostu znaczy, że rezygnujesz z fałszywych założeń, pokrzepiających poglądów i luksusu potępiania samego siebie. Dlaczego potępianie samego siebie jest luksusem? Ponieważ jest łatwe i nie wymaga od ciebie, ażebyś rozpatrzył prawdę. Akceptujesz to, gdyż jest to akceptowalne w tym świecie oraz daje ci wspaniałą okazję do porozmawiania z twoimi przyjaciółmi. To wywołuje sympatię. Dlatego jest to łatwe i jest to słabością.

Nie oszukuj dzisiaj siebie. Pozwól sobie na spenetrowanie tajemnicy i prawdy swojego życia. Dzisiaj co godzinę powtarzaj dzisiejszą myśl i poczuj, co to oznacza. Ponadto dzisiaj podczas swoich dwu dłuższych okresów praktyki powtórz oświadczenie i poświęć się wyciszeniu oraz receptywności. Już teraz zaczynasz uczyć się jak przygotować się do stanu wyciszenia – używając swojego oddechu, koncentrując swój umysł, uwalniając myśli i przypominając sobie, że jesteś wart tego wysiłku. Przypominaj sobie o celu, jaki próbujesz osiągnąć. Nie oszukuj dzisiaj siebie. Nie poddawaj się temu, co jest łatwe i bolesne.

Praktyka 81: *Dwa 30 – minutowe okresy praktyki.*
Cogodzinna praktyka.

Krok 82

DZISIAJ NIE BĘDĘ OSĄDZAĆ DRUGIEGO.

Ponownie praktykujemy tę lekcję, którą powtórzymy w pewnych okresach w miarę upływu czasu. Osądzanie jest decyzją, aby nie wiedzieć. Jest to postanowienie, aby nie patrzeć. Jest to decyzja, aby nie słuchać. Jest to decyzja, aby nie być wyciszonym. Jest to postanowienie o podążaniu za wygodną formą myślenia, która utrzymuje twój umysł w stanie uśpienia i zagubienia w świecie. Świat pełen jest błędu. Jakżeż mogłoby być inaczej? Dlatego też nie wymaga on twojego potępienia, lecz twojego konstruktywnego wsparcia.

Nie osądzaj dzisiaj drugiego. Przypominaj sobie o tym przy każdej godzinie i zastanów się nad tym krótko. Przypomnij sobie o tym podczas swoich dwu praktyk medytacyjnych, kiedy wypowiadasz to oświadczenie i wkraczasz w stan wyciszenia i otwartości. Nie osądzaj dzisiaj drugiego, ażebyś mógł być szczęśliwy.

PRAKTYKA 82: *Dwa 30 – minutowe okresy praktyki.*
Cogodzinna praktyka.

Krok 83

POWAŻAM WIEDZĘ PONAD WSZYSTKO INNE.

GDYBYŚ MÓGŁ DOŚWIADCZYĆ GŁĘBI I MOCY tego oświadczenia, uwolniłoby cię ono od wszystkich form zniewolenia. Usunęłoby ono wszelkie konflikty w twoim myśleniu. Całkowicie położyłoby ono kres temu wszystkiemu, co cię niepokoi i wprawia cię w osłupienie. Nie postrzegałbyś relacji jako formy dominacji albo jako formy kary. Dałoby ci to całkowicie nowe podłoże zrozumienia twojego zaangażowania z innymi. Podarowałoby ci to punkt odniesienia, w ramach którego byłbyś zdolny rozwinąć się umysłowo i fizycznie, mając przy tym na uwadze większą perspektywę. Cóż cię rozczarowało jak tylko niewłaściwe wykorzystanie swoich zdolności? Cóż przyprawia cię o smutek i złości cię jak tylko niewłaściwe wykorzystanie zdolności innych ludzi?

POWAŻAJ WIEDZĘ. Znajduje się ona poza twoim rozumieniem. Podążaj za Wiedzą. Prowadzi cię ona ścieżkami, których nigdy nie doświadczyłeś. Ufaj Wiedzy. Zapewnia ci ona powrót do siebie samego. Zaufanie zawsze poprzedza zrozumienie. Zaangażowanie zawsze poprzedza zaufanie. Współuczestnicz zatem z Wiedzą.

CO GODZINĘ PRZYPOMINAJ SOBIE O SWOIM OŚWIADCZENIU. Staraj się być bardzo konsekwentny. Nie zapomnij dzisiaj podkreślać tego, że poważasz Wiedzę ponad wszystko inne. Podczas swoich dwu praktyk medytacyjnych wykorzystaj to oświadczenie jako potwierdzenie, a następnie w wyciszeniu pozwól sobie otrzymać. Nie używaj tych praktyk, ażeby uzyskać odpowiedzi albo informacje, lecz pozwól sobie się wyciszyć, albowiem beznamiętny umysł może nauczyć się wszystkiego i wiedzieć o wszystkim. Słowa są tylko jedną z form komunikacji. Obecnie uczysz się komunikować, gdyż twój umysł staje się teraz otwarty na donioślejsze połączenie.

Praktyka 83: *Dwa 30 – minutowe okresy praktyki.*
Cogodzinna praktyka.

Krok 84

PRZEGLĄD

Przejrzyj praktyki oraz instrukcje z ubiegłego tygodnia. Zweryfikuj swój postęp w sposób obiektywny. Zdaj sobie sprawę z tego, jak wielka musi być twoja nauka. Twoje kroki są teraz małe, ale konkretne. Małe kroki prowadzą cię przez cały czas. Nie są od ciebie oczekiwane duże skoki, jednak każdy drobny krok będzie wydawał się ogromnym skokiem, gdyż da ci on znacznie więcej niż to, co miałeś kiedykolwiek wcześniej. Pozwól, ażeby twoje zewnętrzne życie zostało skorygowane, podczas gdy twoje wewnętrzne życie zaczyna się wyłaniać i udzielać ci swojego blasku. Utrzymuj swoje skupienie i zaakceptuj zmianę w swoim zewnętrznym życiu, jest to bowiem dla twojego dobra. Oznaka błędu będzie dla ciebie oczywista, tylko jeśli Wiedza jest zbezczeszczona. To doprowadzi cię do skutecznego działania. Jeśli Wiedza nie jest urażona poprzez zmianę dookoła ciebie, wtedy ty również nie musisz być. Z czasem osiągniesz spokój Wiedzy. Będziesz dzielił jej spokój, jej pewność oraz jej prawdziwe dary.

Przeprowadź dzisiaj zatem swój Przegląd w jednym długim okresie praktyki. Przypatrz się z dużym naciskiem i rozróżnieniem. Nie pozwól sobie na przegapienie rozpoznania procesu swojej nauki.

Praktyka 84: *Jeden długi okres praktyki.*

Krok 85

ODNAJDUJĘ DZISIAJ SZCZĘŚCIE W MAŁYCH RZECZACH.

ODNAJDZIESZ SZCZĘŚCIE W MAŁYCH RZECZACH, ponieważ szczęście jest z tobą. Odnajdziesz szczęście w małych rzeczach, ponieważ uczysz się być wyciszonym i spostrzegawczym. Odnajdziesz szczęście w małych rzeczach, gdyż twój umysł staje się receptywny. Będziesz doświadczał szczęścia w małych rzeczach, ponieważ jesteś obecny wobec bieżących okoliczności. Niewielkie rzeczy mogą nieść wspaniałe wiadomości, jeśli na nie zważasz. Wtedy małe rzeczy cię nie zdenerwują.

WYCISZONY UMYSŁ JEST UMYSŁEM ŚWIADOMYM. Wyciszony umysł jest umysłem, który uczy się być w pokoju. Pokój nie jest pasywnym stanem. Jest to stan o najwyższej aktywności, włącza on bowiem twoje życie do wyższego celu oraz intensywności, aktywując wszystkie twoje moce i nadając im jednolity kierunek. To pochodzi od pokoju. Bóg jest wyciszony, ale wszystko, co pochodzi od Boga, jest skierowane ku aktywnej i harmonijnej działalności. To jest to, co nadaje formę i kierunek wszystkim znaczącym relacjom. Dlatego też twoi Nauczyciele są z tobą, ponieważ istnieje Plan.

DZISIAJ DWUKROTNIE PRAKTYKUJ WYCISZENIE W GŁĘBOKIEJ MEDYTACJI. Co godzinę wypowiadaj oświadczenie ze swojej lekcji i rozważaj je krótko. Pozwól, by twój dzień był poświęcony praktyce, ażeby praktyka mogła wzbogacić wszystkie inne twoje działania.

PRAKTYKA 85: *Dwa 30 – minutowe okresy praktyki.*
Cogodzinna praktyka.

Krok 86

SZANUJĘ TYCH, KTÓRZY MNIE OBDAROWALI.

USZANOWANIE TYCH, KTÓRZY CIĘ OBDAROWALI, wytworzy wdzięczność, która jest początkiem prawdziwej miłości i docenienia. Dzisiaj w swoich dwu głębokich okresach praktyki jesteś proszony, ażeby pomyśleć o tych osobach, które cię obdarowały, pomyśleć o nich i o niczym więcej w trakcie swojego okresu praktyki. Jesteś proszony o bardzo poważne rozważenie tego, co oni dla ciebie uczynili. W odniesieniu do tych, na których jesteś zły i rozgniewany, spróbuj dostrzec, jak oni również oddali ci przysługę w twoim procesie odzyskiwania Wiedzy. Nie miej mylnych wyobrażeń o swoich uczuciach, ale pomimo swoich uczuć skierowanych ku tym osobom, jeśli są to złe uczucia, spróbuj też rozpoznać ich służbę dla ciebie. Rzeczywiście możesz być bowiem rozgniewany bądź też zbulwersowany kimś, kto wedle twojego rozpoznania się tobie przysłużył i często tak właśnie jest. Być może będziesz nawet wściekły na ten program nauczania, którego wyłącznym celem jest ci służyć. Czemuż miałbyś być zły na ten program nauczania? Ponieważ Wiedza wypłukuje wszystko to, co staje na jej drodze. Dlatego też czasami jesteś rozgniewany i nawet nie wiesz dlaczego.

ZEZWÓL, ABY TWOJE DWA OKRESY PRAKTYKI BYŁY CAŁKOWICIE UKIERUNKOWANE. Skoncentruj się. Użyj mocy swojego umysłu. Pomyśl o tych, którzy się tobie przysłużyli. Jeśli przyjdą ci na myśl ludzie, o których nie sądziłeś, że ci pomogli, pomyśl, jak oni również się tobie przysłużyli. Niech ten dzień będzie dniem docenienia. Niech ten dzień będzie dniem zadośćuczynienia.

PRAKTYKA 86: *Dwa 30 - minutowe okresy praktyki.*

Krok 87

Nie będę się bać tego, co wiem.

Dzisiaj co godzinę ćwicz powtarzanie tego oświadczenia i rozważaj jego znaczenie. Co godzinę będziesz się uczył uwalniać strach ze swojego życia, Wiedza bowiem rozproszy wszelki strach, a ty rozproszysz strach, aby nadać Wiedzy jej prawo do wyrażania się. Ufaj temu, co wiesz. Jest to dla największego dobra. Możesz być rozgniewany i nieufny w stosunku do siebie, ale nie jest to skierowane w stronę Wiedzy. Jest to skierowane w stronę twojego osobistego umysłu, który nie jest w stanie pojąć twojego wyższego celu. Nie jest on w stanie odpowiedzieć na twoje najważniejsze pytania albo zapewnić pewność, cel, znaczenie oraz kierunek w twoim życiu. Przebacz temu, co jest niedoskonałe. Uszanuj to, co jest nieomylne. I naucz się odróżniać jedno od drugiego.

Dzisiaj podczas swoich dwu dłuższych okresów praktyki wprawiaj się w uwalnianiu strachu, ażebyś mógł wiedzieć. Pozwolenie swojemu umysłowi na bycie wyciszonym i receptywnym bez stawiania żądań będzie demonstracją, że ufasz Wiedzy. To da ci wytchnienie od nieszczęść i nienawiści tego świata. Wraz z tym zaczniesz widzieć inny świat.

Praktyka 87: *Dwa 30 – minutowe okresy praktyki.*
Cogodzinna praktyka.

Krok 88

MOJE WYŻSZE JA NIE JEST POJEDYNCZĄ OSOBĄ.

Często ma miejsce zamęt dotyczący twojego Wyższego Ja i twoich Duchowych Nauczycieli. Niezmiernie trudno jest to rozstrzygnąć z punktu widzenia w oddzieleniu. Aczkolwiek gdy pomyślisz o życiu jako całościowej sieci ewoluujących zależności, wtedy zaczniesz doświadczać i rozpoznawać, że twoje Wyższe Ja zaiste jest częścią większej tkaniny powiązań. Jest to część ciebie, która nie jest oddzielona, ale znacząco powiązana z innymi. Zatem twoje Wyższe Ja jest połączone z Wyższym Ja twoich Nauczycieli. Obecnie nie mają oni w sobie dwoistości, gdyż nie mają innego ja. Ty masz dwie osobowości: Ja, które zostało stworzone oraz ja, które ty wykreowałeś. Doprowadzenie ja, które ty wykreowałeś, do służby na rzecz twojego Prawdziwego Ja, zespala je razem w znaczący związek celu oraz służby i kończy wewnętrzny konflikt na zawsze.

Dzisiaj powtarzaj co godzinę swoje oświadczenie i czuj jego wpływ. Podczas swoich dwu dłuższych okresów praktyki wykorzystaj swoje oświadczenie jako wprowadzenie do swojej praktyki w wyciszeniu i receptywności.

PRAKTYKA 88: *Dwa 30 – minutowe okresy praktyki.*
Cogodzinna praktyka.

Krok 89

MOJE EMOCJE NIE MOGĄ ODWIEŚĆ MOJEJ WIEDZY.

Emocje targają tobą jak silne wiatry. Ciągną cię z miejsca na miejsce. Być może z czasem będziesz w stanie pojąć ich mechanizm bardziej gruntownie. Naszą praktyką dzisiaj jest podkreślenie, że nie kontrolują one Wiedzy. Wiedza nie potrzebuje niszczyć twoich emocji. Ona tylko pragnie się do nich przyczynić. Z czasem zrozumiesz znacznie więcej o swoich emocjach i zdasz sobie sprawę, że twoje emocje mogą służyć wyższemu celowi, tak jak twój umysł i ciało. Wszystkie rzeczy, które były źródłem bólu, dyskomfortu i rozłąki, gdy doprowadzone do służby jednej mocy – która jest Jedną Mocą – staną się nośnikami ekspresji służącymi wyższemu celowi. Nawet gniew służy tutaj wyższemu celowi, gdyż pokazuje, że zadziałałeś przeciwko Wiedzy. Chociaż twój gniew może nie być skierowany na kogoś innego, to jest oznaką, że coś poszło źle i że należy nanieść poprawkę. Z czasem zrozumiesz źródło smutku i zrozumiesz źródło wszystkich emocji.

Praktykuj co godzinę, a na początku swoich dwu dłuższych okresów medytacyjnych powtórz dzisiejszą myśl i potem wejdź w stan wyciszenia. Naucz się dzisiaj cenić to, co jest pewne oraz pojąć to, co jest niepewne, rozpoznać to, co jest przyczyną, a także to, co przysłania przyczynę, lecz co z czasem może służyć samej przyczynie.

Praktyka 89: *Dwa 30 – minutowe okresy praktyki.*
Cogodzinna praktyka.

Krok 90

DZISIAJ NIE PRZYJMĘ ŻADNYCH ZAŁOŻEŃ.

NIE PRZYJMUJ DZISIAJ ŻADNYCH ZAŁOŻEŃ, podczas gdy poświęcasz jeszcze jeden dzień na odzyskanie Wiedzy. Nie przyjmuj żadnych założeń względem swojego postępu w nauce. Nie przyjmuj założeń względem swojego świata. Praktykuj w tym dniu, mając otwarty umysł, który jest świadkiem wydarzeń i który pragnie się uczyć. Rozkoszuj się wolnością, która przychodzi bez założeń, albowiem tajemnica będzie dla ciebie źródłem łaski, gdy nauczysz się ją otrzymywać, zamiast być źródłem strachu i niepokoju.

DZISIAJ PODCZAS SWOICH COGODZINNYCH PRAKTYK oraz w trakcie swoich dłuższych praktyk medytacyjnych, gdy zaprawiasz się w wyciszeniu i receptywności, możesz doświadczyć wartości i mocy tych słów. Nie przyjmuj w tym dniu żadnych założeń. Przypominaj sobie o tym wszystkim w ciągu dnia, gdyż przyjmowanie założeń jest zaledwie nawykiem, a gdy nawyk zostaje uwolniony, wtedy umysł może sprawować swoją naturalną funkcję bez poprzednich ograniczeń.

PRAKTYKA 90: *Dwa 30 – minutowe okresy praktyki.*
Cogodzinna praktyka.

Krok 91

PRZEGLĄD

Nasz Przegląd raz jeszcze będzie skoncentrowany na instrukcjach i twoich praktykach z poprzedniego tygodnia. Poświęć ten czas na ponowne przeżycie tego, co wydarzyło się w każdym dniu i spójrz również na to ze strony swojego obecnego doświadczenia. Naucz się tego, jak się uczyć. Zapoznaj się z procesem kształcenia. Nie używaj nauki jako formy występu. Nie używaj nauki, aby próbować udowodnić sobie swoją wartość. Nie możesz udowodnić swojej wartości. Udowodnienie tego jest poza twoimi staraniami. Twoja wartość sama się zademonstruje, kiedy jej na to pozwolisz, co teraz uczysz się robić. Ćwicz, aby ćwiczyć. Niektóre dni będą łatwiejsze. Niektóre dni będą trudniejsze. Czasami będziesz chciał się doskonalić. Innym razem możesz nie chcieć się doskonalić. Zaprawiasz się każdego dnia, ponieważ reprezentujesz Wyższą Wolę. To świadczy o konsekwentności, która jest demonstracją mocy. To znamionuje większe zaangażowanie. To daje ci pewność oraz stabilność i pozwala ci zająć się wszystkimi rzeczami o mniejszej mocy ze współczuciem.

Dzisiaj twój długi Przegląd będzie analizą twojego procesu kształcenia. Pamiętaj, by nie osądzać samego siebie, ażebyś mógł się nauczyć.

Praktyka 91: *Jeden długi okres praktyki.*

Krok 92

MAM DO ODEGRANIA PEWNĄ ROLĘ NA ŚWIECIE.

Przybyłeś na świat w kluczowym czasie. Przybyłeś, aby służyć światu w jego obecnych potrzebach. Przybyłeś, aby poczynić przygotowania pod przyszłe pokolenia. Czy to wszystko może być teraz dla ciebie osobiście znaczące? Być może nie, ponieważ pracujesz na teraźniejszość i na przyszłość. Pracujesz na życie, które będziesz prowadził i na życie, które będzie podążać za twoim. Stanowi to teraz twoje spełnienie, gdyż jest to dar, który przybyłeś podarować. Bez udawania i bez niepewności to pojawi się w tobie naturalnie i samo odda się światu. Tkając twoje życie wraz z innymi żywotami w bardzo specyficzny sposób, ma ono na celu podniesienie na duchu ciebie oraz wszystkich, z którymi się zetkniesz. Plan jest większy niż twoje osobiste ambicje, a tylko twoje osobiste ambicje mogą przesłonić twoją wizję co do tego, co musisz dokonać. Bądź wdzięczny zatem, że masz do odegrania pewną rolę na świecie. Przybyłeś na świat, aby wypełnić tę rolę – dla twojego własnego spełnienia, dla rozwoju twojego świata i dla służby wobec twojej Duchowej Rodziny.

Dzisiaj podczas swoich dwu okresów praktyki skoncentruj się i potwierdź, że masz do odegrania pewną rolę. Nie próbuj określać tej roli zgodnie z twoimi pomysłami i życzeniami, lecz pozwól, aby ta rola sama się określiła, Wiedza w tobie określi ją bowiem, jak tylko będziesz gotowy. W stanie wyciszenia i akceptacji potwierdź, że masz do odegrania pewną rolę na świecie i doświadcz mocy oraz prawdy tej wielkiej myśli.

Praktyka 92: *Dwa 30 – minutowe okresy praktyki.*

Krok 93

ZOSTAŁEM TUTAJ POSŁANY W PEWNYM CELU.

Zostałeś posłany na świat w pewnym celu, aby przekazać swoje dary, które będą pochodzić z Wiedzy. Przybyłeś tutaj w pewnym celu, aby pamiętać o swoim Prawdziwym Domu, gdy jesteś na świecie. Wielki cel, który niesiesz, jest z tobą w tej chwili i wyrośnie on stopniowo, gdy podejmujesz się przygotowania, które tobie zapewniamy. Ten cel jest większy niż wszystkie inne cele, jakie dla siebie wyobrażałeś. Jest on większy niż wszystkie cele, dla których próbowałeś żyć. Nie potrzebuje on twojej wyobraźni ani twoich wytworów, ponieważ spełni się poprzez ciebie i doskonale cię przy tym zintegruje. Jest pewien cel dla ciebie do wypełnienia. Przygotowujesz się teraz krok po kroku w celu doświadczenia i nauczenia się zaakceptowania tego tak, ażeby mogło to przynieść ci swoje wielkie dary.

Podczas swoich dwu okresów praktyki potwierdź rzeczywistość tego oświadczenia. W stanie wyciszenia i receptywności pozwól, aby twój umysł spoczął w swojej prawdziwej funkcji. Pozwól sobie być studentem, co oznacza pozwolenie sobie na bycie receptywnym i odpowiedzialnym za spożytkowanie tego, co jest ci ofiarowywane. Niech ten dzień będzie potwierdzeniem twojego prawdziwego życia na świecie, a nie życia, które dla siebie stworzyłeś.

Praktyka 93: *Dwa 30 – minutowe okresy praktyki.*

Krok 94

Moja wolność polega na odnalezieniu mojego celu.

Jakąż wartość może mieć wolność z wyjątkiem tego, by pozwoliła ci odnaleźć twój cel i go wypełnić? Bez celu, wolność jest jedynie prawem do bycia chaotycznym, prawem do życia bez zewnętrznego ograniczenia. Jednak bez zewnętrznego ograniczenia będziesz jedynie postępował z powodu surowości twojego wewnętrznego ograniczenia. Czy to jest zmiana na lepsze? Ogólnie rzecz biorąc, nie jest to udoskonalenie, chociaż może to prowadzić do sposobności do samopoznania.

Nie nazywaj chaosu wolnością, ponieważ to nie jest wolność. Nie sądź, że skoro inni cię nie ograniczają, to znaczy, że znajdujesz się w wywyższonym stanie. Zdaj sobie sprawę z tego, że twoja wolność polega na umożliwieniu ci odnalezienia twojego celu i wypełnienia go. Rozumienie wolności w ten sposób daje ci możliwość wykorzystania wszystkich aspektów twojego życia – twojej obecnej sytuacji, twoich relacji, spraw, w które jesteś zaangażowany, twoich sukcesów, twoich porażek, twoich przymiotów i twoich ograniczeń – wszystkiego w imieniu odkrycia twojego celu. Gdy bowiem wyższy cel zaczyna sam się wyrażać poprzez ciebie w sposób, jaki możesz rozpoznać i zaakceptować, w końcu poczujesz, że twoje życie jest całkowicie zintegrowane. Nie będziesz już dłużej odrębną osobą w sobie samym, lecz jedną osobą, całą i zjednoczoną, wraz ze wszystkimi swoimi aspektami zaangażowanymi w służbie tego jednego celu.

Wolność do popełniania błędów cię nie zbawi. Błędy mogą zostać popełnione w każdych okolicznościach i wolność może zostać odnaleziona w każdych okolicznościach. Dlatego też staraj się uczyć o wolności. Wiedza wyrazi się, gdy jest nieskrępowana oraz kiedy ty, jako osoba, rozwinąłeś się wystarczająco, aby być w stanie nieść jej wielką misję na świecie. Twoi Duchowi Nauczyciele, którzy trwają przy tobie poza twoim polem widzenia, są tutaj, ażeby wtajemniczyć cię w arkana Wiedzy. Oni mają swoją własną metodę czynienia tego, ponieważ pojmują oni prawdziwe znaczenie wolności i jej prawdziwy cel na świecie.

ZATEM PODCZAS SWOICH OKRESÓW PRAKTYKI raz jeszcze pragniemy potwierdzić moc tego oświadczenia i podarować ci dwie sposobności doświadczenia tego głęboko w sobie. Nie musisz próbować spekulować o tym intelektualnie, lecz po prostu odprężyć się tak, aby móc tego doświadczyć. Skoncentruj swój umysł całkowicie na pozwoleniu mu doświadczenia wielkości obecności Boga, która jest z tobą i która jest w tobie, jest to bowiem spoglądanie w kierunku wolności, gdzie wolność prawdziwie istnieje.

PRAKTYKA 94: *Dwa 30 – minutowe okresy praktyki.*

Krok 95

JAKŻEŻ MÓGŁBYM SIĘ SPEŁNIĆ?

Jakżeż mógłbyś się spełnić, kiedy nie wiesz, kim jesteś, kiedy nie wiesz, skąd pochodzisz ani dokąd zmierzasz, kiedy nie wiesz, kto cię posłał i kto będzie na ciebie czekał, gdy powrócisz? Jakżeż sam mógłbyś się spełnić, kiedy jesteś częścią samego życia? Czy możesz spełnić się w oddzieleniu od życia? Tylko w marzeniach i w wyobraźni możesz zabawiać się pomysłem spełnienia się. Nie ma tutaj spełnienia, tylko powiększający się zamęt. Wraz z mijającymi latami będziesz czuł rosnącą ciemność w sobie, jak gdyby wielka sposobność została utracona. Nie trać tej możliwości do uświadomienia sobie życia takiego, jakie prawdziwie istnieje i otrzymania spełnienia, jakie jest ci prawdziwie ofiarowane.

Jedynie w wyobraźni możesz się inaczej spełnić, a wyobraźnia nie jest rzeczywistością. Zaakceptowanie tego może z początku wydawać się ograniczeniem i rozczarowaniem, ponieważ już masz projekty i motywy na własne osobiste spełnienie niezależnie od tego, czy zostały doświadczone, czy też nie. Cały twój plan na twoje spełnienie musi teraz zostać postawiony pod znakiem zapytania, nie po to, aby pozbawić cię czegokolwiek wartościowego, lecz by uwolnić cię z kajdan, które mogłyby cię z czasem jedynie zwieść i rozczarować. Zaakceptowanie zatem beznadziejności twojej próby spełnienia się otwiera cię w końcu na otrzymanie wspaniałego daru, który jest dla ciebie osiągalny i który oczekuje na ciebie. Przeznaczeniem tego wspaniałego daru jest podarowanie go światu w sposób, który jest właściwy dla twojego szczęścia i dla szczęścia tych, którzy będą naturalnie do ciebie przyciągnięci.

Jakżeż mógłbyś się spełnić? Dzisiaj co godzinę powtarzaj to pytanie i poświęć mu chwilę poważnego rozważenia niezależnie od swoich okoliczności. Podczas swojej cogodzinnej praktyki przypatrz się światu i zobacz, jak ludzie próbują się spełnić zarówno w sytuacjach, jakie obecnie istnieją, jak i w sytuacjach, na które liczą. Zrozum, jak bardzo odseparowuje to ich od życia, jakie naprawdę istnieje. Zrozum, jak bardzo odseparowuje to ich od tajemnicy ich własnej egzystencji oraz od cudu życia, który mogą napotkać w każdym momencie każdego dnia. Nie pozwól sobie być tego pozbawionym. Marzenia zawsze namalują dla ciebie przepiękny obraz, ale nie ma on oparcia w rzeczywistości. Tylko ci, którzy starają się wspierać marzenia innych, będą starali się zawrzeć związek ze sobą dla tego celu, a ich rozczarowanie będzie obopólne, o które będą skłonni się wzajemnie oskarżać. Nie poszukuj zatem tego, co może ci przynieść jedynie nieszczęście i zniszczyć wielką sposobność na relacje dla ciebie.

Co godzinę powtarzaj to oświadczenie. Podczas swoich dwu okresów praktyki wejdź w stan wyciszenia i otwartości, ażebyś mógł nauczyć się otrzymywać spełnienie tak, jak ono prawdziwie istnieje.

Praktyka 95: *Dwa 30 – minutowe okresy praktyki.*
Cogodzinna praktyka.

Krok 96

WOLĄ BOGA JEST, ABYM BYŁ NIEOBCIĄŻONY.

Pierwszym krokiem Boga w kierunku twojego odkupienia i twojego wzmocnienia jest odciążenie cię od rzeczy, które nie są niezbędne dla twojego szczęścia, odciążenie cię od rzeczy, które nie mogą przynieść ci satysfakcji, odciążenie cię od rzeczy, które mogą jedynie przynieść ci ból oraz zdjąć z twojej głowy koronę cierniową, jaką nosisz, która reprezentuje twoje staranie dotyczące spełnienia na świecie. Istnieje w tobie Wyższa Wola, która pragnie się wyrazić. Kiedy tego doświadczysz, wreszcie poczujesz, że jesteś znany samemu sobie. W końcu doświadczysz prawdziwego szczęścia, ponieważ twoje życie naresczie będzie zintegrowane. Musisz być nieobciążony, aby dokonać tego odkrycia. Nic wartościowego nie zostanie ci odebrane. Zamysłem Boga nie jest uczynienie ciebie samotnym i opuszczonym, ale podarowanie ci sposobności na uzmysłowienie sobie swojej prawdziwej obietnicy, ażebyś mógł kontynuować z mocą i prawdziwą motywacją.

Zaakceptuj zatem tę pierwszą wielką propozycję uwolnienia cię od beznadziejnych konfliktów, które starasz się rozwiązać, od poszukiwań niemających znaczenia, które prowadzą cię donikąd, od fałszywych obietnic tego świata i od twojego własnego idealizmu, który maluje obraz, jakiego świat nie jest w stanie wesprzeć. W prostocie i pokorze zdasz sobie sprawę z doskonałości życia i będziesz wiedział, że nie oddałeś niczego w zamian za coś o największej wartości.

Co godzinę powtarzaj to oświadczenie i pomyśl o nim. Obserwuj jego znaczenie w odniesieniu do twoich obecnych okoliczności. Obserwuj jego demonstrację w życiu ludzi dookoła ciebie. Obserwuj jego rzeczywistość w odniesieniu do twojej własnej egzystencji, którą teraz uczysz się obserwować w sposób obiektywny.

DZISIAJ PODCZAS SWOICH DWU DŁUŻSZYCH OKRESÓW PRAKTYKI staraj się skoncentrować na tej myśli i zastosować ją w szczególności w swoim życiu. Aktywnie zaangażuj swój umysł i próbuj rozważać nad znaczeniem tego oświadczenia w odniesieniu do twoich obecnych ambicji, twoich aktualnych planów i tak dalej. Gdy nad tym pracujesz, wiele rzeczy może zostać podanych w wątpliwość, uświadom sobie jednak, że na Wiedzę nie mogą wpłynąć twoje intrygi i plany albo twoje nadzieje i rozczarowania. Ona po prostu oczekuje czasu, w którym może naturalnie zaistnieć w tobie, a ty będziesz pierwszym beneficjentem jej wspaniałych darów.

PRAKTYKA 96: *Dwa 30 – minutowe okresy praktyki.*
Cogodzinna praktyka.

Krok 97

NIE WIEM, CZYM JEST SPEŁNIENIE.

Czy to stwierdzenie jest potwierdzeniem słabości? Czy jest to poddanie się beznadziejności? Nie, to nie jest to. To jest początek prawdziwej szczerości. Kiedy zdasz sobie sprawę, jak niewiele pojmujesz i zarazem uzmysłowisz sobie wielką propozycję Wiedzy, która jest dostępna dla ciebie, tylko wtedy skorzystasz z tej sposobności z wielką zachętą i poświęceniem. Możesz sobie jedynie wyobrazić spełnienie, ale w tobie Wiedza o spełnieniu żyje i płonie. Jest to ogień, którego nie możesz ugasić. Jest to ogień, który istnieje teraz w tobie. To reprezentuje twoje większe pragnienie spełnienia się, zjednoczenia i wnoszenia wkładu. Daleko pod wszystkimi twoimi nadziejami i obawami, pod twoimi planami i ambicjami, ten ogień teraz gorzeje. Wyrzeknij się zatem swoich pomysłów dotyczących spełnienia się, zachowaj jednak nadzieję, gdyż stawiasz się w pozycji, w której możesz otrzymać dary, jakie są ci przeznaczone. Przyniosłeś te dary ze sobą do świata. Są one ukryte w tobie, gdzie nie możesz ich odnaleźć.

NIE WIESZ, CZYM JEST SPEŁNIENIE. Samo szczęśliwe pobudzenie nie może być spełnieniem, ponieważ spełnienie jest stanem wewnętrznego spokoju. Jest to stan wewnętrznej akceptacji. Jest to stan całkowitej integracji. Jest to bezczasowy stan wyrażający się na przestrzeni czasu. Jakżeż nawet najszczęśliwsze pobudzenie może dać ci to, co trwa przy tobie przy każdej okoliczności i co nie zanika, gdy pobudzenie się zakończy? My nie pragniemy pozbawić cię szczęśliwych pobudzeń, gdyż mogą one być bardzo dobre, są one jednak chwilowe i mogą dać ci tylko przebłysk większej możliwości. My tutaj pragniemy zabrać cię bezpośrednio do większej możliwości poprzez kultywowanie ogromnych zasobów w twoim umyśle oraz poprzez uczenie cię sposobu widzenia świata tak, ażebyś mógł poznać jego prawdziwy cel.

Zatem w tym dniu co godzinę powtarzaj dzisiejszą myśl i rozważaj ją poważnie, uwzględniając siebie i otaczający cię świat. Dzisiaj podczas swoich dwu długich okresów praktyki raz jeszcze poważnie zastanów się nad tą myślą. Pamiętaj, aby myśleć o swoim własnym życiu w tych okresach praktyki i zastosować dzisiejszą myśl do planów, które dotyczą twojego własnego spełnienia. Te rozmyślania wymagają pracy umysłowej. Tutaj nie pogrążysz się w stanie wyciszenia. Będziesz analizował. Będziesz badał. W sposób aktywny będziesz używał swojego umysłu, aby zgłębić rzeczy, które wedle twojego rozpoznania tam istnieją. Jest to czas na sumienną introspekcję. Kiedy uzmysłowisz sobie, że to, co uważałeś za wiadome, jest tylko formą urojenia, wtedy przekonasz się do swojego ogromnego zapotrzebowania na Wiedzę.

Musisz zrozumieć to, co masz, aby nauczyć się otrzymać więcej. Jeśli uważasz, że masz więcej niż posiadasz w istocie, wtedy jesteś ubogi, nie będąc nawet tego świadom i nie pojmiesz Wielkiego Planu, jaki został stworzony w twoim imieniu. Musisz zacząć z miejsca, w którym jesteś, gdyż w ten sposób możesz kontynuować, pewnie z każdym krokiem, z każdym krokiem naprzód, zbudowanym na poprzednim kroku. Nie będziesz się tutaj wycofywał, ponieważ będziesz pewnie osadzony na swojej drodze do Wiedzy.

Praktyka 97: *Dwa 30 – minutowe okresy praktyki.*
Cogodzinna praktyka.

Krok 98

PRZEGLĄD

Podczas swojego Przeglądu raz jeszcze przejrzyj wszystkie instrukcje z lekcji oraz wszystko, czego dotąd doświadczyłeś w poprzednim tygodniu praktyki. Szczerze oceń swoje zaangażowanie w te lekcje i rozpoznaj, co one tobie przyniosły, jeśli chodzi o zrozumienie. Próbuj być bardzo sprawiedliwy w swojej ocenie. Pamiętaj, że jesteś studentem. Nie utrzymuj, że osiągnąłeś więcej niż to, czego faktycznie doświadczyłeś.

Prostota tego podejścia może się wydawać oczywista, ale dla wielu ludzi jest bardzo trudna do osiągnięcia, gdyż przyzwyczaili się do myślenia, że mają więcej lub mniej niż posiadają, przez co niezmiernie trudno przychodzi im oszacowanie ich rzeczywistych okoliczności, nawet jeśli ich położenie jest całkiem oczywiste.

Zatem podczas jednego długiego okresu praktyki przejrzyj swoje lekcje i rozważ każdą z nich głęboko, przypominając sobie o swoich czynnościach związanych z nimi w dniu, w którym były dane i o twoim ich rozumieniu w tamtym momencie. Przejrzyj każdy z sześciu poprzednich kroków bardzo ostrożnie i strzeż się przed wyciąganiem wniosków, które nie stanowią twojego prawdziwego doświadczenia. Lepiej jest być niepewnym aniżeli dojść do błędnych wniosków.

Praktyka 98: *Jeden długi okres praktyki.*

Krok 99

Dzisiaj nie będę obwiniać świata.

Dzisiaj trenuj nieobwinianie świata, nieosądzanie jego ewidentnych błędów, jak również nieutrzymywanie i nieobarczanie odpowiedzialnością innych za te błędy. Spoglądaj na świat bez słowa. Pozwól swojemu umysłowi być wyciszonym.

Trenuj tak co godzinę i przypatruj się światu z otwartymi oczami. W swoich dwu dłuższych okresach praktyki ćwicz również spoglądanie na świat z otwartymi oczami. Nie ma znaczenia, na co patrzysz, nie robi to bowiem żadnej różnicy. Będziesz się dzisiaj koncentrował na spoglądaniu bez osądu, ponieważ to rozwinie twoje rzeczywiste zdolności umysłu.

Zatem w trakcie swoich okresów praktyki zaprawiaj się w spoglądaniu z otwartymi oczami, spoglądając bez osądzania. Przypatruj się swojemu najbliższemu otoczeniu. Patrz jedynie na rzeczy, które rzeczywiście tam są. Nie uruchamiaj wyobraźni. Nie pozwalaj swoim myślom wędrować do przeszłości albo przyszłości. Bądź świadkiem jedynie tego, co tam jest. Gdy pojawiają się myśli, które są osądami, po prostu odrzuć je, nie rozważając ich, dzisiaj bowiem zaprawiasz się w widzeniu – widzeniu bez osądu, ażebyś mógł widzieć, co jest tam rzeczywiście.

Praktyka 99: *Dwa 30 – minutowe okresy praktyki.*
Cogodzinna praktyka.

Krok 100

DZISIAJ JESTEM POCZĄTKUJĄCYM STUDENTEM WIEDZY.

JESTEŚ POCZĄTKUJĄCYM STUDENTEM WIEDZY. Zaakceptuj ten punkt wyjścia. Nie wymagaj więcej od siebie, ponieważ nie rozumiesz drogi do Wiedzy. Na drodze do większych założeń mogłeś zgromadzić wspaniałe nagrody, lecz to prowadzi w odmiennym kierunku niż droga do Wiedzy, gdzie wszystkie rzeczy, które są nierzeczywiste, są porzucane, a wszystkie rzeczy, które są prawdziwe, są przyjmowane. Droga do Wiedzy nie jest drogą, którą ludzie sobie wyobrazili, nie jest ona bowiem zrodzona z wyobraźni.

BĄDŹ ZATEM POCZĄTKUJĄCYM STUDENTEM WIEDZY. Co godzinę powtarzaj to oświadczenie i poważnie się nad nim zastanów. Niezależnie od swojego poglądu wobec siebie, czy jest on wygórowany, czy pomniejszony, bez względu na to, co uczyniłeś wcześniej, bez względu na to, co uważasz za swoje osiągnięcia, jesteś początkującym studentem Wiedzy. Jako początkujący student będziesz chciał nauczyć się wszystkiego, czego można się nauczyć i nie będziesz obarczony potrzebą bronienia tego, co wedle twego mniemania już zdobyłeś. To złagodzi znacząco twój ciężar w życiu i da ci możliwość prawdziwej motywacji i entuzjazmu, których teraz brakuje.

BĄDŹ POCZĄTKUJĄCYM STUDENTEM WIEDZY. Rozpocznij swoje dwa dłuższe okresy praktyki tym oświadczeniem oraz pozwól sobie usiąść w wyciszeniu i otrzymać. Bez próśb, bez pytań i bez oczekiwań albo żądań, pozwól, aby twój umysł był cicho, jesteś bowiem początkującym studentem Wiedzy i nie wiesz jeszcze, o co prosić ani czego oczekiwać.

PRAKTYKA 100: *Dwa 30 – minutowe okresy praktyki.*
Cogodzinna praktyka.

Krok 101

ŚWIAT MNIE POTRZEBUJE, ALE JA ZACZEKAM.

PO CO CZEKAĆ, SKORO ŚWIAT CIĘ POTRZEBUJE? Czyż nie wydaje się to być sprzeczne z nauczaniem, które prezentujemy? W rzeczywistości to wcale nie jest sprzeczne, jeżeli rozumiesz znaczenie tego. Skoro świat cię potrzebuje, oczekiwanie wydawałoby się niesprawiedliwością i nieodpowiedzialnością. Czyż nie jest to sprzeczne z tym, czego nauczamy? Nie, to nie jest sprzeczne, jeżeli rozumiesz znaczenie tego. Jeżeli poważnie rozważyłeś to, co przekazaliśmy ci do tej pory, zdasz sobie sprawę, że Wiedza w tobie samoistnie odpowie światu, a ty będziesz się czuł poruszony, aby dać w pewnych miejscach i aby nie dać w innych. Ta wielka odpowiedź w tobie nie będzie zrodzona z osobistej słabości, osobistego braku pewności siebie albo potrzeby akceptacji czy rozpoznania. To nie będzie forma ucieczki albo poczucia winy. W rzeczywistości nie będzie to miało z tobą nic wspólnego. Oto dlaczego jest to bardzo wielkie, nie ma to bowiem na celu zaradzić twojej małości, lecz zademonstrować potęgę Wiedzy, która istnieje na świecie, ażebyś mógł być jej świadkiem oraz nośnikiem jej ekspresji.

PO CO CZEKAĆ, SKORO ŚWIAT CIĘ POTRZEBUJE? Dlatego, że nie jesteś jeszcze gotowy, aby dać. Po co czekać, skoro świat cię potrzebuje? Dlatego, że nie rozumiesz jeszcze jego potrzeby. Po co czekać, skoro świat cię potrzebuje? Dlatego, że dasz z niewłaściwych powodów i jedynie wzmocnisz swój dylemat. Czas dawania nadejdzie, a twoje życie da z siebie wszystko i ty będziesz przygotowany, aby to zaakceptować, aby na to odpowiedzieć i aby podążać za przewodnictwem Wiedzy, która jest w tobie. Jeżeli prawdziwie masz służyć światu, musisz być przygotowany, a to jest to, czego się teraz podejmujemy.

NIE POZWALAJ, ABY ZMARTWIENIA ŚWIATA wzbudzały w tobie wielki niepokój. Nie pozwalaj, aby groźby zniszczenia budziły twój strach. Nie pozwalaj, aby niesprawiedliwości tego świata pobudzały twój gniew, bo jeśli tak jest, to znaczy, że spoglądasz bez Wiedzy. Widzisz swój własny, niespełniony idealizm. To nie jest sposób na to, aby widzieć, tak więc nie jest to sposób na to, aby dawać. Zostałeś posłany, aby dać, a twoje dawanie jest z tobą nieodłącznie związane. Nie potrzebujesz tego kontrolować, gdyż to da z siebie wszystko, kiedy będziesz przygotowany. Dlatego też w tym momencie twoja służba światu polega na przygotowywaniu się do bycia ofiarodawcą i chociaż nie da ci to natychmiastowej satysfakcji wynikającej z twojej potrzeby dawania, utoruje to drogę większej służbie, która ma być wyświadczona.

Dzisiaj w swoich dwu okresach praktyki aktywnie zastanów się nad dzisiejszą myślą i rozważ ją w świetle swojego zachowania, swoich skłonności, swoich idei oraz swoich przekonań.

Praktyka 101: *Dwa 30 – minutowe okresy praktyki.*

Krok 102

WIELE MUSZĘ SIĘ ODUCZYĆ.

Twoje życie pełne jest twoich własnych potrzeb oraz idei, pełne twoich własnych wymagań oraz ambicji, pełne twoich własnych obaw oraz pełne twoich własnych komplikacji. Twój nośnik służący dawaniu jest zatem obciążony i zaśmiecony, a twoja energia jest w znacznym stopniu niewłaściwie wykorzystywana. Dlatego też pierwszym krokiem Boga jest cię odciążyć. Dopóki tak się nie stanie, będziesz po prostu starał się znaleźć rozwiązanie sytuacji, nie wiedząc, co zrobić, nie pojmując swojego problemu i nie akceptując wsparcia, jakiego z czasem będziesz z pewnością potrzebował. Zaakceptuj zatem swoją potrzebę oduczenia się, odciąży cię to bowiem i utwierdzi cię w przekonaniu, że wspanialsze życie jest możliwe i nieuniknione dla ciebie, który przybyłeś tutaj, aby ofiarować.

Co godzinę powtarzaj to oświadczenie i zastanów się nad nim. Postrzegaj jego rzeczywistość w kategoriach swojej własnej percepcji względem świata. W swoich dwu dłuższych okresach praktyki raz jeszcze w milczeniu zaprawiaj się w umysłowym wyciszeniu, gdzie do niczego się nie dąży i niczego się nie unika. Jedynie angażujesz swój umysł do tego, aby był wyciszony, ażeby mógł nauczyć się samodzielnie odpowiadać na to, co go wzywa. Z każdym krokiem, jaki podejmujesz w swoim procesie oduczania się, Wiedza wypełni to, co ją zastąpiło. Dzieje się tak natychmiastowo, ponieważ ty tylko stawiasz się w pozycji, w której otrzymujesz, ażeby twoje dawanie mogło być hojne, autentyczne i satysfakcjonujące dla ciebie.

Praktyka 102: *Dwa 30 – minutowe okresy praktyki.*
Cogodzinna praktyka.

Krok 103

BÓG MNIE ZASZCZYCA.

BÓG CIĘ ZASZCZYCA, a jednak to oświadczenie może rozpalić twoje poczucie braku pewności siebie, wzbudzić twoje poczucie winy, zmylić twoje poczucie dumy i wywołać wszystkie rodzaje konfliktu, jakie faktycznie istnieją teraz w tobie. W przeszłości usiłowałeś być czymś nierzeczywistym i to cię zawiodło. Teraz obawiasz się być czymkolwiek, boisz się bowiem, że porażka znów cię dopadnie. Tym samym to, co wielkie, wydaje się małe, a to, co małe, wydaje się wielkie i wszystkie rzeczy postrzegane są odwrotnie albo ich znaczenie jest całkowicie przeinaczone.

BÓG CIĘ ZASZCZYCA niezależnie od tego, czy możesz to zaakceptować, czy też nie. Jest to prawda bez względu na ludzki osąd, ponieważ jedynie rzeczy znajdujące się poza oceną są prawdziwe. Zabieramy cię do tego, co znajduje się poza oceną, co będzie największym możliwym odkryciem w tym życiu albo w jakimkolwiek innym życiu.

CO GODZINĘ POWTARZAJ TO OŚWIADCZENIE i zastanów się nad nim głęboko. W swoich dwu okresach praktyki pozwól, aby twój umysł raz jeszcze stał się wyciszony oraz receptywny, ażebyś mógł nauczyć się przyjąć zaszczyt, jaki Bóg ma dla ciebie. Niewątpliwie owo uznanie musi być skierowane na część ciebie, której ledwo jesteś świadom. To nie twoje zachowanie jest uhonorowane. To nie twój idealizm jest uhonorowany. Nie są to twoje przekonania, twoje założenia, twoje żądania czy twoje obawy. Mogą one być dobre lub złe. Mogą one ci służyć lub cię zdradzać. Poszanowanie jednak jest zarezerwowane do czegoś większego, co teraz uczysz się rozpoznawać.

PRAKTYKA 103: *Dwa 30 – minutowe okresy praktyki.*
Cogodzinna praktyka.

Krok 104

BÓG WIE O MNIE WIĘCEJ NIŻ JA SAM.

BÓG WIE O TOBIE WIĘCEJ NIŻ TY SAM. To musi być oczywiste, jeżeli zastanowiłeś się nad sobą szczerze. A jednak rozważ następstwa tego. Jeżeli Bóg wie o tobie więcej niż ty sam, czyż wówczas ocena Boga nie byłaby czymś, co chciałbyś nauczyć się zbadać? Oczywiście, że tak. A czyż twoje oceny wobec siebie nie byłyby siłą rzeczy błędne? W tym jednym zgrzeszyłeś, albowiem grzech jest tylko błędem. Błąd domaga się korekty, a nie potępienia. Potępiłbyś samego siebie, a następnie myślał, że Bóg podążyłby za twoim przykładem i oddałby cię większemu potępieniu. Dlatego właśnie ludzie stworzyli Boga na swój obraz i dlatego właśnie musisz oduczyć się tego, co stworzyłeś, abyś mógł odnaleźć to, co wiesz i ażeby to, co stworzyłeś na tym świecie, mogło służyć dobru oraz miało trwałą wartość.

BÓG WIE O TOBIE WIĘCEJ NIŻ TY SAM. Nie udawaj, że możesz stworzyć sam siebie, ponieważ już zostałeś stworzony, a to, co zostało prawdziwie stworzone, jest znacznie większe i bardziej szczęśliwe niż życie, z jakiego zdawałeś sobie sprawę do tej pory. To twoje nieszczęście sprowadza cię z powrotem do prawdy, gdyż prowadzi cię ono do realnego rozwiązania. To jest oczywiście prawda.

CO GODZINĘ POWTARZAJ TO OŚWIADCZENIE i rozważ je dogłębnie. Gdy tak czynisz, obserwuj świat wokół siebie, aby nauczyć się znaczenia dzisiejszej myśli na świecie. W swoich dłuższych sesjach praktyki w wyciszeniu pozwól, aby twój umysł zamilknął, ażebyś mógł nauczyć się cieszyć jego wielkością. Daj mu tę szansę na wolność, a on da ci wolność w zamian.

PRAKTYKA 104: *Dwa 30 – minutowe okresy praktyki.*
Cogodzinna praktyka.

Krok 105

PRZEGLĄD

W swoim Przeglądzie podążaj za dotychczasowymi przykładami i przejrzyj tydzień instrukcji oraz tydzień praktyk. Poświęć dzisiaj szczególną uwagę ideom, które zaprezentowaliśmy. Zrozum, że te idee należy rozważyć i doświadczyć na wielu etapach rozwoju. Ich znaczenie jest zbyt głębokie oraz zbyt wielkie, aby było dla ciebie teraz całkowicie oczywiste, posłużą ci one jednak za przypomnienie, że Wiedza jest z tobą oraz że przybyłeś, aby ofiarować Wiedzę na świecie.

Nasze nauczanie uprości zatem wszystko, co rozwiąże konflikty, które niesiesz teraz i co sprawi, że konflikt stanie się w przyszłości zbędny. W takim bowiem zakresie, w jakim jesteś z Wiedzą, konflikt nie istnieje. Życie bez konfliktu jest największym wkładem, jaki może być podarowany światu, jest to bowiem życie, które wznieci zaczątek Wiedzy u wszystkich, iskra, która może nieść się dalej w przyszłość daleko poza twoim życiem osobistym. To jest ta wielka iskra, którą przeznaczone ci jest ofiarować światu, wtedy bowiem twoje dawanie nie będzie miało końca i posłuży twoim obecnym pokoleniom oraz pokoleniom, które nadejdą.

Błogosławieństwa, których doświadczasz obecnie w swoim świecie, są wynikiem tych reminiscencji, które przekazywano z pokolenia na pokolenie, podczas gdy Wiedza jest utrzymywana przy życiu. Szansa dla ciebie, aby mieć Wiedzę, jest zrodzona z dawania tych, którzy żyli wcześniej, tak jak twoje dawanie da szansę na wolność tym, którzy będą podążać. To jest twój większy cel w życiu: podtrzymywać Wiedzę przy życiu na świecie. Najpierw musisz jednak dowiedzieć się o Wiedzy – nauczyć się, jak ją rozpoznać, nauczyć się, jak ją zaakceptować, nauczyć się, jak odróżnić ją od innych pobudek w swoim umyśle, a także poznać wiele etapów rozwoju, jakie będą wymagane w podążaniu za Wiedzą w kierunku jej wielkiego spełnienia. Oto dlaczego jesteś początkującym studentem Wiedzy.

Podczas swojej jednej długiej praktyki podejmij się swojego Przeglądu tak szczegółowo, jak to tylko możliwe. Pozwól, aby zaistniały zamęt oraz niepewność, jest to bowiem konieczne na tym etapie badania. Raduj się zatem ze wszystkich rzeczy, które mogą być prawdziwie rozpoznane i wiedz, że Wiedza jest z tobą, tak więc jesteś wolny, aby być niepewnym.

Praktyka 105: *Jeden długi okres praktyki.*

Krok 106

NIE MA MISTRZÓW ŻYJĄCYCH NA ŚWIECIE.

NIE MA MISTRZÓW ŻYJĄCYCH NA ŚWIECIE, albowiem Mistrzostwo jest osiągane poza światem. Są zaawansowani studenci. Są studenci o wielkich osiągnięciach. Nie ma jednak Mistrzów żyjących na świecie. Nie ma tutaj doskonałości, jedynie wkład. Ktokolwiek pozostaje na świecie, pozostaje, aby nauczyć się lekcji świata. Trzeba nauczyć się lekcji świata nie tylko w swoim życiu osobistym, ale i również w życiu w służbie. Twoja prawdziwa edukacja dalece wykracza poza to, co zrozumiałeś do tej pory. To nie jest jedynie naprawa błędów. To jest ofiarowywanie darów.

NIE MA MISTRZÓW ŻYJĄCYCH NA ŚWIECIE. Dlatego też możesz uwolnić się od wielkiego ciężaru próby osiągnięcia lub wymagania od siebie Mistrzostwa. Ty sam nie możesz być Mistrzem, albowiem życie jest Mistrzem. To jest ta wielka różnica, która wszystko dla ciebie odmieni, kiedy zrozumiesz jej prawdziwe znaczenie oraz korzyść.

DZISIAJ PODCZAS SWOICH DWU OKRESÓW PRAKTYKI pomyśl o wszystkich osobach, których uważałeś za Mistrzów – osobach, które spotkałeś, o których słyszałeś lub sobie wyobrażałeś, osobach z przeszłości oraz osobach żyjących obecnie. Zastanów się nad wszystkimi cechami, które uczyniły z nich Mistrzów i jak ich używałeś, aby osądzać siebie oraz oceniać swoje życie i swoje zachowanie. Celem zaawansowanych studentów nie jest stać się kryterium służącym potępianiu samych siebie przez tych o mniejszych zdolnościach. To nie stanowi ich daru, chociaż muszą oni z czasem zrozumieć, że ich dary będą tak niewłaściwie odbierane.

ZAAKCEPTUJ UWALNIANIE SIĘ OD SWOJEGO CIĘŻARU, gdy przypominamy ci, że nie ma Mistrzów żyjących na świecie.

Postaraj się to zrozumieć w swoich dwu dłuższych okresach praktyki. Postaraj się zrozumieć ukojenie, jakie jest ci ofiarowane. Nie popełniaj jednak błędu, mniemając, że to prowadzi do bierności z twojej strony, większe niż kiedykolwiek będzie bowiem twoje zaangażowanie w odzyskanie Wiedzy. Większe niż kiedykolwiek będzie twoje poświęcenie wyłonieniu się Wiedzy. Teraz twoje zaangażowanie i poświęcenie mogą szybciej iść naprzód, stają się one bowiem odciążane z twojego idealizmu, który może sprowadzić cię jedynie na złą drogę.

PRAKTYKA 106: *Dwa 30 – minutowe okresy praktyki.*

Krok 107

Dzisiaj nauczę się być szczęśliwy.

Uczenie się bycia szczęśliwym jest po prostu uczeniem się bycia naturalnym. Uczenie się bycia szczęśliwym jest uczeniem się akceptowania dzisiaj Wiedzy. Wiedza jest dzisiaj szczęśliwa. Jeżeli nie jesteś szczęśliwy, nie jesteś z Wiedzą. Szczęście nie zawsze oznacza posiadania uśmiechu na twarzy. To nie jest zachowanie. Autentyczne szczęście jest poczuciem siebie, poczuciem całości i satysfakcji. Jeśli strata wydarzyła się w twoim życiu, strata ukochanej osoby, wciąż możesz być szczęśliwy, nawet jeśli ronisz łzy. W porządku jest ronić łzy, ponieważ to nie musi zdradzać większego szczęścia w tobie, te bowiem również mogą być łzami szczęścia. Szczęście nie jest formą zachowania. Pozwól Nam o tym przypomnieć. Jest to poczucie wewnętrznej satysfakcji. Wiedza ci to podaruje, ponieważ to uprości twoje życie i pozwoli twojemu umysłowi skoncentrować się na tym, co jest mu dane wykonywać w rzeczywistości. To cię wzmocni, uprości cię oraz zapewni większą harmonię niż mogłeś znać kiedykolwiek wcześniej.

Dzisiaj zatem w swoich dwu okresach praktyki raz jeszcze pozwól swojemu umysłowi wejść w stan wyciszenia. Jest to czas zrównoważenia. To nie jest trening umysłowego badania, lecz trening umysłowego wyciszenia.

Praktyka 107: *Dwa 30 – minutowe okresy praktyki.*

Krok 108

SZCZĘŚCIE JEST CZYMŚ, CZEGO MUSZĘ SIĘ NAUCZYĆ PONOWNIE.

WSZYSTKO MUSI TERAZ ZOSTAĆ PODDANE PONOWNEJ OCENIE. Wszystko musi być teraz widziane na nowo, jest bowiem spoglądanie z Wiedzą i jest spoglądanie bez Wiedzy. Dają one róże wyniki. Sprzyjają one różnym ocenom oraz różnym odpowiedziom. Powiedzieliśmy, że szczęście nie jest formą zachowania, jest ono bowiem znacznie głębsze niż to. Dlatego też nie staraj się wykorzystywać tej idei, aby zdobyć uznanie u innych albo pokazać sobie, że jesteś bardziej szczęśliwy niż tak jest w rzeczywistości. Nie pragniemy nakładać kamuflażu z zachowania na twoje obecne doświadczenie. Pragniemy doprowadzić cię do doświadczenia, które jest prawdziwe dla twojej natury, które wyraża twoją naturę i które wnosi twoją naturę do życia.

UCZ SIĘ ZATEM PONOWNIE O SZCZĘŚCIU. W swoich dwu okresach praktyki zaangażuj swój umysł w dochodzenie. Zastanów się nad swoim ideami dotyczącymi szczęścia, a także formami zachowania, które twoim zdaniem muszą je reprezentować. Pomyśl o wszystkich sposobach, jakie podejmowałeś, aby być bardziej szczęśliwym niż jesteś. Pomyśl o wszystkich oczekiwaniach i wymaganiach, które sobie postawiłeś, aby być szczęśliwym i aby udowodnić sobie oraz innym swoją wartość. Kiedy rozpoznasz te rzeczy, uświadom sobie, że bez tego dążenia szczęście powstanie samoistnie, jesteś bowiem naturalnie szczęśliwy. Bez ograniczenia szczęście pojawi się samo bez twojego narzucania go na swój umysł i na swoje ciało. Bez twojego narzucania szczęście powstanie samoistnie. Zastanów się nad tym dzisiaj, jednakże nie zadowalaj się prostymi wnioskami, gdyż jesteś początkującym studentem Wiedzy, a wielkie wnioski przychodzą później.

PRAKTYKA 108: *Dwa 30 – minutowe okresy praktyki.*

Krok 109

NIE BĘDĘ SIĘ DZISIAJ SPIESZYĆ.

DZISIAJ PODEJMUJ KAŻDY KROK Z GRACJĄ. Nie spiesz się. Nie musisz się spieszyć, ponieważ jesteś z Wiedzą. Możesz zachować swoje spotkania i dotrzymać ich terminu, ale nie spiesz się w samym sobie. Możesz zabiegać o Wiedzę, spełnienie i służbę, nie bądź jednak w pośpiechu. Kiedy się spieszysz, zaniedbujesz swój obecny krok na rzecz kroków, które uważasz za bardziej pożądane, a w jaki sposób kroki mogą być bardziej pożądane z wyjątkiem momentu, kiedy ignorujesz krok przed sobą? Musisz jedynie podjąć się kroku znajdującego się przed tobą, a następny krok pojawi się w sposób naturalny. Nie spiesz się. Nie możesz iść szybciej niż jest to możliwe. Nie omijaj tego wszystkiego, co dajemy ci do ćwiczenia, co będzie wymagało, ażebyś się nie spieszył.

DZISIAJ W CIĄGU DNIA PRZYPOMINAJ SOBIE co godzinę, aby się nie spieszyć. Powiedz do siebie: „Nie będę się dzisiaj spieszyć" i pomyśl o tym przez chwilę. Możesz wypełniać swoje ziemskie obowiązki, nie będąc w pośpiechu. Możesz osiągać swoje większe cele, nie będąc w pośpiechu. Czerp radość z faktu, że jesteś początkującym studentem, początkujący studenci nie wiedzą bowiem, dokąd zmierzają, ponieważ znajdują się w pozycji, aby otrzymywać, a nie zarządzać. Jest to teraz dla ciebie wielkie błogosławieństwo i da ci z czasem moc, aby zarządzać swoim umysłem i swoimi sprawami z Wiedzą. Będziesz łaskawym władcą, który nie potępia błędu i nie karze grzeszników, tak jak teraz Bóg czyni wedle twoich wyobrażeń.

WIEDZA NIE JEST W POŚPIECHU. Dlaczegóż ty miałbyś być? Wiedza może się poruszać szybko lub wolno. Wtedy ty możesz się poruszać szybko lub wolno, lecz w sobie samym nie jesteś w pośpiechu. Jest to część tajemnicy życia, którą teraz możesz nauczyć się odkrywać.

Praktyka 109: *Cogodzinna praktyka.*

Krok 110

BĘDĘ DZISIAJ ZE SOBĄ SZCZERY.

BĘDĘ DZISIAJ CAŁKOWICIE SZCZERY, rozpoznając, co rzeczywiście wiem, a w co jedynie wierzę lub na co mam nadzieję. Nie będę udawał, że wiem o rzeczach, o których nie mam pojęcia. Nie będę udawał, że jestem bogatszy niż jestem albo biedniejszy niż jestem. Będę starał się być dokładnie tam, gdzie dzisiaj jestem".

STARAJ SIĘ BYĆ DOKŁADNIE TAM, GDZIE DZISIAJ JESTEŚ. Bądź prosty. Uspokój się. Obserwuj świat wokół siebie. Wykonuj swoje ziemskie zadania. Nie wywyższaj się. Nie poniżaj się. W tym dniu pozwól, aby wszystko funkcjonowało tak, jak to ma miejsce w rzeczywistości, nie usiłując zarządzać ani manipulować sobą samym. Jedynym od tego wyjątkiem jest wykorzystanie swojej samodyscypliny, ażebyś mógł zrealizować swoje praktyki na ten dzień.

W SWOICH DWU DŁUŻSZYCH OKRESACH PRAKTYKI powtórz oświadczenie na dzisiaj i wejdź w stan wyciszenia. Tutaj musisz wykorzystać potęgę swojego umysłu. Tutaj nie próbujesz niczego, co jest podstępne ani niczego, co jest nierzeczywiste. Pozwalasz swojemu umysłowi wejść w swój naturalny stan, w stan pokoju.

PRAKTYKA 110: *Dwa 30 – minutowe okresy praktyki.*
Cogodzinna praktyka.

Krok 111

DZISIAJ BĘDĘ SPOKOJNY.

Bądź dzisiaj spokojny, wiedząc, że Wiedza jest z tobą, wiedząc, że twoi Nauczyciele są z tobą oraz wiedząc, że twoja Duchowa Rodzina jest z tobą. Nie pozwól, aby obawy albo ciężar problemu zabrały cię dzisiaj z dala od twojej praktyki.

Podczas gdy idziesz przez dzień, ćwicząc co godzinę, przypominaj sobie, aby być spokojnym, albowiem Wiedza jest teraz twoim przewodnikiem. Jeżeli ona jest spokojna, ty nie musisz być zatroskany. Uwolnij się od nałogowych zajęć, od notorycznego poddaństwa. Wzmocnij swoją stanowczość, aby tego dokonać, a z czasem stanie się to łatwiejsze. Wtedy dojdzie do tego w sposób najbardziej naturalny. Twój umysł ma nawyki myślowe. To wszystko, czym one są. Gdy zostają one zastąpione nowymi nawykami, Wiedza zacznie prześwitywać przez strukturę, którą na nią nałożyłeś. Tutaj Wiedza zacznie świecić dalej, prowadzić twoje działania, prowadzić cię do spostrzeżeń oraz ważnych odkryć i dawać ci większą siłę tudzież pewność aniżeli to, co znałeś kiedykolwiek wcześniej.

Zatem w swoich cogodzinnych praktykach wykorzystaj swoją samodyscyplinę w swoim własnym imieniu. W swoich dwu praktykach medytacyjnych bądź bardzo czujny, ale zachowaj spokój umysłu.

Praktyka 111: *Dwa 30 – minutowe okresy praktyki.*
Cogodzinna praktyka.

Krok 112

PRZEGLĄD

Dzisiaj na potrzeby twojego Przeglądu zrobimy coś trochę innego. Co godzinę przypominaj sobie, aby pamiętać o Wiedzy. Powtarzaj do siebie: „Będę pamiętać o Wiedzy. Będę pamiętać o Wiedzy", mając na uwadze w ciągu dnia, że nie wiesz jeszcze, czym jest Wiedza, będąc jednak zapewnionym, że jest ona z tobą. Jest ona zrodzona z Boga. Jest to Wola Boga w tobie. To jest twoje Prawdziwe Ja. Tak oto uczysz się podążać za tym, co jest wielkie. W ramach swojego ograniczonego stanu uzyskujesz dostęp do tego, co nie ma ograniczeń. Tak oto stajesz się dzisiaj pomostem do Wiedzy.

Zatem powtarzaj co godzinę, że będziesz pamiętać o Wiedzy. Nie zapomnij dzisiaj o swojej praktyce, ażebyś mógł się wzmocnić i upodmiotowić.

Praktyka 112: *Cogodzinna praktyka.*

Krok 113

Nie dam się przekonać innym.

Każdy umysł, który jest bardziej stanowczy niż twój, może cię przekonać i wywrzeć na ciebie wpływ. Nie ma w tym nic tajemniczego. Jest to po prostu rezultat tego, że jeden umysł jest bardziej skoncentrowany albo bardziej skupiony niż drugi. Umysły mają relatywne zakresy wpływu na siebie nawzajem w zależności od ich skoncentrowania oraz w zależności od rodzaju wpływu, jaki wywierają. Pozwól, aby Wiedza cię przekonała, jest to bowiem wielkość, jaką niesiesz. Nie pozwól, aby opinie albo wola innych cię przekonały. Pozwól, aby jedynie ich Wiedza wywarła na ciebie wpływ, jedynie to może bowiem wywrzeć wpływ na twoją Wiedzę. To będzie całkiem odmienne od poczucia zdominowanym, zmanipulowanym albo przekonanym przez innych.

Dlatego też zachowuj dystans. Podążaj za Wiedzą. Jeśli ktoś inny pobudza twoją Wiedzę, wtedy poświęć tej osobie swoją uwagę, ażebyś mógł nauczyć się o prawdziwej potędze perswazji. Nie pozwalaj jednak perswazjom tego świata – jego żalom, jego ukochanym ideałom, jego moralności, jego żądaniom lub jego kompromisom – wywierać na ciebie wpływ, podążasz bowiem za Wiedzą i nie musisz podążać za podszeptami świata.

Przypominaj sobie o dzisiejszej myśli co godzinę i zaprawiaj się dzisiaj głęboko w wyciszeniu w swoich dwu praktykach medytacyjnych. Pozwól, aby tylko Wiedza cię przekonała, jest to bowiem wszystko, za czym musisz podążać na świecie.

Praktyka 113: *Dwa 30 – minutowe okresy praktyki.*
Cogodzinna praktyka.

Krok 114

MOI PRAWDZIWI PRZYJACIELE SĄ ZE MNĄ. NIE JESTEM SAM.

JAKŻEŻ MOŻESZ BYĆ SAM, skoro twoi Nauczyciele są z tobą? Czy masz prawdziwszego przyjaciela niż tego, który trwa przy twojej Wiedzy? Te przyjaźnie nie są zrodzone z tego świata. Zostały one zawiązane poza światem i one istnieją, aby ci teraz służyć. Poczujesz obecność tych, którzy są z tobą, jak tylko twój umysł się uspokoi. Jak tylko przestaniesz być zajęty swoimi żarliwymi pragnieniami i obawami, zaczniesz odczuwać tę obecność, która jest tak pełna gracji, tak łagodna i tak pokrzepiająca.

DZISIAJ CO GODZINĘ przypominaj sobie, że twoi przyjaciele są z tobą. W swoich dwu głębokich okresach praktyki pozwól, aby twój umysł przyjął ich obecność, ażebyś mógł pojąć prawdziwą naturę relacji na świecie. Dzięki praktyce to zrozumienie stanie się tak silne, że będziesz w stanie otrzymywać idee, wsparcie oraz korektę od tych, którzy są potężniejsi od ciebie, którzy istnieją, aby ci służyć w twojej prawdziwej roli na świecie. Wtajemniczają cię oni w arkana Wiedzy i są oni w relacji z twoją Wiedzą, twoja Wiedza zawiera bowiem twoją prawdziwą relację z wszelkim życiem.

PRAKTYKA 114: *Dwa 30 – minutowe okresy praktyki.*
Cogodzinna praktyka.

Krok 115

Dzisiaj wysłucham potęgi Wiedzy.

Dzisiaj wysłuchaj potęgi Wiedzy. Wymaga to twojej uwagi. Wymaga to twojego pragnienia. Wymaga to zrezygnowania ze wszystkiego, co cię zajmuje i co cię niepokoi, tego, czego nie możesz rozwiązać o własnych siłach. Wysłuchaj dzisiaj Wiedzy, ażeby mogła ona podnieść cię na duchu i trwać przy tobie. W jej ciszy odnajdziesz trwałe poczucie spokoju tudzież pewność siebie. Jeśli Wiedza bowiem milczy, nie musisz się zamartwiać swoim życiem, a jeśli Wiedza przemawia, musisz jedynie za nią podążać, ażebyś mógł nauczyć się o potędze Wiedzy dla ciebie.

Stajesz się wyciszony, ponieważ Wiedza jest wyciszona. Stajesz się zdolny do działania, ponieważ Wiedza jest zdolna do działania. Uczysz się przemawiać z prostotą, ponieważ Wiedza przemawia z prostotą. Uczysz się być spokojnym, ponieważ Wiedza jest spokojna. Uczysz się dawać, ponieważ Wiedza daje. Zostałeś teraz zaangażowany w ten program rozwoju, aby zaangażować się ponownie w relację ze swoją Wiedzą.

Dzisiaj co godzinę przypominaj sobie, by wysłuchać Wiedzy i poświęć chwilę, aby tak zrobić w jakichkolwiek okolicznościach, w jakich się znajdziesz. Twoją pierwszą aktywnością w słuchaniu jest wyciszenie się. Przećwicz to dzisiaj bardziej dogłębnie w swoich dwu praktykach medytacyjnych, gdzie zaprawiasz się w wyciszeniu i receptywności, ponieważ pragniesz wysłuchać dzisiaj Wiedzy.

Praktyka 115: *Dwa 30 – minutowe okresy praktyki.*
Cogodzinna praktyka.

Krok 116

DZISIAJ BĘDĘ CIERPLIWY Z WIEDZĄ.

BĄDŹ CIERPLIWY Z WIEDZĄ, ażebyś mógł podążać za Wiedzą. Wiedza jest znacznie bardziej wyciszona niż ty. Jest znacznie potężniejsza niż ty. Jest znacznie bardziej pewna niż ty, a wszystkie jej działania są dogłębne oraz istotne. Istnieje jedynie kontrast pomiędzy tobą a Wiedzą, ponieważ żyjesz w ramach ja, które dla siebie stworzyłeś i tymczasowo straciłeś swój kontakt z Wiedzą. Wiedza trwa jednak przy tobie, ponieważ nigdy nie możesz jej opuścić. Ona zawsze tam będzie, aby cię zbawić, ocalić cię i odzyskać cię dla siebie, stanowi to bowiem twoje Prawdziwe Ja. Nie pozwalaj, aby przekonania i założenia podszywały się pod Wiedzę. Pozwól, aby twój umysł stawał się coraz bardziej spokojny i wyciszony, podczas gdy podejmujesz się czynności tego dnia.

POWTARZAJ TĘ MYŚL CO GODZINĘ, a w swoich dwu głębokich praktykach medytacyjnych pozwól sobie wejść w stan wyciszenia oraz pewności, które Wiedza posiada dla ciebie. W ten sposób twój umysł będzie rezonował z Umysłem wszechświata, a ty zaczniesz odzyskiwać swoje odwieczne zdolności i odwieczne wspomnienia. Tutaj idea Duchowej Rodziny zacznie mieć dla ciebie znaczenie i zdasz sobie sprawę, że przybyłeś na świat, aby służyć.

PRAKTYKA 116: *Dwa 30 – minutowe okresy praktyki.*
Cogodzinna praktyka.

Krok 117

Lepiej jest być prostym aniżeli biednym.

Prostota pozwala ci pozyskać dostęp do życia oraz cieszyć się jego wspaniałomyślnością w każdym momencie. Złożoność jest stanem odłączenia od samego siebie, co czyni cię niezdolnym do czerpania przyjemności z życia oraz postrzegania swojej roli w jego ramach. To jest źródło całego wielkiego ubóstwa, albowiem żadne światowe osiągnięcie i żaden światowy dobytek nie może wypędzić poczucia odosobnienia oraz nędzy, które towarzyszą takiemu odłączeniu.

Zatem praktykuj dzisiaj wyciszenie bardziej dogłębnie niż wcześniej, ażebyś mógł doświadczyć potęgi Wiedzy, która jest w tobie. Pozwól sobie być prostym, albowiem w prostocie wszystko może być ci podarowane. Jeśli uważasz, że jesteś skomplikowany albo że twoje problemy są skomplikowane, to jest tak dlatego, że postrzegasz siebie oraz swoje problemy bez Wiedzy i przez to jesteś zagubiony w swoich ocenach. Tutaj mylisz rzeczy o większej wartości z rzeczami o mniejszej wartości, rzeczy o wyższym priorytecie z rzeczami o niższym priorytecie. Prawda zawsze musi wnieść prostotę, gdyż prostota wnosi rozwiązanie oraz właściwe rozumienie i ustanawia pokój tudzież pewność siebie u tych, którzy mogą je przyjąć.

Trenuj dzisiaj głęboko. Powtarzaj dzisiejszą myśl co godzinę, a w swoich dwu głębokich praktykach medytacyjnych przypomnij sobie, że Wiedza jest z tobą, a następnie wejdź w stan wyciszenia. Pozwól sobie być prostym i ufaj, że Wiedza poprowadzi cię na wszystkie sposoby.

Praktyka 117: *Dwa 30 – minutowe okresy praktyki.*
Cogodzinna praktyka.

Krok 118

DZISIAJ NIE BĘDĘ UNIKAĆ ŚWIATA.

NIE MA POTRZEBY UNIKANIA ŚWIATA, ponieważ świat nie może cię zdominować, kiedy jesteś z Wiedzą. Kiedy jesteś z Wiedzą, jesteś tutaj, aby służyć światu. Wtedy świat nie jest już więzieniem. Nie jest ciągłym źródłem zdenerwowania i rozczarowania. Zapewnia ci sposobność, aby dać oraz sposobność, aby zrekonstruować swoje prawdziwe pojmowanie. Nie szukaj schronienia w duchowych zagadnieniach, twoim celem jest bowiem dać światu. Pozwól, aby świat był takim, jaki jest, a twoje potępienie wobec niego nie powróci do ciebie, by cię straszyć. Bez potępiania bowiem jest tylko okazja do tego, aby dać. To oprze się na twojej Wiedzy, która da sama z siebie, a ty będziesz nośnikiem jej dawania.

ZASTANÓW SIĘ NAD TYM TERAZ. W swoich dwu okresach praktyki pozwól sobie doświadczyć obecności Wiedzy w swoim życiu. Niczego od niej nie wymagaj. Nie kwestionuj jej. Pozwól sobie jedynie jej doświadczyć, bo wraz z tym, wszystko, czego szukasz, wraca do ciebie w sposób naturalny bez twoich starań. Wykorzystaj swoją samodyscyplinę jedynie do nakierowania swojego umysłu w odpowiednim kierunku. Jak tylko zostanie on tak sprzęgnięty, powróci on do Wiedzy z własnej inicjatywy. To jest bowiem jego przeznaczenie, to jest jego miłość, to jest jego prawdziwy towarzysz i to stanowi jego prawdziwy związek w życiu.

PRAKTYKA 118: *Dwa 30 – minutowe okresy praktyki.*

Krok 119

PRZEGLĄD

W TYM WYJĄTKOWYM PRZEGLĄDZIE przejrzyj dwa minione tygodnie praktyki, przeglądając każdą instrukcję i przypominając sobie każdy dzień praktyki. Postaraj się pamiętać, jak poważnie myślałeś nad każdą dzienną praktyką oraz jak dokładnie wykorzystałeś tę praktykę. Nie sądź, że możesz słusznie narzekać na to przygotowanie, jeżeli nie wykorzystujesz go w najwyższym stopniu. Twoja rola tutaj polega jedynie na podążaniu za krokami tak, jak zostały one podarowane i niezmienianiu ich zgodnie z własnymi preferencjami. W ten sposób stawiasz się w pozycji, aby otrzymać, która jest pozycją, jaką teraz potrzebujesz dla siebie osiągnąć.

DZISIAJ W TRAKCIE SWOICH DWU DŁUGICH OKRESÓW PRAKTYKI, z których każdy będzie poświęcony jednemu tygodniowi praktyki, przejrzyj ubiegłe dwa tygodnie. Postaraj się być wobec siebie łaskawy, ale rozpoznaj, czy spełniasz wymagania i nie oszukuj siebie pod tym względem. Poświęć się ponownie pogłębianiu swojej praktyki i swojej stanowczości, przypominając sobie o prostocie własnego życia, a także o prawdziwej wartości, jaka jest ci podarowana. W ten sposób nauczysz się nowego sposobu życia. Nauczysz się, jak otrzymać i jak podarować, a twoje życie będzie wolne od mroku złożoności. Albowiem prostota zawsze musi być światłem; ona zawsze musi przynosić dobro.

DLATEGO TEŻ POŚWIĘĆ SIĘ TEMU PRZEGLĄDOWI, ażebyś mógł zrozumieć, jak się uczysz. Te Przeglądy pokażą ci twoje własne zdolności odpowiedzialne za uczenie się, a także twoje własne predyspozycje ku nauce. Nauczą cię one niezbędnych rzeczy, których będziesz potrzebować w przyszłości, kiedy będziesz również w stanie służyć pomocą innym.

PRAKTYKA 119: *Dwa długie okresy praktyki.*

Krok 120

BĘDĘ DZISIAJ PAMIĘTAĆ O SWOJEJ WIEDZY.

Pamiętaj dzisiaj o swojej Wiedzy. Pamiętaj, że trwa ona przy tobie niezależnie od tego, dokąd zmierzasz albo czym się zajmujesz. Pamiętaj, że jest ci dana, aby ci służyć, czuwać nad tobą tudzież podnosić cię na duchu. Pamiętaj, że nie musisz się denerwować z powodu świata, ponieważ możesz zaakceptować świat takim, jaki jest. Pamiętaj, że akceptujesz świat takim, jaki jest, ażebyś był w stanie mu dać, świat bowiem się rozwija, tak jak i ty. Pamiętaj, że Wiedza jest z tobą, a ty musisz jedynie być z Wiedzą, aby zdać sobie sprawę z jej całkowitego wpływu.

Przypominaj sobie dzisiaj co godzinę, że Wiedza jest z tobą i poświęć temu chwilę namysłu. Nie pozwalaj wzburzonym emocjom lub głębokiej depresji rzucać cienia na twoją praktykę, twoja praktyka jest bowiem większa niż twoje stany emocjonalne, które zmieniają się jak wiatry i chmury, ale nie mogą przesłonić wszechświata ponad nimi.

Zdaj sobie zatem sprawę z małości twoich stanów emocjonalnych oraz wielkości Wiedzy. W ten sposób Wiedza zrównoważy twoje stany emocjonalne i ujawni ci źródło twoich własnych emocji, co jest źródłem twojej ekspresji na świecie. To jest tajemnica życia, którą teraz uczysz się badać.

Praktyka 120: *Cogodzinna praktyka.*

Krok 121

Dzisiaj jestem wolny, aby dać.

Jesteś wolny, aby dzisiaj dać, ponieważ twoje życie staje się proste, a twoje potrzeby są zaspokajane. To pozwala ci dawać, gdy tylko bowiem otrzymasz, będziesz pragnął jedynie dać.

Będziesz miał wyjątkową praktykę dzisiaj dwukrotnie, w której masz pomyśleć o kimś w potrzebie, a następnie podarować mu cechę, którą sam pragniesz otrzymać. Prześlij tej osobie tę cechę. Prześlij miłość albo siłę, albo wiarę, albo zachętę, albo determinację, albo poddanie się, albo akceptację, albo samodyscyplinę – czegokolwiek potrzebują, aby doprowadzić do rozwiązania w ich życiu. Jesteś wolny, aby to dzisiaj dać, ponieważ twoje własne potrzeby są zaspokajane.

Zatem w każdej ze swoich dwu praktyk, mając oczy zamknięte, przywołaj na myśl osoby i daj im to, co wedle twojej oceny jest im potrzebne. Nie próbuj rozwiązać za nich ich problemów. Nie próbuj wzmocnić preferowanego rezultatu, ponieważ zazwyczaj nie możesz wiedzieć właściwego rezultatu dla każdej innej osoby. Zawsze jednak możesz dać siłę charakteru oraz wzmocnić ich zdolności umysłu. To da ci twoje własne poczucie celu i wzmocni te cechy w tobie, ponieważ musisz je posiadać, aby je podarować, a dając je uświadamiasz sobie, że już jesteś w ich posiadaniu.

W trakcie dzisiejszej praktyki nie miej wątpliwości, że to, co czynisz dla innych, będzie przez nich otrzymane w ich własnym imieniu.

Praktyka 121: *Dwa 30 – minutowe okresy praktyki.*

Krok 122

DAJĘ DZISIAJ BEZ POCZUCIA STRATY.

To, o co jesteś proszony, może jedynie się powiększyć, gdy to dajesz. Nie dajesz fizycznej rzeczy, chociaż fizyczne rzeczy mogą być ofiarowane dla dobra. To nie jest coś, co możesz policzyć, gdyż nie masz pojęcia o rozmiarze tego. Ofiarowujesz siłę oraz otuchę.

Dzisiaj podczas swoich dwu okresów praktyki kontynuuj swoje dawanie innym. Jest to aktywna forma modlitwy. Nie sądź, że moc tego nie jest otrzymana przez tych, na których się koncentrujesz. Pamiętaj dzisiaj, aby nie próbować określać rozwiązania ich problemu lub ich potrzeby, ale jedynie zachęcić i wzmocnić ich do rozwijania swoich własnych umiejętności. Pragniesz pobudzić w nich Wiedzę, tak jak teraz Wiedza jest pobudzana w tobie. To dawanie nie będzie miało zatem oczekiwania odwzajemnienia, dajesz bowiem to, co umożliwia innym być silnymi w ich życiu. Nie jesteś w pozycji, aby osądzać rezultat, albowiem rezultat twojego dawania zostanie ujawniony w późniejszym czasie, kiedy dar zostanie zaakceptowany i odnajdzie swoje miejsce u odbiorcy. Dlatego też ofiaruj swobodnie bez oczekiwań i ofiaruj, aby doświadczyć potęgi swojego własnego daru w tym dniu.

PRAKTYKA 122: *Dwa 30 – minutowe okresy praktyki.*

Krok 123

Nie będę się dzisiaj nad sobą użalać.

Jakżeż możesz się nad sobą użalać, skoro Wiedza jest z tobą? Żal może jedynie wzmacniać dawne wyobrażenie o tobie samym, które jest pozbawione prawdy, pozbawione nadziei i pozbawione jakiejkolwiek znaczącej podstawy. Nie użalaj się dzisiaj nad sobą, nie jesteś bowiem żałosny. Jeżeli dzisiejszy dzień jest smutny lub pogmatwany, jest tak jedynie ze względu na to, że utraciłeś kontakt z Wiedzą, której odzyskanie możesz dzisiaj przećwiczyć.

Wykonując dzisiejszą praktykę bądź świadom wielu subtelnych form użalania się nad sobą, których się podejmujesz. Bądź świadom wielu subtelnych form manipulacji innych, podczas gdy usiłujesz sprawić, aby cię polubili lub zaakceptowali cię zgodnie z twoim poglądem na siebie samego, który starasz się utrzymywać. Kiedy jesteś z Wiedzą, nie potrzebujesz się obwieszczać; nie potrzebujesz się pokazywać; nie potrzebujesz kontrolować innych, aby cię polubili bądź cię zaakceptowali, albowiem Wiedza jest z tobą.

Dlatego też nie użalaj się nad sobą, nie jesteś bowiem żałosny. Dzisiaj bądź początkującym studentem Wiedzy, ponieważ to wcale nie jest żałosne. Nie możesz sobie wyobrazić większej perspektywy.

Co godzinę zatem powtarzaj tę myśl. Pozwól, aby weszła do twojego umysłu i zastanów się nad nią przez chwilę. W swoich dwu okresach praktyki powtórz to oświadczenie, a następnie wejdź w stan wyciszenia. Żadna istota, która jest żałosna, nie może wejść w stan ciszy, cisza jest bowiem doświadczeniem dogłębnej relacji, a wyciszenie jest akceptacją dogłębnej miłości. Któż może być żałosny w takich okolicznościach?

Praktyka 123: *Dwa 30 – minutowe okresy praktyki.*
Cogodzinna praktyka.

Krok 124

DZISIAJ NIE BĘDĘ UDAWAĆ, ŻE JESTEM SZCZĘŚLIWY.

NIE POTRZEBUJESZ UDAWAĆ, ŻE JESTEŚ SZCZĘŚLIWY, gdyż to jedynie zamaskuje poczucie użalania się nad sobą, spotęguje twój zamęt i pogłębi twoją rozterkę. Dzisiaj bądź sobą, ale obserwuj samego siebie, mając na uwadze, iż Wiedza jest z tobą, podczas gdy wahasz się od i do, w stronę i z dala od samej Wiedzy. Ponieważ Wiedza się nie waha, jest ona dla ciebie źródłem pewności, konsekwentności oraz stabilności. Ze względu na to, że nie obawia się ona świata, jest ona dla ciebie źródłem nieustraszoności. Nie jesteś żałosny, tak więc nie musisz udawać.

NIE UDAWAJ, ŻE JESTEŚ DZISIAJ SZCZĘŚLIWY, albowiem ten lub ta, kto jest prawdziwie usatysfakcjonowany, może wyrażać się w dowolny sposób na świecie, jednakże w ramach ich ekspresji będzie potęga Wiedzy. To jest to, co jest najważniejsze. Wiedza nie jest formą zachowania. Jest to intensywne doświadczenie życia. Dlatego też nie staraj się przekonać samego siebie albo innych poprzez demonstrowanie zachowania, nie jest to bowiem konieczne.

POWTARZAJ TO OŚWIADCZENIE CO GODZINĘ i czuj jego moc oraz jego dar wolności. Pozwól sobie być dokładnie takim, jaki dzisiaj jesteś. W swoich dwu głębokich praktykach medytacyjnych pozwól sobie wejść w stan wyciszenia, ponieważ kiedy nie starasz się kimś być, możesz mieć luksus spokoju, co jest luksusem miłości.

PRAKTYKA 124: *Dwa 30 – minutowe okresy praktyki.*
Cogodzinna praktyka.

Krok 125

DZISIAJ NIE MUSZĘ BYĆ KIMŚ.

Już jesteś kimś, dlaczegóż więc próbować być kimś? Lepiej jest więc być osobą, którą już jesteś. Osoba, którą już jesteś, stanowi potęgę Wiedzy niesioną w nośniku natury jednostki. To już jest ustanowione i znajduje się to teraz w trakcie rozwoju. Po co próbować dzisiaj być kimś, skoro już kimś jesteś? Dlaczego nie być tym, kim jesteś? Dowiedz się, kim jesteś. To wymaga wielkiej odwagi, musisz bowiem zaryzykować rozczarowanie swojego własnego idealistycznego poglądu na siebie samego i na świat. To wymaga zachęty, ponieważ musisz zaryzykować zrezygnowanie z nienawiści do samego siebie, co jest sposobem na oddzielenie siebie od życia.

Bądź dzisiaj zatem dokładnie takim, jaki jesteś. Przypominaj sobie co godzinę. A w swoich dzisiejszych dwu praktykach medytacyjnych pozwól sobie być wyciszonym i otrzymać, dzisiaj bowiem nie próbujesz być kimś.

PRAKTYKA 125: *Dwa 30 – minutowe okresy praktyki.*
Cogodzinna praktyka.

Krok 126

PRZEGLĄD

Dzisiejszy Przegląd będzie skoncentrowany na minionym tygodniu treningu. Raz jeszcze podkreśli to, że uczysz się, aby się nauczyć. Uczysz się, aby pojąć, jak się uczysz. Uczysz się, aby zrozumieć swoje mocne strony oraz swoje słabości. Uczysz się, aby zrozumieć swoje predyspozycje – te cechy w sobie, które musisz rozwijać oraz te cechy, które musisz powstrzymywać i nad którymi musisz świadomie zapanować. Uczysz się, aby być spostrzegawczym wobec samego siebie. Zatem w końcu uczysz się być obiektywnym wobec samego siebie. Ów obiektywizm jest wyjątkowo istotny, ponieważ pozwala ci wykorzystać to, co tam jest, aby ci służyć bez twojego potępienia. W ten sposób twoja służba wobec samego siebie staje się natychmiastowa i skuteczna.

Jeżeli możesz nauczyć się być obiektywnym wobec samego siebie, możesz nauczyć się być obiektywnym wobec świata. To pozwoli Wiedzy błyszczeć poprzez ciebie, nie będziesz bowiem usiłował uczynić świat takim, jaki chciałbyś, aby był i nie będziesz usiłował zrobić z siebie kogoś, kim chciałbyś być. To jest początek prawdziwego rozwiązania i prawdziwego szczęścia, ale nawet więcej niż to, jest to początek prawdziwej posługi.

Dzisiaj w swoim jednym długim okresie praktyki przejrzyj przeszły tydzień, mając te rzeczy na względzie. Wzmocnij dzisiaj swoje doświadczenie Wiedzy poprzez wspieranie jej zewnętrznych przejawów i nie wątp w moc tego przygotowania w doprowadzenie cię do samej Wiedzy.

Praktyka 126: *Jeden długi okres praktyki.*

Krok 127

Dzisiaj nie będę próbował policzyć się z Bogiem.

Nie próbuj policzyć się z Bogiem poprzez bycie żałosną osobą, albowiem Bóg cię zna jedynie jako część Stworzenia. Nie próbuj policzyć się z Bogiem, czyniąc świat nędznym, ponieważ Bóg stworzył świat piękna i sposobności. Nie próbuj policzyć się z Bogiem, odmawiając miłości lub akceptacji samego siebie, ponieważ Bóg wciąż zna cię takiego, jaki jesteś. Nie próbuj policzyć się dzisiaj z Bogiem, psując relacje dla swoich własnych, egoistycznych celów, ponieważ Bóg rozumie twoje relacje tak, jak one rzeczywiście istnieją i rozumie również ich większą obietnicę. Nie możesz wyrównać rachunków z Bogiem. Możesz jedynie wyrządzić sobie krzywdę.

Zaakceptuj zatem, że przegrałeś bitwę przeciwko Bogu. W twojej porażce jest twoje największe zwycięstwo, ponieważ Bóg nigdy cię nie stracił, chociaż ty tymczasowo straciłeś Boga w swojej wyobraźni. Twoja miłość do Boga jest tak dogłębna, że jeszcze się jej obawiasz, stanowi ona bowiem największą moc w tobie, jaką możesz posiadać. Musisz się tego nauczyć drogą bezpośredniego doświadczenia. Dlatego nie próbuj dzisiaj wyrównać rachunków z Bogiem poprzez wzmacnianie idei o sobie samym, opierając się wyłącznie na błędzie i założeniu, albowiem Wiedza jest z tobą. Jesteś szczęśliwym zwycięzcą w swojej własnej porażce.

Dzisiaj podczas swoich dwu okresów praktyki powtórz tę myśl, a następnie próbuj się nad nią zastanowić. Nasze praktyki dzisiaj będą angażowały umysł w badaniu i analizie. Jest to pożyteczne wykorzystanie twojego umysłu. Pomyśl o tym przesłaniu i wszystkich ideach go otaczających, a zaczniesz pojmować swój obecny system przekonań. Będziesz zdolny zrozumieć to w sposób obiektywny. Wtedy będziesz w stanie z tym pracować, ponieważ umysł jest zakotwiczony w pewnej strukturze, dopóki nie jest wykorzystywany do innych celów. Nie akceptuj tej struktury jako swojej rzeczywistości, gdyż zewnętrzny przejaw twojego umysłu jest strukturą, jaką mu narzuciłeś. Jednakże jego rzeczywista wewnętrzna harmonia oraz natura pragną jedynie być wyrażane. Aby to umożliwić, musisz mieć odpowiednią strukturę w umyśle celem pozwolenia umysłowi na wyrażanie się w fizycznym świecie bez ograniczenia bądź zniekształcenia. To w tym kierunku będziemy dzisiaj działać.

Praktyka 127: *Dwa 30 – minutowe okresy praktyki.*

Krok 128

MOI николаCZYCIELE SĄ ZE MNĄ. NIE MUSZĘ SIĘ BAĆ.

TWOI WEWNĘTRZNI NAUCZYCIELE SĄ Z TOBĄ, a ty nie musisz się bać. Jeżeli masz wystarczającą pewność w Wiedzy, opierając się na rzeczywistym doświadczeniu, a także wystarczającą pewność w obecność twoich Nauczycieli, opierając się na rzeczywistym doświadczeniu, to da ci pewność oraz wiarę w życiu, które zneutralizują cały strach, jaki nie jest konieczny. To zostawi twój umysł w spokoju.

JEDYNIE NIEPOKÓJ, ŻE TWOJA WIEDZA jest bezczeszczona, będzie emanować z Wiedzy, a wówczas jedynie po to, aby wskazać, że musisz zrewidować swoje działania oraz idee. Wiedza ma samosprawdzające się zasady. Oto dlaczego jest to twoje Wewnętrzne Przewodnictwo. Jeżeli działasz wbrew swojej Wiedzy, będziesz się źle czuł ze sobą, a to wzbudzi niepokój. Znaczna część strachu, którego doświadczasz z chwili na chwilę, jest po prostu kwestią twojego własnego wytworu, twojego własnego negatywnego wyobrażenia. Jest jednak strach zrodzony z profanacji Wiedzy. Jest to bardziej niepokój niż strach, ponieważ on rzadko niesie ze sobą jakikolwiek rodzaj obrazowania, chociaż mogą przyjść ci do głowy pomysły jako forma ostrzeżenia, jeślibyś próbował zachowania bądź też sposobu myślenia, który jest niebezpieczny lub destruktywny.

STRACH ZRODZONY Z NEGATYWNEGO WYOBRAŻENIA składa się na zdecydowaną większość strachu, z którym się zadajesz. Musisz nauczyć się temu przeciwdziałać, jest to bowiem niewłaściwe wykorzystanie twojego umysłu. Tutaj wytwarzasz dla siebie doświadczenie, doświadczasz tego, a następnie nazywasz to rzeczywistością. W tym czasie wcale nie byłeś obecny wobec życia. Ty jedynie byłeś w sferze fantazji w sobie samym. Negatywne wyobrażenie wyczerpuje cię emocjonalnie, fizycznie i mentalnie. Może ono zostać wyniesione do takich rozmiarów, że całkowicie zdominuje twoje myślenie. Jakżeż bowiem inaczej możesz być oddzielony we wszechświecie, jak tylko w otoczeniu swoich własnych myśli? W rzeczywistości nie możesz być oddzielony od Boga. W rzeczywistości nie możesz być oddzielony od Wiedzy. Możesz jedynie schować się w swoich własnych myślach i splatać je razem, aby stworzyć oddzielną tożsamość i doświadczenie dla siebie, które, chociaż całkiem przekonujące, są w istocie całkowitą iluzją.

Dzisiaj w swoich dwu praktykach medytacyjnych raz jeszcze wejdź w stan wyciszenia. Dzisiaj nie będzie umysłowej spekulacji albo działania, ponieważ umysł raz jeszcze uda się na spoczynek, aby móc doświadczyć swej rzeczywistości. Nie pozwól, aby strach lub niepokój cię odwiodły. Pamiętaj, że to jest jedynie twoje negatywne wyobrażenie. Jedynie Wiedza może wskazać, czy robisz coś niewłaściwego, a to nastąpi jedynie w obliczu bezpośrednich wydarzeń. Odnajdziesz, że jest to całkiem odmienne od negatywnego wyobrażenia i będzie od ciebie wymagało odmiennej odpowiedzi.

Praktyka 128: *Dwa 30 – minutowe okresy praktyki.*

Krok 129

MOI NAUCZYCIELE SĄ ZE MNĄ.
JA BĘDĘ Z NIMI.

Twoi Nauczyciele są z tobą. Oni nie przemawiają do ciebie poza bardzo rzadkimi przypadkami, a wówczas jedynie wtedy, kiedy jesteś w stanie słyszeć. Od czasu do czasu prześlą oni swoje myśli do twego umysłu, a ty doświadczysz tego jako swoją własną iskrę inspiracji. Jesteś jeszcze nieświadomy tego, jak twój umysł jest połączony ze wszystkimi innymi umysłami, lecz z czasem zaczniesz doświadczać tego w kontekście swojego własnego świata. Demonstracja tego stanie się tak oczywista, że będziesz się zastanawiał, jak mogłeś kiedykolwiek w to wątpić.

Twoi Nauczyciele są z tobą, a dzisiaj w swoich dwu dłuższych okresach praktyki praktykuj przebywanie z nimi. Nie musisz tworzyć ich wizerunku, aby tego doświadczyć. Nie musisz słyszeć głosu albo widzieć twarzy, ich obecność jest bowiem wystarczająca, aby dać ci całkowite doświadczenie, że w rzeczywistości jesteście razem. Jeżeli będziesz wyciszony, oddychał głęboko i nie snuł fantazji – ani szczęśliwych, ani przerażających fantazji – zaczniesz doświadczać tego, co jest tam rzeczywiście. Twoi Nauczyciele naprawdę tam są. A dzisiaj możesz praktykować przebywanie z nimi.

PRAKTYKA 129: *Dwa 30 – minutowe okresy praktyki.*

Krok 130

RELACJE PRZYJDĄ DO MNIE, KIEDY BĘDĘ PRZYGOTOWANY.

PO CO ZABIEGAĆ O RELACJE NA ŚWIECIE, skoro szczere relacje przyjdą do ciebie, kiedy będziesz przygotowany? Aby to zrozumieć, musisz mieć wielką wiarę w potęgę Wiedzy w sobie oraz w innych. Gdy ta świadomość rośnie, podstawa twoich dążeń i desperackich poszukiwań odpadnie, czyniąc prawdziwy pokój i osiągnięcie możliwym dla ciebie.

OSOBY PRZYJDĄ DO CIEBIE w tajemniczy sposób, ponieważ rozwijasz Wiedzę. Tak jak ty masz relacje z innymi na poziomie osobistym, masz również relacje na poziomie Wiedzy. To tego poziomu zaczniesz doświadczać, na początku bardzo wolno. Ostatecznie, jeżeli będziesz kontynuował swoje przygotowania w sposób odpowiedni, to doświadczenie będzie rosło i stanie się dla ciebie całkiem dogłębne.

NIE MUSISZ SZUKAĆ RELACJI. Musisz jedynie poświęcić się swojemu przygotowaniu oraz mieć pewność, że ludzie przyjdą do ciebie, kiedy będziesz ich potrzebować. To będzie wymagało, ażebyś ocenił swoje potrzeby w przeciwieństwie do swoich pragnień. Jeżeli twoje pragnienia nie reprezentują twoich rzeczywistych potrzeb, wtedy strasznie pomieszasz sobie życie. Nałożysz na siebie ciężar, a także na tych, z którymi jesteś związany, co może ich jedynie ciemiężyć, jak i również ciebie. Bez tego ucisku ludzie będą wolni, aby przybyć do ciebie, kiedy ich naprawdę będziesz potrzebować.

CO GODZINĘ PRZYPOMINAJ SOBIE DZISIAJ O TYM, a w swoich dwu dłuższych okresach praktyki pozwól swojemu umysłowi wejść w stan receptywności. Pozwól sobie poczuć obecność Twoich Nauczycieli. Nie pogarszaj swojego stanu pragnieniami relacji oraz swoimi wymaganiami wobec jednostek lub tego, co mogą oni posiadać. Miej dzisiaj pewność, że Wiedza przyciągnie do ciebie wszystkich ludzi, kiedy ich naprawdę będziesz potrzebować.

PRAKTYKA 130: *Dwa 30 – minutowe okresy praktyki.*
Cogodzinna praktyka.

Krok 131

DZISIAJ BĘDĘ SZUKAĆ DOŚWIADCZENIA PRAWDZIWEGO CELU W ŻYCIU.

SZUKAJ DOŚWIADCZENIA PRAWDZIWEGO CELU. To zapewnia podstawę pod wszystkie istotne relacje. Nie szukaj relacji poza tym kontekstem, będzie im bowiem brakowało podstawy i choć może bardzo pociągające, okażą się one dla ciebie bardzo trudne. Niezależnie od tego, czy szukasz małżeństwa, wielkiej przyjaźni albo kogoś do pomocy w swojej działalności, to pamiętaj, że Wiedza przyciągnie do ciebie wszystkie osoby, kiedy ich naprawdę będziesz potrzebować.

DLATEGO TEŻ DZISIAJ KONCENTRUJ SIĘ NA CELU, a nie na relacji. Im większe twoje doświadczenie celu, tym większe twoje zrozumienie relacji. Chociaż będziesz widzieć, że ludzie spotykają się dla przyjemności i ożywienia, jest znacznie większy komponent w ich spotkaniu. Niewielu ludzi to rozpozna, jest to jednak dane tobie, ażebyś rozpoznał to poprzez praktykę oraz doświadczenie. Możesz być pewien, że jeśli nie będziesz próbował dopasować ludzi do swojej własnej idei celu, będziesz się otwierał na autentyczne doświadczenie samego celu. Gdy zaczynasz obserwować samego siebie w sposób obiektywny, zaczniesz dostrzegać manifestacje swojej własnej woli w przeciwieństwie do Wiedzy, a to będzie niezmiernie istotne dla twojej nauki.

DZISIAJ PRZYPOMINAJ SOBIE CO GODZINĘ o swoim zamiarze uświadomienia sobie swojego celu. Pozwól, aby dzisiejszy dzień był krokiem w tym kierunku – krokiem, który oszczędzi ci wielu lat, który na zawsze posunie cię naprzód w kierunku twojego celu Wiedzy, Wiedza cię bowiem przyciąga. W swoich dwu głębszych okresach praktyki pozwól Wiedzy cię przyciągnąć. Poczuj potężniejsze przyciąganie w sobie, które poczujesz w sposób naturalny, jeżeli nie jesteś pochłonięty drobnymi sprawami.

Praktyka 131: *Dwa 30 – minutowe okresy praktyki.*
Cogodzinna praktyka.

Krok 132

NAUCZCIE MNIE BYĆ WOLNYM, AŻEBYM MÓGŁ DOŁĄCZYĆ.

TWOJA NIEZALEŻNOŚĆ OD PRZESZŁOŚCI – twoich przeszłych osądów, przeszłych związków, przeszłych bólów, przeszłych ran i przeszłych trudności – daje ci niezależność w teraźniejszości. To nie jest po to, aby wzmocnić twoje oddzielenie albo uczynić je bardziej kompletnym, lecz miast tego umożliwić ci włączenie się znacząco w relację. Niech stanowi to twoje milczące zrozumienie. Niczego nie możesz zrobić na świecie bez relacji. Bez relacji niczego nie możesz osiągnąć; nie możesz się rozwinąć w żadnym kierunku; nie możesz poznać żadnej prawdy; nie możesz wnieść nic wartościowego. Tak więc gdy twoja niezależność od przeszłości rośnie, tak też rośnie twoja obietnica na włączenie w teraźniejszość tudzież przyszłość. Wolność ma bowiem wzmocnić cię, abyś dołączył.

PAMIĘTAJ O TEJ IDEI CO GODZINĘ i rozważ ją w świetle wszystkich swoich dzisiejszych doświadczeń. W swoich dwu praktykach medytacyjnych pozwól przyciąganiu Wiedzy pociągnąć cię głębiej wewnątrz siebie. Pozwól sobie mieć to doświadczenie wolności.

PRAKTYKA 132: *Dwa 30 – minutowe okresy praktyki.*
Cogodzinna praktyka.

Krok 133

PRZEGLĄD

Dzisiaj przejrzymy miniony tydzień przygotowania. Przejrzyj to obiektywnie bez potępiania, raz jeszcze uświadamiając sobie swoje postępy i swoje ograniczenia oraz wzmacniając swoją stanowczość. To twoje bowiem pragnienie Wiedzy pragniemy rozwijać, jak również twoją nośność. To właśnie właściwe myślenie, właściwe działanie oraz prawdziwa motywacja rozwiną cię naturalnie w kierunku, w jakim iść jest ci przeznaczone. Każdy krok naprzód da ci większe poczucie celu, znaczenia oraz kierunku w życiu i uwolni cię od prób rozwiązania spraw, które nie wymagają rozwiązania, a także od prób zrozumienia rzeczy w wyniku strachu i niepokoju. Im bardziej jesteś w pokoju ze swoją naturą, tym bardziej twoja natura może wyrażać wielkość, którą przywiodłeś ze sobą. Staniesz się zatem światłem dla wszystkiego wokół siebie i będziesz się zachwycać wydarzeniami własnego życia, które samo w sobie będzie cudem.

Dzisiaj w trakcie swojego długiego okresu praktyki podejmij się swojego Przeglądu z głębią i szczerością. Nie pozwól, aby cokolwiek zniechęciło cię dzisiaj do twojej praktyki. To twoja praktyka jest twoim darem złożonym Bogu, poświęcasz bowiem siebie w swojej praktyce i ty również otrzymujesz swój dar.

Praktyka 133: *Jeden długi okres praktyki.*

Krok 134

NIE WYZNACZĘ MOJEGO CELU DLA SIEBIE.

NIE MUSISZ WYZNACZAĆ SWOJEGO CELU, skoro z czasem twój cel po prostu powstanie i będzie ci znany. Nie żyj według definicji. Żyj w oparciu o doświadczenie i zrozumienie. Nie musisz wyznaczać swojego celu, a jeżeli usiłujesz tego dokonać, zawsze pamiętaj, że jest to jedynie tymczasowy środek zaradczy. Nie dawaj mu wielkiej wiarygodności. W ten sposób świat nie może cię rozzłościć, cóż bowiem świat może zrobić, jak tylko podkopać twoją definicję siebie samego? Jeżeli nie żyjesz według definicji, świat nie może cię skrzywdzić, ponieważ nie może on dotknąć miejsca Wiedzy, które jest w tobie. Jedynie Wiedza może dotknąć Wiedzy. Jedynie Wiedza w drugiej osobie może dotknąć Wiedzy w tobie. Jedynie Wiedza w tobie może dotknąć Wiedzy w drugiej osobie.

DLATEGO TEŻ NIE WYZNACZAJ DZISIAJ SWOJEGO CELU. Bądź bez definicji, ażeby doświadczenie celu mogło wzrastać. A gdy ono wzrasta, podaruje ci ono treść twojego celu bez przeinaczenia lub podstępu. Nie będziesz musiał bronić tego na świecie, lecz nieść to niczym klejnot w swym sercu.

CO GODZINĘ PRZYPOMINAJ SOBIE, aby nie wyznaczać swojego celu i zacznij myśleć o cenie czynienia tego, biorąc pod uwagę swoje dotychczasowe doświadczenia. W swoich dwu praktykach medytacyjnych pozwól sobie być wyciszonym. Przy każdym wydechu wypowiadaj słowo RAHN. RAHN. RAHN. Musisz jedynie wypowiadać słowo RAHN na wydechu w trakcie swojej medytacji. Poświęć temu swoją całkowitą uwagę. To słowo posłuży stymulacji Przedwiecznej Wiedzy w tobie i da ci siłę, której bardzo potrzebujesz w tym czasie.

PRAKTYKA 134: *Dwa 30 – minutowe okresy praktyki.*
Cogodzinna praktyka.

Krok 135

Nie określę dzisiaj mojego przeznaczenia.

Tak jak twój cel, twoje przeznaczenie pozostaje poza twoją definicją. Musisz jedynie zrobić krok w jego kierunku, aby poczuć wzrastającą obecność Wiedzy w swoim życiu. Im bliżej jesteś Wiedzy, tym więcej jej doświadczasz. Im więcej jej doświadczasz, tym bliżej będziesz chciał zostać, ponieważ stanowi to naturalne przyciąganie. To jest prawdziwa miłość, przyciąganie podobne do podobnego. To jest to, co nadaje wszechświatowi całe jego znaczenie. To jest to, co spaja życie razem całkowicie. Bądź wolny w tym dniu od definicji i pozwól swojemu umysłowi przyjąć swoją naturalną formę. Pozwól swemu sercu podążać zgodnie ze swoim naturalnym kursem. Pozwól Wiedzy wyrażać się poprzez twój umysł, którego zewnętrzna struktura staje się teraz otwarta i wolna.

Przypominaj sobie o swojej praktyce co godzinę. Dzisiaj w trakcie swoich dwu głębokich medytacji kontynuuj swoją praktykę związaną ze słowem RAHN, wypowiadając RAHN przy każdym wydechu. Pozwól sobie poczuć obecność swojego życia, obecność swoich Nauczycieli, a także głębię własnej Wiedzy. Pozwól na wykorzystanie dzisiaj swojej samodyscypliny w sposób znaczący, na zaangażowanie swojego umysłu w ten sposób. Gdy tylko bowiem umysł zostanie doprowadzony do bliskości swojego prawdziwego przeznaczenia, zareaguje on odpowiednio i wszystko zacznie podążać swoim naturalnym kursem. Wtedy poczujesz, że Łaska jest z tobą.

Praktyka 135: *Dwa 30 – minutowe okresy praktyki. Cogodzinna praktyka.*

Krok 136

MOIM CELEM JEST ODZYSKANIE MOJEJ WIEDZY I POZWOLENIE JEJ NA WYRAŻANIE SIĘ NA ŚWIECIE.

TO ODPOWIE NA TWOJE PYTANIA dotyczące twojego celu. Gdy podążasz za tym celem, swoim powołaniem w życiu – co będzie konkretną rolą, o której podjęcie zostaniesz poproszony – wyłoni się naturalnie krok po kroku. To nie będzie wymagało twojej definicji. To po prostu się wyłoni, a ty zrozumiesz to bardziej dogłębnie i bardziej kompletnie z każdym krokiem, każdy krok wypełni to bowiem coraz bardziej.

TWOJA WIEDZA STANOWI TWÓJ CEL. Co godzinę przypominaj sobie o tym i bądź wdzięczny, że odpowiedź została udzielona. Odpowiedź nie jest jednak tylko ideą. Jest to sposobność do przygotowania, albowiem wszystkie prawdziwe odpowiedzi na wszystkie szczere pytania są pewną formą przygotowania. Potrzebujesz przygotowania, a nie samych odpowiedzi. Twój umysł już jest pełen odpowiedzi i cóż one uczyniły, jak tylko pogłębiły ciężar twojego myślenia? Postępuj zatem zgodnie z przygotowaniem udzielonym w tym dniu i w każdym dniu w ramach Naszego przygotowania, ażebyś mógł otrzymać odpowiedź na swoje pytanie. Twoim celem jest odzyskanie twojej Wiedzy i to jest to, czego się dzisiaj podejmiemy.

PAMIĘTAJ, PRZYPOMINAJ SOBIE O SWOIM OŚWIADCZENIU co godzinę. Zastanów się nad nim w ciągu dnia, aby mogło się ono dzisiaj znaleźć w centrum twojego zainteresowania. W swoich dwu dłuższych praktykach medytacyjnych kontynuuj powtarzanie słowa RAHN, które będzie stymulować Przedwieczną Wiedzę w tobie. Nie musisz rozumieć potęgi tej praktyki, aby w pełni otrzymać jej dobrodziejstwo. Aby w pełni otrzymać jej dobrodziejstwo, musisz jedynie ćwiczyć tak, jak jest to podane.

PRAKTYKA 136: *Dwa 30 – minutowe okresy praktyki.*
　　　　　　　Cogodzinna praktyka.

Krok 137

ZAAKCEPTUJĘ TAJEMNICĘ MOJEGO ŻYCIA.

TWOJE ŻYCIE JEST TAJEMNICĄ. Twoje pochodzenie, twój cel tutaj i twoje przeznaczenie, kiedy odejdziesz, są bardzo tajemnicze. Trzeba ich doświadczyć, aby je zrozumieć. W jakiż sposób możesz w tym momencie zrozumieć tajemnicę swego życia? Musiałbyś się znaleźć u kresu swego życia, aby zrozumieć, co wydarzyło się do tej pory, a ty nie znajdujesz się u kresu swego życia na świecie. Musiałbyś patrzeć na świat ze swojego Przedwiecznego Domu, aby pojąć prawdziwe znaczenie świata. Jesteś teraz na świecie, tak więc musisz być obecny wobec świata. Ta tajemnica jednak może być doświadczana i musi być doświadczana. Nie możesz zrozumieć tego w tej chwili, jednakże w tej chwili możesz w pełni tego doświadczyć. W ramach tego doświadczenia da ci ona wszystko to, czego teraz potrzebujesz, aby podjąć kluczowy krok, który oczekuje na ciebie.

NIE OBCIĄŻAJ ZATEM SWOJEGO UMYSŁU potrzebą zrozumienia, gdyż będziesz zabiegać o niemożliwe i pogubisz się oraz obciążysz dodatkowo swoje myślenie. Poświęć się raczej doświadczaniu tajemnicy swojego życia z zachwytem i wdzięcznością, że świat dalece wykracza poza to, co twoje zmysły dotąd odnotowały oraz że twoje życie jest znacznie większe niż to, co twoje osądy określiły.

POWTARZAJ TĘ IDEĘ CO GODZINĘ i zaprawiaj się dzisiaj dwukrotnie w swojej medytacji ze słowem RAHN z wielką głębią i szczerością. Pozwól dzisiaj swojej praktyce potwierdzić twoje oddanie Wiedzy, musisz bowiem jedynie podążać za krokami tak, jak są one podane.

PRAKTYKA 137: *Dwa 30 – minutowe okresy praktyki.*
Cogodzinna praktyka.

Krok 138

Muszę jedynie podążać za krokami tak, jak są one podane.

Prawda tego jest tak bardzo oczywista, jeżeli pomyślisz o wielu rzeczach, których się nauczyłeś poprzez po prostu podążanie za krokami zawartymi w przygotowaniu. Nieuczestniczenie i próbowanie zrozumienia jest całkowicie bezowocne, całkowicie frustrujące i bez jakiegokolwiek szczęśliwego rezultatu. Przygotowujemy cię do uczestnictwa w życiu nie po to, aby je osądzać, życie bowiem będzie bardziej obiecujące niż twoje osądy mogłyby kiedykolwiek ujawnić. Twoje zrozumienie jest zrodzone z uczestnictwa oraz jest wynikiem uczestnictwa. Naucz się zatem uczestniczyć, a następnie zrozumieć, tak bowiem wygląda prawdziwa kolej rzeczy.

W tym dniu pamiętaj o swoich cogodzinnych praktykach i pozwól, aby twoje dwie medytacje w wyciszeniu stały się głębsze. Nie pozwól żadnym myślom pełnym strachu, niepokoju i zwątpienia w samego siebie zniechęcić cię do twojej ważniejszej działalności. Twoja zdolność do odbywania praktyki demonstruje, że obecność Wiedzy jest z tobą, albowiem Wiedza jest poza wszystkimi stanami emocjonalnymi i nie jest nimi skrępowana. Jeżeli pragniesz zobaczyć gwiazdy, musisz spoglądać poza chmury. Czymże są twoje obawy, jak tylko chmurami, które przechodzą przez twój umysł? Zmieniają one jedynie charakter powierzchni twego umysłu, lecz głębia twego umysłu pozostaje niezmieniona na zawsze.

Praktyka 138: *Dwa 30 – minutowe okresy praktyki.*
Cogodzinna praktyka.

Krok 139

PRZYBYŁEM NA ŚWIAT, ABY SŁUŻYĆ.

PRZYBYŁEŚ NA ŚWIAT, ABY SŁUŻYĆ, najpierw jednak musisz otrzymać. Na początek musisz oduczyć się tego, czego sam się nauczyłeś, abyś mógł odzyskać to, co zabrałeś ze sobą. To przygotowanie jest kluczowe dla twojego powodzenia tudzież twojego szczęścia. Nie myśl, że drogą samego rozumienia będziesz w stanie rozpoznać i wręczyć swoje prawdziwe dary. Twoje uczestnictwo jest twoim przygotowaniem, jesteś bowiem przygotowywany, aby uczestniczyć w życiu. Tak więc wciągamy cię coraz bardziej w tajemnicę życia oraz przejaw życia. W ten sposób będziesz w stanie traktować tajemnicę w sposób tajemniczy z zachwytem oraz będziesz w stanie traktować przejaw życia w sposób praktyczny i z obiektywizmem. Wraz z tym będziesz mógł być pomostem od twojego Przedwiecznego Domu do fizycznego świata. Przez ten pomost Mądrość Wiedzy może się wyrażać, a ty możesz odnaleźć swoje największe spełnienie.

DZISIAJ DWUKROTNIE ZAPRAWIAJ SIĘ W SWOJEJ MEDYTACJI ZE SŁOWEM RAHN z wielką głębią i skupieniem oraz pamiętaj o swojej idei co godzinę, abyś mógł wykorzystać wszystkie dzisiejsze okoliczności w swoim imieniu.

PRAKTYKA 139: *Dwa 30 – minutowe okresy praktyki.*
Cogodzinna praktyka.

Krok 140

PRZEGLĄD

Dzisiaj kończysz dwadzieścia tygodni praktyki. Dotarłeś tak daleko, a z tego miejsca będziesz szedł dalej z większą siłą i pewnością, Wiedza bowiem zacznie cię prowadzić i motywować cię coraz bardziej, gdy będziesz na nią zważał. Pragniesz być sługą oraz Mistrzem jednocześnie, ponieważ sługa jest w tobie oraz Mistrz jest w tobie. Ty osobiście nie jesteś Mistrzem, Mistrz jest jednak w tobie. Ty osobiście jesteś sługą, jesteś jednak w relacji z Mistrzem, tak więc wasz związek jest kompletny. Tym samym wszystkie twoje aspekty odnajdują swoje właściwe miejsce. Wszystko jest sprowadzone do współpracy i harmonii z jednym zamiarem oraz celem. Twoje życie jest proste, ponieważ jest ono w harmonii i w równowadze. Wiedza wskaże wszytko to, co musi być dla ciebie zrobione – fizycznie, emocjonalnie i mentalnie – aby rozwinąć tę równowagę i aby zachować ją w twoich obecnych okolicznościach. Nie myśl, że jakikolwiek kluczowy aspekt zostanie pominięty lub niedokończony.

Gratulacje za twoje dotychczasowe osiągnięcie. Przejrzyj minione sześć dni praktyki i oceń odpowiednio swoje zrozumienie własnego postępu. Pozwól sobie być początkującym studentem Wiedzy, aby móc otrzymać jak najwięcej. Odtąd będziesz kroczył z większą pewnością i prędkością tudzież większym zaangażowaniem, gdy uczysz się wykorzystywać wszystko na swoją korzyść.

Praktyka 140: *Jeden długi okres praktyki.*

Krok 141

BĘDĘ DZISIAJ PEWNY SIEBIE.

Bądź dzisiaj pewny, że znajdujesz się na etapie przygotowania na ścieżce do Wiedzy. Bądź dzisiaj pewny, że Wiedza jest z tobą i że trwa przy tobie oraz że uczysz się teraz, aby otrzymywać jej łaskę, jej pewność oraz jej naprowadzanie. Bądź dzisiaj pewny, że jesteś zrodzony z miłości Boga oraz że twoje życie w tym świecie, ta krótka wizyta tutaj, jest jedynie okazją, aby ustanowić ponownie twoją prawdziwą tożsamość w miejscu, gdzie została ona zapomniana. Bądź dzisiaj pewny, że wysiłki, które teraz czynisz we własnym imieniu, doprowadzą cię do wielkiego celu, który przybyłeś tutaj odnaleźć, ponieważ to przygotowanie pochodzi z twojego Przedwiecznego Domu, aby służyć ci, gdy jesteś na świecie, przybyłeś bowiem na świat, aby służyć.

Powtarzaj to oświadczenie co godzinę i rozważaj je w świetle wszystkiego, co wydarzy się dzisiaj. W swoich dwu dłuższych okresach praktyki powtórz stwierdzenie, a następnie pozwól sobie wejść w stan pokoju i wyciszenia. Pozwól swojej pewności rozproszyć strach, zwątpienie oraz niepokój. Podtrzymuj dzisiaj swoje wysiłki, wymagają one bowiem twojego wsparcia w imieniu większej pewności, którą teraz uczysz się otrzymywać.

PRAKTYKA 141: *Dwa 30 – minutowe okresy praktyki.*
Cogodzinna praktyka.

Krok 142

Dzisiaj będę konsekwentny.

Ćwicz dzisiaj konsekwentnie niezależnie od tego, co dzieje się w tobie bądź poza tobą. Ta konsekwentność reprezentuje Większą Moc w tobie. Ta konsekwentność zapewni ci pewność oraz stabilność w obliczu wszystkich niepokojów, w obliczu wszystkich zewnętrznych wydarzeń, a także w obliczu wszystkich stanów emocjonalnych w tobie. Ta konsekwentność ustabilizuje i utrzyma cię w równowadze, a z biegiem czasu doprowadzi wszystko do właściwego porządku w tobie. Zaprawiasz się w konsekwentności, ażebyś mógł się jej uczyć i jej doświadczać. Gdy tak czynisz, obdarzy cię to wzmocnieniem, którego będziesz potrzebować, aby być ofiarodawcą na świecie.

A zatem praktykuj dzisiaj konsekwentnie. Ćwicz co godzinę, przypominając sobie, aby być konsekwentnym. W trakcie swoich dwu medytacji zaprawiaj się, utrzymując swój umysł pewnie i w skupieniu, pozwalając mu uspokoić się, by mógł doświadczyć swej własnej natury. Nie tłum tego, co dzieje się w tobie. Nie kontroluj tego, co dzieje się poza tobą. Po prostu utrzymuj swoją konsekwentność, a wszystko odnajdzie właściwą równowagę i relację w stosunku do tego. Tak oto wprowadzasz Wiedzę do świata, albowiem Wiedza jest całkowicie konsekwentna. To uczyni cię osobą o wielkiej obecności oraz potędze. Inni w swoim czasie przybędą, aby doświadczyć twojej konsekwentności, gdy jest ona przez ciebie pełniej otrzymywana i bardziej rozwinięta. Odnajdą oni schronienie w twojej konsekwentności, a to przypomni im również o ich celu, który oczekuje na odkrycie.

Praktyka 142: *Dwa 30 – minutowe okresy praktyki.*
Cogodzinna praktyka.

Krok 143

Dzisiaj będę wyciszony.

Bądź dzisiaj wyciszony w swoich dwu praktykach medytacyjnych, ażebyś mógł doświadczyć obecności Wiedzy w sobie. Poświęć chwilę na wyciszenie się w swojej cogodzinnej praktyce, abyś mógł rozpoznać, gdzie jesteś i co robisz. W ten sposób możesz dostąpić większego aspektu umysłu, by mógł służyć ci on co każdą godzinę, ażebyś mógł nieść go dalej w świat. Bądź dzisiaj wyciszony, abyś mógł obserwować świat. Bądź dzisiaj wyciszony, abyś mógł widzieć świat. Bądź dzisiaj wyciszony, abyś mógł usłyszeć świat. Wykonuj swoje codzienne obowiązki, lecz w swym wnętrzu bądź wyciszony. W ten sposób Wiedza się zamanifestuje i wtedy zacznie prowadzić cię, jak jest to zamierzone.

Praktyka 143: *Dwa 30 – minutowe okresy praktyki.*
Cogodzinna praktyka.

Krok 144

Uszanuję dziś siebie.

Szanuj siebie ze względu na swoje Dziedzictwo, ze względu na swoje pochodzenie i ze względu na swój cel. Szanuj siebie, ponieważ życie cię szanuje. Szanuj siebie, ponieważ Bóg jest uszanowany w Kreacji Boga w tobie. To przyćmiewa wszelkie oceny, jakie poczyniłeś względem siebie samego. Jest to większe niż jakakolwiek krytyka, jaką wysunąłeś pod swoim adresem. Jest to większe niż jakakolwiek duma, której użyłeś, aby skompensować swój ból.

W prostocie i pokorze przypominaj sobie co godzinę, aby uszanować siebie. Dzisiaj w swoich dwu głębszych praktykach pozwól sobie doświadczyć obecności Wiedzy, gdyż to przynosi zaszczyt tobie i przynosi to zaszczyt również Wiedzy. Szanuj siebie w tym dniu, aby Wiedza mogła zostać uszanowana, w rzeczywistości bowiem jesteś Wiedzą. To jest twoje Prawdziwe Ja, jest to jednak Ja, które dopiero teraz zaczynasz odzyskiwać.

Praktyka 144: *Dwa 30 – minutowe okresy praktyki.*
Cogodzinna praktyka.

Krok 145

USZANUJĘ DZIŚ ŚWIAT.

SZANUJ DZIŚ ŚWIAT, jest to bowiem miejsce, do którego przybyłeś, aby odzyskać Wiedzę i aby udzielić jej darów. Tym samym świat w swoim pięknie i w swojej udręce zapewnia ci właściwe środowisko, abyś wypełnił swój cel. Szanuj świat, ponieważ Bóg jest na świecie, szanując świat. Szanuj świat, ponieważ Wiedza jest na świecie, szanując świat. Szanuj świat, ponieważ bez twojego osądu zdasz sobie sprawę, iż jest to miejsce łaski, miejsce piękna, a także miejsce, które błogosławi ci, gdy uczysz się je błogosławić.

POWTARZAJ DZISIEJSZĄ LEKCJĘ CO GODZINĘ. W trakcie swoich dwu dłuższych okresów praktyki doświadcz miłości do świata. Pozwól Wiedzy na udzielenie mu swej łaski. Nie musisz próbować być tutaj miłującym, lecz jedynie pozwolić Wiedzy na wyrażenie swego wielkiego przywiązania.

SZANUJ DZIŚ ŚWIAT, ażebyś mógł zostać uszanowany za bycie na świecie, świat bowiem szanuje cię, tak jak ty szanujesz samego siebie. Świat jest uznawany, tak jak ty uznajesz siebie. Świat potrzebuje twojej miłości i twoich błogosławieństw. Potrzebuje on również twoich dobrych uczynków. W ten sposób zostajesz uszanowany, przybyłeś tu bowiem, aby dać.

PRAKTYKA 145: *Dwa 30 – minutowe okresy praktyki.*
Cogodzinna praktyka.

Krok 146

USZANUJĘ DZIŚ MOICH NAUCZYCIELI.

TWOI NAUCZYCIELE, KTÓRZY SĄ TAJEMNICZY i którzy przebywają poza sferą widzialną, trwają przy tobie, gdy jesteś na świecie. Teraz gdy podjąłeś kroki w kierunku odzyskania Wiedzy, ich aktywność w twoim życiu stanie się silniejsza i bardziej widoczna. Zaczniesz zwracać na to uwagę, a ich potrzeba twojego rozwoju będzie większa, tak jak twoja potrzeba względem nich będzie większa.

CO GODZINĘ I W TRAKCIE SWOICH DWU DŁUŻSZYCH PRAKTYK pamiętaj o swoich Nauczycielach i myśl o nich aktywnie. Szanuj zatem swoich Nauczycieli, gdyż to świadczy o tym, że twoje przedwieczne relacje są rzeczywiście żywe oraz że są teraz obecne, aby dać ci nadzieję, pewność i wzmocnienie. Szanuj swoich Nauczycieli, ażebyś mógł doświadczyć głębi swojej relacji z nimi. W twojej relacji z twoimi Nauczycielami jest iskra pamięci, która przypomina ci o twoim Przedwiecznym Domu i o twoim prawdziwym przeznaczeniu. Szanuj swoich Nauczycieli, abyś mógł zostać uszanowany, ponieważ to własny szacunek musisz odzyskać. Pomimo jakichkolwiek błędów, które popełniłeś, musisz odzyskać swój własny szacunek. Jeżeli zostanie to zrobione w sposób prawdziwy, to będzie to zrobione w pokorze i prostocie, gdy bowiem szanujesz siebie, szanujesz wielkość życia, którego stanowisz małą, lecz integralną część.

PRAKTYKA 146: *Dwa 30 – minutowe okresy praktyki.*
Cogodzinna praktyka.

Krok 147

PRZEGLĄD

W SWOIM PRZEGLĄDZIE W TYM TYGODNIU pozwól sobie przyswoić lekcje, które są ci przedstawiane. Zadbaj szczególnie o to, aby rozpoznać wzmocnienie, które jest ci ofiarowywane, gdy używasz swej woli dla dobra. Zauważ również wymóg, że akceptujesz siebie poza swoim obecnym rozumieniem, że szanujesz siebie poza swoją obecną oceną wobec samego siebie oraz że doświadczasz życia poza swoim własnymi myślami i uprzedzeniami. Rozpoznaj sposobność, jaka jest ci ofiarowana i zdaj sobie sprawę, że każdy moment, który poświęcasz w szczerym zastosowaniu, posuwa naprzód twój postęp ogromnie i tworzy dla ciebie trwały rozwój. Jeżeli pomyślisz o tym, co chciałbyś podarować światu, podaruj swój rozwój. W wyniku tego wszystkie dobre rzeczy, które przybyłeś ofiarować zgodnie z twoją naturą i twoim projektem zostaną ofiarowane całkowicie. A zatem twój dar dla świata stanowi teraz twoje przygotowanie, ażebyś mógł nauczyć się dawać.

W SWOIM DŁUGIM OKRESIE PRAKTYKI przejrzyj miniony tydzień – swoje lekcje, swoje praktyki, swoje doświadczenia, swoje osiągnięcia i swoje trudności. Spoglądaj na to obiektywnie i określ, jak w przyszłości możesz poświęcić się swoim praktykom bardziej kompletnie.

PRAKTYKA 147: *Jeden długi okres praktyki.*

Krok 148

MOJA PRAKTYKA JEST MOIM DAREM DLA BOGA.

TWOJA PRAKTYKA JEST TWOIM DAREM DLA BOGA, Bóg chce bowiem, abyś otrzymał Wiedzę, ażebyś mógł przekazać ją światu. Jesteś zatem zaszczycony jako odbiorca i jako nośnik dla Wiedzy. Bóg jest zaszczycony jako źródło Wiedzy, a wszyscy, którzy ją otrzymają, również zostaną zaszczyceni. To stanowi teraz twój dar – podjąć się prawdziwego przygotowania, w które jesteś obecnie zaangażowany.

DLATEGO TEŻ DZISIAJ TRAKTUJ KAŻDY OKRES PRAKTYKI jako formę dawania. Co godzinę oddaj się w każdej okoliczności, w jakiej się znajdziesz. W swoich dwu głębokich praktykach medytacyjnych oddaj się całkowicie. Nie przychodź, żebrząc o idee lub informacje, lecz przyjdź, aby otrzymać i przyjdź, aby dać. Gdy oddajesz siebie, tak też otrzymasz, a w tym poznasz pradawne prawo mówiące, że dać, to znaczy otrzymać. Musi to całkowicie pochodzić z twojego doświadczenia, ażebyś mógł w pełni pojąć jego znaczenie i zastosowanie na świecie.

TWOJA PRAKTYKA JEST TWOIM DAREM DLA BOGA. Twoja praktyka jest twoim darem dla siebie samego. Podejdź dzisiaj do swojej praktyki, aby dać, w swoim ofiarowywaniu bowiem uświadamiasz sobie głębię swoich własnych zasobów.

PRAKTYKA 148: *Dwa 30 – minutowe okresy praktyki. Cogodzinna praktyka.*

Krok 149

MOJA PRAKTYKA JEST MOIM DAREM DLA ŚWIATA.

DAJESZ ŚWIATU POPRZEZ SWÓJ WŁASNY rozwój w tym czasie, ponieważ przygotowujesz się, aby udzielić większy dar niż kiedykolwiek wcześniej. Tak więc w każdym dniu, w którym podejmujesz się praktyki w zgodności z każdym krokiem, który jest dany, udzielasz światu dar. Dlaczego tak jest? Jest tak dlatego, że potwierdzasz swoje znaczenie i swoją wartość. Potwierdzasz swój Przedwieczny Dom i swoje Przedwieczne Przeznaczenie. Potwierdzasz tych, którzy cię posłali oraz tych, którzy cię przyjmą, gdy opuścisz ten świat. Wszystko to jest dawane światu za każdym razem, kiedy ćwiczysz szczerze, każdego dnia, co każdą godzinę. Stanowi to większy dar dla świata niż możesz to jeszcze zrozumieć, z czasem jednak dostrzeżesz całkowitą potrzebę, którą to zaspokaja.

TWOJA PRAKTYKA JEST ZATEM DAREM DLA ŚWIATA, ponieważ daje to, co potwierdzasz w sobie samym. To, co potwierdzasz w sobie samym, potwierdzasz we wszystkich jednostkach, we wszystkich okolicznościach, we wszystkich światach i we wszystkich wymiarach. Tym samym potwierdzasz rzeczywistość Wiedzy. Tym samym potwierdzasz swój Przedwieczny Dom, gdy tu jesteś.

CO GODZINĘ UDZIELAJ ŚWIATU DAR poprzez swoją praktykę dawania. Przypominaj sobie o tym. W swoich dwu dłuższych okresach praktyki zanurz się całkowicie w spokoju i milczeniu. Poświęć swoje serce i poświęć swój umysł. Daj z siebie wszystko to, co wiesz, że możesz dać, stanowi to bowiem dar dla świata. Chociaż nie możesz jeszcze dostrzec rezultatu, to bądź pewien, iż to dawanie wykroczy poza twój własny umysł i dotknie wszystkie umysły we wszechświecie, albowiem wszystkie umysły są prawdziwie złączone w rzeczywistości.

PRAKTYKA 149: *Dwa 30 – minutowe okresy praktyki.*
Cogodzinna praktyka.

Krok 150

DZISIAJ BĘDĘ SIĘ UCZYĆ, ABY SIĘ NAUCZYĆ.

DZISIAJ UCZYSZ SIĘ, ABY SIĘ NAUCZYĆ. Uczysz się, aby się nauczyć, ponieważ musisz się nauczyć. Musisz się nauczyć, jak się uczyć, aby twoja nauka mogła być skuteczna i korzystna, miała głębię oraz konsekwentność i wytwarzała solidny rozwój, na którym będziesz mógł polegać w przyszłości we wszystkich okolicznościach. Nie myśl, że już rozumiesz proces nauki, uczysz się tego bowiem teraz, gdy pojmujesz znaczenie rozwoju, znaczenie porażki, znaczenie zachęty, znaczenie zniechęcenia, znaczenie entuzjazmu oraz znaczenie braku entuzjazmu. Oto dlaczego na koniec każdego tygodnia przeglądasz swoje praktyki, ażebyś mógł zrozumieć swój postęp oraz pojąć mechanizm nauki. Uświadomienie sobie tego jest dla ciebie kluczowe, dopóki bowiem to nie nastąpi, niewłaściwie zinterpretujesz swoje kroki, opacznie zrozumiesz swoje działania, nie pojmiesz, jak postępować zgodnie z programem nauczania i nigdy się nie nauczysz, jak samodzielnie uczyć zgodnie z programem nauczania.

DLATEGO TEŻ DZISIAJ UCZYSZ SIĘ, ABY SIĘ NAUCZYĆ. To umieszcza cię w pozycji początkującego studenta Wiedzy, co nadaje ci wszystkie prawa i całą zachętę, aby nauczyć się wszystkiego, co konieczne – bez zadufania, bez zarozumialstwa, bez zaprzeczania i bez jakiegokolwiek fałszu. Gdy uczysz się uczyć, uświadamiasz sobie mechanizm nauki. To da ci mądrość i współczucie w twoich kontaktach z ludźmi. Nie możesz uczyć ludzi, opierając się na idealizmie, ponieważ nałożysz na nich ciężar swoich własnych oczekiwań. Będziesz od nich wymagał tego, czego nawet życie nie może zapewnić. Jednakże pewność twojego doświadczenia i twojej Wiedzy, którą podarujesz innym, będzie głęboka i będą oni mogli to przyjąć oraz wykorzystać na swój własny sposób. Wtedy nie nałożysz na nich żadnych osobistych wymagań w ich procesie nauczania, lecz pozwolisz Wiedzy w tobie obdarować Wiedzę w nich. Będziesz wtedy świadkiem zarówno szkolenia, jak i nauki.

BĄDŹ ZATEM DZISIAJ ŚWIADKIEM SWOJEGO PROCESU NAUKI i ucz się, aby się nauczyć. Co godzinę przypominaj sobie, że uczysz się, aby się nauczyć. W swoich dwu praktykach medytacyjnych pozwól sobie wejść w stan wyciszenia i pokoju. Obserwuj siebie, gdy idziesz naprzód i gdy pozostajesz w tyle. Wytęż swoją wolę we własnym imieniu ze współczuciem oraz stanowczością i nie osądzaj swojego rozwoju, ponieważ nie jesteś w pozycji, aby osądzać, uczysz się bowiem, aby się nauczyć.

PRAKTYKA 150: *Dwa 30 – minutowe okresy praktyki.*
Cogodzinna praktyka.

Krok 151

NIE BĘDĘ UŻYWAĆ STRACHU, ABY WSPIERAĆ MOJE OSĄDY.

Nie używaj strachu, aby wspierać swoje osądy wobec siebie i świata, ponieważ te osądy są zrodzone z twojej niepewności i niepokoju. Brakuje im zatem podstawy Wiedzy. Brakuje im zatem znaczenia i wartości, które może przyznać jedynie Wiedza. Nie polegaj na swoich osądach wobec siebie i świata. Gdy się z nich wycofujesz, zdasz sobie sprawę, że ich źródłem jest strach, próbowałeś bowiem jedynie dodać sobie otuchy swoimi osądami celem zapewnienia fałszywego bezpieczeństwa, stabilności oraz tożsamości, których brak odczuwasz. Dlatego też bądź bez zamiennika dla Wiedzy i Mądrości oraz pozwól Wiedzy i Mądrości pojawić się naturalnie.

Co godzinę powtarzaj swoje oświadczenie i rozważaj je w świetle wszystkiego, co ma miejsce dzisiaj. W swoich dwu głębszych praktykach rozważ znaczenie dzisiejszej idei, gdy zastanawiasz się nad nią ostrożnie. Wprowadź swój umysł w stan działania, gdy usiłujesz przeniknąć znaczenie dzisiejszej lekcji. Nie zadowalaj się przedwczesnymi wnioskami. Badaj głęboko swoim umysłem w swoich okresach praktyki. Wykorzystuj swój umysł aktywnie. Rozważ wiele rzeczy w sobie, gdy koncentrujesz się na dzisiejszej idei. Jeśli tego dokonasz, zrozumiesz wiele rzeczy o mądrości oraz ignorancji, a twoje zrozumienie będzie zrodzone ze współczucia oraz prawdziwego docenienia samego siebie. Albowiem jedynie z miejsca miłości do samego siebie możesz zaoferować poprawę dla siebie i dla innych.

PRAKTYKA 151: *Dwa 30 – minutowe okresy praktyki.*
Cogodzinna praktyka.

Krok 152

NIE BĘDĘ PODĄŻAĆ ZA STRACHEM NA ŚWIECIE.

Ludzkość jest rządzona przez fale strachu, które przyciągają ludzi tu i tam, fale strachu, które władają ich działaniami, ich myśleniem, ich wnioskami, ich wierzeniami oraz ich założeniami. Nie podążaj za falami strachu, które przewalają się po świecie. Miast tego, pozostań niezachwiany i wyciszony w Wiedzy. Pozwól sobie obserwować świat z tego miejsca wyciszenia i pewności. Nie dawaj się zwieść falom strachu. W ten sposób będziesz mógł przysłużyć się światu, a nie być jedynie jego ofiarą. Jesteś tutaj, aby dać, nie aby osądzać, a w wyciszeniu jesteś bez osądu wobec świata. Rozpoznawaj zatem fale strachu, nie pozwalaj im jednak cię dotknąć, albowiem w Wiedzy jesteś poza całym strachem.

Powtarzaj swoją ideę na dziś co godzinę i rozważaj ją w świetle wszystkiego, czego dzisiaj doświadczasz. W trakcie swoich dwu dłuższych okresów praktyki użyj aktywnie swego umysłu, usiłując zrozumieć dzisiejszą lekcję. Powtarzamy, jest to forma umysłowego zastosowania. Nie będziemy dzisiaj ćwiczyć umysłowego wyciszenia i opanowania, lecz umysłowego zastosowania, ażebyś mógł nauczyć się myśleć w sposób konstruktywny. Kiedy bowiem umysł nie jest wyciszony, to powinien myśleć konstruktywnie. Powinien badać. Nie polegaj na wczesnych konkluzjach. Nie polegaj na zapewniających ci otuchę ideach. Pozwól sobie być dzisiaj podatnym, jesteś bowiem podatny jedynie na Wiedzę. Wiedza ochroni cię jednak od wszystkiego, co szkodliwe na świecie i zapewni komfort oraz stabilność, których świat nie może przemienić. Naucz się tego dzisiaj, aby móc być źródłem Wiedzy na świecie, ażeby twoje Źródło mogło wyrazić się poprzez ciebie.

Praktyka 152: *Dwa 30 – minutowe okresy praktyki.*
Cogodzinna praktyka.

Krok 153

MOJE ŹRÓDŁO PRAGNIE WYRAZIĆ SIĘ POPRZEZ MNIE.

ZOSTAŁEŚ STWORZONY, ABY BYĆ WYRAZEM swojego Źródła. Zostałeś stworzony, aby być rozszerzeniem swojego Źródła. Zostałeś stworzony, aby być częścią swojego Źródła. Twoje życie jest komunikacją, albowiem komunikacja jest życiem. Komunikacja stanowi rozszerzenie Wiedzy. To nie polega jedynie na dzieleniu się małymi ideami od jednego oddzielonego umysłu do drugiego. Komunikacja jest znacznie większa, ponieważ stwarza życie i poszerza życie, a w ramach tego jest cała radość i spełnienie. W ramach tego jest głębia całego znaczenia. Tutaj mrok i światło mieszają się ze sobą i kończą swoje oddzielenie. Tutaj wszelkie przeciwności przenikają się wzajemnie i wtapiają się w siebie. To stanowi jedność wszelkiego życia.

POZWÓL SOBIE ZATEM DOŚWIADCZYĆ SIEBIE jako pośrednika komunikacji i wiedz, że to, co prawdziwie pragniesz przekazać, również zostanie w pełni wyrażone, ponieważ ja, którym rzeczywiście jesteś stanowi rozszerzenie Ja będącego samym życiem. W ten sposób będziesz całkowicie potwierdzony oraz życie będzie potwierdzone wokół ciebie. Twoje dary zostaną otrzymane oraz wcielone przez życie, dawanie bowiem o takiej naturze może jedynie przynieść wspanialszy rezultat poza zrozumieniem ludzkości.

PRZYPOMINAJ SOBIE CO GODZINĘ, że miałeś wyrazić wolę swojego Źródła. Dzisiaj w ramach swoich okresów praktyki raz jeszcze pozwól sobie wejść w stan wyciszenia i pokoju. Pozwól sobie być otwartym nośnikiem, poprzez który życie może swobodnie przepływać, poprzez który życie może się dzisiaj wyrazić.

PRAKTYKA 153: *Dwa 30 – minutowe okresy praktyki.*
  Cogodzinna praktyka.

Krok 154

PRZEGLĄD

Przejrzyj miniony tydzień praktyki. Przejrzyj wszystkie instrukcje, które zostały podane, jak również swoje praktyki. Rozważ, jak głęboko wkroczyłeś w stan pokoju. Rozważ, jak dogłębnie wykorzystałeś swój umysł do badania. Pamiętaj, że twoja praktyka jest formą dawania. Dlatego też poświęć się, aby przejrzeć swoje praktyki. Zobacz, w jaki sposób twoje dawanie może stać się bardziej kompletne oraz bardziej dogłębne, abyś mógł otrzymać coraz wspanialsze nagrody dla siebie i dla świata.

Dzisiaj w swoim jednym długim okresie praktyki przejrzyj tydzień treningu, który właśnie został ukończony. Pamiętaj, aby siebie nie osądzać. Pamiętaj, aby być świadkiem swojego nauczania. Pamiętaj, że twoja praktyka jest formą dawania.

Praktyka 154: *Jeden długi okres praktyki.*

Krok 155

ŚWIAT BŁOGOSŁAWI MNIE, GDY OTRZYMUJĘ.

Uczysz się teraz, aby otrzymać. Świat błogosławi ci, gdy uczysz się otrzymywać, Wiedza napłynie bowiem do ciebie, gdy staniesz się otwartym naczyniem dla Wiedzy. I przyciągniesz do siebie życie, ponieważ życie zawsze czuje pociąg do tych, którzy dają.

Zrozum to dzisiaj w pełnej tego głębi, gdy przypominasz sobie co godzinę, że życie daje ci, gdy jesteś wyciszony. W swoich dwu praktykach medytacyjnych raz jeszcze wejdź w stan wyciszenia i poczuj życie przyciągane do ciebie. Stanowi to naturalne przyciąganie. Gdy twoje dawanie i wyciszenie stają się pełniejsze, poczujesz życie przyciągane do ciebie, z czasem bowiem staniesz się źródłem pokarmu dla życia.

PRAKTYKA 155: *Dwa 30 – minutowe okresy praktyki.*
Cogodzinna praktyka.

Krok 156

NIE BĘDĘ SIĘ DZISIAJ MARTWIĆ O SIEBIE.

TROSKA O SAMEGO SIEBIE JEST FORMĄ ZWYCZAJOWEGO MYŚLENIA zrodzonego z negatywnego wyobrażenia oraz błędów, które nie zostały naprawione. To składa się na twoje poczucie porażki, wpływając tym samym na twój brak zaufania do samego siebie oraz niedoceniania samego siebie. Naszą lekcją na dziś jest więc wzmocnienie tego, co jest prawdziwe w tobie. Jeżeli jesteś z Wiedzą, Wiedza zajmie się wszystkim, co wymaga twojej uwagi. Nie myśl, że cokolwiek zostanie pozostawione bez nadzoru, co dotyczy twego własnego dobra. Wszystkie potrzeby o większej duchowej naturze tudzież najbardziej pospolitej naturze zostaną zaspokojone i zrozumiane przez ciebie, nie ma bowiem zaniedbania w Wiedzy. Ty, któryś jest przyzwyczajony do niedbalstwa, któryś nie wykorzystywał w przeszłości swego umysłu w sposób odpowiedni, któryś nie był w stanie zobaczyć lub usłyszeć świata teraz możesz znaleźć pocieszenie, dzisiaj nie musisz bowiem zamartwiać się o siebie.

W TYM CELU MUSISZ POSZERZYĆ SWOJĄ WIARĘ i swoje zaufanie, że Wiedza zapewni ci byt. To z czasem pozwoli ci otrzymać dar Wiedzy, który rozwieje całe zwątpienie oraz zamęt. Musisz się przygotować na to doświadczenie. Tu musisz poszerzyć swoją wiarę i swoje zaufanie. Bądź pewny siebie w tym dniu. Rozpoznaj to, co wymaga twojej uwagi, nawet jeśli są to rzeczy o pospolitej naturze, to również się nimi zajmij, gdyż Wiedza nie pragnie zabrać cię ze świata, lecz wprowadzić cię do świata, przybyłeś tu bowiem, aby dać.

WZMOCNIJ SWOJE ZROZUMIENIE DZISIEJSZEJ IDEI poprzez powtarzanie jej co godzinę i poświęcając chwilę na prawdziwe zastanowienie się nad nią. Wzmocnij dzisiaj swoją praktykę poprzez wykorzystanie jej w swoich głębszych praktykach, gdzie wkraczasz w stan spokoju i milczenia. Możesz jedynie wejść w stan spokoju i milczenia, jeżeli nie zamartwiasz się o siebie. W ten sposób twoje zobowiązanie do swojej praktyki stanowi potwierdzenie bezpieczeństwa oraz pewności, które trwają przy tobie.

Praktyka 156: *Dwa 30 – minutowe okresy praktyki.*
Cogodzinna praktyka.

Krok 157

NIE JESTEM SAM WE WSZECHŚWIECIE.

Nie jesteś sam we wszechświecie, ponieważ jesteś częścią wszechświata. Nie jesteś sam we wszechświecie, ponieważ twój umysł jest połączony ze wszystkimi umysłami. Nie jesteś sam we wszechświecie, ponieważ wszechświat jest z tobą. Uczysz się teraz, aby być z wszechświatem, ażeby twoja relacja z życiem mogła zostać w pełni odzyskana i by mogła się w pełni wyrazić w twoim świecie. Świat stanowi kiepski tego przykład, gdyż ludzkość utraciła swoją relację z życiem, a teraz w sferze wyobraźni i fantazji rozpaczliwie szuka tego, co zostało utracone. Raduj się więc dzisiaj, że środki do odzyskania życia zostały ci podarowane, abyś mógł poświęcić się swojej praktyce i swojemu przeznaczeniu. W ten sposób zostajesz potwierdzony. Nie jesteś sam we wszechświecie. Głębia tej idei jest dalece większa niż to, czym wydaje się to być na początku. Jest to oświadczenie absolutnej prawdy, trzeba jednak tego doświadczyć, aby to zrozumieć.

Dlatego też co godzinę przypominaj sobie o tym oświadczeniu. Staraj się je poczuć w jakiejkolwiek sytuacji, w jakiej się znajdziesz. W swoich dwu dłuższych praktykach medytacyjnych staraj się doświadczyć swojego całkowitego włączenia w życie. Nie musisz myśleć o ideach lub wypatrywać obrazów, lecz tylko czuć obecność życia, którego jesteś częścią. Znajdujesz się w obrębie życia. Jesteś zanurzony w życiu. Życie cię obejmuje. Poza jakimikolwiek obrazami, jakie świat może zaprezentować, znajdujesz się w miłującym objęciu życia.

PRAKTYKA 157: *Dwa 30 - minutowe okresy praktyki.*
Cogodzinna praktyka.

Krok 158

Jestem bogaty, a więc mogę dać.

Jedynie bogaci mogą dać, nie są oni bowiem ubodzy. Jedynie bogaci mogą dać, nie czują się oni bowiem komfortowo z własnością, dopóki nie zostanie ona podarowana. Jedynie bogaci mogą dać, nie potrafią oni bowiem zrozumieć swojej własności, dopóki nie zostanie ona podarowana. Jedynie bogaci mogą dać, pragną oni bowiem doświadczyć wdzięczności jako ich jedynej nagrody.

Jesteś bogaty i możesz dać. Już posiadasz bogactwo Wiedzy, a to stanowi twój największy możliwy dar. Każde inne działanie, każda inna przysługa, każdy inny obiekt będący darem jest na tyle znaczący, jak dalece jest nasycony Wiedzą. Jest to niewidoczna esencja wszystkich prawdziwych darów i całego prawdziwego dawania. Masz wielki magazyn tej esencji, którą musisz nauczyć się otrzymywać. Jesteś bogaty poza swoją własną świadomością. Nawet jeżeli jesteś biedny pod względem finansowym, nawet jeżeli myślisz, że jesteś sam, jesteś bogaty. Twoje dawanie to dzisiaj zademonstruje. Twoje dawanie zademonstruje źródło, głębię oraz znaczenie twojego bogactwa i nasyci twoje dawanie esencją samego dawania. Z czasem odnajdziesz, że będziesz dawał bez wysiłku oraz że samo życie będzie darem. Wtedy twoje życie zademonstruje bogactwo, jakie posiada każda osoba, którego jednak nie nauczyli się jeszcze otrzymywać.

Powtarzaj tę ideę co godzinę, a w swoich dwu dłuższych okresach medytacyjnych doświadcz swojego własnego bogactwa. Doświadcz obecności oraz głębi Wiedzy. Bądź odbiorcą Wiedzy i poświęć się Wiedzy, ponieważ w poświęcaniu się swojej praktyce już potwierdzasz swoje bogactwo, które musi jedynie zostać potwierdzone, aby można było w pełni zdać sobie z niego sprawę.

Praktyka 158: *Dwa 30 – minutowe okresy praktyki.*
Cogodzinna praktyka.

Krok 159

BIEDNI NIE MOGĄ DAĆ.
JA NIE JESTEM BIEDNY.

BIEDNI NIE MOGĄ DAĆ, ZNAJDUJĄ SIĘ ONI BOWIEM W NĘDZNYM POŁOŻENIU. Muszą oni otrzymać. Ty nie jesteś ubogi, dar Wiedzy jest bowiem z tobą. Dlatego też jesteś w pozycji, aby dać, w swoim dawaniu zaś uświadomisz sobie swoją wartość, a jakiekolwiek poczucie nędzy cię opuści. Bądź pewien, że Wiedza zapewni wszystkie rzeczy natury materialnej, których prawdziwie potrzebujesz. Chociaż może nie dostarczyć tego, czego pragniesz, to zapewni to, czego potrzebujesz i we właściwej ilości. Będziesz miał zatem to, czego potrzebujesz, aby wnieść wkład zgodnie ze swoją naturą oraz twoim powołaniem na świecie. Nie będziesz jednak obciążony tym, co może cię tylko obciążyć. Będziesz miał dokładnie to, czego potrzebujesz, a świat nie obciąży cię swoim brakiem albo swoim nadmiarem. Tak więc wszystko znajdzie się w doskonałej równowadze. Wiedza da ci to, czego potrzebujesz, a to, czego potrzebujesz, jest tym, czego naprawdę pragniesz. Nie możesz jeszcze oszacować swoich potrzeb, jesteś bowiem zagubiony w tym, czego pragniesz. Twoje potrzeby jednak ujawnią się poprzez Wiedzę, a z czasem zrozumiesz naturę potrzeby i jak może ona zostać zaspokojona.

TY NIE JESTEŚ BIEDNY, dar Wiedzy jest bowiem z tobą. Powtarzaj dzisiejsze oświadczenie co godzinę i rozważaj je w świetle obserwacji innych. W swoich głębszych okresach praktyki pozwól sobie doświadczyć bogactwa Wiedzy, które teraz posiadasz.

PRAKTYKA 159: *Dwa 30 – minutowe okresy praktyki.*
Cogodzinna praktyka.

Krok 160

ŚWIAT JEST BIEDNY, ALE JA NIE JESTEM.

Świat jest biedny, ale ty nie jesteś biedny. Jest to prawda niezależnie od twoich okoliczności, ponieważ odzyskujesz bogactwo Wiedzy. Zrozum zatem znaczenie nędzy. Zrozum zatem znaczenie bogactwa. Nie myśl, że ci, którzy posiadają więcej przedmiotów niż ty, są w jakikolwiek sposób bogatsi niż ty jesteś, bez Wiedzy bowiem są zubożali i będą nabywali rzeczy, aby jedynie skompensować swoje cierpienie i niepewność. Tym samym ich zubożenie jest pogarszane przez ich nabywanie.

Świat jest biedny, ale ty nie jesteś, zabrałeś bowiem ze sobą Wiedzę do świata, gdzie Wiedza została zapomniana i wyparta. Tak oto gdy ty odzyskujesz swoje bogactwo, świat również odzyska swoje bogactwo, będziesz bowiem stymulował Wiedzę u wszystkich, a ich bogactwo zacznie ujawniać się w twojej obecności oraz w obecności Wiedzy, która cię prowadzi.

Dlatego też nie wymagaj niczego od świata z wyjątkiem paru materialnych rzeczy, których potrzebujesz, aby wypełnić swoją rolę. Jest to niewielka prośba w świetle tego, co przybyłeś podarować. A jeśli twoje żądania nie wykraczają poza twoje potrzeby, świat z radością udzieli ci ich w zamian za większy dar, który posiadasz.

Co godzinę rozważaj ideę na dzisiaj. Nie pozwól przejść żadnej godzinie bez tego rozpoznania. Wzmocnij swą stanowczość, aby wykorzystać każdą praktykę we wszystkich okolicznościach tego dnia, ażeby twoje życie mogło być znaczące we wszystkich swoich wydarzeniach. Dzisiaj w swoich dwu dłuższych okresach praktyki wejdź w stan wyciszenia i pokoju, aby dowiedzieć się więcej o bogactwie, które posiadasz.

PRAKTYKA 160: *Dwa 30 – minutowe okresy praktyki.*
Cogodzinna praktyka.

Krok 161

PRZEGLĄD

Dzisiaj w swoim Przeglądzie rozważ każdą lekcję i każdą praktykę z każdego dnia w minionym tygodniu. Dowiedz się więcej o procesie nauki. Zdaj sobie sprawę, iż aby się tego nauczyć, nie możesz postrzegać życia z potępieniem, uczysz się bowiem, aby się nauczyć. Uświadom sobie, że bogactwo jest widoczne w twoim życiu ze względu na praktyki, których się podejmujesz, czego nie mógłbyś dokonać, gdybyś był bez Wiedzy. Podejmujesz się tego przygotowania ze względu na Wiedzę i każdego dnia jesteś oddany swojej praktyce ze względu na Wiedzę. Każdego dnia wykonujesz swoją praktykę ze względu na Wiedzę. Tym samym bez twojego zaprzeczania czy ingerencji sama Wiedza zacznie prowadzić cię w twoim przygotowaniu i wyłoni się, gdy podejmujesz każdy krok. Jakże łatwo jest osiągnąć sukces w ten sposób. Jakże łatwo jest otrzymać bez zaprzeczania czy nacisku z twojej strony. Bez wyobraźni bowiem życie jest oczywiste. Jego piękno jest oczywiste. Jego łaska jest oczywista. Jego cel jest oczywisty. Działanie, którego ono wymaga, jest oczywiste. Jego nagrody są oczywiste. Nawet trudności tego świata są oczywiste. Wszystko staje się oczywiste, gdy twój umysł staje się wyciszony i jasny.

Dlatego też w jednym długim okresie praktyki przejrzyj praktyki tego tygodnia. Poświęć temu całkowitą uwagę. Poświęć się swojej praktyce i wiedz, że Wiedza w tobie cię motywuje.

Praktyka 161: *Jeden długi okres praktyki.*

Krok 162

Dzisiaj nie będę się bać.

Nie pozwól, aby dzisiaj strach ogarnął twój umysł. Nie pozwól, aby nawyk negatywnego wyobrażenia przykuł twoją uwagę oraz emocje. Bądź zaangażowany w życie, jakie jest naprawdę, które możesz postrzegać bez potępiania. Strach jest jak choroba, która przychodzi i cię ogarnia. Nie musisz jednak oddawać się strachowi, ponieważ twoje źródło i twoje korzenie są głęboko osadzone w Wiedzy, a teraz stajesz się silniejszy w Wiedzy.

Przypominaj sobie co godzinę, by nie pozwalać strachowi tobą zawładnąć. Kiedy zaczynasz odczuwać jego skutek niezależnie od sposobu, w jaki wywiera na ciebie swój wpływ, wycofuj się z niego i zatwierdź swoją wierność wobec Wiedzy. Zaufaj Wiedzy. Dzisiaj w swoich dwu głębszych okresach praktyki oddaj się Wiedzy. Oddaj swój umysł i oddaj swoje serce, ażebyś mógł zostać wzmocniony w tej pewności, gdzie strach nigdy nie może wkroczyć. Twoja nieustraszoność w przyszłości musi być zrodzona nie z udawania, lecz zrodzona z twojej pewności w Wiedzy. W ten sposób będziesz oazą pokoju i źródłem bogactwa dla innych. Oto kim masz się stać. Oto dlaczego przybyłeś na świat.

Praktyka 162: *Dwa 30 – minutowe okresy praktyki.*
Cogodzinna praktyka.

Krok 163

Poczuję dziś Wiedzę.

Czuj stałą właściwość Wiedzy, która jest dostępna dla ciebie poza twoimi myślami i twoimi troskami dotyczącymi samego siebie. Co godzinę odczuwaj dziś Wiedzę. Powtarzaj ideę na ten dzień i poświęć chwilę, aby poczuć jej obecność. Obecność Wiedzy jest czymś, co możesz wziąć ze sobą, dokądkolwiek zmierzasz, na każde spotkanie, w każdą okoliczność. Jest ona odpowiednia wszędzie. W tym będziesz w stanie dostrzec każdą okoliczność i wydarzenie. Będziesz w stanie słyszeć. Będziesz w stanie podarować. Będziesz w stanie zrozumieć. Owa stabilność jest czymś, czego świat wielce potrzebuje, a ty, któryś jest bogaty w Wiedzę, masz to do zaoferowania.

Czuj Wiedzę w tym dniu w trakcie swoich głębszych okresów praktyki. Poświęć się temu, stanowi to bowiem twój dar dla Boga i dla świata. Niechaj ten dzień będzie dniem wzmocnienia oraz dniem potwierdzenia. Nie pozwól żadnej małej porażce odwieść cię dzisiaj od twojego większego zadania. Uświadom sobie, że wszystkie niepowodzenia mogą jedynie spowolnić twój postęp, a ty musisz jedynie wykonać krok naprzód, aby kontynuować. Odpowiedzią na każdą porażkę, dużą lub małą, jest zatem decyzja, aby iść dalej. Musisz bowiem jedynie podążać za krokami, które są tu podane, celem osiągnięcia wyników tego przygotowania dla ciebie. Jakże prosta jest ścieżka do Wiedzy. Jakże czytelna jest jej droga, gdy postępujesz zgodnie z jej instrukcją krok po kroku.

Praktyka 163: *Dwa 30 – minutowe okresy praktyki.*
Cogodzinna praktyka.

Krok 164

Dzisiaj uszanuję to, co wiem.

Szanuj dzisiaj to, co wiesz. Trzymaj się tego, co wiesz. Pozwól swojej Wiedzy prowadzić cię we właściwy sposób. Nie próbuj wykorzystać Wiedzy, aby się spełnić, w ten sposób bowiem wykorzystasz jedynie to, o czym myślisz, jako Wiedzy i raz jeszcze utkasz dla siebie iluzję, która cię usidli i która wyssie z ciebie życie, entuzjazm oraz pewność siebie. Niechaj Wiedza cię dziś poruszy. Dalej wykonuj swoje normalne czynności. Podążaj zgodnie ze wszystkimi procedurami życia, do których jesteś zobowiązany, ale pozwól Wiedzy trwać przy tobie, ażeby mogła ona udzielić swego tajemniczego daru wszędzie tam, dokąd się udasz i nadać ci konkretny kierunek, kiedy jest to rzeczywiście potrzebne.

Powtarzaj to oświadczenie co godzinę i rozważaj je w świetle swoich najbliższych okoliczności. Dzisiaj w swoich głębszych okresach praktyki raz jeszcze oddaj się wyciszeniu i pokoju. Uszanuj dzisiaj Wiedzę poprzez oddanie się Wiedzy i poprzez trwanie przy Wiedzy.

Praktyka 164: *Dwa 30 – minutowe okresy praktyki.*
Cogodzinna praktyka.

Krok 165

MOJE OBOWIĄZKI SĄ NIEWIELKIE.
MOJA MISJA JEST WIELKA.

TWOJE OBOWIĄZKI NA ŚWIECIE SĄ NIEWIELKIE. Służą one zapewnianiu potrzeb, których fizycznie potrzebujesz oraz utrzymaniu tych sojuszy z innymi, które są korzystne dla twojego samopoczucia, jak i również dla ich samopoczucia. Te obowiązki są istotne, lecz twoja misja jest ważniejsza. Nie podkopuj swojej możliwości do otrzymania swojej misji poprzez niewywiązywanie się ze swoich obowiązków. Jest to jedynie forma ucieczki od samego siebie. Wypełniaj swoje obowiązki w szczególności w tym dniu w odniesieniu do twojego zatrudnienia i twojego zaangażowania w sprawy z innymi. Nie myl tego ze swoją misją, co jest czymś znacznie większym, co teraz dopiero zaczynasz otrzymywać i doświadczać. Tak więc twoje obowiązki zapewnią podstawę dla ciebie, gdy podejmujesz się przygotowania celem odzyskania oraz wniesienia Wiedzy.

PAMIĘTAJ, IŻ CAŁY ZAMĘT polega na pomieszaniu różnych poziomów. Nie myl misji z obowiązkiem. Jest to bardzo ważne rozróżnienie, którego musisz dokonać. Twoje zadania na świecie są specyficzne, twoja misja jest jednak dalece ważniejsza. Gdy twoja misja zacznie wyrażać się w tobie, który uczysz się ją otrzymywać, wytworzy ona również bardziej konkretny wpływ na twoje obowiązki. Jest to stopniowe i całkowicie dla ciebie naturalne. Wymaga to jedynie, abyś był zdyscyplinowany, konsekwentny i wystarczająco ufny, aby podążać za wytyczonymi krokami.

DLATEGO TEŻ WYKONUJ DZISIAJ SWOJE OBOWIĄZKI, abyś mógł być początkującym studentem Wiedzy. Przypominaj sobie o swojej praktyce co godzinę, a w swoich dwu dłuższych okresach praktyki aktywnie zaangażuj swój umysł w rozważanie idei na dzisiaj. Jej prawdziwe znaczenie nie jest powierzchowne i musisz je zbadać, aby zrozumieć jej pełną wartość. Nie bądź pełen zadowolenia przedwczesnymi wnioskami. Nie stój poza Wiedzą i nie usiłuj sam jej osądzić. Wejdź w nią, ażebyś mógł być dzisiaj studentem, jesteś bowiem teraz studentem Wiedzy. Oddajesz się teraz światu w swoim przygotowaniu.

Praktyka 165: *Dwa 30 – minutowe okresy praktyki.*
Cogodzinna praktyka.

Krok 166

MOJA MISJA JEST WIELKA. DLATEGO TEŻ JESTEM WOLNY, BY ZAJĄĆ SIĘ DROBNYMI RZECZAMI.

JEDYNIE W SWOICH MAJESTATYCZNYCH IDEACH, które są zasłoną dla strachu, niepokoju i rozpaczy unikałbyś drobnych rzeczy, które musisz zrobić na świecie. Powtarzamy, nie myl wielkości swojej misji z małością swoich obowiązków. Wielkość wyraża się w najmniejszej rzeczy, w najdrobniejszym działaniu, w najbardziej ulotnej myśli, w najprostszym geście i w najbardziej przyziemnych okolicznościach. Tak więc utrzymuj swoje drobne działania na świecie, by Wiedza mogła z czasem się przez nie wyrazić. Działania na świecie są niewielkie w porównaniu do wielkości Wiedzy. Przed twoim przygotowaniem świat był uważany za wielki, a Wiedza była mała, teraz jednak uczysz się, że jest dokładnie odwrotnie – że Wiedza jest wielka, a świat jest mały. To również oznacza, iż twoje działania na świecie są małe, są one jednak nośnikami, poprzez które Wiedza może się wyrazić.

DLATEGO TEŻ BĄDŹ USATYSFAKCJONOWANY, WYKONUJĄC DROBNE RZECZY na świecie. Bądź prosty i skromny na świecie, by wielkość mogła przepływać przez ciebie bez przeszkód.

TA PRAKTYKA BĘDZIE WYMAGAŁA POWTARZANIA co godzinę oraz głębokiego namysłu w twoich dwu dłuższych okresach praktyki, gdzie zaangażujesz swój umysł aktywnie w zrozumienie znaczenia dzisiejszej idei. Wykorzystaj swój umysł do badania. Pozwól sobie rozważyć te rzeczy. Nie polegaj na swoich konkluzjach, lecz trwaj w swoim badaniu. Jest to właściwe wykorzystanie twojego umysłu, które doprowadzi cię do większego zrozumienia. Tutaj umysł nie tka jedynie wizji oraz iluzji, aby zabrać siebie z dala od własnego niepokoju. Tutaj umysł przygląda się swojej zawartości. Tutaj umysł działa w imieniu Wiedzy, tak jak było to zamierzone.

PRAKTYKA 166: *Dwa 30 – minutowe okresy praktyki.*
Cogodzinna praktyka.

Krok 167

WRAZ Z WIEDZĄ JESTEM WOLNY NA ŚWIECIE.

WRAZ Z WIEDZĄ JESTEŚ WOLNY NA ŚWIECIE. Jesteś wolny, aby dołączyć. Jesteś wolny, aby odejść. Jesteś wolny, aby zawierać umowy. Jesteś wolny, aby dopełniać i zmieniać umowy. Jesteś wolny, aby się poddać. Jesteś wolny, aby się wyswobodzić. W Wiedzy jesteś wolny.

W CELU ZROZUMIENIA PRZEZ CIEBIE PRAWDZIWEGO ZNACZENIA TEGO i uświadomienia sobie tego natychmiastowej wartości dla ciebie w twoich obecnych okolicznościach musisz pojąć, że nie możesz wykorzystać Wiedzy, aby się spełnić. Musi to stanowić milczące zrozumienie. Nigdy nie trać tego z oczu, ponieważ jeżeli będziesz myślał, że używasz Wiedzy, aby się spełnić, to niewłaściwie zinterpretujesz Wiedzę i jej nie doświadczysz. Będziesz jedynie usiłował wzmocnić swoje iluzje i swoje próby ucieczki. To może jedynie zaciemnić chmury, które są nad tobą. To może jedynie rozczarować cię jako forma tymczasowego pobudzenia oraz spotęgować twoje poczucie izolacji i nieszczęścia.

W WIEDZY JESTEŚ WOLNY. Nie ma teraz ograniczenia, gdyż Wiedza jedynie doprowadzi cię tam, gdzie powinieneś otrzymać i wyrazi się poprzez ciebie tam, gdzie ma się ona wyrazić. To uwolni cię od wszystkich niewłaściwych związków i zobowiązań oraz doprowadzi cię do tych osób, które cię wyczekują. To doprowadzi cię do tych okoliczności, które ci się najbardziej przysłużą i które przysłużą się tym, którzy są zaangażowani. Tutaj Wiedza jest przewodnikiem. Tutaj jesteś odbiorcą. Tutaj jesteś ofiarodawcą. Nie ma większej wolności niż ta, w tym bowiem jesteś wolny.

PRZYPOMINAJ SOBIE O TEJ IDEI CO GODZINĘ, a w swoich dwu głębszych praktykach medytacyjnych raz jeszcze wejdź w stan spokoju i milczenia. Raz jeszcze pozwól swojemu umysłowi być cicho, w tym bowiem jesteś wolny. Przygotuj się na swoje praktyki poprzez powtórzenie idei oraz poświęcenie się swojej praktyce. Bez twojej dominacji twój umysł będzie wolny i doświadczy swej głębi w Wiedzy.

PRAKTYKA 167: *Dwa 30 – minutowe okresy praktyki.*
Cogodzinna praktyka.

Krok 168

PRZEGLĄD

Przejrzyj miniony tydzień. Przejrzyj każdą lekcję, tak jak została podana oraz każdą praktykę, której doświadczyłeś. Przejrzyj cały tydzień, ażebyś mógł wzmocnić nauczanie, którego się teraz podejmujesz. Pamiętaj, że uczysz się, aby się nauczyć. Pamiętaj, że jesteś początkującym studentem Wiedzy. Pamiętaj, że twoja ocena, jeżeli nie jest zrodzona z Wiedzy, nie będzie pomocna. Bez tej oceny oczywiste będzie to, jak wzmocnić swoje zaangażowanie, jak wzmocnić swoje przygotowanie i jak wprowadzić zmiany w swoim zewnętrznym życiu, by wsparło cię ono w twoim przedsięwzięciu. Można tego dokonać bez potępiania samego siebie. Można tego dokonać, ponieważ jest to konieczne, a ty jesteś w stanie odpowiedzieć na to, co konieczne, nie karząc siebie lub świata. To przygotowanie jest konieczne, reprezentuje ono bowiem twoją wolę.

Dzisiaj w swoim długim okresie praktyki przejrzyj tydzień z głębią i szczerością. Poświęć temu swoją całkowitą uwagę, ażebyś mógł otrzymać dary, które teraz przygotowujesz się otrzymać.

Praktyka 168: *Jeden długi okres praktyki.*

Krok 169

ŚWIAT JEST WE MNIE. JA TO WIEM.

Świat jest w tobie. Możesz to poczuć. Poprzez Wiedzę możesz poczuć obecność wszystkich relacji. Stanowi to doświadczenie Boga. Oto dlaczego twoje znaczące relacje z innymi osobami są tak wielce obiecujące, gdyż w rzeczywistym związku z drugą osobą możesz zacząć doświadczać zjednoczenia z całym życiem. Oto dlaczego autentycznie poszukujesz relacji. Stanowi to twoją prawdziwą motywację w relacjach – doświadczyć zjednoczenia i wyrazić swój cel. Ludzie uważają, że ich relacje służą spełnianiu ich fantazji oraz wzmocnieniu samych siebie przeciwko własnym niepokojom. Trzeba się tego oduczyć, ażeby prawdziwy cel relacji mógł zostać ujawniony i zrozumiany. A zatem oduczenie przychodzi najpierw w procesie nauczania. W tym uczysz się, jak się uczyć. W tym uczysz się, jak otrzymać.

PRAKTYKUJ W TYM DNIU CO GODZINĘ, pamiętając o swojej idei. Dzisiaj w swoich głębszych medytacjach raz jeszcze wykorzystuj słowo RAHN, aby zaprowadziło cię dalej w głąb Wiedzy. Powtarzaj ideę na początku swojej praktyki, a następnie przy każdym wydechu powtarzaj słowo RAHN po cichu do siebie. Pozwól, aby to znalazło się w centrum uwagi twojego umysłu. Pozwól, aby to połączyło cię z głębią Wiedzy. Tutaj schodzisz głębiej niż zszedłeś wcześniej. W tym odnajdziesz wszystko, czego szukasz i nie będziesz miał wątpliwości wobec świata.

PRAKTYKA 169: *Dwa 30 – minutowe okresy praktyki.*
Cogodzinna praktyka.

Krok 170

DZISIAJ POSTĘPUJĘ ZGODNIE Z PRADAWNYM RYTUAŁEM PRZYGOTOWANIA.

TO PRZYGOTOWANIE, KTÓREGO SIĘ PODEJMUJESZ, jest pradawne w swoim pochodzeniu. Było ono używane przez stulecia zarówno w tym świecie, jak i również w innych światach. Zostało ono jedynie przystosowane w swoim języku i w swojej odpowiedniości do twojego obecnego czasu, jednakże przygotowuje ono umysł w sposób, w jaki umysły zawsze były przygotowywane w Drodze Wiedzy, albowiem Wiedza jest niezmienna, a przygotowania są jedynie przystosowywane do obecnych wydarzeń i obecnego pojmowania, ażeby mogły one być odpowiednie dla swoich odbiorców. Jednakowoż prawdziwy mechanizm służący przygotowaniu pozostaje niezmieniony.

PODEJMUJESZ SIĘ PRADAWNEGO RYTUAŁU w odzyskaniu Wiedzy. Zrodzone z Wielkiej Woli wszechświata, to przygotowanie zostało skonstruowane dla rozwoju studentów Wiedzy. Działasz teraz wspólnie z wieloma innymi jednostkami zarówno w tym świecie, jak i również w innych światach. Wiedza bowiem jest nauczana we wszystkich światach, gdzie istnieje inteligentne życie. Tym samym twoje wysiłki są wspierane i upiększane wysiłkami tych, którzy się z tobą przygotowują. W ten sposób reprezentujesz społeczność studentów. Nie myśl zatem, że twoje wysiłki są wyjątkowe. Nie myśl zatem, że jesteś sam na świecie, podejmując się odzyskania Wiedzy. Nie myśl zatem, że nie jesteś częścią społeczności uczniów. Z czasem będzie to dla ciebie bardziej oczywiste, gdy zaczniesz rozpoznawać tych, którzy się z tobą przygotowują. Z czasem będzie to bardziej oczywiste, gdy twoje doświadczenie obecności twoich Nauczycieli się pogłębia. Z czasem będzie to bardziej oczywiste, gdy efekty twojej Wiedzy staną się widoczne nawet dla ciebie. Z czasem będzie to bardziej oczywiste, gdy rozważysz swoje życie jako część Większej Społeczności światów.

Przypominaj sobie o swojej praktyce co godzinę. W swoich głębszych praktykach w wyciszeniu otrzymuj dobrodziejstwa wszystkich, którzy ćwiczą z tobą. Przypominaj sobie, że nie jesteś sam oraz że ich nagrody są ci przyznawane, tak jak twoje nagrody są im przyznawane. W ten sposób dzielicie się razem swoimi osiągnięciami. Potęga twojego przedsięwzięcia jest tak ogromnie wspierana staraniami oraz ofiarowywaniem innych, że dalece wykracza poza twoje własne zdolności. Kiedy zdasz sobie z tego sprawę, da ci to wszelkiego rodzaju zachętę i wypędzi na zawsze myśl, że jesteś nieodpowiedni do zadań ci wyznaczonych. Twoje dawanie jest bowiem uzupełniane dawaniem innych, a to stanowi Wolę Boga we wszechświecie.

Praktyka 170: *Dwa 30 – minutowe okresy praktyki.*
Cogodzinna praktyka.

Krok 171

MOJE DAWANIE STANOWI POTWIERDZENIE MOJEGO BOGACTWA.

TWOJE DAWANIE STANOWI POTWIERDZENIE TWOJEGO BOGACTWA, ponieważ dajesz z własnego bogactwa. Nie mówimy tutaj o dawaniu przedmiotów, możesz bowiem oddać cały swój dobytek i nic sobie nie zostawić. Kiedy jednak dajesz Wiedzę, Wiedza się zwiększa. A gdy nasycasz swój dar w postaci przedmiotu Wiedzą, Wiedza się zwiększa. Dlatego też, gdy otrzymujesz Wiedzę, będziesz chciał ją podarować, ponieważ stanowi to naturalny wyraz twojej własnej otwartości.

JAKŻEŻ MOŻESZ WYCZERPAĆ WIEDZĘ, gdy Wiedza stanowi Potęgę oraz Wolę wszechświata? Jakże niewielki jest twój nośnik, jakże wielka jest substancja, która wyraża się poprzez ciebie. Jakże wielka jest twoja relacja z życiem i jakże wielki zatem jesteś ty, któryś jest z życiem. Nie ma tutaj zarozumialstwa. Nie ma tutaj nadymania się, zdajesz sobie bowiem sprawę, że jesteś zarazem mały i wielki, a także uznajesz źródło swojej małości oraz źródło swojej wielkości. Uznajesz więc całe życie i nic nie jest pozostawione w twojej wielkiej ocenie wobec siebie, co jest zrodzone z miłości oraz prawdziwego rozumienia. To jest zatem rozumienie, które musisz kultywować na przestrzeni czasu, uświadamiając sobie ponownie, że twoje wysiłki z tym związane są upiększane wysiłkami innych, którzy również są studentami Wiedzy w twoim świecie. Nawet studenci w innych światach upiększają twoje wysiłki, w Wiedzy nie ma bowiem czasu ni przestrzeni. Tym samym wielkie wsparcie jest teraz dostępne dla ciebie i w tym uświadamiasz sobie swoją prawdziwą relację z życiem.

Zaprawiaj się co godzinę, a w swoich głębszych medytacjach zezwól słowu RAHN zabrać cię w głąb Wiedzy. Cicho i w spokoju, gdy zatapiasz się w głębiny Wiedzy, otrzymuj pokój oraz potwierdzenie, które przysługują ci od urodzenia.

Praktyka 171: *Dwa 30 – minutowe okresy praktyki.*
Cogodzinna praktyka.

Krok 172

Muszę odzyskać moją Wiedzę.

Musisz odzyskać swoją Wiedzę. To nie jest jedynie kwestia preferencji będąca w rywalizacji z innymi preferencjami. Fakt, iż stanowi to wymóg w życiu, daje temu konieczność oraz znaczenie, na jakie prawdziwie zasługuje. Nie myśl, że twoja wolność jest w jakiś sposób ograniczona przez tę konieczność, twoja wolność wynika bowiem z tej konieczności i będzie zrodzona z tej konieczności. Tutaj wkraczasz w świat istotnego kierunku, zamiast zwyczajnych wyborów. Tutaj stajesz się poważnie zaangażowany w życie, zamiast być odległym obserwatorem, który może jedynie być świadkiem swoich własnych idei.

Konieczność Wiedzy jest zatem znaczeniem, które odnosi się do ciebie i do twojego świata. Powitaj więc konieczność, uwolni cię ona bowiem od rozdrażnienia i od ułomności ambiwalencji. Ratuje cię od nic nieznaczących wyborów i prowadzi cię do tego, co jest prawdziwie istotne dla twojego dobrobytu oraz dla dobrobytu świata. Wiedza jest koniecznością. Twoje życie jest koniecznością. Jego znaczenie nie dotyczy wyłącznie ciebie, dotyczy ono całego świata.

Jeżeli możesz to zrozumieć w rzeczywistości, to przeważy to nad wszelkim poczuciem marności albo lenistwa, które wciąż możesz mieć. Jeżeli bowiem twoje życie jest koniecznością, to ma ono cel, znaczenie oraz kierunek. Jeżeli twoje życie jest koniecznością, to każde inne życie również jest koniecznością. W ten sposób nie będziesz pragnął nikogo skrzywdzić, lecz miast tego potwierdzić Wiedzę u każdego. Ta konieczność wiąże się z kolei z siłą oraz kierunkiem, których wymagasz i dostarcza ci łaski tudzież głębi, które sam musisz otrzymać. Niezbędne życie jest życiem pełnym znaczenia. Wiedza jest koniecznością. Oddaj się swojej konieczności, a poczujesz, że sam jesteś koniecznością. To rozproszy twoje poczucie marności oraz winy i sprowadzi cię z powrotem do relacji z życiem.

Ćwicz ponownie co godzinę, a w swoich dwu praktykach medytacyjnych zezwól słowu RAHN zabrać cię głębiej w obecność samej Wiedzy. Potęga tego słowa, słowa nieznanego w twoim własnym języku, wyrazi twą Wiedzę i ją pobudzi. Tak oto środki są tajemnicze, lecz wynik jest konkretny.

Praktyka 172: *Dwa 30 – minutowe okresy praktyki.*
Cogodzinna praktyka.

Krok 173

Dzisiaj uczynię to, co konieczne.

Czynienie tego, co konieczne, zaangażuje cię w witalność życia, gdyż życie na świecie we wszystkich swoich formach jest zaangażowane w to, co konieczne. Z początku wydaje się to być uciążliwe dla istot ludzkich, są one bowiem przyzwyczajone do życia w fantazji, gdzie wszystko jest preferencyjne i nic nie jest naprawdę konieczne.

Kiedy jednak coś jest w życiu naprawdę konieczne, nawet jeśli jest to tragiczna okoliczność, wtedy ludzie są w stanie oswobodzić się natychmiastowo ze swych fantazji i poczuć cel, znaczenie oraz kierunek. To zatem stanowi dar dla ludzkości, lecz ludzie zazwyczaj udzielają sobie tego daru jedynie w tragicznych okolicznościach.

To w nietragicznych okolicznościach musisz teraz nauczyć się to otrzymywać oraz powitać konieczność jako zbawienną łaskę w swoim życiu, albowiem pragniesz być potrzebny, pragniesz być włączony, pragniesz być niezbędny i pragniesz być istotnym członkiem społeczności. To wszystko jest konieczne. Nie jest to jedynie preferencja z twojej strony. To nie może być zrodzone z niedbałego wyboru, lecz głębokiego przekonania, ponieważ twoje większe dawanie musi być zrodzone z głębokiego przekonania, jeśli ma być ono wielkie i całkowite. W przeciwnym razie na widok pierwszej przeciwności losu lub rozczarowania zostaniesz porzucony i wycofasz się z powrotem do fantazji oraz iluzji.

Powitaj zatem konieczności tego dnia. Wykonuj niewielkie zadania bez narzekania, są one bowiem niewielkie. Podążaj dzisiaj zgodnie z procedurą w przygotowaniu, jest to bowiem konieczne i jest to wielkie. Nie myl wielkiego z małym, małe służy jedynie bowiem wyrażaniu tego, co wielkie. Nie próbuj uczynić małe wielkim lub wielkie małym. Zrozum ich prawdziwą relację ze sobą nawzajem, jest bowiem w tobie zarówno to, co wielkie, jak i to, co małe. W twoim wnętrzu to, co wielkie pragnie wyrazić się poprzez to, co małe.

WYKONUJ ZATEM DZISIAJ SWOJE PRZYZIEMNE OBOWIĄZKI. Wykonuj dzisiaj to, co konieczne. Przypominaj sobie dzisiaj o Naszej idei na dziś i poświęć się swojej praktyce, ażeby twój dzień mógł być dniem ofiarowywania i otrzymywania. W swoich głębszych praktykach medytacyjnych wejdź w stan wyciszenia, wykorzystując słowo RAHN, aby zabrać cię głęboko w medytację. Postępuj w ten sposób, ponieważ jest to konieczne. Zrób to z koniecznością, a odczujesz potęgę swojej własnej woli.

PRAKTYKA 173: *Dwa 30 – minutowe okresy praktyki.*
Cogodzinna praktyka.

Krok 174

MOJE ŻYCIE JEST NIEZBĘDNE.

TWOJE ŻYCIE JEST NIEZBĘDNE. To nie jest biologiczny przypadek. Twoje pojawienie się w tym świecie nie jest przypadkową okolicznością. Twoje życie jest niezbędne. Gdybyś tylko mógł przypomnieć sobie, przez co przeszedłeś, aby przybyć na ten świat oraz przygotowanie, które było wymagane – zarówno w tym świecie, jak i poza – aby się tu pojawić, wtedy uświadomiłbyś sobie znaczenie twojego bycia tutaj, a także znaczenie Wiedzy, którą niesiesz w sobie. Twoje życie jest niezbędne. Nie ma tutaj żadnej formy zarozumiałości. Jest to po prostu rozpoznanie prawdy. W twojej ocenie samego siebie twoje życie jest albo żałosne, albo majestatyczne. Jednakowoż konieczność twojego życia nie ma nic wspólnego z twoimi ocenami, chociaż twoje oceny mogą doprowadzić cię bliżej lub zabrać cię dalej od tego jedynego prawdziwego rozpoznania.

TWOJE ŻYCIE JEST NIEZBĘDNE. Uświadom to sobie, a to wypędzi twoje poczucie oceniania samego siebie i potępianie. Uświadom to sobie, a wprowadzi to pokorę do twoich pompatycznych idei dotyczących samego siebie. Uświadom to sobie, a twoje plany mogę wtedy z czasem zostać dostosowane do samej Wiedzy, twoje życie jest bowiem niezbędne.

POWTARZAJ TO OŚWIADCZENIE CO GODZINĘ i rozważaj je niezależnie od swoich emocji, swoich okoliczności i jakichkolwiek myśli, które dominują w twoim umyśle, Wiedza jest bowiem większa niż myśli i ma ona zarządzać myślami. W swoich dwu praktykach medytacyjnych pozwól słowu RAHN wciągnąć cię głęboko w praktykę. Poczuj konieczność własnego życia – jego wartość i jego znaczenie. Jest to coś, czego możesz doświadczyć bezpośrednio. Nie wymaga to twojej oceny. Nie wymaga to, byś uważał siebie za ważniejszego od innych. Jest to jedynie dogłębne doświadczenie rzeczywistości, twoje życie jest bowiem niezbędne. Jest ono niezbędne dla ciebie. Jest ono niezbędne dla twojego świata. Jest ono niezbędne dla samego życia.

PRAKTYKA 174: *Dwa 30 – minutowe okresy praktyki.*
Cogodzinna praktyka.

Krok 175

PRZEGLĄD

W SWOIM PRZEGLĄDZIE PRAKTYK Z TEGO TYGODNIA raz jeszcze uświadom sobie wartość poświęcania się praktyce. Poświęcanie się praktyce jest zatem pierwszym krokiem w kierunku zrozumienia prawdziwego znaczenia dawania oraz prawdziwego znaczenia celu na świecie.

W SWOIM JEDNYM DŁUŻSZYM OKRESIE PRAKTYKI przejrzyj tydzień, który właśnie minął. Przejrzyj swoje zaangażowanie w każdy dzień praktyki i rozważ znaczenie każdej idei na dany dzień. Poświęć temu swoją całkowitą uwagę podczas twojego długiego okresu praktyki w tym dniu i zdaj sobie sprawę, że gdy obserwujesz swój własny rozwój, przygotowujesz się do dawania innym.

PRAKTYKA 175: *Jeden długi okres praktyki.*

Krok 176

Dzisiaj będę podążać za Wiedzą.

Co każdą godzinę tego dnia doświadczaj siebie, podążając za Wiedzą. Podejmuj niewielkie decyzje tyczące się niewielkich rzeczy, gdy to konieczne, nie podejmuj jednak wielkich decyzji bez Wiedzy. Masz osobisty umysł, aby podejmować niewielkie, nieznaczące decyzje. Większe decyzje jednak powinny być podejmowane z Wiedzą.

Podążaj dzisiaj za Wiedzą co godzinę. Pozwól jej równowadze i jej pewności trwać przy tobie. Pozwól na rozpoznanie przez ciebie jej ogólnego kierunku. Pozwól jej potędze wpłynąć na ciebie. Pozwól jej oddać się tobie, gdy ty uczysz się teraz, aby jej się oddawać.

Dzisiaj w swoich dwu dłuższych praktykach medytacyjnych, wykorzystując słowo RAHN, wejdź głęboko w Wiedzę. Wejdź głęboko w obecność życia. Wejdź głęboko w to doświadczenie. W dalszym ciągu naprowadzaj swój umysł w kierunku tego osiągnięcia. W dalszym ciągu odkładaj wszystko, co wpływa na ciebie lub co cię powstrzymuje. W ten sposób trenujesz umysł i przygotowujesz go również na to, co jest najbardziej naturalne do wystąpienia.

Podążaj dzisiaj za Wiedzą. Jeżeli Wiedza wskazuje na coś, a ty jesteś bardzo pewien co do tego, podążaj za tym i bądź uważny. Zobacz, co się dzieje i staraj się odróżnić Wiedzę od swoich impulsów, swoich pragnień, swoich obaw i swoich uników. Trzeba się tego nauczyć drogą doświadczenia. W ten sposób Wiedza i wszystko, co udaje Wiedzę, jest oddzielone na zasadzie kontrastu. To zapewni ci większą pewność oraz większą śmiałość, których będziesz potrzebować w nadchodzących czasach.

Praktyka 176: *Dwa 30 – minutowe okresy praktyki.*
Cogodzinna praktyka.

Krok 177

DZISIAJ NAUCZĘ SIĘ BYĆ SZCZERY.

ISTNIEJE WIĘKSZA SZCZEROŚĆ, KTÓRA OCZEKUJE na odkrycie przez ciebie. Istnieje większa szczerość, którą musisz wykorzystywać we własnym imieniu. Nie wystarczy jedynie wiedzieć, jak się czujesz. Większym wymogiem jest czuć to, co wiesz. Stanowi to większą szczerość oraz szczerość, która jest w harmonii z samym życiem, szczerość, która odzwierciedla prawdziwy rozwój wszystkich istot na świecie. To nie jest jedynie wyrażanie i żądanie, aby twój osobisty cel został zrealizowany. Zamiast tego jest żądanie, by konieczność życia w tobie mogła się wyrazić w sposób, który jest prawdziwy dla samego życia. Forma oraz sposób tego wyrażenia zostaną zawarte w przesłaniach, które będziesz musiał dostarczyć innym, gdy nadejdzie na to czas.

NAUCZ SIĘ ZATEM ODCZUWAĆ TO, CO WIESZ. Stanowi to większą szczerość. Wymaga to zarówno otwartości, jak i powściągliwości. Wymaga to badania samego siebie. Wymaga to obiektywizmu wobec własnego życia. Wymaga to wyciszenia i pokoju, jak również zdolności do aktywnego zaangażowania swojego umysłu w eksplorację. Tak oto wszystko, czego nauczyłeś się do tej pory, jest wniesione i wykorzystane w dzisiejszej praktyce.

PRZYPOMINAJ SOBIE CO GODZINĘ O DZISIEJSZEJ PRAKTYCE i poważnie rozważ ją w momencie, w którym się znajdziesz. Dzisiaj w trakcie dłuższych praktyk raz jeszcze wejdź w stan wyciszenia i zaangażuj swój umysł w to istotne działanie. Umysł musi zostać sprowadzony w pobliże swojego Przedwiecznego Domu, ażeby odnalazł komfort i równowagę. To wymaga na początku samodyscypliny, gdy tylko jednak kontakt zostanie nawiązany, proces wydarzy się samorzutnie w sposób naturalny.

Dzisiaj ucz się być bardziej szczerym. Ucz się rozróżniać większy poziom szczerości, prawdziwy poziom szczerości, który potwierdza twoją własną naturę i nie zdradza twojego najwyższego celu.

Praktyka 177: *Dwa 30 – minutowe okresy praktyki.*
 Cogodzinna praktyka.

Krok 178

BĘDĘ PAMIĘTAĆ O TYCH, KTÓRZY MNIE DZIŚ OBDAROWALI.

JEST TO WYJĄTKOWY DZIEŃ POTWIERDZAJĄCY OBECNOŚĆ prawdziwych relacji w twoim życiu. Jest to wyjątkowy dzień potwierdzający dary, które zostały ci udzielone. Jest to dzień przeznaczony wdzięczności.

CO GODZINĘ ZATEM POWTARZAJ TO OŚWIADCZENIE i poświęć chwilę, aby przywołać tych, którzy cię obdarowali. Staraj się myśleć bardzo ostrożnie o tych, którzy przynieśli ci korzyść zarówno poprzez demonstrowanie swojej mądrości, jak i błędu. Pomyśl o tych, którzy pokazali dokąd zmierzać i gdzie iść nie należy. Gdy zagłębiasz się dzisiaj w to bardziej w trakcie swoich dwu dłuższych okresów praktyki, staraj się pomyśleć bardziej ostrożnie i pozwól każdemu, kto pojawi się w twoim umyśle być obiektem twojego badania. Jest to aktywny czas praktyki w twoich okresach kontemplacyjnych.

W SWOICH DŁUŻSZYCH OKRESACH PRAKTYKI powtórz oświadczenie na początku praktyki i pozwól osobom przyjść do ciebie. Naucz się rozpoznawać ich wkład w odzyskanie Wiedzy. Naucz się rozpoznawać ich wkład w twoje fizyczne i emocjonalne samopoczucie. Naucz się rozpoznawać, jak ci się przysłużyli. W ten sposób cała twoja koncepcja dawania i otrzymywania oraz służby na świecie mogą zostać rozszerzone i rozwinięte. To da ci prawdziwą wizję świata, ażebyś mógł nauczyć się być pełen współczucia wobec siebie samego i wobec innych.

Jest to zatem dzień potwierdzenia oraz dzień wdzięczności. Pozwól, by twoje praktyki były istotne i skuteczne, ażebyś mógł otrzymać ich nagrody.

Praktyka 178: *Dwa 30 – minutowe okresy praktyki.*
Cogodzinna praktyka.

Krok 179

DZISIAJ PODZIĘKUJĘ ŚWIATU ZA UCZENIE MNIE TEGO, CO PRAWDZIWE.

ŚWIAT W SWEJ WSPANIAŁOŚCI I W SWYM SZALEŃSTWIE uczy cię, co cenić i rozpoznawać, co jest prawdziwe. Kontrast musi być oczywisty w nauczaniu, ażebyś dokonał tych rozróżnień. Aby odróżnić to, co prawdziwe od tego, co fałszywe oraz to, co istotne od tego, co jest bez znaczenia, musisz mieć kontrast w nauczaniu. Musisz spróbować tego, co jest bez znaczenia, aby odnaleźć jego prawdziwą naturę oraz zawartość i musisz spróbować tego, co istotne, aby odnaleźć jego prawdziwą naturę oraz zawartość. Świat nieustannie dostarcza ci sposobności do robienia obu rzeczy.

W TYM CZASIE TWOJA POTRZEBA POLEGA NA PRÓBOWANIU TEGO, CO PRAWDZIWE coraz bardziej i dlatego właśnie podkreślamy to teraz w twojej codziennej praktyce. Już dogadzałeś sobie tym, co fałszywe tak bardzo, że zdominowało to twój umysł oraz uwagę. Teraz karmimy cię tym, co prawdziwe, ale musisz również nauczyć się korzystać z tego, co fałszywe ci dało. Wtedy nie będziesz musiał więcej badać tego, co fałszywe. Fałszywe już ci się zaprezentowało. Teraz uczysz się rozpoznawać jego demonstrację oraz wykorzystywać korzyść, jaką ci to oferuje. Jedyną korzyścią, jaką fałszywe może ci zaoferować, jest nauczenie cię rozpoznawania jego braku znaczenia, ażebyś miał chęć poznać to, co prawdziwe oraz mieć większą zdolność otrzymania tego.

ZATEM PODZIĘKUJ DZISIAJ ŚWIATU ZA WSPIERANIE CIĘ, za jego wspaniałość i jego szaleństwo, za momenty inspiracji i za wielkie pokazy iluzji. Świat, który jak dotąd widzisz, składa się w przeważającym stopniu z fantazji jednostek, jest jednak większy świat, który musisz zobaczyć, świat, który rzeczywiście tam jest, świat, który rozbudzi w tobie Wiedzę, docenienie, jak i również prawdziwe zastosowanie własnych zdolności. Twoim celem jest bowiem służenie ewolucji tego świata, tak jak celem świata jest służenie twojej ewolucji.

Dzisiaj w swoich dwu dłuższych okresach praktyki badaj tę ideę aktywnie swoim umysłem. Wykorzystaj swój umysł do zrozumienia, jak świat cię wspierał. Zastanawiaj się nad tym bardzo ostrożnie. To nie jest powierzchowne dochodzenie. Jest to dochodzenie, które musisz przeprowadzić z koniecznością i z powagą, zadecyduje to bowiem o twoim doświadczeniu w życiu zarówno teraz, jak i w przyszłości.

Co godzinę pamiętaj o naszym oświadczeniu na dzisiaj i pamiętaj o tym, gdy spoglądasz na świat. Nie pozwól, aby ten dzień był dla ciebie zmarnowany. To jest dzień rozpoznania, dzień wdzięczności oraz dzień mądrości.

Praktyka 179: *Dwa 30 – minutowe okresy praktyki.*
Cogodzinna praktyka.

Krok 180

Narzekam, ponieważ brakuje mi Wiedzy.

Kiedy narzekasz na życie, pytasz o Wiedzę. Wiedza ma swoje własne zdanie na temat życia, jest ono jednak bardzo odmienne od lamentu, który słyszysz w sobie i wokół siebie. Dlatego też, gdy zbliżasz się dzisiaj do Wiedzy, rozpoznawaj naturę skargi – jak eksponuje ona twoją słabość oraz panowanie świata nad tobą, a także jak bardzo stoi to w przeciwieństwie do tego, czego uczysz się teraz. Uczysz się teraz odkrywać swoją wielkość i swoje panowanie nad światem. Jesteś w relacji ze światem. Niech ta relacja stanie się zdrowa i głęboka. Niech wkład świata zostanie ci ofiarowany. Niech twój wkład zostanie ofiarowany światu.

Dlatego też dzisiaj podziękuj światu raz jeszcze za to, co ci podarował. Dzisiaj w swoich głębszych praktykach medytacyjnych wejdź w stan spokoju i milczenia. Wykorzystaj słowo RAHN, by pomóc sobie wejść w to głęboko. Wykorzystaj słowo RAHN, by ukierunkować swój umysł i myślenie, ażeby twój umysł mógł stać się zjednoczony z dźwiękiem tego pradawnego słowa.

Jest to dzień ważnego wkładu. Nie narzekaj na ten dzień. Rozpoznaj, że wszystko, co się wydarza, jest sposobnością, abyś zastosował swoją praktykę i rozwinął prawdziwe zdolności swego umysłu. Twoja skarga byłaby jedynie odmową wobec wkładu świata dla ciebie. Dlatego też nie odrzucaj tego. Nie narzekaj dzisiaj na świat, ażebyś mógł otrzymać jego dary.

Praktyka 180: *Dwa 30 – minutowe okresy praktyki.*

Krok 181

DZISIAJ OTRZYMUJĘ MIŁOŚĆ WIEDZY.

WIEDZA POSIADA PRAWDZIWE ZIARNO MIŁOŚCI, nie miłości, która jest jedynie uczuciem, nie miłości, która jest formą odurzenia, otaczającą naglące pragnienie zrodzone ze strachu. Wiedza stanowi ziarno prawdziwej miłości, nie miłości, która dąży do tego, aby podbijać, zawładnąć i zdominować, lecz miłości, która dąży do tego, aby służyć, wzmacniać oraz uwolnić drugą osobę. Stań się dzisiaj odbiorcą tej miłości, ażeby mogła ona przepływać przez ciebie do świata, bez twojej negacji bowiem z całą pewnością to uczyni.

CO GODZINĘ POWTARZAJ TO OŚWIADCZENIE i czuj jego oddziaływanie niezależnie od okoliczności, w jakiej się znajdziesz. Pozwól każdej okoliczności wesprzeć twoją praktykę, a odnajdziesz, że twoja praktyka będzie miała coraz silniejszy wpływ na twoje zewnętrzne życie. Dzisiaj w swoich dwu głębszych praktykach wkrocz w obecność Wiedzy i otrzymaj jej miłość. Potwierdź swoją wartość i swoją receptywność. Porzuć swoje założenia względem siebie samego oraz świata i pozwól sobie doświadczyć tego, co zademonstruje prawdę poza jakimkolwiek założeniem. To jest dzisiaj twoja praktyka. To jest twój dar dla samego siebie, dla twojego świata i dla Stwórcy, ażebyś mógł otrzymać dar miłości.

PRAKTYKA 181: *Dwa 30 – minutowe okresy praktyki.*
Cogodzinna praktyka.

Krok 182

PRZEGLĄD

Dzisiaj następuje istotny punkt zwrotny w twoim przygotowaniu. Dzisiaj następuje zakończenie pierwszego etapu twojego przygotowania oraz początek nowego etapu. Przejrzyj miniony tydzień w jednym długim okresie praktyki, a następnie poświęć czas, aby pomyśleć, jak daleko zaszedłeś i jak daleko musisz zajść. Rozpoznaj swoją rosnącą moc oraz siłę. Pomyśl o swoim zewnętrznym życiu i rozpoznaj, jak wiele trzeba tam osiągnąć zarówno we własnym imieniu, jak i dla dobrobytu innych. Rozpoznaj, jak niewiele wiesz i jak wiele jest dostępne dla ciebie. Nie pozwól żadnemu poczuciu zwątpienia w samego siebie zniechęcić cię w twoim przedsięwzięciu, musisz bowiem jedynie uczestniczyć, aby otrzymać największy dar, jaki życie ma do zaoferowania.

Przejrzyj miniony tydzień i zastanów się teraz, co wydarzyło się jak dotąd w twoim przygotowaniu. Zaobserwuj rozwój, który wystąpił w przeciągu tych kilku przeszłych miesięcy – rosnące poczucie obecności, rosnące poczucie wewnętrznej pewności siebie, rosnące poczucie wewnętrznej mocy. Zaakceptuj fakt, że twoje życie zaczęło się otwierać. Pewne rzeczy, które wcześniej były sztywne, teraz zostały poluźnione po to, żeby mogły one zostać przestawione w twoim własnym imieniu. Pozwól na uporządkowanie na nowo swojego zewnętrznego życia, gdy teraz nie dążysz do zdominowania go celem swej własnej ochrony. Gdy większa pewność powstaje w tobie, zewnętrzne okoliczności muszą zostać zmienione w twoim własnym imieniu. Stajesz się zatem źródłem przemiany, a nie jedynie jej odbiorcą.

Rozpoznaj, jak daleko zaszedłeś, lecz pamiętaj, iż jesteś początkującym studentem Wiedzy. Pozwól, aby to było twoim punktem startu, ażebyś mógł zakładać niewiele, a otrzymać ogrom. Z tego wielkiego punktu odniesienia będziesz w stanie wyjrzeć poza uprzedzenie i potępienie ludzkości. Będziesz w stanie wyjrzeć poza osobisty punkt widzenia oraz mieć wizję świata, którą świat rozpaczliwie potrzebuje otrzymać.

PRAKTYKA 182: *Jeden długi okres praktyki.*

Kroki do Wiedzy

CZĘŚĆ DRUGA

W drugiej części Naszego programu przygotowania podejmiemy się zbadania nowych obszarów, aby dalej rozwinąć twoje doświadczenie Wiedzy oraz żeby przygotować cię na bycie ofiarodawcą Wiedzy na świecie. W nadchodzących dniach będziemy badać rzeczy, które znasz oraz rzeczy, których nie znasz, rzeczy, które rozpoznałeś wcześniej oraz rzeczy, których nie widziałeś nigdy wcześniej. Tajemnica twego życia przywołuje cię, ponieważ z tajemnicy pochodzi wszystko, co ma konkretną wartość na świecie.

A zatem w nadchodzących Krokach poświęć się ze wzrastającym oddaniem. Rozwiej swoje poczucie zwątpienia. Pozwól sobie iść dalej z większą pewnością siebie. Samo twoje uczestnictwo jest wymagane, gdy bowiem stymulujesz Wiedzę, Wiedza powstanie samoistnie. Powstanie samoistnie, gdy mentalne oraz psychiczne warunki twego życia zostaną przygotowane i dostosowane.

Przejdźmy teraz do kolejnego kroku twojego przygotowania.

Krok 183

SZUKAM DOŚWIADCZENIA, NIE ODPOWIEDZI.

Szukaj dzisiaj doświadczenia, ponieważ doświadczenie odpowie na wszystkie pytania i uczyni zadawanie pytań zbędnym. Szukaj dzisiaj doświadczenia, by mogło prowadzić cię do coraz większego doświadczenia. Lepiej jest dla ciebie zadać pytanie Wiedzy, a następnie otrzymać doświadczenie, które Wiedza może ci przekazać. Jesteś przyzwyczajony do otrzymywania tak niewiele w odpowiedzi na swoje zapytania. Odpowiedź jest czymś tak bardzo niewielkim. Prawdziwa odpowiedź musi być zaproszeniem do uczestnictwa w większym przygotowaniu, w przygotowaniu, którego nie przygotowałeś dla siebie, ale które zostało dla ciebie przygotowane. Dlatego też nie zabiegaj o drobne rzeczy, które dają ci chwilową ulgę albo otuchę. Zabiegaj o to, co stanowi podstawę twojego życia, co może zapewnić ci życie, jak nigdy wcześniej.

Dzisiaj w swoich dwu głębszych praktykach stań się receptywny na to doświadczenie. Możesz wykorzystać słowo RAHN, jeżeli jest to dla ciebie pomocne, wejdź jednak głęboko w doświadczenie Wiedzy. Nie szukaj odpowiedzi. Idee przyjdą do ciebie w swoim własnym czasie i na swój własny sposób. Możesz być tego pewien. Gdy twój umysł jest przygotowany, stanie się on prawdziwie receptywny oraz prawdziwie zdolny do wprowadzania w życie tego, co otrzymuje. To jest potwierdzenie, którego potrzebujesz. Musi ono zostać zrodzone z wielkiego doświadczenia.

Co godzinę przypominaj sobie o swojej praktyce i uświadom sobie, że poszukujesz rzeczywistego doświadczenia, a nie samych odpowiedzi. Twój umysł pełen jest odpowiedzi, a nie odpowiedziały one jak dotąd na twoje pytania.

Praktyka 183: *Dwa 30 – minutowe okresy praktyki.*
Cogodzinna praktyka.

Krok 184

MOJE PYTANIA SĄ WIĘKSZE NIŻ WCZEŚNIEJ MYŚLAŁEM.

TO, O CO NAPRAWDĘ PYTASZ, jest znacznie większe niż to, co wcześniej rozpatrywałeś. Chociaż twoje pytania mogły powstać w wyniku bezpośrednich okoliczności, pytasz o znacznie więcej niż natychmiastowe rozwiązanie najbliższych rzeczy. Natychmiastowe rozwiązanie zostanie podarowane, ale z Większego Źródła. To tego Większego Źródła poszukujesz, dążysz tutaj bowiem do uświadomienia sobie swojej natury i starasz się odnaleźć przygotowanie, które umożliwi ci wnieść swoje dary, ażeby twoja działalność na świecie mogła zostać ukończona. Dlatego też zrozum, że jesteś tu, aby służyć. Jesteś tu, aby dawać. Postępując w ten sposób, odnajdziesz swoje spełnienie. To wytworzy szczęście dla ciebie.

DZISIAJ W SWOICH DWU DŁUŻSZYCH OKRESACH PRAKTYKI raz jeszcze wejdź w stan spokoju i milczenia, pamiętając, iż spokój rozwija umysł w kierunku otrzymywania. W spokoju odnajdziesz, że rzeczy, które zaniedbywałeś do tej pory, są już znane. W wyniku tych okresów praktyki twój umysł stanie się doskonalszy i będzie miał większą głębię, będzie bardziej skoncentrowany i będzie miał bardziej wyostrzoną uwagę we wszystkich aspektach twojego życia.

TO, CZEGO SZUKASZ DZISIAJ, jest czymś więcej niż wcześniej myślałeś. Dążysz do tego, aby poznać znaczenie twojej Wiedzy poprzez jej manifestację.

PRAKTYKA 184: *Dwa 30 – minutowe okresy praktyki.*

Krok 185

PRZYBYŁEM NA ŚWIAT W PEWNYM CELU.

PONOWNIE POTWIERDZAMY TĘ WIELKĄ PRAWDĘ, której zgodność z rzeczywistością będzie znana w twojej Wiedzy. Niezależnie od twojego obecnego stopnia osobistego rozwoju rzeczywistość twojego celu pozostaje prawdziwa. Dlatego też od czasu do czasu powtarzamy pewne lekcje, które są kluczowe dla twojego samopoczucia i rozwoju. Formułujemy je inaczej od czasu do czasu, ażebyś mógł mieć coraz większe ich doświadczenie. W ten sposób mogą one odnaleźć swoją drogę do twojego serca, ażeby twoje serce mogło odnaleźć swoją drogę do twojej świadomości.

JESTEŚ TUTAJ, ABY SŁUŻYĆ. Jesteś tutaj, aby dawać. Jesteś tutaj, ponieważ jesteś bogaty w Wiedzę. Niezależnie od swoich okoliczności w życiu, twoje poczucie ubóstwa zostanie na zawsze wypędzone, gdy Wiedza powstanie w tobie, nie może być bowiem poczucia utraty, gdy Wiedza jest doświadczana i wyrażana. To jest obietnica tego programu nauczania. To jest obietnica twojego życia. To jest twoje przeznaczenie i twoja misja tutaj. Z tego twoje specyficzne powołanie na świecie zostanie ci ofiarowane. Będzie ono bardzo właściwe dla twoich działań i zachowania. Zanim do tego dojdzie, twój umysł musi zostać rozwinięty, a twoje życie musi zostać uporządkowane na nowo i sprowadzone do rzeczywistej równowagi, ażeby mogło odzwierciedlać twoją Wiedzę, a nie jedynie twoje obawy i pragnienia. Wspanialsze życie musi pochodzić z Większego Źródła w tobie. Wspanialsze życie jest teraz dostępne dla ciebie.

JESTEŚ TUTAJ, ABY SŁUŻYĆ, aby jednak służyć, musisz otrzymać. Dzisiaj w swoich dłuższych okresach praktyki zaprawiaj się w receptywności. Wejdź głębiej w trakcie swojej praktyki w wyciszeniu. Doskonal tę praktykę. Uczysz się teraz konkretnych umiejętności, które pomogą ci tego dokonać. Kiedy doświadczasz swojej woli, metody będą podążać naturalnie. Dajemy tylko tyle metodologii, ile potrzeba, aby sprowadzić twój umysł na właściwy cel. Z tego miejsca możesz udoskonalić swoją praktykę, aby służyła twoim potrzebom, nie zdradzając instrukcji, które są podarowane w tym kursie.

Dlatego też podążaj za wytycznymi, które są podarowane i dokonuj drobnych modyfikacji, gdy to konieczne. Kiedy uczysz się pracować ze swoją naturą, nauczysz się ją wykorzystywać w swoim własnym imieniu. Ćwicz co godzinę, ażeby twoja praktyka mogła iść z tobą wszędzie oraz by wszystko, co ci się przytrafia dzisiaj, mogło być częścią twojej praktyki.

Praktyka 185: *Dwa 30 – minutowe okresy praktyki.*
Cogodzinna praktyka.

Krok 186

Wywodzę się
z Przedwiecznego Dziedzictwa.

Wywodzisz się z Przedwiecznego Dziedzictwa. To wyłoni się w twoim umyśle w sposób naturalny, chociaż jest to poza słowami i poza opisem. W gruncie rzeczy jest to czyste doświadczenie życia oraz włączenia. To, co jest zapamiętane w tym doświadczeniu, to te relacje, które rozwinąłeś do tej pory w swojej ewolucji w tym czasie. Jedynie odzyskanie relacji może być poniesione dalej poza twoje życie na tym świecie. Jednostki, które z powrotem odzyskałeś dla siebie jako twoja Duchowa Rodzina, teraz istnieją jako twoja Duchowa Rodzina. Tworzą oni rosnący organizm Wiedzy oraz włączenie w życie, które jesteś zdolny teraz doświadczać.

Jesteś tutaj, aby służyć swojej Duchowej Rodzinie, swojej niewielkiej grupie edukacyjnej, która działała razem przez wiele stuleci i okoliczności celem doskonalenia i rozwoju swoich członków, ażeby twoja grupa mogła dołączyć do innych grup i tak dalej. Jak strumienie łączące się razem w coraz większe zbiory wody płynącej, podążasz swoim nieuniknionym kursem do źródła swojego życia. Jest to naturalna droga, rzeczywista droga, droga, która istnieje poza całą spekulacją i filozofią, poza wszelkimi obawami i ambicjami ludzkości. Jest to droga rzeczy – na zawsze tajemnicza, poza twoim pojmowaniem, a mimo to w pełni dostępna, aby służyć ci w najbliższych okolicznościach twojego życia. Taka jest wielkość tajemnicy twojego życia i takie jest jej zastosowanie w nawet najdrobniejszym szczególe twojego życia. Tak oto twoje życie tutaj jest kompletne.

Wywodzisz się z wielkiego Dziedzictwa. Tym samym wielkość jest w tobie przez wzgląd na twoje relacje. Przyjmij dzisiaj to Dziedzictwo w wyciszeniu w swoich dwu praktykach medytacyjnych i potwierdzaj je co godzinę. Pozwól, by ten dzień zademonstrował zarówno rzeczywistość, jak i negację tej wielkiej prawdy, gdy bowiem widzisz świat w swojej negacji próbujący zastępować Wiedzę, nauczysz się cenić Wiedzę i uświadomisz sobie, że Wiedza już tu jest.

PRAKTYKA 186: *Dwa 30 – minutowe okresy praktyki.*
Cogodzinna praktyka.

Krok 187

JESTEM OBYWATELEM WIĘKSZEJ SPOŁECZNOŚCI ŚWIATÓW.

NIE JESTEŚ JEDYNIE ISTOTĄ LUDZKĄ w tym jednym świecie. Jesteś obywatelem Większej Społeczności światów. Jest fizyczny wszechświat, który rozpoznajesz swoimi zmysłami. Dalece wykracza on poza twoje obecne pojmowanie. Zasięg jego relacji dalece przekracza twoją wyobraźnię, albowiem rzeczywistość jest zawsze większa od wyobraźni.

JESTEŚ OBYWATELEM WIĘKSZEGO FIZYCZNEGO WSZECHŚWIATA. To potwierdza nie tylko twój Rodowód i twoje Dziedzictwo, ale również twój cel w życiu w tym czasie, albowiem świat ludzkości wrasta w życie Większej Społeczności światów. Jest ci to znane, chociaż twoje wierzenia mogą jeszcze tego nie uwzględniać.

DZISIAJ CO GODZINĘ potwierdzaj swoje obywatelstwo w Większej Społeczności światów, to bowiem potwierdza wspanialsze życie, które teraz zaczynasz odkrywać. W swoich dwu praktykach medytacyjnych raz jeszcze wejdź w stan wyciszenia i opanowania. To rosnące doświadczenie wyciszenia umożliwi ci wszystko zrozumieć, twój umysł został bowiem stworzony, aby wchłaniać Wiedzę, a w ten właśnie sposób dochodzi do zrozumienia. Nagromadzenie idei oraz nagromadzenie teorii nie reprezentuje ani Wiedzy, ani rozumienia, rozumienie jest zrodzone bowiem z prawdziwego podobieństwa i doświadczenia. W tym nie ma odpowiednika na świecie i może więc służyć światu, który postrzegasz.

PRAKTYKA 187: *Dwa 30 – minutowe okresy praktyki.*
Cogodzinna praktyka.

Krok 188

MOJE ŻYCIE NA TYM ŚWIECIE JEST WAŻNIEJSZE NIŻ MI SIĘ WCZEŚNIEJ WYDAWAŁO.

CZY JEST TO NADĘTA IDEA? Nie, nie jest. Czy ta idea zdradza twoją potrzebę pokory? Nie, nie zdradza. Jesteś tutaj dla wyższego celu niż sobie to wyobrażałeś, twoja wyobraźnia bowiem nie zawiera znaczenia twojego celu w życiu. W życiu istnieje tylko cel oraz wszystkie te rzeczy, które są zamiennikami dla tego celu zrodzonymi z bojaźliwej wyobraźni. Jesteś tutaj, aby prowadzić większe życie niż myślałeś, a ta wielkość jest tym, co niesiesz w sobie. Może być ona wyrażona w najprostszym stylu życia i w najprostszych działaniach. Działania są wielkie ze względu na esencję, którą wyrażają, nie ze względu na stymulację, jaką mogą wzbudzać u innych ludzi.

ZROZUM TO ROZRÓŻNIENIE BARDZO OSTROŻNIE, a zaczniesz uczyć się odróżniać wielkość od małości oraz uczyć się, jak małość może służyć wielkości. To zintegruje każdy aspekt twojej osoby, albowiem część ciebie jest wielka i część ciebie jest niewielka. Twój osobisty umysł i twoje fizyczne ciało są niewielkie i mają służyć wielkości Wiedzy. To łączy cię w całość. To jest to, co łączy również w całość życie. Nie ma tutaj nierówności, wszystko bowiem współpracuje ze sobą, aby służyć wyższemu celowi, któremu przyszło ci służyć.

DZISIAJ W SWOICH DŁUŻSZYCH OKRESACH PRAKTYKI zaangażuj swój umysł aktywnie w próbę zrozumienia tych rzeczy. Twoje zrozumienie będzie zrodzone z twojego dochodzenia, nie jedynie z idei, które poprawiają ci nastrój lub które są dla ciebie akceptowalne. Wykorzystaj swój umysł, aby badać. Mając oczy zamknięte, zastanawiaj się nad tymi rzeczami. Koncentruj się bardzo ostrożnie, a gdy twoja koncentracja zakończy się, wypuść wszystkie idee i wejdź w stan spokoju i milczenia. Tym samym twój umysł jest celowo zaangażowany, a następnie jest sprowadzony do stanu spokoju. Są to dwie funkcje umysłu, które będziesz dzisiaj ćwiczył.

Przypominaj sobie o swojej praktyce co godzinę i wykorzystaj ten dzień do swojego rozwoju, co stanowi twój dar dla świata.

Praktyka 188: *Dwa 30 – minutowe okresy praktyki.*
  Cogodzinna praktyka.

Krok 189

MOJA DUCHOWA RODZINA ISTNIEJE WE WSZYSTKICH MIEJSCACH.

TWOJA DUCHOWA RODZINA JEST WIĘKSZA NIŻ CI SIĘ WYDAJE. Istnieje ona w wielu miejscach. Jej wpływ jest wszędzie. Oto dlaczego uważanie siebie za bycie samotnym jest tak bezsensowne, skoro jesteś częścią czegoś tak wielkiego, co służy największemu ze wszystkich celów. Musisz porzucić potępianie samego siebie oraz swoje poczucie małości, aby to wiedzieć, utożsamiałeś się bowiem ze swoim zachowaniem na świecie, które jest niewielkie. Utożsamiałeś się ze swoim osobistym umysłem i swoim fizycznym ciałem, które są niewielkie. Teraz jednak zaczynasz zdawać sobie sprawę ze swojej relacji z życiem poprzez Wiedzę, która jest wielka. Dokonuje się to bez wymierzania kary osobistemu umysłowi albo fizycznemu ciału, stają się one bowiem pożyteczne i przyjemne, gdy uczą się służyć wyższemu celowi. Wtedy ciało ma zdrowie, a osobisty umysł jest wykorzystywany, zapewniając im znaczenie, którego im teraz brakuje.

TWOJA FIZYCZNA POTRZEBA OBEJMUJE ZDROWIE, twoje zdrowie jednak ma służyć wyższemu celowi. Potrzebujesz właściwego wykorzystania swojego osobistego umysłu, co nada mu znaczenie oraz wartość, gdyż pragnie on jedynie zostać włączony w to, co jest istotne. To, co umożliwia twojemu osobistemu umysłowi i twojemu fizycznemu ciału odnaleźć swoje właściwe miejsce w życiu to Wiedza, która zapewnia cel, znaczenie oraz kierunek dla ciebie.

JEST TO PRAWDA WE WSZYSTKICH ŚWIATACH. Jest to prawda w całym fizycznym wszechświecie, którego jesteś obywatelem. Poszerz swój pogląd na siebie samego, ażebyś mógł nauczyć się być obiektywnym wobec swojego świata. Nie przydzielaj jedynie ludzkich wartości, założeń oraz celów swojemu światu, gdyż oślepia cię to na cel oraz ewolucję świata i sprawia, że trudniej jest ci docenić, że jesteś obywatelem większego życia.

DZISIAJ W SWOICH DWU DŁUŻSZYCH PRAKTYKACH zaangażuj swój umysł aktywnie w badanie tej idei. Poświęć pierwsze piętnaście minut, będąc zaangażowanym w to dochodzenie w trakcie swoich dwu dłuższych okresów praktyki. Staraj się poważnie zgłębić znaczenie dzisiejszej idei. Następnie, gdy twoje dochodzenie zostanie zakończone, pozwól swojemu umysłowi wejść ponownie w stan wyciszenia. Zdaj sobie sprawę z różnicy pomiędzy aktywnym umysłowym zaangażowaniem a umysłowym wyciszeniem. Zrozum, że jedno i drugie jest istotne oraz że dopełniają się wzajemnie. Co godzinę powtarzaj ideę i rozważaj ją, gdy patrzysz na świat wokół siebie.

PRAKTYKA 189: *Dwa 30 – minutowe okresy praktyki.*
Cogodzinna praktyka.

Krok 190

ŚWIAT WYŁANIA SIĘ DO WIĘKSZEJ SPOŁECZNOŚCI ŚWIATÓW I DLATEGO PRZYBYŁEM.

PRZYBYŁEŚ NA ŚWIAT w wielkim punkcie zwrotnym, którego jedynie część zobaczysz w przeciągu własnego życia. Jest to punkt zwrotny, gdzie ludzkość nawiązuje kontakt ze światami w swoim sąsiedztwie. Jest to naturalna ewolucja ludzkości, tak jak jest to naturalna ewolucja wszelkiego inteligentnego życia we wszystkich światach. Twój świat szuka Większej Społeczności. Wymaga to, by międzynarodowa społeczność twojego świata została zjednoczona. To również stanowi część ewolucji wszelkiego inteligentnego życia we wszystkich światach. Przybyłeś tutaj, aby temu służyć. Jest wiele poziomów służby i wiele rzeczy, które trzeba wnieść – na szczeblu osobistym, wspólnotowym i światowym. Jesteś częścią tego wielkiego przepływu życia, nie jesteś tutaj bowiem jedynie dla własnych celów. Jesteś tutaj, aby służyć światu i tym samym otrzymać posługę w zamian.

DZISIAJ W SWOICH DWU DŁUŻSZYCH OKRESACH PRAKTYKI zbadaj ideę na ten dzień. Przemyśl to poważnie, obserwując te idee, które są z nią w harmonii oraz te idee, które się z nią nie zgadzają. Przyjrzyj się swoim uczuciom, będącymi za oraz przeciwko tej idei. Przyjrzyj się swoim preferencjom, swoim uprzedzeniom, swoim wierzeniom, swoim nadziejom, swoim obawom i tak dalej. To składa się na pierwszą część każdego z okresów praktyki. W drugiej części wejdź w stan spokoju i milczenia, wykorzystując słowo RAHN, jeśli jest to dla ciebie pomocne. Pamiętaj, że obydwie z tych mentalnych czynności są niezbędne i komplementarne, jak się przekonasz w przyszłości. Co godzinę powtarzaj ideę na dzisiaj. Pozwól temu zapewnić to, czego potrzebujesz, aby widzieć świat w nowy sposób.

PRAKTYKA 190: *Dwa 30 – minutowe okresy praktyki.*
Cogodzinna praktyka.

Krok 191

MOJA WIEDZA JEST WIĘKSZA NIŻ MOJE CZŁOWIECZEŃSTWO.

TWOJA WIEDZA JEST ZRODZONA Z UNIWERSALNEGO ŻYCIA. Przyćmiewa ona twoje człowieczeństwo, jednak nadaje twemu człowieczeństwu prawdziwe znaczenie. Większe Życie pragnie wyrazić się w twoim świecie, w twojej erze i w okolicznościach, które teraz rzeczywiście istnieją. Tym samym to, co wielkie, wyraża się poprzez to, co małe, a małe doświadcza siebie jako to, co wielkie. Taka jest droga wszelkiego życia. Twoje człowieczeństwo jest bez znaczenia, chyba że służy większemu kontekstowi i jest częścią Większej Rzeczywistości. Bez tego jest to bardziej forma zniewolenia – ograniczenie, więzienie oraz jarzmo dla twojej natury aniżeli potwierdzenie twojej natury.

TWOJA WIEDZA JEST WIĘKSZA NIŻ TWOJE CZŁOWIECZEŃSTWO. W ten sposób twoje człowieczeństwo może mieć znaczenie, ma ono bowiem czemu służyć. Bez posługi twoje człowieczeństwo jest jedynie ograniczeniem, które zamyka cię i więzi. Twoje człowieczeństwo ma jednak służyć Większej Rzeczywistości, którą niesiesz dzisiaj w sobie. Ta Rzeczywistość jest w tobie, nie masz jej jednak na własność. Nie możesz wykorzystać jej do swojego osobistego spełnienia. Możesz ją jedynie otrzymać i pozwolić jej się wyrazić. Wyrazi się ona poprzez twoje człowieczeństwo oraz przekaże ci większe doświadczenie ciebie samego.

DZISIAJ W SWOICH DŁUŻSZYCH OKRESACH PRAKTYKI pozwól sobie ponownie wejść w stan wyciszenia, a co godzinę powtarzaj tę ideę, ażebyś mógł rozważyć jej prawdziwe znaczenie. Nie akceptuj jedynie założeń lub przedwczesnych wniosków, dzisiejsza idea będzie bowiem wymagała twego głębokiego zaangażowania. Życie ma głębię. Musisz ją przeniknąć. Musisz się w nią zanurzyć. Musisz ją otrzymać oraz badać w jej ramach. Wtedy zostaniesz ponownie włączony w swoją naturalną relację z życiem.

PRAKTYKA 191: *Dwa 30 – minutowe okresy praktyki.*
Cogodzinna praktyka.

Krok 192

NIE BĘDĘ DZISIAJ ZANIEDBYWAĆ DROBNYCH RZECZY.

NIE ZANIEDBUJ DZISIAJ DROBNYCH RZECZY, które koniecznie musisz wykonać. Czynienie drobnych rzeczy nie oznacza, iż w jakikolwiek sposób jesteś mały. Jeżeli nie utożsamiasz się ze swoim zachowaniem i swoimi działaniami, możesz pozwolić na zaistnienie swojej wielkości, gdy się ich podejmujesz. Ktoś, kto jest wielki, może czynić drobne rzeczy bez narzekania. Ktoś, kto jest z Wiedzą, może podejmować się codziennych czynności bez jakiegokolwiek poczucia wstydu. Czynności są jedynie czynnościami. Nie stanowią one twojej natury albo jestestwa. Twoja prawdziwa natura albo jestestwo stanowią źródło twojego życia, które wyrazi się poprzez twoje drobne działania, gdy uczysz się je otrzymywać oraz widzieć je we właściwej perspektywie.

NIE ZANIEDBUJ DROBNYCH RZECZY. Troszcz się o małe rzeczy, ażeby twoje życie na świecie mogło być stabilne i rozwijało się odpowiednio. Dzisiaj w swoich głębszych praktykach raz jeszcze wkrocz do wielkości oraz w głębię Wiedzy. Ze względu na to, iż zajmowałeś się drobnymi rzeczami, możesz teraz spędzić ten czas na poświęcaniu się i ofiarowywaniu. W ten sposób twoje zewnętrzne życie jest zarządzane odpowiednio, a twoje wewnętrzne życie również jest pielęgnowane, jesteś bowiem pośrednikiem pomiędzy życiem wielkości oraz życiem na świecie. Tym samym zajmujesz się tym, co małe oraz otrzymujesz to, co wielkie. To jest twoja prawdziwa funkcja, jesteś tutaj bowiem, aby podarować Wiedzę światu.

TAK JAK POPRZEDNIO, POWTARZAJ SWOJĄ PRAKTYKĘ CO GODZINĘ. Weź ją ze sobą. Nie zapomnij.

PRAKTYKA 192: *Dwa 30 – minutowe okresy praktyki.*
Cogodzinna praktyka.

Krok 193

Wysłucham dzisiaj innych bez osądu.

Wysłuchaj dzisiaj innych bez osądu. Wiedza wskaże, czy to, co mówią, ma wartość, czy też nie. Zrobi to bez jakiejkolwiek formy potępienia, bez jakiegokolwiek porównania i absolutnie bez żadnej oceny z twojej strony. Wiedzę przyciąga Wiedza i nie przyciąga jej to, co nie jest Wiedzą. Dlatego też możesz odnaleźć swoją właściwą ścieżkę, nie przyczyniając się do wydawania osądu lub nienawiści wobec świata. To jest twój system Wewnętrznego Przewodnictwa, który ci służy. Doprowadzi cię tam, dokąd musisz się udać i doprowadzi cię do wniesienia wkładu tam, gdzie twój wkład może stanowić największą wartość. Jeżeli słuchasz innych bez osądu, usłyszysz zarówno Wiedzę, jak i wołanie o Wiedzę. Dostrzeżesz, gdzie Wiedza istnieje i gdzie została wyparta. Jest to naturalne. Nie musisz osądzać ludzi, aby to ustalić. Jest to po prostu znane.

Wysłuchaj innych tak, ażebyś mógł doświadczyć siebie samego, gdy słuchasz, twoje zadanie nie polega bowiem na osądzaniu świata lub określaniu, gdzie i w jaki sposób twoje dary powinny zostać ofiarowane. Twoje zadanie polega na doświadczaniu samego siebie w życiu i pozwalaniu Wiedzy wyłonić się, Wiedza bowiem odda się w czasie i w miejscu, gdzie będzie to odpowiednie. Pozwoli ci to mieć spokój, nie próbujesz bowiem kontrolować świata.

Pozwól, by twoje praktyki były głębokie. Tak jak poprzednio zaprawiaj się co godzinę. Wysłuchaj dzisiaj innych, byś mógł doświadczyć siebie w relacji z nimi, ażeby ich prawdziwe komunikaty dla ciebie mogły zostać przekazane i zrozumiane. To potwierdzi dla ciebie obecność Wiedzy i jednocześnie potrzebę Wiedzy na świecie.

PRAKTYKA 193: *Cogodzinna praktyka.*

Krok 194

UDAM SIĘ TAM, GDZIE JESTEM DZISIAJ POTRZEBNY.

*P*OZWÓL SOBIE UDAĆ SIĘ TAM, GDZIE JESTEŚ POTRZEBNY, dokąd musisz dotrzeć. Ta konieczność działania nada wartość i znaczenie twoim czynnościom oraz potwierdzi twoją wartość we wszystkich twoich zobowiązaniach w tym dniu. Idź tam, gdzie jesteś potrzebny, dokąd musisz się udać. Rozróżnij rzeczywistą ku temu motywację i odróżnij to od jakiegokolwiek poczucia winy lub zobowiązania wobec innych. Nie nakładaj na siebie wymuszonych wymagań. Nie pozwalaj innym nakładać na ciebie wymuszonych wymagań poza twoimi prostymi obowiązkami w tym dniu. Idź tam, gdzie jesteś naprawdę potrzebny.

CO GODZINĘ PRZYPOMINAJ SOBIE O TYM, trzeba bowiem zgłębić to znaczenie, aby go doświadczyć. Jeżeli jesteś przyzwyczajony do winy i zobowiązania, dzisiejsza idea będzie się wydawała potęgować twoją trudność. Jednakowoż dzisiejsza idea jest tak naprawdę potwierdzeniem Wiedzy w tobie, dostarczając sposobności dla Wiedzy, aby cię prowadziła i demonstrowała ci swoją wartość. Nie ma to nic wspólnego z zależnością, musisz być bowiem niezależny od tego, co fałszywe, aby podążać za tym, co prawdziwe. To jest wartość wszelkiej niezależności.

W SWOICH DŁUŻSZYCH OKRESACH PRAKTYKI zanurz się głęboko w Wiedzę. A gdy jesteś na świecie, utrzymuj tę ideę przy życiu. Pozwól sobie poczuć głębszą obecność w sobie, gdy jesteś na świecie przyziemnych rzeczy, gdy jesteś na świecie małych rozważań. Wielkość jest tutaj, aby służyć temu, co małe. Pamiętaj.

PRAKTYKA 194: *Dwa 30 - minutowe okresy praktyki.*
Cogodzinna praktyka.

Krok 195

WIEDZA JEST POTĘŻNIEJSZA NIŻ MI SIĘ WYDAJE.

WIEDZA JEST POTĘŻNIEJSZA NIŻ CI SIĘ WYDAJE. Jest ona również bardziej cudowna niż ci się wydaje. Obawiasz się jej jeszcze za sprawą jej wielkiej potęgi. Jesteś niepewny, czy cię zdominuje lub czy będzie cię kontrolować, niepewny, dokąd cię zabierze i co będziesz musiał zrobić oraz niepewny, jaki będzie wynik tego wszystkiego. Gdy jednak oddalasz się od Wiedzy, wkraczasz ponownie w zamęt oraz w świat wyobraźni. Gdy zbliżasz się do Wiedzy, wkraczasz w pewność, potwierdzenie i świat rzeczywistości oraz celu. Jakżeż możesz poznać Wiedzę na odległość? Jakżeż może określić jej znaczenie bez otrzymywania jej darów?

ZBLIŻ SIĘ DZISIAJ DO WIEDZY. Pozwól jej trwać cicho w tobie, gdy uczysz się trwać cicho przy niej. Nic nie mogłoby być ważniejsze dla twojego doświadczenia aniżeli doświadczenie Wiedzy. Bądź wdzięczny, że jest ona większa niż ci się wydaje, twoje oszacowania były bowiem małe. Bądź wdzięczny, że nie możesz jej jeszcze zrozumieć, twoje pojmowanie bowiem by jedynie ograniczyło ją oraz jej użyteczność dla ciebie. Pozwól, aby to, co wielkie, było z tobą, ażeby twoja wielkość mogła zostać dzisiaj zademonstrowana i doświadczona.

WEŹ TĘ IDEĘ ZE SOBĄ I PRAKTYKUJ ją co godzinę. Miej ją na uwadze w ciągu dnia. W swoich dwu dłuższych okresach praktyki pozwól sobie doświadczyć głębi Wiedzy. Poczuj potęgę Wiedzy. Wzmocnij swoją stanowczość, aby tego dokonać. Przeznacz swoją samodyscyplinę, tutaj bowiem samodyscyplina jest mądrze zastosowana. Wiedza jest większa niż ci się wydaje. Dlatego też musisz nauczyć się otrzymywać jej wielkość.

Praktyka 195:   *Dwa 30 – minutowe okresy praktyki.*
　　　　　　　　Cogodzinna praktyka.

Krok 196

PRZEGLĄD

Dzisiaj przejrzyj minione dwa tygodnie przygotowania. Przeczytaj instrukcje z każdego dnia, a następnie przejrzyj swoje doświadczenie praktyki na dany dzień. Zacznij od pierwszego dnia w dwutygodniowym okresie i sprawdzaj każdy dzień krok po kroku. Zaczniesz teraz przeglądać swoje przygotowanie w dwutygodniowych przedziałach. Jest ci to teraz dane do wykonania, ponieważ twoja percepcja i rozumienie zaczynają pączkować i się rozwijać.

Pamiętaj o każdym dniu. Staraj się przypomnieć sobie swoją praktykę i doświadczenie. Same lekcje przypomną ci o tym doświadczeniu, jeślibyś zapomniał. Staraj się widzieć postęp nauczania, ażebyś mógł zrozumieć, jak się uczyć. Staraj się dostrzegać to, co potwierdza Wiedzę oraz to, co neguje Wiedzę w tobie, ażebyś mógł nauczyć się pracować z tymi skłonnościami.

Stawanie się prawdziwym studentem Wiedzy będzie wymagało większej samodyscypliny, większej konsekwentności stosowania oraz większej akceptacji wartości niż cokolwiek, czego jak dotąd się podejmowałeś. Naśladownictwo przygotowuje cię do zostania przywódcą, albowiem wszyscy wielcy przywódcy są wielkimi naśladowcami. Jeżeli źródło twego przywództwa reprezentuje dobroć oraz prawdę, wtedy z pewnością musisz nauczyć się za tym podążać. Aby za tym podążać, musisz nauczyć się, jak się tego dowiedzieć, jak to przyjąć i jak to podarować.

Dzisiaj niech twój długi czas Przeglądu, który może przekroczyć dwie godziny zaangażowania, będzie Przeglądem ostatnich dwu tygodni, mając wszystkie te rzeczy na uwadze. Bądź obiektywny wobec własnego życia. Nie ma żadnego potępienia, które jest tutaj konieczne, uczysz się bowiem, aby się nauczyć, uczysz się, aby podążać i uczysz się, jak posługiwać się Wiedzą, tak jak Wiedza z pewnością posłuży się tobą. Tutaj Wiedza i ty łączycie się razem w prawdziwym małżeństwie oraz w prawdziwej harmonii. Wówczas Wiedza jest potężniejsza i ty jesteś potężniejszy. Nie ma tutaj nierówności, a wszystkie rzeczy odnajdują swój naturalny kierunek ekspresji.

Wykorzystaj ten Przegląd, aby posunąć naprzód i pogłębić swoje pojmowanie swojego przygotowania, pamiętając, że zrozumienie zawsze przychodzi z czasem. Jest to wielka prawda w Drodze Wiedzy.

Praktyka 196: *Jeden długi okres praktyki.*

Krok 197

WIEDZY TRZEBA DOŚWIADCZYĆ, ABY JĄ SOBIE UŚWIADOMIĆ.

Dzisiaj nie będę myślał, że mogę zrozumieć Wiedzę swoim intelektem albo że mogę określać wielkość życia. Nie będę dzisiaj myślał, że samą tylko ideą lub założeniem mogę uzyskać pełny dostęp do samej Wiedzy. Zdając sobie z tego sprawę, zrozumiem, co jest ode mnie wymagane i co muszę wnieść do moich praktyk, muszę bowiem oddać siebie".

Musisz oddać siebie. Nie możesz jedynie zastanawiać się nad ideami i mieć nadzieję, że odpowiedzą one na twoją największą potrzebę. Zdając sobie dzisiaj z tego sprawę, powtarzaj swoją praktykę co godzinę, a w swoich głębszych medytacjach oddaj się całkowicie doświadczaniu Wiedzy. Wejdź w stan wyciszenia. Pozwól sobie być całkowicie zaangażowanym. Wraz z tym wykorzystasz siłę własnego umysłu w swoim imieniu. Zdasz sobie wtedy sprawę, że masz siłę, aby odpędzić rzeczy rozpraszające twoją uwagę; masz siłę, aby wypędzić strach; masz siłę, aby usunąć przeszkody, ponieważ twoją wolą jest poznanie Wiedzy.

PRAKTYKA 197: *Dwa 30 – minutowe okresy praktyki.*
Cogodzinna praktyka.

Krok 198

Dzisiaj będę silny.

Bądź dzisiaj silny. Postępuj zgodnie z planem, jaki jest ci ofiarowany. Nie zatrzymuj się ani nie zmieniaj instrukcji w żaden sposób. Nie ma tutaj dróg na skróty; jest tylko bezpośrednia droga. Zostają ci przekazywane kroki. Podążaj za nimi. Bądź dzisiaj silny. Jedynie twoje wyobrażenia o tobie samym mówią o słabości. Jedynie twoja ocena siebie samego mówi, że jesteś żałosny, nieudolny bądź nieodpowiedni. Musisz mieć wiarę w swoją siłę i zastosować tę wiarę, aby uświadomić sobie swoją siłę.

Co godzinę powtarzaj to oświadczenie i staraj się doświadczyć go w jakichkolwiek okolicznościach, w których się znajdziesz. Dzisiaj w swoich dwu głębszych okresach praktyki wykorzystaj swoją siłę, aby całkowicie zaangażować się w wyciszenie. Pozwól swemu umysłowi być wolnym od kajdan swych własnych koncepcji. Pozwól swemu ciału być wolnym od udręczonego umysłu. W ten sposób twój umysł i twoje ciało zadomowią się w swej naturalnej funkcji i wszystko w tobie znajdzie się we właściwym porządku. Wtedy Wiedza znajdzie ekspresję poprzez twój umysł i poprzez twoje ciało. Z tego będziesz w stanie wnieść do świata to, co jest większe niż świat, a w wyniku tego twoje życie zostanie potwierdzone.

Praktyka 198: *Dwa 30 – minutowe okresy praktyki.*
Cogodzinna praktyka.

Krok 199

ŚWIAT, KTÓRY POSTRZEGAM, WYŁANIA SIĘ DO WIĘKSZEJ SPOŁECZNOŚCI ŚWIATÓW.

BEZ OGRANICZENIA czysto ludzkiego punktu widzenia będziesz w stanie widzieć ewolucję swojego świata w większym kontekście. Postrzegając świat bez zniekształcenia swoich osobistych pragnień i obaw, będziesz w stanie obserwować jego większy ruch oraz rozróżnić jego ogólny kierunek. Koniecznie musisz zdać sobie sprawę z kierunku swojego świata, ponieważ jest to kontekst, który nadaje znaczenie twojemu celowi i twojemu konkretnemu powołaniu, gdy jesteś tutaj w tym świecie. Przybyłeś bowiem, aby służyć światu w jego obecnej ewolucji, a twoje dary mają mu służyć w życiu, które nadejdzie.

TWÓJ ŚWIAT PRZYGOTOWUJE SIĘ NA WKROCZENIE do Większej Społeczności. Dowody na to są wszędzie, jeśli tylko spojrzysz. Bez przekonania lub zaprzeczania rzeczy mogą być po prostu rozpoznane. W ten sposób manifestacja życia jest oczywista i nie trzeba jej wyodrębniać ze złożoności. To, co czyni życie złożonym to fakt, że ludzie chcą, aby życie było tym, czym nie jest, chcą być kimś, kim nie są i chcą, aby ich przeznaczenie było takie, jakie nie jest. Wtedy usiłują uzyskać od życia to, co potwierdza ich własny idealizm, a ponieważ życie nie może tego potwierdzić, wszystko staje się przygnębiające, skonfliktowane i złożone. Mechanizm życia może być skomplikowany w najdrobniejszych szczegółach, lecz znaczenie życia jest wprost oczywiste dla każdego, kto spogląda bez zniekształcenia osądu lub preferencji.

ROZPOZNAJ, ŻE TWÓJ ŚWIAT PRZYGOTOWUJE SIĘ DO WYŁONIENIA SIĘ do Większej Społeczności. Zrób tak, nie upiększając tego rozpoznania swoją własną wyobraźnią. Nie musisz nadawać formę przyszłości. Zrozum jedynie obecny kurs swojego świata. W ten sposób znaczenie twoich nieodłącznych zdolności oraz ich przyszłe zastosowanie staną się coraz bardziej oczywiste dla ciebie.

Co godzinę powtarzaj to oświadczenie i rozważaj je poważnie, stanowi ono bowiem absolutną podstawę twojego życia i musisz je zrozumieć. To nie jest tylko przekonanie; to jest ewolucja świata. Dzisiaj w swoich dwu głębszych praktykach kontemplacyjnych zaangażuj swój umysł aktywnie w rozważanie tej idei. Spójrz na swoje własne przekonania, które przemawiają za lub przeciwko tej idei. Spójrz na swoje uczucia względem tego. Przyjrzyj się sobie obiektywnie, gdy usiłujesz zająć się tą potężną ideą. Jest to czas umysłowego zaangażowania. Wykorzystaj swoje okresy praktyki z pełnym oddaniem i zaangażuj się całkowicie. Pozwól swojemu umysłowi przeniknąć powierzchowność swych własnych, powierzchownych idei.

W Wiedzy wszystko staje się wyciszone i spokojne. Wszystko staje się znane. Tutaj zaczynasz dostrzegać różnicę pomiędzy tym, co wiesz, a tym, co myślisz. Zdajesz sobie sprawę, jak myślenie może jedynie służyć w przygotowaniu na Wiedzę, tylko że Wiedza dalece wykracza poza zakres i zasięg jakiegokolwiek myślenia jednostki. Tutaj zrozumiesz, jak umysł może służyć twojej duchowej naturze. Tutaj zrozumiesz ewolucję świata.

Praktyka 199: *Dwa 30 – minutowe okresy praktyki.*
　　　　　　　Cogodzinna praktyka.

Krok 200

MOJE MYŚLI SĄ ZBYT MAŁE, ABY POMIEŚCIĆ WIEDZĘ.

TWOJE MYŚLI SĄ ZBYT MAŁE, Wiedza jest bowiem większa. Twoje przekonania są zbyt ograniczone, Wiedza jest bowiem większa. Dlatego też traktuj Wiedzę z tajemniczością i nie usiłuj nadać jej formy, jest ona bowiem większa niż to i przekroczy ona twoje oczekiwania. Pozwól zatem, by Wiedza była tajemnicza, ażeby mogła udzielić ci swych darów bez ograniczeń. Pozwól, by twoje myślenie i idee były stosowane do widzialnego świata, który postrzegasz, tutaj bowiem twoje myślenie może rozwinąć się w pożyteczny sposób, gdy zrozumiesz mechanizm swojego fizycznego życia oraz swojego zaangażowania z innymi. Pozwól jednak Wiedzy być poza mechanicznym zastosowaniem twojego umysłu, ażeby mogła napłynąć do każdej sytuacji, pobłogosławić ją i nadać jej cel, znaczenie oraz kierunek.

PRZYPOMINAJ SOBIE O TEJ IDEI co godzinę i rozważaj ją poważnie w dowolnej sytuacji, w jakiej się znajdziesz. Dzisiaj w swoich dwu praktykach medytacyjnych pozwól sobie raz jeszcze wejść w stan wyciszenia, wykorzystując słowo RAHN, jeśli jest to dla ciebie pomocne. Pozwól sobie wyjść poza swoje idee. Pozwól sobie wyjść poza nawykowe schematy myślenia. Pozwól swojemu umysłowi stać się sobą, został on bowiem stworzony, aby służyć Wiedzy.

PRAKTYKA 200: *Dwa 30 – minutowe okresy praktyki.*
Cogodzinna praktyka.

Krok 201

MÓJ UMYSŁ ZOSTAŁ STWORZONY, ABY SŁUŻYĆ WIEDZY.

Rozumiejąc to, zdasz sobie sprawę z wartości swojego umysłu i jej nie umniejszysz. Zdając sobie z tego sprawę, zrozumiesz wartość swojego ciała i jej nie umniejszysz. Twój umysł i twoje ciało są bowiem tylko nośnikami ekspresji Wiedzy. W ten sposób stajesz się odbiorcą Wiedzy. W ten sposób pamiętasz o swoim wielkim Dziedzictwie. W ten sposób jesteś pocieszony zapewnieniem swojego wielkiego przeznaczenia.

Nie ma tutaj iluzji. Nie ma tutaj oszukiwania samego siebie. Tutaj wszystko odnajduje swój właściwy porządek. Tutaj rozumiesz prawdziwą proporcję wszystkiego. Tutaj rozumiesz wartość swojego umysłu i nie będziesz chciał wyznaczyć mu zadań, którym nie jest w stanie sprostać. Tym samym twój umysł zostaje konstruktywnie zastosowany i nie będzie obciążony usiłowaniem osiągnięcia niemożliwego. Uświadamiając to sobie, dostrzeżesz, iż twoje ciało jest stworzone, aby służyć twojemu umysłowi i pojmiesz wartość swojego ciała oraz jego wspaniałe zastosowanie jako narzędzie komunikacji. W ten sposób zaakceptujesz jego ograniczenia, musi ono bowiem mieć ograniczenia. Docenisz również jego mechanizm. Docenisz wszystkie spotkania, które masz z innymi osobami w tym świecie. Będziesz wtedy wdzięczny, że masz umysł i ciało, ażeby móc komunikować potęgę oraz istotę Wiedzy.

Powtarzaj swoją ideę na dziś co godzinę i ją rozważaj. W swoich dwu głębszych praktykach medytacyjnych pozwól swojemu umysłowi się wyciszyć, ażeby mógł nauczyć się służyć. Musisz ponownie nauczyć się tego, co jest dla ciebie naturalne, nauczyłeś się bowiem tego, co nienaturalne, czego teraz trzeba się oduczyć. W miejscu tego naturalna wola zostanie pobudzona, kiedy bowiem to, co naturale jest pobudzane, staje się to wyrażane. Wtedy umysł ponownie angażuje się w swoją prawdziwą funkcję, a wszystko odnajduje swoją prawdziwą wartość.

PRAKTYKA 201: *Dwa 30 – minutowe okresy praktyki.*
Cogodzinna praktyka.

Krok 202

Dostrzegam dzisiaj Większą Społeczność.

Możesz dostrzec Większą Społeczność, żyjesz bowiem w środku Większej Społeczności. To, że żyjesz na powierzchni świata zajęty ludzkimi przedsięwzięciami oraz ograniczony czasem i przestrzenią nie oznacza, iż nie możesz dostrzec wspaniałości Większej Społeczności. Możesz to dostrzec poprzez spoglądanie w niebo nad tobą i poprzez spoglądanie na świat poniżej. Możesz zdać sobie z tego sprawę poprzez zrozumienie relacji ludzkości z wszechświatem w ogólnym pojęciu oraz poprzez uświadomienie sobie, że ludzkość jest tylko jeszcze jedną rasą ewoluującą w kierunku rozwinięcia swojej inteligencji oraz swojej Wiedzy, ażeby mogła odnaleźć prawdziwe zaangażowanie, gdy wyłania się do Większej Społeczności. Spoglądanie w ten sposób daje ci szerszą perspektywę. Spoglądanie w ten sposób pozwala ci zrozumieć naturę zmiany na świecie. Spoglądanie w ten sposób pozwala ci mieć współczucie dla siebie i dla innych ludzi, współczucie jest bowiem zrodzone z Wiedzy. Wiedza nie umniejsza tego, co ma miejsce, lecz stara się wpłynąć na to na dobre.

Co godzinę rozważaj wartość dzisiejszej idei. Wyjrzyj na świat i uznaj się za świadka Większej Społeczności. Pomyśl o swoim świecie jako jednym z wielu, wielu światów, które znajdują się w podobnym stopniu rozwoju. Nie dręcz swojego umysłu, usiłując nadać formę temu, co jest poza zasięgiem twojej percepcji. Pozwól sobie żyć w wielkim i tajemniczym wszechświecie, który dopiero teraz zaczynasz rozumieć.

W swoich dwu głębszych medytacjach pozwól sobie aktywnie zaangażować swój umysł w rozważanie nad tą ideą. Staraj się spojrzeć na swoje życie spoza czysto ludzkiej perspektywy, albowiem z czysto ludzkiej perspektywy dostrzeżesz jedynie ludzkie życie, ludzki świat i ludzki wszechświat. Nie żyjesz w ludzkim wszechświecie. Nie żyjesz w ludzkim świecie. Nie żyjesz czysto ludzkim życiem. Zrozum, iż twoje człowieczeństwo nie jest tutaj negowane, lecz dane jest mu większe włączenie w większe życie. Tym samym twoje człowieczeństwo staje się bardziej źródłem oraz środkiem ekspresji niż ograniczeniem, które na siebie nakładasz. Pozwól, aby twoje głębsze okresy praktyki stały się bardzo aktywne. Wykorzystaj swój umysł konstruktywnie. Wykorzystaj swój umysł obiektywnie. Spójrz na swoje idee. Nie dawaj się im po prostu przekonać. Spójrz na swoje przekonania. Nie podążaj po prostu za nimi lub im nie zaprzeczaj. Naucz się tego obiektywizmu, a nauczysz się spoglądać z Wiedzą, Wiedza bowiem spogląda na wszystkie rzeczy mentalne i fizyczne z opanowaniem.

Praktyka 202: *Dwa 30 – minutowe okresy praktyki.*
          Cogodzinna praktyka.

Krok 203

Większa Społeczność wpływa na świat, który widzę.

Jeżeli możesz zaakceptować, że twój świat jest częścią Większej Społeczności, co jest po prostu oczywiste, jeśli spojrzysz, wtedy musisz zaakceptować, że świat znajduje się pod wpływem Większej Społeczności, świat jest bowiem częścią Większej Społeczności i nie może być od niej niezależny. To, w jaki sposób Większa Społeczność wpływa na twój świat, jest poza twoją obecną zdolnością pojmowania. Jednak zrozumienie, iż świat jest poddawany wpływowi, pozwala ci postrzegać go z szerszej perspektywy, czego nie byłbyś w stanie osiągnąć z czysto ludzkiego punktu widzenia, gdyż czysto ludzki punkt widzenia nie pozwala na istnienie innego inteligentnego życia. Absurdalność tego punktu widzenia staje się całkiem oczywista, gdy zaczynasz spoglądać na wszechświat obiektywnie. To natchnie w tobie zdumienie, większe zainteresowanie, jak również ostrożność. Jest to bardzo ważne, ponieważ świat znajduje się pod wpływem Większej Społeczności, a ty jesteś częścią świata, który jest poddawany wpływowi.

Tak jak fizyczny świat, w którym żyjesz, znajduje się pod wpływem większych fizycznych sił poza twoim zasięgiem widzenia, tak też świat jest pod mentalnym wpływem inteligentnego życia zaangażowanego w twój świat. To inteligentne życie reprezentuje siły dobra, jak również siły ignorancji. W tym musisz zrozumieć podstawową prawdę: słabsze umysły znajdują się pod wpływem silniejszych umysłów. Jest to prawda w twoim świecie i we wszystkich światach. Poza sferą fizyczną to nie pozostaje prawdziwe, lecz tak jest w przypadku fizycznego życia. Dlatego właśnie jesteś teraz zaangażowany we wzmacnianie swego umysłu oraz uczenie się reagowania na Wiedzę, która reprezentuje siłę na rzecz dobra wszędzie we wszechświecie. Gdy stajesz się silniejszy, będziesz rozumiał i pojmował coraz więcej. Tak więc twój umysł musi zostać rozwinięty w Wiedzy, by stał się silniejszy po to, żeby mógł służyć prawdziwej sprawie.

Dzisiaj co godzinę powtarzaj ideę na ten dzień, a w swoich dwu głębszych okresach praktyki staraj się skoncentrować na słowach, które ci tu przekazujemy. Użyj aktywnie swego umysłu. Nie pozwalaj mu błąkać się i odnajdywać schronienie w rzeczach bez znaczenia lub w drobiazgach. Zastanów się nad wielkością tych idei, nie rozważaj ich jednak z obawą, strach nie jest bowiem wymagany. To, co jest wymagane to obiektywizm, ażebyś mógł zrozumieć wielkość swojego świata, swojego wszechświata oraz swojej sposobności w ramach tego.

Praktyka 203: *Dwa 30 – minutowe okresy praktyki.*
Cogodzinna praktyka.

Krok 204

Będę dzisiaj w pokoju.

Bądź dzisiaj w pokoju. Nie pozwól swojej negatywnej wyobraźni przywoływać obrazy utraty i zniszczenia. Nie pozwól, by twój niepokój przeważył nad twoim skupieniem się na Wiedzy. Obiektywne rozważanie swojego świata oraz Większej Społeczności, w której żyjesz, nie powinno wywoływać strachu, lecz szacunek – szacunek do potęgi czasu, w którym żyjesz i jego znaczenia dla przyszłości, szacunek do swoich wyłaniających się zdolności oraz ich użyteczności na świecie, który postrzegasz, szacunek do wielkości fizycznego wszechświata oraz szacunek do potęgi Wiedzy, która jest większa nawet od wszechświata, który postrzegasz.

Przypominaj sobie co godzinę, aby być w pokoju. Wykorzystaj do tego swoją siłę i swoje oddanie. Poświęć się temu. W swoich głębszych praktykach medytacyjnych, wykorzystując słowo RAHN, jeśli to konieczne, pozwól swojemu umysłowi się wyciszyć, ażeby mógł wkroczyć on w wielkość Wiedzy, której ma służyć. Bądź dzisiaj w pokoju, albowiem Wiedza jest z tobą. Bądź dzisiaj w pokoju, uczysz się bowiem, aby być z Wiedzą.

Praktyka 204: *Dwa 30 – minutowe okresy praktyki.*
Cogodzinna praktyka.

Krok 205

Dzisiaj nie będę osądzać świata.

Nie pozwalaj swemu umysłowi umniejszać się poprzez obarczanie winą świata. Wraz z winą świat staje się niewłaściwie rozumiany, a twój umysł staje się bardziej ciężarem aniżeli zasobem dla ciebie. Dzisiejsza idea wymaga praktyki, dyscypliny i zastosowania, albowiem twój umysł i wszystkie umysły na świecie były niewłaściwie rozumiane, niewłaściwie wykorzystywane i niewłaściwie ukierunkowywane. Tak więc uczysz się teraz wykorzystywać swój umysł pozytywnie, dając mu prawdziwą rolę w służbie Wiedzy.

Nie obwiniaj dzisiaj świata. Nie osądzaj dzisiaj świata. Pozwól swojemu umysłowi być wyciszonym, gdy na niego spoglądasz. Wiedza o świecie powstaje stopniowo. Powstaje ona naturalnie. Idea może o tym mówić, lecz idea nie może tego zawrzeć. Wiedza stanowi ogólne przesunięcie w twoim punkcie widzenia, ogólną zmianę w twoim doświadczeniu, ogólne przesunięcie w twojej uwadze oraz ogólną transformację w twoim systemie wartości. Oto dowód Wiedzy.

Nie obwiniaj dzisiaj świata. Jest on niewinny, ponieważ on jedynie demonstruje, że Wiedza nie jest przestrzegana. Cóż innego może zrobić, jak tylko popełnić błąd i głupstwo? Cóż innego może zrobić, jak tylko zmarnować swoje wielkie zasoby? Bez Wiedzy ludzkość może jedynie pozostać w błędzie. Może jedynie wytworzyć fantazję. Może jedynie angażować się w stratę. Dlatego też nie zasługuje na potępienie. Zasługuje na zastosowanie Wiedzy.

Zaprawiaj się co godzinę w nieobwinianiu świata. Nie pozwól, aby godziny mijały bez twojego zaangażowania. Poświęć ten dzień, aby służyć w ten sposób światu, bez twojego potępienia bowiem twoja miłość do świata naturalnie powstanie i zostanie wyrażona. W swoich dwu głębszych okresach praktyki pozwól swojemu umysłowi wejść w stan wyciszenia. Bez winy i osądzania wyciszenie staje się osiągalne, ponieważ jest ono naturalne. Bez nakładania twojego potępiania twój umysł może się wyciszyć. W wyciszeniu nie ma winy lub osądzania. W wyciszeniu miłość wypłynie z ciebie we wszystkich kierunkach i dalej będzie wypływać poza to, co możesz dostrzec swoimi zmysłami.

Praktyka 205: *Dwa 30 – minutowe okresy praktyki.*
Cogodzinna praktyka.

Krok 206

Miłość wypływa teraz ze mnie.

Miłość wypływa z ciebie, a dzisiaj możesz starać się tego doświadczyć i uwolnić te rzeczy, które ją blokują. Bez osądu, bez iluzji, bez fantazji i bez ograniczeń czysto ludzkiego punktu widzenia dostrzeżesz, że miłość wypływa z ciebie. Będziesz widział, że cała twoja frustracja w życiu jest twoją niezdolnością do doświadczenia i do wyrażenia tej miłości, która pragnie wypływać z ciebie. Niezależnie od okoliczności, w których twoja frustracja się pojawia, dzieje się tak zawsze ze względu na to, że nie możesz wyrazić miłości. Twoja ocena trudności i dylematów z pewnością może skrywać ten fakt, nie może jednak zaprzeczyć jego istnieniu.

Co godzinę pozwalaj miłości wypływać z ciebie, uświadamiając sobie, że nie musisz podejmować żadnej formy zachowania, miłość bowiem wyłoni się z ciebie naturalnie jak zapach z kwiatu. W swoich głębszych praktykach pozwól swojemu umysłowi się wyciszyć, ażeby miłość mogła z ciebie wypływać. W ten sposób zdasz sobie sprawę z naturalnej roli swojego umysłu oraz wielkości Wiedzy, która jest w tobie, ale której nie masz na własność.

Nie pozwalaj żadnym umniejszającym ideom lub zwątpieniom w samego siebie zniechęcić cię dzisiaj do tej sposobności. Bez twojej ingerencji miłość wypłynie z ciebie naturalnie. Nie musisz stwarzać pozorów. Nie musisz przyjmować żadnej formy zachowania, aby tak się stało. Twoje zachowanie z czasem będzie reprezentować to, co wypływa z ciebie naturalnie. Pozwól miłości wypływać dzisiaj z ciebie naturalnie.

Praktyka 206: *Dwa 30 – minutowe okresy praktyki.*
Cogodzinna praktyka.

Krok 207

PRZEBACZAM TYM, KTÓRZY W MOIM MNIEMANIU MNIE SKRZYWDZILI.

To OŚWIADCZENIE REPREZENTUJE TWÓJ ZAMIAR posiadania Wiedzy, gdyż brak przebaczenia jest jedynie przypisywaniem winy do sytuacji, w której byłeś niezdolny do zrozumienia bądź zastosowania Wiedzy. Pod tym względem wszystkie twoje porażki należą do ciebie. To może wyglądać na początku jak ciężar winy, dopóki nie zdasz sobie sprawy z większej sposobności, którą ci to przedstawia. Jeśli bowiem wszystkie porażki należą do ciebie, wtedy uświadomisz sobie, że wszelkie poprawki są ci podane do naniesienia. Porażka kogoś innego nie należy do ciebie, lecz twoje potępienie tego jest twoją porażką. Dlatego też każda porażka, która jest źródłem braku przebaczenia w tobie stanowi twoją porażkę, gdyż porażka kogoś innego nie musi być źródłem braku przebaczenia w tobie lub żadnego rodzaju obwiniania. W rzeczywistości porażki innych będą źródłem twojego współczucia oraz zastosowania Wiedzy w przyszłości i nie muszą być one powodem obwiniania czy zgryzoty w tobie.

WIEDZA NIE JEST ZSZOKOWANA PATRZENIEM na świat. Wiedza nie jest przerażona. Wiedza nie jest zniechęcona. Wiedza nie jest urażona. Wiedza zdaje sobie sprawę z małości świata oraz błędów świata. Zdaje sobie z tego sprawę, ponieważ zna ona tylko siebie, a wszystko, co nie jest Wiedzą, stanowi jedynie okazję, aby Wiedza została ponownie zastosowana. Tym samym twoje nieszczęście jest po prostu okazją dla ciebie do ponownego zastosowania Wiedzy.

POWTARZAJ DZISIEJSZĄ IDEĘ CO GODZINĘ i nie bagatelizuj jej wartości dla siebie, ty, który teraz poszukujesz być odciążonym od rozpaczy i niedoli. W swoich dwu głębszych okresach praktyki pomyśl o tych, jeden po drugim, dla których nie czujesz przebaczenia – jednostki, które poznałeś osobiście oraz jednostki, o których słyszałeś lub o których myślałeś, jednostki, które były utożsamiane z porażką. Pojawią się w umyśle, gdy ich wzywasz, albowiem oni wszyscy oczekują od ciebie przebaczenia. Pozwól im teraz pojawić się jeden po drugim. Jak przychodzą oni do ciebie, przebacz sobie za niezastosowanie swojej Wiedzy. Przypomnij im, gdy ci się pojawią, że uczysz się teraz stosować Wiedzę oraz że nie będziesz za nich cierpiał i dlatego też oni nie muszą cierpieć za ciebie. Zobowiązanie do przebaczenia jest zatem zobowiązaniem do uświadomienia sobie Wiedzy oraz do zastosowania Wiedzy, Wiedza bowiem rozprasza brak przebaczenia, tak jak światło rozprasza mrok. Albowiem jest tylko Wiedza oraz potrzeba Wiedzy. To wszystko, co można zauważyć we wszechświecie.

Twoje okresy praktyki są zatem poświęcone stawianiu czoła tym, których oskarżyłeś i przebaczeniu sobie za niezastosowanie Wiedzy w swoim rozumieniu ich oraz relacji z nimi. Wykonaj to bez żadnego rodzaju poczucia winy lub pomniejszania własnych zasług, jakżeż bowiem mogłeś nie odnieść porażki, jeżeli Wiedza nie była dla ciebie dostępna albo jeżeli ty nie byłeś dostępny dla Wiedzy. Zaakceptuj zatem swoje poprzednie ograniczenia i poświęć się teraz postrzeganiu świata na nowo, bez winy oraz z wielkością Wiedzy.

Praktyka 207: *Dwa 30 – minutowe okresy praktyki.*
Cogodzinna praktyka.

Krok 208

WSZYSTKO, CO PRAWDZIWIE CENIĘ, BĘDZIE WYRAŻONE Z WIEDZY.

WSZYSTKO, CO JEST NAJWYŻEJ CENIONE w ludzkim życiu – miłość, cierpliwość, oddanie, tolerancja, przebaczenie, prawdziwe osiągnięcie, odwaga i wiara – wszystko naturalnie wyłania się z Wiedzy, albowiem Wiedza jest ich źródłem. Są one zaledwie zewnętrznym wyrazem umysłu służącemu Wiedzy. Tym samym nie trzeba ich sobie narzucać poprzez mozolną samodyscyplinę. Powstają one naturalnie, albowiem umysł służący Wiedzy może jedynie stanowić przykład swojej wielkości i swoich własnych zdolności. To, co wymaga samodyscypliny, to przekierowanie swojej uwagi, przekierowanie swojego oddania i przekierowanie swojej służby. Służysz albo Wiedzy, albo służysz zamiennikom dla Wiedzy, we wszystkim bowiem musisz służyć.

CO GODZINĘ POWTARZAJ TĘ IDEĘ DO SIEBIE, ażebyś mógł rozważyć ją w ciągu dnia. W swoich dwu głębszych okresach praktyki zaangażuj swój umysł aktywnie w rozważanie głębi tej idei. Musisz tutaj myśleć konstruktywnie. Nie tkaj po prostu obrazów, które są dla ciebie przyjemne. Nie wydawaj po prostu osądów, które są zgryźliwe dla ciebie lub dla innych. Poprzez praktykę ucz się ponownie stawać się obiektywnym w stosowaniu swego umysłu. Pozwól swemu umysłowi pogłębić swoje zaangażowanie. Nie bądź usatysfakcjonowany prostymi odpowiedziami, które podnoszą cię na duchu.

ZASTANÓW SIĘ NAD PRZYKŁADAMI, O KTÓRYCH DZISIAJ POWIEDZIELIŚMY, są to bowiem przykłady, które możesz rozpoznać. Wszystko, co prawdziwie cenisz, będzie pochodziło z Wiedzy, Wiedza bowiem jest tego źródłem.

PRAKTYKA 208: *Dwa 30 – minutowe okresy praktyki.*
Cogodzinna praktyka.

Krok 209

Dzisiaj nie będę okrutny wobec siebie.

Nie bądź wobec siebie okrutny, próbując nosić swoją koronę cierniową, która odzwierciedla twój system przekonań i założeń. Nie narzucaj sobie ciężaru winy i braku przebaczenia. Nie dąż do przymuszenia swego umysłu do obrazowania tych cech, które sobie cenisz, gdyż wyłonią się one naturalnie z Wiedzy.

Zamiast tego wejdź w stan wyciszenia w swoich dwu głębszych okresach praktyki, raz jeszcze uświadamiając sobie, iż wszystko, co cenisz sobie najwyżej, zostanie zilustrowane przez Wiedzę. Wszystko, co jest dla ciebie odrażające, naturalnie zaniknie. Umysł, który jest w ten sposób oswobodzony, może obdarzyć świat największym możliwym darem.

Rozważaj to zatem co godzinę, gdy usiłujesz zastosować dzisiejszą ideę do wszystkiego, co widzisz, słyszysz i robisz. Nie bądź dzisiaj wobec siebie okrutny, nie ma bowiem ku temu uzasadnienia. Pozwól sobie zostać pobłogosławionym, ażebyś mógł pobłogosławić świat. Pozwól sobie pobłogosławić świat, ażebyś ty sam mógł zostać pobłogosławiony.

Praktyka 209: *Dwa 30 – minutowe okresy praktyki.*
Cogodzinna praktyka.

Krok 210

PRZEGLĄD

Dzisiaj przejrzyj minione dwa tygodnie przygotowania, czytając każdą lekcję, tak jak jest podana i przypominając sobie swoją praktykę na ten dzień. Dzisiaj w swoim jednym długim okresie praktyki raz jeszcze zacznij oceniać rozwój wydarzeń oraz wszystkich swoich praktyk. Zacznij dostrzegać, iż istnieje relacja pomiędzy tym, jak stosujesz swój umysł a tym, czego doświadczasz w wyniku tego. Postrzegaj swoje życie obiektywnie bez winy lub potępiania, ażebyś mógł zrozumieć, jak twoje życie prawdziwie się wyłania.

Dzisiaj twój jeden długi okres praktyki sprawdzi cię, jak angażujesz swój umysł aktywnie w jego imieniu. Uczysz się stawać się obiektywnym wobec własnego postępu jako studenta. Uczysz się stawać się obiektywnym wobec natury samego procesu nauczania. Uczysz się stawać się obiektywnym, ażebyś mógł widzieć. Pozwól zatem, aby ten Przegląd dał ci szerszą perspektywę na działalność Wiedzy na świecie oraz na obecność Wiedzy w twym życiu.

Praktyka 210: *Jeden długi okres praktyki.*

Krok 211

MAM WSPANIAŁYCH PRZYJACIÓŁ POZA TYM ŚWIATEM.

MASZ WSPANIAŁYCH PRZYJACIÓŁ POZA TYM ŚWIATEM. Oto dlaczego ludzkość poszukuje wejścia do Większej Społeczności, ponieważ Większa Społeczność stanowi szerszy zakres jej prawdziwych relacji. Masz prawdziwych przyjaciół poza światem, ponieważ nie jesteś sam na świecie i nie jesteś sam w Większej Społeczności światów. Masz przyjaciół poza tym światem, ponieważ twoja Duchowa Rodzina wszędzie ma swoich przedstawicieli. Masz przyjaciół poza tym światem, ponieważ pracujesz nie tylko na rzecz ewolucji swojego świata, lecz również na rzecz ewolucji wszechświata. Poza twoją wyobraźnią, poza twoimi zdolnościami konceptualnymi, jest to oczywiście prawda.

POCZUJ ZATEM WIELKOŚĆ WSZECHŚWIATA, w którym żyjesz. Poczuj zatem sposobność, jaką masz, aby służyć Większej Społeczności, której twój świat jest częścią. Służysz swoim wspaniałym przyjaciołom w obrębie świata i swoim przyjaciołom poza światem, gdyż działalność Wiedzy ma miejsce wszędzie. Jest to przyciąganie Boga. Jest to zastosowanie dobra. Jest to siła, która ratuje wszystkie oddzielone umysły i nadaje cel, znaczenie oraz kierunek wszechświatowi. Niezależnie od mechanizmu fizycznego życia, jego wartość jest określana przez jego pochodzenie i jego przeznaczenie, z czego obie rzeczy znajdują się poza twoim pojmowaniem. Uświadamiając sobie, iż Wiedza jest środkiem, który popycha świat do przodu w jego prawdziwym kierunku, możesz więc cenić i otrzymać to, co nadaje twemu życiu cel, znaczenie oraz kierunek.

DZISIAJ CO GODZINĘ rozważaj, że masz przyjaciół poza tym światem, zarówno w innych światach, jak i również poza tym, co widzialne. Weź pod uwagę, że masz to większe połączenie. Dzisiaj w swoich dwu głębszych okresach praktyki pozwól swemu umysłowi wejść w stan wyciszenia, ażebyś mógł doświadczyć tych rzeczy. Nie rozwódź się nad nimi w swojej wyobraźni, lecz miast tego pozwól swemu umysłowi się wyciszyć, ażeby mógł wprowadzić Wiedzę do twej świadomości i doświadczenia. Masz przyjaciół poza tym światem, a dzisiaj ćwiczą oni z tobą.

PRAKTYKA 211: *Dwa 30 – minutowe okresy praktyki.*
Cogodzinna praktyka.

Krok 212

CZERPIĘ SIŁĘ ZE WSZYSTKICH, KTÓRZY ĆWICZĄ ZE MNĄ.

RZECZYWIŚCIE CZERPIESZ SIŁĘ ZE WSZYSTKICH, KTÓRZY ĆWICZĄ z tobą, albowiem każdy umysł, który usiłuje zaangażować się w Wiedzę, wzmacnia również wszystkie inne umysły w czynieniu tego. W ten sposób wywierasz swój wpływ na świat. W ten sposób ci wszyscy, którzy pragną służyć prawdziwemu celowi, wywierają swój wpływ na ciebie. To przeciwdziała siłom ignorancji świata. To przeciwdziała destruktywnym siłom na świecie. To wywiera wpływ na wszystkie umysły, zaczynając je przebudzać.

PRZYJMIJ ZATEM WIARĘ Z DZISIEJSZEJ IDEI, da ci ona bowiem wiarę, gdy zdasz sobie sprawę, że twoje własne stosowanie jest tak wielce uzupełniane stosowaniem innych. To przewyższy jakiekolwiek poczucie niedowartościowania, jakie możesz mieć. To pomoże ci przezwyciężyć jakiekolwiek poczucie ambiwalencji tyczące się prawdziwego przygotowania, albowiem wszystkie inne umysły, które są zaangażowane w odzyskanie Wiedzy, są dostępne, aby wesprzeć cię tu i teraz.

TYM SAMYM WIELKOŚĆ JEST Z TOBĄ, wielkość Wiedzy oraz wielkość tych wszystkich, którzy pragną odzyskać Wiedzę. Dzielisz z nimi prawdziwy cel, twoim prawdziwym celem jest bowiem utrzymywać Wiedzę przy życiu na świecie. Z Wiedzy wszystkie dobre rzeczy, czy to rzeczy o duchowej naturze, czy też rzeczy o materialnej naturze, są przyznane rasom, którym są one przeznaczone.

CO GODZINĘ POWTARZAJ DZISIEJSZĄ IDEĘ, a w swoich głębszych okresach praktyki staraj się otrzymać wpływ wszystkich, którzy usiłują odzyskać Wiedzę. Pozwól, aby ich dar wszedł do twego umysłu, ażebyś mógł doświadczyć prawdziwej wdzięczności wobec życia oraz zaczął rozumieć znaczenie i skuteczność swych własnych wysiłków jako studenta Wiedzy.

PRAKTYKA 212: *Dwa 30 – minutowe okresy praktyki.*
Cogodzinna praktyka.

Krok 213

NIE ROZUMIEM ŚWIATA.

NIE ROZUMIESZ ŚWIATA. Ty jedynie zabawiasz się osądami wobec niego, a następnie usiłujesz zrozumieć swoje osądy. Świat ujawni ci siebie, gdy spoglądasz na niego bez tych skrępowań i ograniczeń. W ten sposób odnajdziesz, iż twoje przekonania mogą stać się pożyteczne w pozwoleniu ci na podjęcie następnego kroku w życiu. Nie muszą one ograniczać twojego postrzegania wszechświata. Nie możesz być na świecie bez przekonań bądź założeń. Jednakowoż twoje przekonania i założenia mają być narzędziami w służbie umysłu, aby dać mu tymczasową strukturę oraz by pozwolić mu zaangażować jego naturalne zdolności w pozytywny sposób.

NIE ROZUMIESZ DZISIAJ ŚWIATA. Raduj się, że tak jest, gdyż twoje potępienie jest bezpodstawne. Ne rozumiesz dzisiaj świata. To daje ci sposobność, aby być świadkiem świata.

CO GODZINĘ POWTARZAJ TĘ IDEĘ, gdy spoglądasz na świat. Przypominaj sobie, że nie rozumiesz tego, co widzisz, tak więc jesteś wolny, aby spojrzeć ponownie. Jeżeli nie jesteś wolny, aby spojrzeć, to po prostu oznacza, że starasz się uzasadnić swoje własne osądy. To nie jest widzenie. To tylko zabawianie się swoimi własnymi fantazjami. Dzisiaj w trakcie swoich dwu głębszych okresów praktyki pozwól swemu umysłowi wejść w stan wyciszenia, albowiem bez ciężaru usiłowania uzasadniania swoich fantazji, twój umysł naturalnie będzie szukał swojego prawdziwego miejsca w służbie Wiedzy. Nie rozumiesz dzisiaj świata, a więc nie rozumiesz samego siebie.

PRAKTYKA 213: *Dwa 30 – minutowe okresy praktyki.*
Cogodzinna praktyka.

Krok 214

NIE ROZUMIEM SIEBIE.

TO NIE JEST OŚWIADCZENIE PORAŻKI BĄDŹ OGRANICZENIA. Jest to po prostu oświadczenie oswobadzające cię z twoich własnych przeszkód. Jakżeż to możliwe, ażebyś rozumiał siebie, skoro Wiedza nie ujawnia ci wszystkiego? Jakżeż to możliwe, ażebyś rozumiał świat, skoro Wiedza nie ujawnia ci świata? Jest to czyste doświadczenie poza wszelkimi pojęciami i przekonaniami, ponieważ pojęcia i przekonania mogą jedynie podążać za doświadczeniem i starać się zapewnić strukturę, gdzie doświadczenie może się pojawić ponownie. W żaden sposób przekonania, założenia lub idee nie mogą naśladować samej Wiedzy.

OCZYWIŚCIE, ŻE NIE ROZUMIESZ SIEBIE albo świata, rozumiesz bowiem jedynie swoje idee, a one nie są wieczne. Dlatego też nie mogą zapewnić solidnej podstawy, na której musisz nauczyć się stawać. Tak więc mogą one cię jedynie zawieść i cię zmylić, jeśli będziesz polegał na nich zamiast na Wiedzy, aby ujawniła ci ciebie samego oraz świat.

CO GODZINĘ PRZYPOMINAJ SOBIE, że nie rozumiesz siebie. Uwolnij się od ciężaru uzasadniania własnych osądów. Przyjrzyj się sobie w swoich głębszych praktykach medytacyjnych i przypomnij sobie, że nie rozumiesz siebie. Teraz jesteś wolny, aby wejść w stan wyciszenia, nie starasz się bowiem wykorzystać swojego doświadczenia, aby uzasadnić swoje fantazje na swój temat. Tutaj twój umysł staje się wolny do bycia sobą, a ty stajesz się wolny do docenienia siebie.

PRAKTYKA 214: *Dwa 30 – minutowe okresy praktyki.*
Cogodzinna praktyka.

Krok 215

MOI NAUCZYCIELE SĄ ZE MNĄ.
NIE JESTEM SAM.

TWOI NAUCZYCIELE SĄ Z TOBĄ, w głębi. Są bardzo ostrożni, aby nie rozciągnąć swego wpływu na ciebie zbyt mocno, nie jesteś jeszcze bowiem zdolny do tego, aby to otrzymać i wykorzystać to w swoim własnym imieniu. Zdaj sobie zatem sprawę, że podróżujesz przez życie, mając ogromne wsparcie, twoi Nauczyciele są bowiem z tobą, aby wspomóc cię w uświadomieniu sobie oraz doskonaleniu Wiedzy.

PO PIERWSZE, MUSZĄ ONI POMÓC CI UŚWIADOMIĆ SOBIE TWOJĄ POTRZEBĘ Wiedzy, twoja potrzeba Wiedzy musi bowiem zostać w pełni ustanowiona, zanim będziesz mógł zostać zaangażowany w odzyskanie Wiedzy. Musisz zdać sobie sprawę, że życie bez Wiedzy jest beznadziejne, jesteś bowiem pozbawiony celu, znaczenia oraz kierunku. Tak więc mogą cię uczyć jedynie twoje błędy, a one mogą tylko wesprzeć twój brak przebaczenia.

ZDAJĄC SOBIE SPRAWĘ Z PORAŻKI SWOICH WŁASNYCH IDEI na bycie zamiennikami dla Wiedzy, możesz zatem zwrócić się ku Wiedzy i stać się szczęśliwym odbiorcą jej prawdziwych darów. Tutaj wszystko, czego prawdziwie poszukiwałeś, zostanie konkretnie zaspokojone. Tutaj będziesz miał prawdziwą podstawę w życiu. Tutaj Niebo i Ziemia spotkają się razem w tobie i wszelakie oddzielenie się zakończy. Tutaj możesz zaakceptować ograniczenia swojej fizycznej egzystencji oraz wielkość swego duchowego życia. Zwrócenie się ku Wiedzy jest zatem największą dla ciebie korzyścią.

Przypominaj sobie o tej idei co godzinę, a dzisiaj w swoich dwu głębszych praktykach wejdź w stan wyciszenia, wykorzystując słowo RAHN, jeśli ci to pomaga. Raduj się dzisiaj, że możesz otrzymać to, co cię uwalnia.

Praktyka 215: *Dwa 30 – minutowe okresy praktyki.*
Cogodzinna praktyka.

Krok 216

W MOIM ŻYCIU JEST DUCHOWA OBECNOŚĆ.

Duchowa Obecność w twoim życiu jest zawsze z tobą, zawsze dostępna dla ciebie i zawsze przypominająca ci, aby spoglądać poza swoimi własnymi osądami. Ona zawsze zapewnia dla ciebie wsparcie, pomoc oraz przewodnictwo niezbędne, aby zminimalizować niewłaściwe zastosowanie twojego umysłu oraz by wzmocnić właściwe zastosowanie twojego umysłu i pozwolić Wiedzy wyłonić się w tobie.

Uczysz się teraz otrzymywać i szanować tę Duchową Obecność, a z czasem uświadomisz sobie jej wielkie znaczenie dla ciebie i dla świata. To wytworzy jednocześnie wielkość i pokorę w tobie, zdasz sobie bowiem sprawę, że ty nie jesteś źródłem swej wielkości, lecz nośnikiem dla jej ekspresji. To utrzyma cię we właściwym stosunku oraz relacji do tego, czemu służysz. W relacji otrzymujesz wszystkie korzyści tego, co uznajesz za swoją własność. A jednak z Wiedzą nie wpadniesz w samozachwyt, ponieważ zdasz sobie sprawę ze swoich ograniczeń oraz z głębi swojej potrzeby Wiedzy. Mając to na uwadze, uświadomisz sobie i zaakceptujesz źródło życia. Wraz z tym uświadomisz sobie, iż jesteś na świecie, aby służyć Wiedzy, oraz że świat ma być adresatem Wiedzy.

W twoim życiu jest Duchowa Obecność. Co godzinę poczuj to, gdy powtarzasz dzisiejszą ideę. W swoich dwu głębszych okresach praktyki wkrocz głęboko w tę Obecność, ta Obecność jest bowiem z całą pewnością z tobą i pragnie oddać się tobie w tym dniu.

Praktyka 216: *Dwa 30 – minutowe okresy praktyki.*
Cogodzinna praktyka.

Krok 217

Oddaję się dzisiaj Wiedzy.

Oddaj się dzisiaj Wiedzy poprzez podjęcie się dzisiejszej praktyki z prawdziwym poświęceniem i oddaniem, nie pozwalając fałszywym lub samoograniczającym ideom przeszkadzać twojemu autentycznemu dążeniu. W ten sposób oddajesz się Wiedzy poprzez pozwalanie Wiedzy oddać się tobie. O jak niewiele jesteś zatem proszony i jakże wielka jest twoja nagroda. Z każdą bowiem chwilą, którą poświęcasz na doświadczanie wyciszenia lub na angażowanie swego umysłu konstruktywnie, Wiedza staje się silniejsza i bardziej niż kiedykolwiek obecna w tobie. Możesz się zastanawiać: „Jaki jest mój dar dla świata?". Twoim darem jest to, co otrzymujesz tu dzisiaj. Oddaj się Wiedzy, ażeby mogła ona oddać się tobie.

Pamiętaj o dzisiejszej idei co godzinę i wkrocz w Wiedzę w swoich dwu głębszych okresach praktyki. W przeciągu wszystkich swoich dzisiejszych praktyk demonstruj swój zamiar oddania się Wiedzy, co będzie wymagało wyciszenia oraz akceptacji samego siebie.

Praktyka 217: *Dwa 30 – minutowe okresy praktyki.*
Cogodzinna praktyka.

Krok 218

PRZECHOWAM DZISIAJ WIEDZĘ W SOBIE.

Wraz z Wiedzą przychodzi Mądrość w odniesieniu do tego, jak używać Wiedzy na świecie. Tym samym Wiedza jest źródłem twojego rozumienia, a Mądrość to umiejętność stosowania jej sensownie i konstruktywnie na świecie. Nie jesteś jeszcze mądry, tak więc przechowaj dzisiaj Wiedzę w sobie. Pozwól jej się wzmocnić. Pozwól jej urosnąć. Będzie się ona udzielać naturalnie bez twoich prób wymuszania jej ekspresji. Z czasem nauczysz się być mądry zarówno poprzez manifestację Wiedzy, jak i drogą swoich własnych błędów. Już popełniłeś wystarczającą liczbę błędów, aby dowieść tego wszystkiego, o czym ci mówimy.

Przechowuj dzisiaj Wiedzę w sobie, ażeby mogła ona rosnąć w siłę w tobie. Pozwól sobie rozciągnąć jej obecność na tylko jedną lub dwie osoby, które wedle twego rozpoznania mogą ją docenić, albowiem twoja świadomość Wiedzy wciąż jest delikatnym pędem w tobie i nie może jeszcze oprzeć się zmiennym kolejom losu tego świata. Nie urosła jeszcze w wystarczającą siłę w twoim rozumieniu, aby przeciwdziałać rozszalałemu strachowi oraz nienawiści, które przewalają się po świecie. Wiedza może stawić temu opór bez trudności, lecz ty, który uczysz się stawać się odbiorcą i nośnikiem Wiedzy, nie jesteś jeszcze wystarczająco silny.

Pozwól Wiedzy pozostać dzisiaj w tobie, ażeby mogła ona rosnąć. Co godzinę przypominaj sobie o tym, gdy niesiesz ten klejnot w swym sercu. W swych głębszych okresach praktyki, które są czasem wolności od ograniczenia dla ciebie, pozwól sobie powrócić do swej wielkiej miłości, ażebyś mógł wejść w prawdziwą relację z Wiedzą. Z czasem wszelkie ograniczenia ekspresji Wiedzy zostaną zniesione, gdy nauczysz się mądrze stosować jej wiadomości na świecie. Na tę chwilę jednak przechowuj Wiedzę w swym sercu, ażeby mogła ona rosnąć w siłę coraz bardziej.

PRAKTYKA 218: *Dwa 30 – minutowe okresy praktyki.*
Cogodzinna praktyka.

Krok 219

NIE POZWOLĘ, BY AMBICJA MNIE DZIŚ ZWIODŁA.

Gdy Wiedza zaczyna teraz w tobie kiełkować, nie pozwalaj swojej własnej ambicji cię zwodzić. Twoja ambicja jest zrodzona z twojej osobistej potrzeby rozpoznania i uspokojenia. Jest to dążenie do przeciwdziałania strachowi poprzez kontrolowanie opinii innych. Twoja ambicja tutaj jest destruktywna, lecz jak wszystkie inne zdolności umysłu, które są teraz sprzeniewierzane, z czasem może służyć wielkości Wiedzy. Nie osiągnąłeś jeszcze tego stanu, dlatego też nie próbuj robić czegokolwiek ze swoją Wiedzą, albowiem do ciebie nie należy używanie Wiedzy, lecz otrzymywanie Wiedzy. To w swojej receptywności na Wiedzę nabierzesz przekonania, iż Wiedza jest dla ciebie największą posługą i użytecznością.

Nie pozwalaj ambicji ciągnąć cię tam, gdzie nie możesz iść. Nie pozwalaj jej na sprzeniewierzanie twojej witalności i twojej energii. Naucz się być cierpliwy i spokojny z Wiedzą, Wiedza bowiem ma swój własny cel oraz kierunek w życiu, za którym teraz uczysz się podążać.

W ciągu dnia w trakcie swoich cogodzinnych praktyk, jak również w swoich głębszych medytacjach, pozwól sobie być pozbawionym ambicji, ponieważ nie wiesz, co zrobić z Wiedzą. W swoich dłuższych medytacjach pozwól, by to cię uwolniło, ażebyś mógł wejść w stan wyciszenia i opuścić świat fizycznych spraw.

Praktyka 219: *Dwa 30 – minutowe okresy praktyki.*
Cogodzinna praktyka.

Krok 220

UŻYJĘ DZIŚ POWŚCIĄGLIWOŚCI, ŻEBY WIELKOŚĆ MOGŁA ROSNĄĆ WE MNIE.

Użyj powściągliwości w odniesieniu do tych cech, które uznajesz za krzywdzące lub destruktywne dla odzyskania Wiedzy. Powstrzymuj się umyślnie, żeby Wiedza mogła w tobie wzrastać. Nie jest to ograniczenie, które na siebie nakładasz. Miast tego, jest to sensowne wykorzystanie swego umysłu oraz siły, aby rozwijać świadomość Większej Mocy w tobie i pozwolenie jej na wyłonienie się, aby prowadzić cię i wskazywać ci drogę.

W dzisiejszej lekcji, tak jak w lekcjach wcześniejszych, uczysz się rozpoznawać źródło Wiedzy, a także nośnik Wiedzy i nie mylić tych dwu rzeczy. Naucz się dziś powściągliwości, ażeby Wiedza mogła w tobie rosnąć. Nie sądź, iż powściągliwość odnosi się jedynie do przeszłego zachowania, gdzie ograniczałeś to, co było rzeczywiste w tobie. Nie, dzisiaj skup się na nauce umyślnej formy powściągliwości, co stanowi wyraz twojej mocy i samodyscypliny. Twoja moc i samodyscyplina muszą teraz być stosowane, aby stawały się silniejsze, twój umysł i ciało są bowiem nośnikami Wiedzy, a jako nośniki muszą one być rozwinięte i wzmocnione.

Dzisiaj w swoich głębszych praktykach, tak jak w swoich cogodzinnych praktykach, powściągnij te formy myślenia i zachowania, które zdradzają twoją Wiedzę, ażebyś mógł wkroczyć w Wiedzę w wyciszeniu i pokoju. Wraz z tym umiarem zostanie odkryta wolność, ponieważ wolność jest znajdywana poza tym światem i jest sprowadzana do tego świata, wolność jest bowiem darem Wiedzy.

Praktyka 220: *Dwa 30 – minutowe okresy praktyki.*
Cogodzinna praktyka.

Krok 221

JESTEM WOLNY, ABY BYĆ DZISIAJ ZDEZORIENTOWANY.

Nie postrzegaj swojego zamieszania jako porażki. Nie postrzegaj swojego zamieszania jako coś, co ci zagraża lub co ci umniejsza. Tutaj zamęt jest jedynie oznaką, że uświadamiasz sobie ograniczenia swych własnych idei i założeń. Musisz je porzucić, aby pozwolić Wiedzy stać się widoczną dla ciebie, gdyż w obliczu wszystkich ważnych decyzji, które wymagają w tym dniu twojej uwagi, Wiedza już dostarczyła odpowiedzi. To nie jest odpowiedź, którą odnajdziesz pośród wielu odpowiedzi, jakie sobie udzielasz lub które, według twojego założenia, udzielane są przez innych.

Dlatego też pozwól wszystkim zamiennikom Wiedzy odejść od ciebie. Pozwól sobie być zdezorientowanym, gdyż w twoim rzeczywistym zamęcie Wiedza może wyrosnąć naturalnie. To zatem stanowi twoją wolność, w wolności jesteś bowiem wolny, aby być zdezorientowanym.

Przypominaj sobie o tej idei co godzinę i nie zadowalaj się prostymi wyjaśnieniami lub przypuszczeniami względem jej wielkiego znaczenia dla ciebie. Musisz rozważyć ją głęboko i zdać sobie sprawę, że prawdziwe rozumienie, które przechowuje ona dla ciebie, zostanie ujawnione z czasem. Dzisiaj pozwól sobie być zdezorientowanym, jesteś bowiem zdezorientowany i zawsze musisz zacząć z miejsca, w którym jesteś. Wiedza jest z tobą. Jesteś wolny, aby być zdezorientowanym. Dzisiaj w swoich dłuższych okresach praktyki wejdź w stan wyciszenia niezależnie od tego, czy jesteś zdezorientowany, czy też nie, albowiem wyciszenie, łaska oraz pokój są zawsze dostępne dla ciebie.

PRAKTYKA 221: *Dwa 30 – minutowe okresy praktyki.*
Cogodzinna praktyka.

Krok 222

ŚWIAT JEST W ZAMĘCIE. OSĄDZAĆ GO NIE BĘDĘ.

Jedyny osąd, jaki możesz wydać wobec świata to taki, że jest on w zamęcie. Ten osąd nie wymaga gniewu, smutku, utraty, rozżalenia, wrogości lub zemsty. Nie domaga się ataku w żadnej formie. Świat jest w zamęcie. Nie osądzaj go. Jakżeż świat może być pewny, skoro świat jest bez Wiedzy? Możesz spojrzeć na swoje dotychczasowe życie i zdać sobie sprawę z zakresu swego własnego zamętu. Jakżeż mogłoby być inaczej, skoro byłeś bez Wiedzy? Wiedza jest teraz z tobą, tak jak była wtedy. Zaczynasz odzyskiwać Wiedzę, więc jej pewność może wyrazić się poprzez ciebie coraz bardziej. To jest wielki dar, który teraz uczysz się otrzymywać. Jest to dar, który świat nauczy się otrzymywać poprzez ciebie.

Co każdą godzinę, gdy spoglądasz na świat i wszelkie jego działania, nie osądzaj go, jest on bowiem jedynie w zamęcie. Jeżeli jesteś dzisiaj w tarapatach, nie osądzaj siebie, jesteś bowiem jedynie zdezorientowany. Dzisiaj w swoich głębszych okresach praktyki pozwól sobie wejść w stan wyciszenia. Wchodzisz w stan wyciszenia po prostu poprzez pragnienie wejścia w stan wyciszenia. Jest to dar, na który sobie pozwalasz. Aby tego dokonać, poświęć się otrzymywaniu daru. Tutaj nie ma ofiarodawcy i nadawcy daru, gdyż dar rozbrzmiewa pomiędzy tobą a twoim Źródłem. Wiedza i jej nośnik jedynie potwierdzają siebie nawzajem.

Świat jest w zamęcie. Jest on bez Wiedzy. Ty jesteś jednak darem dla świata, uczysz się bowiem otrzymywać Wiedzę w tym dniu.

PRAKTYKA 222: *Dwa 30 – minutowe okresy praktyki.*
Cogodzinna praktyka.

Krok 223

Przyjmę Wiedzę w tym dniu.

Co godzinę przyjmuj Wiedzę. W swoich dwu głębszych okresach praktyki przyjmij Wiedzę. Poświęć się przyjmowaniu Wiedzy. To jest twoja praktyka na dziś. Wszystko inne jest jedynie formą zamętu. Nie ma wydarzenia w twoim zewnętrznym życiu, które musiałoby zastąpić dzisiaj twoją praktykę, Wiedza bowiem błogosławi wszystko w tobie i poza tobą. Ona rozprasza to, co jest zbędne i celowo angażuje cię w to, co jest niezbędne i co ma prawdziwy potencjał dla ciebie.

Powracaj zatem do Wiedzy niezależnie od okoliczności swojego zewnętrznego życia. Przyjmuj Wiedzę, żebyś miał pewność na świecie i ażebyś mógł zrozumieć własne znaczenie oraz wartość.

Praktyka 223: *Dwa 30 – minutowe okresy praktyki.*
Cogodzinna praktyka.

Krok 224

PRZEGLĄD

Dzisiaj zaprawiaj się w obiektywizmie poprzez przejrzenie minionych dwu tygodni praktyki. Raz jeszcze przeczytaj każdą lekcję na dany dzień i przypomnij sobie swoją praktykę na ten dzień. Zacznij od pierwszej praktyki dwutygodniowego okresu, a następnie prześledź każdy dzień krok za krokiem. Wzmocnij swoją zdolność do obserwowania swojego postępu obiektywnie. Zobacz, co dzieje się w dniach, kiedy jesteś silny z praktyką oraz w dniach, kiedy jesteś słaby. Gdy tak czynisz, wyobraź sobie przez chwilę, że spoglądasz oczami swych Nauczycieli, którzy obserwują twoje życie z bardzo daleka. Nie ma w nich potępienia. Zwracają Oni jedynie uwagę na twoje siły i słabości, wzmacniając te pierwsze i minimalizując skutki tych drugich. Gdy uczysz się postrzegać swoje życie obiektywnie, nauczysz się spoglądać na swoje życie oczami swych Nauczycieli. Jest to spoglądanie z Wiedzą. Jest to spoglądanie bez osądzania. Biorąc to pod uwagę, umysł staje się nośnikiem Wiedzy, a Wiedza obdarzy cię wszystkimi pomysłami i działaniami, które są prawdziwie korzystne dla ciebie.

Zezwól, aby dzisiaj twój Przegląd został wykorzystany w twoim własnym imieniu. Wykorzystaj swój umysł celowo i nie pozwalaj mu błądzić. Przełam nawyk nieuważnego myślenia. Przełam nawyk zajmowania się durnymi i nic nieznaczącymi rzeczami. Zezwól, by twój Przegląd ci dzisiaj zademonstrował, że jesteś prawdziwym studentem Wiedzy.

Praktyka 224: *Jeden długi okres praktyki.*

Krok 225

DZISIAJ BĘDĘ POWAŻNY I ZARAZEM RADOSNY.

NIE MA SPRZECZNOŚCI W DZISIEJSZYM PRZESŁANIU dla ciebie, jeśli zostanie ono zrozumiane. Potraktowanie życia poważnie wiąże się z otrzymaniem jego prawdziwej łaski, co uczyni cię bardzo szczęśliwym. Dlatego też musisz być bardzo poważny wobec siebie samego, gdy uczysz się teraz stawać się nośnikiem dla Wiedzy i możesz być bardzo zadowolony oraz radosny, że Wiedza jest z tobą. To jest zatem właściwe zastosowanie twojego umysłu, jesteś bowiem radosny wobec tego, co jest radosne i jesteś poważny wobec tego, co jest poważne. Umysł, który jest poważny w swym zewnętrznym kierunku i radosny w swym wewnętrznym zachwycie będzie umysłem, który jest w pełni zintegrowany. Będzie to umysł, gdzie Niebo i Ziemia się stykają.

ŁASKA, KTÓRĄ BĘDZIESZ OTRZYMYWAĆ W TYM DNIU, będzie źródłem szczęścia i prawdziwego docenienia, jednakże zastosowanie, jakiego się to domaga, będzie wymagało poważnego zaangażowania, twojego szczerego poświęcenia oraz autentycznego zastosowania twoich mentalnych i fizycznych zdolności. Tutaj twoje siły odzwierciedlają twoje szczęście, a twoje szczęście jest wzmacniane poprzez stosowanie twoich prawdziwych talentów.

CO GODZINĘ POMYŚL O TYM, gdy powtarzasz swoją ideę na dzisiaj. Gdy podejmujesz się swoich głębszych praktyk medytacyjnych, poważnie zaangażuj swój umysł, ażeby mógł on doświadczyć lekkości serca oraz wielkiej radości Wiedzy. W ten sposób dostrzeżesz, iż dzisiejsza idea jest całkowicie jednolita w swym znaczeniu. W ten sposób nie będziesz mieszał tego, co jest radosne, z tym, co jest poważne. Da ci to większe zrozumienie świata.

PRAKTYKA 225: *Dwa 30 – minutowe okresy praktyki.*
Cogodzinna praktyka.

Krok 226

WIEDZA JEST ZE MNĄ.
NIE BĘDĘ SIĘ BAŁ.

WIEDZA JEST Z TOBĄ, a kiedy jesteś z Wiedzą, nie będziesz się bał. Z czasem strach stanie się coraz bardziej zewnętrzny w stosunku do twojego prawdziwego doświadczenia, gdy nauczysz się trwać przy Wiedzy. Wartość dzisiejszej idei musi zostać rozpoznana w świetle faktu, iż twój umysł jest notorycznie związany ze strachem do tak wielkiego stopnia, że odzyskanie Wiedzy oraz zastosowanie Wiedzy wydają się dla ciebie bardzo trudne do osiągnięcia. To wygląda na trudne jedynie dlatego, że twój umysł był tak notorycznie związany ze strachem w przeszłości. Nawyki mogą zostać przełamane. Nowe nawyki myślenia i zachowania mogą zostać wpojone i wzmocnione. Jest to jedynie rezultat zastosowania swego umysłu. Jest to rezultat praktyki.

DZISIAJ PRAKTYKUJ TRWANIE PRZY WIEDZY, co zniweczy nawyki, które rzuciły się przeciw tobie oraz światu. Obecność w życiu jest praktyką i zawsze jest formą służby. Dzisiaj praktykuj prawdę i służ prawdzie, a w tym wszystkie błędy są osłabione. Ich podstawa jest usunięta, a w ich miejscu zaczniesz uczyć się nowego sposobu bycia na świecie, nowego sposobu angażowania się w życie i będziesz miał solidniejszą strukturę do zastosowania swych mentalnych i fizycznych zdolności.

CO GODZINĘ TRWAJ PRZY WIEDZY. Rozwiewaj strach i przypominaj sobie, że Wiedza jest z tobą. Przypominaj sobie, że twoi Nauczyciele są z tobą. Przypominaj sobie, że są z tobą studenci zewsząd, którzy są włączeni w odzyskanie Wiedzy. W ten sposób świat stanie się mały, a ty staniesz się wielki. W swoich głębszych praktykach zezwól sobie na wolność doświadczenia Wiedzy. Wkrocz w wielką głębię oraz ciszę umysłu, gdy zanurza się on w obecność miłości.

PRAKTYKA 226: *Dwa 30 – minutowe okresy praktyki.*
Cogodzinna praktyka.

Krok 227

Dzisiaj nie będę myślał, że wiem.

Początkujący studenci zawsze myślą, że wiedzą o czymś, czego nie wiedzą i zawsze myślą, że nie wiedzą tego, co wiedzą. Wymaga to sporego uporządkowania. Wymaga to odkrycia prawdziwego i fałszywego, a poprzez ten kontrast nauczenia się oddzielania tych dwu. Z czasem uświadomisz sobie różnicę pomiędzy prawdziwym i fałszywym oraz nie będziesz zmylony pozorem, jaki fałszywe może uczynić w swoim naśladowaniu prawdziwego.

Przypominaj sobie dzisiaj co godzinę, aby nie myśleć, że wiesz. Myślenie, że wiesz, jest jedynie formą zastępstwa. Albo wiesz, albo nie wiesz. Twoje myślenie tutaj jedynie wspiera lub zaprzecza temu, co wiesz. Jednakże myślenie, że wiesz, jest myśleniem bez Wiedzy, co jest zawsze bezsensowne i jest źródłem zamętu oraz zwątpienia w samego siebie.

Dzisiaj w swoich głębszych okresach praktyki nie daj się zwieść myśleniu, że wiesz. Raz jeszcze powróć do czystego doświadczenia samej Wiedzy. W wyciszeniu i spokoju oddaj się dzisiaj całkowicie swojej praktyce. Wiedza to doświadczenie. Będzie ona źródłem swych własnych idei. Pobudzi i wesprze te formy zachowania samodzielnego stosowania, które prawdziwie wspierają twoją prawdziwą naturę. Nie zadowalaj się tym, co myślisz, że wiesz, jest to bowiem tylko inna forma zaprzeczania, która raz jeszcze zostawi cię zubożałym.

Praktyka 227: *Dwa 30 – minutowe okresy praktyki.*
Cogodzinna praktyka.

Krok 228

Nie będę dziś biedny.

Nie musisz być biedny, albowiem ubóstwo nie stanowi twojego dziedzictwa ani twojego przeznaczenia. Nie bądź dziś biedny, Wiedza to bowiem wielkie bogactwo, a gdy tylko jest dopuszczona do wyłonienia się w dowolnym umyśle, zaczyna naturalnie wytwarzać swoją obecność na świecie. Zaczyna równoważyć i dostrajać umysł, który jest jej nośnikiem i zaczyna specyficznie obdarowywać pewne jednostki w specyficzny sposób. To jest geniusz, który jest z tobą. Jakżeż możesz być biedny z takim darem? Jedynie twoje nazbyt skromne idee i formy zachowania mogą zrodzić ubóstwo.

Dlatego też dzisiaj zacznij spoglądać głębiej na te rzeczy, które są dla ciebie formą przeszkody. Co godzinę zastanawiaj się nad tym. W swoich dwu głębszych okresach praktyki zaangażuj swój umysł aktywnie w próbę rozróżnienia konkretnych form oszukiwania samego siebie oraz przeszkadzania samemu sobie. Wykonaj to bez potępiania, lecz z obiektywizmem, który jest konieczny, aby wyraźnie postrzegać siebie samego. Nie bądź przerażony tym, że istnieje wiele subtelnych form oszukiwania samego siebie. Są one jedynie drobnymi odmianami bardzo prostych motywów. Ich pozorna złożoność i liczba są nieistotne z wyjątkiem tego, że je rozpoznajesz. One wszystkie są zrodzone ze strachu i są próbą zniwelowania strachu poprzez angażowanie się w iluzję oraz poprzez próbę angażowania innych we wspieranie iluzji. Wszystkie idee bez Wiedzy służą temu celowi albo bezpośrednio, albo pośrednio. Jednak prawdziwy cel to wielka moc stojąca za ideami, które są przeznaczone prawdziwej służbie, tak jak wielka moc stojąca za wszelkimi formami działania i zachowania przeznaczonymi prawdziwej służbie.

Dzisiaj przyjrzymy się przeszkodom, lecz nie z poczuciem wstydu, winy lub niepokoju. Patrz jedynie, aby wzmocnić obecność i zastosowanie Wiedzy oraz by tylko przygotować się na bycie większym nośnikiem Wiedzy na świecie. To jest cel dzisiejszej praktyki. Dlatego też ćwicz z prawdziwym zamiarem. Jesteś większy niż błędy, które postrzegasz i nie mogą cię one zmylić, jeżeli spoglądasz na nie obiektywnie.

PRAKTYKA 228: *Dwa 30 – minutowe okresy praktyki.*
Cogodzinna praktyka.

Krok 229

Nie będę winił drugiego za mój ból.

Dzisiejsza idea reprezentuje ogromną zmianę w rozumieniu. Musi ono jednak zostać zrodzone z Wiedzy, aby miało prawdziwą skuteczność. Jej znaczenie nie jest natychmiast widoczne, gdyż wkrótce odnajdziesz, że jest wiele okoliczności, w których inni wydają się całkowicie odpowiedzialni za twój ból. Bardzo trudno będzie zaprzeczyć, że inni są rzeczywiście odpowiedzialni za twój ból, zważywszy na twoje nawykowe myślenie oraz założenia, na podstawie których żyjesz. Jednakowoż Wiedza tak cię nie postrzega, a ty musisz nauczyć się nie postrzegać siebie w ten sposób.

Ból jest zawsze decyzją, którą podejmujesz w odpowiedzi na dowolny bodziec w swoim środowisku. Organizm odniesie fizyczny ból, jeżeli jest tak pobudzany, lecz to jest jedynie reakcja sensoryczna. To nie jest prawdziwy ból, który ci szkodzi. Ból, który ci szkodzi, to korona cierniowa twoich własnych idei i założeń, twoich własnych niepokojów tudzież mylnych informacji oraz twojego własnego braku przebaczenia wobec siebie i świata. To wytwarza ból zarówno w twoim umyśle, jak i również w twoim ciele. To właśnie ten ból pragniemy dziś uśmierzyć.

Dlatego też rozważ dzisiejszą ideę jako formę lekarstwa na ból. Jeśli druga osoba przyczynia się do twojego bólu, nie masz lekarstwa poza atakiem lub zmianą drugiej osoby. Nawet twoja próba zmiany ich na lepsze będzie formą ataku, gdyż pod twoim altruizmem będzie nienawiść i niechęć. Dlatego też nie ma remedium na ból, jeżeli jego przyczyna leży poza tobą. Jest jednak remedium na wszelki ból, ponieważ Wiedza jest z tobą.

Dlatego też wszelki ból musi zostać rozpoznany w wyniku twojej własnej decyzji. Musi on zostać rozpoznany w wyniku twojej własnej interpretacji. Możesz poczuć, że zostałeś potraktowany niesprawiedliwie przez drugiego lub przez świat. To uczucie jest rzeczywiście obecne w twym umyśle, nie trzeba więc temu zaprzeczać, musisz jednak spoglądać poza to do jego źródła i do mechanizmu jego wyłonienia się. Aby zatem tego dokonać, musisz wykorzystać swoje własne zdolności. To da ci wielką siłę. Będziesz w stanie tego dokonać, ponieważ Wiedza jest z tobą i ponieważ z Wiedzą możesz dokonać wszystkiego, o co Wiedza cię prosi.

Bez potępiania świat jest tak odciążony, że sam zaczyna dochodzić do siebie. Dlatego też co godzinę powtarzaj tę ideę i rozważaj jej znaczenie. Zejdź głęboko w ramach tego, aby odkryć, co to prawdziwie dla ciebie przechowuje. W swoich dłuższych okresach praktyki wejdź w stan wyciszenia i pokoju, albowiem bez potępiania świata i samego siebie umysł już jest w pokoju.

Praktyka 229: *Dwa 30 – minutowe okresy praktyki.*
Cogodzinna praktyka.

Krok 230

MOJE CIERPIENIE JEST ZRODZONE Z ZAMĘTU.

TWOJE CIERPIENIE JEST ZRODZONE Z ZAMĘTU. Pozwól sobie być zdezorientowanym, aby móc rozpoznać prawdziwą ścieżkę odzyskiwania. Czy ta idea mąci ci w głowie? Może być ona myląca, ponieważ ludzie nie zaakceptują swojego zamętu. Będą kłamać na ten temat, mówiąc, iż są pewni, podczas gdy są zdezorientowani, obarczając winą innych, aby się usprawiedliwić lub obarczając winą siebie, aby usprawiedliwić innych. To wszystko jest zamętem.

KIEDY ZDASZ SOBIE SPRAWĘ, IŻ JESTEŚ W ZAMĘCIE, wówczas możesz gromadzić środki, aby odzyskać swoją pewność. Jeżeli nie akceptujesz, że jesteś w zamęcie, nałożysz na siebie lub na świat zamienniki dla pewności i tym samym pozbędziesz się możliwości otrzymania prawdziwej pewności. Oto dlaczego musisz zdać sobie sprawę, że twój zamęt jest źródłem twojego cierpienia oraz że musisz pozwolić sobie być zdezorientowanym, aby rozpoznać swój prawdziwy problem. Rozpoznając swój prawdziwy problem, dostrzeżesz ogromną potrzebę Wiedzy, a to wytworzy w tobie poświęcenie oraz zastosowanie samego siebie, które jest niezbędne, ażebyś otrzymał to, co stanowi twoją spuściznę.

DZISIAJ POWTARZAJ TĘ IDEĘ CO GODZINĘ i nie zapominaj tego robić. W swoich dwu dłuższych okresach praktyki zaangażuj swój umysł aktywnie w próbę zrozumienia głębi oraz znaczenia dzisiejszej idei. Rozpoznaj obiektywnie wszystkie uczucia oraz myśli, które temu sprzyjają oraz wszystkie uczucia i myśli, które są temu przeciwne. Pamiętaj szczególnie o tym, aby rozpoznać każde zastrzeżenie, które możesz mieć do dzisiejszej idei. Wówczas rozpoznaj potęgę tej idei w swym własnym umyśle. To da ci rozpoznanie dzisiejszej idei i jej prawdziwe znaczenie. To również pomoże ci uświadomić sobie obiektywnie obecną konstrukcję twojego umysłu. To wszystko jest częścią twojej edukacji jako studenta Wiedzy. Oddaj się rozważaniu dzisiejszej idei i nie zadowalaj się prostymi odpowiedziami i wyjaśnieniami, gdyż dzisiejsza idea zawiera dar, którego jeszcze nie doświadczyłeś.

PRAKTYKA 230: *Dwa 30 – minutowe okresy praktyki.*
                     Cogodzinna praktyka.

Krok 231

MAM POWOŁANIE W TYM ŚWIECIE.

MASZ POWOŁANIE W TYM ŚWIECIE. Ono nie jest takie, jakie ci się wydaje. Wyłoni się ono z twojej Wiedzy, gdy tylko Wiedza będzie mogła się wyłonić w twoim umyśle. Masz powołanie w tym świecie, ponieważ przybyłeś tu, aby dokonać bardzo konkretnych rzeczy. Twój cel na tym świecie polega na odzyskaniu twojej Wiedzy i pozwoleniu twojej Wiedzy na wyrażanie się. Jest to bardzo prosta deklaracja celu, lecz jest to deklaracja, która zawiera ogromną głębię i wiele musi zostać wykonane na czas.

MASZ POWOŁANIE W TYM ŚWIECIE, ponieważ zostałeś posłany tutaj, aby czegoś dokonać. To z tego powodu twój umysł jest taki, jaki jest i dlatego masz doprecyzowaną naturę, która jest odmienna od innych. Gdy twoje powołanie się wyłania, zdasz sobie sprawę, dlaczego myślisz i działasz w sposób, w jaki tak robisz i wszystko to zostanie sprowadzone do prawdziwej równowagi i harmonii. To wymaże wszelką przyczynę, jaką masz do potępiania samego siebie, twoja natura bowiem reprezentuje pożyteczność, jakiej jeszcze sobie nie uświadomiłeś. Innymi słowy, jesteś stworzony specjalnie do czegoś, czego jeszcze nie zrozumiałeś. Zanim to nastąpi, będziesz się opierał swojej naturze, myśląc, iż jest to twoje ograniczenie. Z czasem uświadomisz sobie, że jest to nieoceniony zasób służący osiągnięciu, masz bowiem powołanie na świecie.

CO GODZINĘ PRZYPOMINAJ SOBIE O TYM i przypominaj sobie, że nie wiesz jeszcze, czym owo powołanie jest. Bez domniemań będziesz w pozycji do odkrycia prawdy. Dzisiaj w swoich głębszych okresach praktyki raz jeszcze wejdź w stan spokoju i milczenia, wykorzystując słowo RAHN, jeśli jest to dla ciebie pomocne. Jest to dzień przygotowania dla ciebie, abyś zdał sobie sprawę ze swojego prawdziwego powołania na świecie. Jest to dzień poświęcony Wiedzy oraz dzień pozbawiony fałszywych założeń i oszukiwania samego siebie. Dzień poświęcony Wiedzy sprowadza cię bliżej do zdania sobie sprawy z twojego powołania, które pojawi się naturalnie bez twojego domniemania, gdy tylko będą przygotowani ci, z którymi musisz być związany.

PRAKTYKA 231: *Dwa 30 – minutowe okresy praktyki.*
Cogodzinna praktyka.

Krok 232

MOJE POWOŁANIE W ŻYCIU WYMAGA ROZWOJU INNYCH.

Aby twoje powołanie wyłoniło się w twoim życiu, istotny jest nie tylko twój własny rozwój, lecz rozwój innych, z którymi będziesz bezpośrednio związany. Ze względu na to, że twój cel w życiu wiąże się ze współpracą z innymi, nie jest to samotne dążenie. To nie jest indywidualne spełnienie. W rzeczywistości nie ma jednostki, która jest całkowicie oddzielona od innych, ponieważ indywidualizm ma znaczenie jedynie w zakresie wyrażania tego, co łączy i spaja wszelkie życie.

Dlatego też w tym dniu rozwiń mądrość i rozumienie, że twoje prawdziwe osiągnięcie jest również zależne od osiągnięcia innych. Nie myśl, że wiesz, kim są te jednostki, nie spotkałeś jeszcze ich wszystkich. Niektórzy są na tym świecie, a niektórzy są poza tym światem. Mogą oni wcale nie przebywać w twojej osobistej sferze.

W jakiż więc sposób możesz iść dalej, kiedy twoje dokonanie jest częściowo zależne od innych? Idziesz dalej poprzez poświęcanie się swojemu przygotowaniu. Potęga czynienia tego wzmocni tych, z którymi będziesz związany w swoim życiowym powołaniu. Przez wzgląd na to, iż wasze zastosowanie wzmacnia jeden drugiego, już jesteście w relacji; już wywieracie wpływ jeden na drugiego. Im bliżej jesteś tego punktu, gdzie wyłania się Wiedza, tym bliżej oni również podchodzą. Im bardziej się powstrzymujesz, tym bardziej ich powstrzymujesz. Nie możesz dostrzec mechanizmu tego, gdy jesteś na świecie, musisz bowiem znajdować się poza światem, aby widzieć, jak to działa. Możesz jednak zrozumieć ideę, że wszystkie umysły wpływają na siebie nawzajem, zwłaszcza te umysły, które w szczególności mają współpracować ze sobą nawzajem w życiu.

Dlatego też twój rozwój jest zależny od twoich własnych wysiłków i od wysiłków innych. Jednakże wysiłki innych są uzupełniane i wzmacniane twoimi własnymi wysiłkami. Dlatego też realizacja twojego celu w bardzo dużym stopniu zależy od ciebie, a jednak twoje osiągnięcie połączy cię z życiem i pogłębi zawartość oraz doświadczenie relacji poza to, czego uprzednio byłeś w stanie doświadczyć.

Dzisiaj w swoich cogodzinnych przypomnieniach i w swoich dłuższych medytacjach w wyciszeniu pozwól swoim wysiłkom uzupełnić wysiłki innych, co uzupełni twoje wysiłki. Pozwól połączeniu swojego obopólnego poświęcenia być zatem źródłem siły, której doświadczysz w tym dniu i której doświadczą ci, których jeszcze nie spotkałeś w tym życiu.

Praktyka 232: *Dwa 30 – minutowe okresy praktyki.*
Cogodzinna praktyka.

Krok 233

JESTEM CZĘŚCIĄ WIĘKSZEJ SIŁY NA RZECZ DOBRA NA ŚWIECIE.

To OŚWIADCZENIE JEST ABSOLUTNIE PRAWDZIWE, chociaż z oddzielonego punktu widzenia może być ono bardzo trudne do zrozumienia. Nie oczekuje się, iż zrozumiesz dzisiejszą ideę, lecz jest ci ona dana, abyś doświadczył jej potęgi i mocy, gdyż będąc przedstawicielem prawdy, może ona doprowadzić cię do prawdy, co jest doświadczeniem Wiedzy. Jest to największa możliwość dla jakiejkolwiek idei – że może być ona drzwiami do Wiedzy.

Do tej idei trzeba zatem podejść w odpowiedni sposób. Musisz zdać sobie sprawę z ograniczeń oddzielonego punktu widzenia i nie starać się oceniać wartości tej dzisiejszej idei. Nie możesz jej osądzać. Możesz jedynie na nią odpowiedzieć lub jej zaprzeczyć, ponieważ jej prawda jest większa niż twoja obecna interpretacja. Rozpoznanie swoich obecnych ograniczeń daje ci pod tym względem dostęp do wielkości, albowiem bez ochraniania tego, co cię osłabia, możesz odnaleźć swoją drogę do tego, co wzmacnia cię i daje ci cel, znaczenie oraz kierunek.

Jesteś częścią Większej Siły na rzecz dobra, gdyż ta siła jest połączona i kierowana poprzez Wiedzę. Wiedza tutaj jest poza tym, co może posiadać jakakolwiek jednostka. Dlatego też nie ma „twojej" wiedzy ani „mojej" wiedzy; jest tylko Wiedza. Jest jedynie twoja interpretacja i moja interpretacja, a w tym mogą zaistnieć rozbieżności, jednak Wiedza jest Wiedzą. Prowadzi ona ludzi razem; rozdziela ona ludzi od siebie. Jeżeli jest ona prawdziwie rozumiana z wyciszenia i obiektywizmu, jej prawdziwy kierunek można rozróżniać i wedle niego postępować.

Nabierz dzisiaj sił, gdy powtarzasz tę ideę co godzinę. Wiedz, iż wszystkie twe wysiłki w imieniu Wiedzy są uzupełniane przez tych, którzy ćwiczą z tobą – ci, których widzisz oraz ci, których dostrzec nie możesz. W swoich głębszych praktykach pozwól swej samodyscyplinie, która przygotowuje cię do wkroczenia w stan wyciszenia i pokoju, również zostać uzupełnioną. Tym samym twoje osiągnięcia dzisiaj będą uzupełniać wysiłki wszystkich innych, którzy ćwiczą, tych, którzy oduczają się tego, co fałszywe oraz tych, którzy uczą się tego, co prawdziwe razem z tobą.

PRAKTYKA 233: *Dwa 30 – minutowe okresy praktyki.*
  Cogodzinna praktyka.

Krok 234

Wiedza służy ludzkości na wszelkie sposoby.

Wiedza aktywuje wszelkie mentalne i fizyczne zdolności dla dobra. Ona prowadzi wszystkiego rodzaju dążenia, które służą dobru ludzkości. W sztuce, w nauce, we wszelkich przedsięwzięciach, w najprostszym geście i w największym czynie Wiedza demonstruje większe życie i wzmacnia wszystkie najlepsze cechy w jednostkach, które są z nią związane.

Ze względu na to, że Wiedza jest wielka, nie musisz wiązać z nią tylko wielkich rzeczy, ekspresja Wiedzy może bowiem przenikać nawet najmniejsze słowo i najdrobniejszy gest. Tym samym one również mają największy wpływ na innych. Potęga Wiedzy w jednej osobie ma uaktywnić potęgę Wiedzy u innych i w ten sposób pobudzać oraz wspierać regenerację życia w umysłach, które żyją w oddzielonych fantazjach. W ramach świata nie możesz zobaczyć ogólnej mocy tego, możesz jednak doświadczyć tego w ramach swego własnego życia i dostrzec demonstrację tego w kontekście relacji, w które jesteś teraz zaangażowany.

Nie myśl, że wiesz. Albo wiesz, albo nie wiesz. Pamiętaj o tym, albowiem możliwość oszukania samego siebie wciąż jest w tobie, ponieważ nie byłeś jeszcze skłonny stawić sobie czoła całkowicie, obawiając się, iż to, co byś odnalazł, zniechęciłoby cię lub cię zniszczyło. Kiedy jednak całkowicie stawisz sobie czoła, wszystko, co znajdziesz, to Wiedzę.

Dzisiaj w swoich głębszych okresach praktyki pozwól sobie raz jeszcze wejść w stan wyciszenia, wykorzystując metody, których się dotąd nauczyłeś. Nie pozwalaj czemukolwiek odciągać cię od twojego celu. Jesteś częścią Większej Siły, a ta Większa Siła cię wspiera.

Praktyka 234: *Dwa 30 – minutowe okresy praktyki.*

Krok 235

POTĘGA WIEDZY STAJE SIĘ DLA MNIE OCZYWISTA.

Rozpoznanie potęgi Wiedzy zajmie ci trochę czasu, jest ona bowiem znacznie większa niż cokolwiek, co sobie wyobrażałeś. Jest ona jednak znacznie prostsza i bardziej subtelna niż to, co możesz jeszcze zrozumieć. Można ją dostrzec w niewinności oczu dziecka; można ją sobie wyobrazić w wielkości ruchu galaktyk. Może się ona przejawić w najprostszym geście lub w najdonioślejszym czynie.

Pozwól sobie zaakceptować, że dopiero zaczynasz zdawać sobie sprawę z obecności Wiedzy w swoim życiu i we wszelkim życiu. Jest to zależne od twojej zdolności do Wiedzy, co rozwijasz teraz wraz z twoim pragnieniem Wiedzy. Oto dlaczego dzień po dniu doskonalisz się w wyciszeniu i pokoju, i przerywasz te praktyki, wprawiając się w aktywnym angażowaniu swego umysłu dla wielkich celów. Tutaj budujesz zarówno swoją zdolność, jak i swoje pragnienie, każdego dnia musisz bowiem ćwiczyć ze względu na pragnienie Wiedzy, a każda praktyka rozwija twoją zdolność do doświadczania Wiedzy.

Uczysz się rozpoznawać obecność Wiedzy, potęgę Wiedzy oraz dowody Wiedzy. Co godzinę przypominaj sobie o tym i nie zapominaj. Raz jeszcze w głębi swych dłuższych okresów praktyki poświęć się całkowicie wejściu w stan wyciszenia i pokoju, gdyż to zniweluje całą winę tudzież brak przebaczenia w tobie oraz pokaże ci potęgę Wiedzy, którą teraz uczysz się akceptować.

Praktyka 235: *Dwa 30 – minutowe okresy praktyki.*
Cogodzinna praktyka.

Krok 236

Z Wiedzą będę wiedział, co robić.

Z Wiedzą będziesz wiedział, co robić, a twoja pewność siebie będzie tak silna, iż trudno ci będzie w to wątpić lub argumentować przeciw temu. Tutaj musisz być przygotowany do działania i działać odważnie. Jeżeli twoją dominującą troską jest ochrona twoich idei i twojego fizycznego ciała, wtedy będziesz obawiać się Wiedzy, lękając się, że doprowadzi cię ona do czegoś, co będzie dla ciebie niebezpieczne lub szkodliwe. Wiedzę można jedynie zademonstrować. Jej wspaniałomyślności trzeba doświadczyć. Można jej doświadczyć poprzez akceptowanie jej obecności i podążanie zgodnie z jej kierunkiem.

Z Wiedzą będziesz wiedział, co robić, a twoja pewność siebie znacznie przekroczy wszelkie pozory, jakie jak dotąd poczyniłeś względem pewności siebie. Zwątpienie w samego siebie może trwać w obliczu Wiedzy, jednak Wiedza jest o wiele większa, ponieważ w czynność będzie zaangażowane całe twoje jestestwo. Jedynie małość twojego zwątpienia w samego siebie zrodzonego z twoich fałszywych przekonań może przeciw temu argumentować. Jednakże argumenty tegoż są żenujące i żałosne oraz brak im głębi tudzież przekonania.

Wiedza będzie poruszać się w tobie w pewnych momentach, gdyż w wyciszeniu obserwuje wszystko, dopóki nie jest gotowa do działania, a gdy działa, to działa! W ten sposób nauczysz się z Wiedzą być w pokoju na świecie, a jednak kiedy będziesz działał, to wykonasz to z prawdziwą skutecznością i osiągając wspaniały wynik. W ten sposób będziesz zarazem człowiekiem czynu, jak i kontemplacji, gdyż twa kontemplacja będzie głęboka i znacząca, a twój czyn również będzie głęboki i znaczący.

Z Wiedzą będziesz wiedział, co robić. Nie myśl, że wiesz, co robić, chyba że jesteś z Wiedzą i Wiedza wskazuje ci coś do zrobienia z wielką mocą. Nie podejmuj drobnych prób rozwiązywania swoich problemów, bez Wiedzy bowiem twoje starania będą bez znaczenia i spotęgują twoją frustrację.

Co godzinę powtarzaj dzisiejszą ideę i rozważaj ją. W głębi swoich dłuższych praktyk wykorzystaj umiejętności, które dotąd rozwijałeś, aby zaangażować się całkowicie w wyciszenie. Jeżeli Wiedza jest wyciszona, ty również możesz być wyciszony. Tak więc kiedy Wiedza pobudza działanie, będziesz w stanie działać, a czyniąc w ten sposób rozwiązanie, które wnosisz, będzie większe niż cokolwiek, co mógłbyś sobie wyobrazić.

Praktyka 236: *Dwa 30 – minutowe okresy praktyki.*
Cogodzinna praktyka.

Krok 237

DOPIERO ZACZYNAM POJMOWAĆ ZNACZENIE MOJEGO ŻYCIA.

DOPIERO ZACZYNASZ POJMOWAĆ znaczenie swojego życia. To naturalnie powstanie w twoim rozumieniu bez twoich wysiłków w dążeniu do konceptualizacji tego. Znaczenie tudzież cel twojego życia powstaną naturalnie oraz zostaną wyrażone dziś oraz jutro i w nadchodzących dniach, Wiedza jest bowiem tak prosta i fundamentalna. W ten sposób twój intelekt może zostać wykorzystany do poradzenia sobie z potrzebami materialnymi twojego życia, szczegółami twojego życia oraz z mechanizmem twojego życia, takie jest bowiem zastosowanie intelektu. Jednakże wielkość Wiedzy zapewnia cel, znaczenie oraz kierunek, których intelekt nigdy nie może zapewnić. Dlatego też intelekt to uzdolnienie, które pełni tutaj prawdziwą funkcję, służy on bowiem wielkości Wiedzy.

DOPIERO ZACZYNASZ POJMOWAĆ znaczenie Wiedzy oraz naturę Wiedzy. Nie sądź, iż twoje dotychczasowe wnioski są wystarczające dla twoich potrzeb, jesteś bowiem początkującym studentem Wiedzy, a jako początkujący student nie popełnisz błędu polegania wyłącznie na swoich przypuszczeniach. Początkujący studenci bowiem czynią niewiele założeń i są skorzy do nauczenia się wszystkiego, co jest dla nich niezbędne. Bądź dzisiaj początkującym studentem. Rozpoznaj, jak niewiele wiesz i jak wiele musisz się nauczyć. Masz całe życie, aby się tego nauczyć, a mimo to twoje życie musi zostać aktywowane i wzmocnione poza to, co uświadomiłeś sobie do tej pory. Z czasem wielkość, którą niesiesz, wyrazi się poprzez twoje działania zarówno wielkie, jak i małe.

DZISIAJ W SWOICH GŁĘBSZYCH OKRESACH PRAKTYKI, w trakcie których wkraczasz w wyciszenie, pozwól swojej świadomości Wiedzy rozwinąć się dalej. Przystąp do swoich praktyk jak cierpliwy ogrodnik, który nie wymaga, by wszystkie rośliny wydały dziś owoce, lecz który rozumie pory wzrostu i zmiany. Pozwól sobie mieć to rozumienie, gdyż z czasem zrozumiesz obiektywnie, jak ludzkie istoty rozwijają się i wzrastają oraz co noszą w sobie. Gdy opuścisz ten świat, jeżeli odniesiesz sukces w rozwijaniu Wiedzy i pozwolisz jej udzielić wszystkich swych darów światu, będziesz w stanie zostać jednym z Nauczycieli, którzy pozostają poza światem. W ten sposób wywiążesz się ze swojej nauki na świecie poprzez przekazywanie innym wszystkiego, co nabyłeś na świecie. W ten sposób twój dar jest spełniany, a ich jest wspomagany.

DOPIERO ZACZYNASZ POJMOWAĆ TE SŁOWA. Dzisiaj wzmocnij swoje doświadczenie Wiedzy, ażeby rozumienie tych słów mogło się w tobie pogłębić. Co godzinę powtarzaj dzisiejszą ideę, ażeby wszystkie twoje działania i wszystkie twoje zajęcia sprzyjały twojej praktyce niezależnie od okoliczności, w jakich się znajdziesz. Nie ma bowiem wydarzenia lub interakcji, których Wiedza nie może pobłogosławić czy zharmonizować.

PRAKTYKA 237: *Dwa 30 – minutowe okresy praktyki.*
Cogodzinna praktyka.

Krok 238

PRZEGLĄD

Rozpoczniemy twój dwutygodniowy Przegląd od następującej inwokacji:

„Zostałem posłany na świat, aby służyć mojej Duchowej Rodzinie, która służy temu światu i wszystkim światom w fizycznym wszechświecie. Jestem częścią Większej Siły na rzecz dobra i jestem początkującym studentem Wiedzy. Jestem wdzięczny za udzielony dar, który teraz zaczynam rozumieć. Z pełną wiernością i oddaniem będę dzisiaj kontynuował swoją praktykę, ażebym mógł docenić wartość własnego życia".

Po tej inwokacji zacznij swój długi Przegląd. Rozpocznij od pierwszej lekcji dwutygodniowego okresu, przejrzyj instrukcje i swoją praktykę, a następnie kontynuuj dzień po dniu. Kiedy zakończysz swój Przegląd, raz jeszcze powtórz inwokację na dzisiaj, a potem spędź kilka minut w ciszy. W trakcie tego okresu wyciszenia zacznij czuć potęgę tego, czego się podejmujesz. Potęga Wiedzy oraz łaska, którą obdarza ona świat, jest tym, czego będziesz się uczył otrzymywać i wyrażać w dniach oraz tygodniach, które nadejdą.

Praktyka 238: *Jeden długi okres praktyki.*

Krok 239

WOLNOŚĆ NALEŻY DZIŚ DO MNIE.

Wolność należy do ciebie, który żyjesz z Wiedzą. Wolność należy do ciebie, który nie musisz kłopotać się nadmiernym obciążeniem niepotrzebnego myślenia i spekulacji. Wolność należy do ciebie, który możesz poświęcić się swemu jednemu celowi i swym konkretnym zadaniom, które emanują z tego celu. Jakaż jest większa wolność niż wolność do zastosowania swojej Wiedzy i do wypełniania jej przeznaczenia na świecie? Nic innego nie może zostać nazwane wolnością, gdyż cokolwiek innego jest jedynie wolnością do pogrążenia się w chaosie i do stoczenia się w nędzę.

Jesteś wolny w tym dniu, aby pozwolić Wiedzy trwać przy tobie. W tym dniu w swoich cogodzinnych praktykach i w swoich głębszych medytacjach pamiętaj, że jesteś wolny. Kiedy masz wolność do bycia z Wiedzą w swoich okresach medytacyjnych, pozwól sobie wejść w stan wyciszenia i nie pozwalaj żadnemu uczuciu, idei lub myśli odwieść cię od doświadczenia wielkiej wolności, którą masz, by uciec od świata w Wiedzę.

Te okresy praktyk są tak bardzo ważne dla twojego ogólnego samopoczucia. Rezultat tego zaangażowania da ci większy dostęp do Wiedzy we wszystkich twoich zewnętrznych przedsięwzięciach, gdy uczysz się trwać przy pokoju z Wiedzą i gdy uczysz się podążać za Wiedzą, kiedy korzysta ona ze swej Mądrości na świecie. Jesteś dziś wolny, aby być z Wiedzą, w tym dniu jesteś bowiem wolny.

Praktyka 239: *Dwa 30 – minutowe okresy praktyki.*
Cogodzinna praktyka.

Krok 240

MAŁE IDEE NIE MOGĄ SPROSTAĆ MOJEJ POTRZEBIE WIEDZY.

WIELKIE IDEE, FANTASTYCZNE OBRAZY albo wspaniały system wierzeń nie mogą sprostać twojej potrzebie Wiedzy. Idee same w sobie mogą sprowadzić cię na twoją drogę, nie mogą one jednak zabrać cię w podróż. Mogą one mówić o wielkich rzeczach, które na ciebie czekają, nie mogą one jednak cię tam zabrać, Wiedza musi być bowiem twoim przewodnikiem do twojego przeznaczenia i twojego spełnienia. Z ideami stoisz na początku, wskazując drogę innym, lecz ty sam nie możesz iść.

KIEDY PODRÓŻUJESZ Z WIEDZĄ, Wiedza rozszerzy się poprzez idee. Ona rozszerzy się poprzez działania, poprzez gesty i poprzez wszystkie nośniki komunikacji w tym świecie. Dlatego też nie zadowalaj się samymi ideami. Nie sądź, iż poprzez spekulowanie o ideach rozumiesz naturę Wiedzy oraz jej prawdziwe zastosowanie na świecie. Można tego doświadczyć i to zaobserwować, lecz jednostki doświadczające i obserwujące te rzeczy muszą zostać poruszone w samym centrum swojego jestestwa.

DLATEGO TEŻ NIE ZADOWALAJ SIĘ DROBNYMI RZECZAMI w miejsce wielkości twojego prawdziwego jestestwa i twojego celu na świecie. Powróć do Wiedzy i bądź wdzięczny za idee, które wskazały ci ten kierunek. Zdaj sobie jednak sprawę, że potęga, która może cię poruszyć, potęga, która daje ci siłę, aby się przygotować i uczestniczyć, jest zrodzona z wielkiej Mądrości oraz Wiedzy, którą niesiesz. Podążanie za Wiedzą wymaga Wiedzy. Przygotowanie na Wiedzę wymaga Wiedzy. W ten sposób Wiedza jest wykorzystywana, nawet gdy się do niej zbliżasz.

NIE POZOSTAWAJ ZATEM NA POCZĄTKU swojej wędrówki z samymi ideami. Nie akceptuj drobnych rzeczy w miejsce wielkości swojej funkcji. Co godzinę przypominaj sobie o tym, a w trakcie swoich głębszych okresów medytacyjnych raz jeszcze wejdź w stan wyciszenia i pokoju. Podejdź do swojej praktyki bez pytań. Podejdź do swojej praktyki bez próśb. Przypominaj sobie, iż w Wiedzy wszystko zostanie udzielone, wszystko będzie otrzymane i wszystko zostanie zastosowane stosownie do potrzeb. Gdy twój umysł staje się prostszy i bardziej otwarty, stanie się nośnikiem dla Wiedzy celem jej ekspresji na świecie.

PRAKTYKA 240: *Dwa 30 – minutowe okresy praktyki.*
Cogodzinna praktyka.

Krok 241

MÓJ GNIEW JEST NIEUZASADNIONY.

Gniew jest nieuzasadniony, ponieważ gniew sam w sobie jest jedynie twoją reakcją na twoją porażkę w zastosowaniu Wiedzy. To rodzi gniew u samego źródła. To nie musi mieć jednak miejsca, gdyż gniew jest reakcją. Jako reakcja może ona wywołać gniew u innych i wzbudzić gwałtowną reakcję wewnątrz i na zewnątrz gdziekolwiek jest ona zaaplikowana. Wiedza jednak przekieruje gniew, by nie miał on destruktywnych cech, albowiem to, co pragniesz wyrazić, stanowi to, co wzmacnia Wiedzę u innych. To siła twojego przekonania, a nie twoje pragnienie krzywdzenia siebie lub innych ma prawdziwą skuteczność emocji stanowiącej centrum gniewu. Tym samym można powiedzieć, iż twój gniew jest prawdziwym komunikatem, który został zniekształcony przez twoje własne wizje poczucia winy oraz strachu. Gdy tylko owe zniekształcenia zostaną usunięte, wtedy prawdziwa wiadomość będąca ziarnem całego gniewu może zostać wyrażona. To może przynieść jedynie dobro.

Gniew jest zatem nieuzasadniony, jest to bowiem mylna interpretacja prawdziwej komunikacji. Twój gniew jest nieuzasadniony, ponieważ gniew jest zrodzony z zamętu. Jednakże zamęt nawołuje do przygotowania oraz prawdziwego zastosowania Wiedzy. Dlatego też grzeszni nie są karani, lecz otaczani opieką. Niegodziwi nie są zsyłani do piekła, tylko przygotowywani do Nieba. To jest prawdziwa natura celu Boga na świecie. Oto dlaczego Bóg nigdy nie może być wściekły, ponieważ Bóg nie jest urażony. Bóg jedynie używa Boga w sytuacji, gdzie Bóg został tymczasowo zapomniany.

W szerszym kontekście nawet oddzielenie wszystkich poszczególnych umysłów jest bardzo tymczasowym zdarzeniem. Nie możesz jeszcze myśleć na tym poziomie i nie będziesz w stanie tego dokonać przez długi czas, musisz bowiem przejść przez różne etapy rozwoju, które wprowadzają twój umysł do coraz większych doświadczeń relacji i życia. Jednakowoż, gdy idziesz naprzód i gdy podejmujesz każdy istotny krok, który poszerza twój horyzont, zaczniesz rozumieć, że gniew jest nieuzasadniony. Odzwierciedla on jedynie porażkę przy zastosowaniu Wiedzy w konkretnej sytuacji. To nawołuje do zadośćuczynienia, a nie potępienia. Tutaj uświadomisz sobie, iż twój gniew jest czymś, co można zrozumieć. Nie należy go odrzucać, jeśli bowiem odrzucisz gniew, odrzucasz również ziarno gniewu, które jest prawdziwym komunikatem. Dlatego też pragniemy oczyścić to, co zepsuło twój prawdziwy komunikat, ażeby twój prawdziwy komunikat mógł zabłysnąć, ponieważ prawdziwy komunikat zawsze pochodzi z Wiedzy.

POMYŚL O TEJ IDEI CO GODZINĘ. W swoich głębszych okresach praktyki aktywnie zaangażuj swój umysł w przyglądanie się każdej konkretnej rzeczy, na którą jesteś zły, od bardzo drobnych rzeczy, które są specyficzne, po rzeczy ogólne, które cię drażnią albo zniechęcają. Gdy przeglądasz swój magazyn gniewu, przypominaj sobie, że gniew jest nieuzasadniony. Przypominaj sobie, że nawołuje on do zastosowania Wiedzy oraz że w ramach każdego gniewnego doświadczenia lub uczucia, jakie masz, jest ziarno, które jest prawdziwe. Dlatego też twojego gniewu nie należy odrzucać, lecz oczyszczać, ponieważ w oczyszczaniu twój gniew będzie w stanie przekazać to, co zamierzałeś przekazać na początku tam, gdzie początkowo zawiodłeś. Tym samym twoja ekspresja siebie samego będzie zakończona i nie będzie już gniewu.

PRAKTYKA 241: *Dwa 30 – minutowe okresy praktyki.*
Cogodzinna praktyka.

Krok 242

MÓJ NAJWIĘKSZY DAR DLA ŚWIATA TO MOJA WIEDZA.

To jest twój największy dar. Jest to dar, który nasyca wszelkie inne obdarowywanie i nadaje temu znaczenie. Jest to dar, który nadaje wartość wszelkiej ludzkiej ekspresji, wszystkim ludzkim przedsięwzięciom i całej ludzkiej inwencji, które są przeznaczone do wspierania dobrobytu ludzkości w jej ewolucji. Wiedza nie jest czymś, co możesz policzyć i podarować, jak gdybyś umieszczał ją w paczce albo opisywał ją swoim ideami. Jest to obecność oraz jakość życia stanowiąca samą istotę życia. To nadaje sens całemu obdarowywaniu i wnoszeniu wkładu.

To jest twój największy dar, który teraz uczysz się otrzymywać. Gdy go otrzymujesz, będzie się on udzielał naturalnie, nie możesz bowiem zatrzymać Wiedzy dla siebie. Gdy tylko się wyłoni, zaczyna wyrażać się we wszystkich kierunkach oraz specyficznie w pewnych sytuacjach i w pewnych związkach z pewnymi ludźmi zgodnie ze swoim przeznaczeniem tudzież Mądrością. Jeśli więc otrzymasz Wiedzę, musi ona zostać przekazana. Da ona sama z siebie, a ty będziesz chciał ją przekazać, ponieważ posiadasz bogactwo, a bogactwo można powiększyć jedynie poprzez dawanie. Tak oto życie zasadniczo polega na przekazywaniu Wiedzy. Gdziekolwick tego dawania nie można osiągnąć, występują wszystkie rodzaje podstępu, rozczarowania i rozpaczy. Kiedy jednak dawanie zostaje aktywowane ponownie w tych okolicznościach, te właściwości zaprzeczania zostaną rozproszone, a Wiedza raz jeszcze zacznie wyrażać się w bardzo specyficzny sposób.

A zatem co godzinę przypominaj sobie o tej wielkiej prawdzie, a w swoich głębszych medytacjach pozwól sobie doświadczyć Wiedzy. Pozwól sobie ją otrzymać. Poświęć się temu zastosowaniu swego umysłu i swego ciała. W ten sposób Wiedza odda sama siebie, a ty będziesz spełniony, ponieważ dałeś życiu największy dar, jaki można dać.

Praktyka 242: *Dwa 30 – minutowe okresy praktyki.*
Cogodzinna praktyka.

Krok 243

NIE MUSZĘ BYĆ WYJĄTKOWY, ABY DAĆ.

PRÓBA BYCIA WYJĄTKOWYM STANOWI PODSTAWĘ wszelkiej ludzkiej ambicji. Wszelka ludzka ambicja, która nie jest zrodzona z Wiedzy, jest zrodzona z próby skompensowania poważnego rozczarowania oraz wielkiego niepokoju oddzielenia. Dążenie do bycia wyjątkowym jest dążeniem do wzmocnienia oddzielenia. Jest to dążenie do uczynienia siebie lepszym kosztem innych. To zawsze zaprzecza życiu tudzież Wiedzy i zawsze prowadzi do większego zamętu, frustracji oraz rozpaczy.

JESTEŚ WOLNY W TYM DNIU OD PRÓB uczynienia siebie wyjątkowym, w ten sposób odnajdziesz bowiem prawdziwą ulgę, której poszukiwałeś we wszystkich swoich poprzednich przedsięwzięciach. To, co jest wyjątkowe w tobie, to twoja unikalna forma ekspresji tego, co jest nieodłączne we wszelkim życiu. Tym samym to, co spaja życie i stanowi życie jest potwierdzone. Twój indywidualizm również jest potwierdzony, jednak bez pomijania wartości jakiejkolwiek innej ekspresji życia. Tutaj nie jesteś wyjątkowy. Jesteś po prostu sobą. Jesteś kimś więcej niż jednostką, ponieważ jesteś częścią życia, a jednak jesteś jednostką, gdyż wyrażasz życie indywidualnie. Tutaj wszelki konflikt i zamęt się kończą. To, co ograniczone, wyraża to, co nieograniczone, a to, co wyjątkowe, wyraża to, co inherentne i rzeczywiste. To jest rozwiązanie, którego szukasz, tak naprawdę bowiem nie pragniesz być wyjątkowy. Ty pragniesz jedynie, by twoje osobiste życie miało cel, znaczenie oraz kierunek.

CO GODZINĘ ZASTANAWIAJ SIĘ NAD TYM po powtórzeniu idei na dzisiaj. W swoich głębszych praktykach raz jeszcze wejdź w stan wyciszenia i pokoju. Nie proś o odpowiedzi, ponieważ nie musisz tego robić w swoich praktykach medytacyjnych. Teraz jest czas, aby zaprawiać się w otrzymywaniu Wiedzy, w której twój indywidualizm jest uszanowany i potwierdzony ze względu na swój prawdziwy cel i w której twoja wyjątkowość, która była jedynie głębokim i niemożliwym dla ciebie ciężarem, jest delikatnie zdjęta z twoich barków. Nie zabiegaj, aby być dzisiaj wyjątkowym, nie stanowi to bowiem celu twego życia. Wówczas cały lęk przed śmiercią tudzież zniszczeniem cię opuszczą. Wówczas cały osąd i porównywanie z innymi cię opuszczą. Wówczas będziesz w stanie uszanować życie i uszanować swoje relacje, które są wyrazem wszystkiego, czego nauczy cię dzisiejsza lekcja.

Praktyka 243: *Dwa 30 – minutowe okresy praktyki.*
Cogodzinna praktyka.

Krok 244

JESTEM ZASZCZYCONY, KIEDY INNI SĄ SILNI.

KIEDY JESTEŚ SILNY, INNI SĄ ZASZCZYCENI. Kiedy oni są silni, ty jesteś zaszczycony. W ten sposób Wiedza potwierdza siebie na świecie, gdzie Wiedza została zapomniana. Wiedzę trzeba potwierdzić jedynie drogą doświadczenia i ekspresji, aby przekazać ją innym. Twoje największe nauczanie w tym życiu stanowi wkład twojego życia, tak jak jest ono demonstrowane innym. Zaiste, stanowi to twój największy dar dla siebie samego, gdy bowiem twoje życie manifestuje się przed tobą w swojej wartości, twój szacunek do siebie samego zostanie odzyskany, a ty zrozumiesz swoją prawdziwą wartość w stosunku do samego życia.

DLATEGO TEŻ, KIEDY INNI SĄ SILNI, ty jesteś zaszczycony. W ten sposób nie będziesz dążył do umniejszania komuś, aby wzmocnić siebie. Nie będziesz dążył do zapewnienia swojej przewagi, opierając się na niekorzyści drugiego. W ten sposób żadna wina nie będzie towarzyszyć twemu osiągnięciu, nikt bowiem nie został zdradzony, gdy zabiegasz o zdobycie doświadczenia i o rozwój w życiu.

LEKCJA NA DZISIAJ JEST BARDZO GŁĘBOKA i będzie wymagała głębokiego namysłu. Co godzinę powtarzaj ideę na dzisiaj i poważnie się nad nią zastanawiaj w każdej okoliczności, w jakiej się znajdziesz. Dzisiaj w swoich głębszych praktykach wejdź w stan spokoju i milczenia. Zezwól sobie na ten dar, ponieważ idea na dzisiaj jest bardzo prosta i bardzo prawdziwa. Nie jest w żaden sposób skomplikowana, chociaż będzie ona wymagała głębokiego namysłu, jesteś bowiem zbyt przyzwyczajony do zabawiania się rzeczami o powierzchownej wartości. W przeciągu Naszego wspólnego treningu w tych dniach, tygodniach i miesiącach uczysz się angażować swój umysł, by rozpoznawać to, co oczywiste i widoczne, co jednak nie było jeszcze widoczne dla ciebie, któryś zabawiał się tym, co powierzchowne.

Dzisiaj pozwól zatem, aby ten czas został poświęcony Wiedzy. Niech ten czas zostanie poświęcony temu, co wzmacnia samego ciebie i wszystkie inne jednostki we wszechświecie. Kiedy inni są silni, ty jesteś zaszczycony. W ten sposób całe oddzielenie kończy się, a prawdziwe ofiarowywanie staje się oczywiste.

Praktyka 244: *Dwa 30 – minutowe okresy praktyki.*
Cogodzinna praktyka.

Krok 245

KIEDY INNI ZAWODZĄ, PRZYPOMINAM SOBIE O POTRZEBIE WIEDZY.

KIEDY INNI ZAWODZĄ, NIECH PRZYPOMINA CI TO o twojej potrzebie Wiedzy. Niech twoja potrzeba Wiedzy nie będzie niedoceniana. Tym samym nie musisz reagować potępianiem lub osądzaniem wobec tych, którzy zawodzą, lecz zdać sobie sprawę z ich wielkiej potrzeby oraz własnej wielkiej potrzeby. To tylko potwierdzi zatem szczegółowość, z jaką musisz się teraz przygotować. Przygotowujesz się bowiem nie tylko dla własnego rozwoju i spełnienia, ale i dla rozwoju oraz spełnienia ludzkości. To nie jest bezpodstawne stwierdzenie czy oświadczenie. To jest absolutna prawda. Z każdym krokiem, jaki podejmujesz w kierunku Wiedzy, ofiarowujesz swoje osiągnięcie światu i zmniejszasz ciężar wszystkich, którzy zmagają się ze swoimi fantazjami oraz poczuciem porażki.

TWOJE ŻYCIE STAJE SIĘ ZATEM TWOIM NAUCZANIEM, jest to bowiem życie Wiedzy. Demonstruje ono obecność Wiedzy na świecie, co jest obecnością Boga. Dzieje się tak w wyniku twojej służby jako zaawansowanego nośnika dla Wiedzy. W twoim rozwoju wszelkie ludzkie zdolności są promowane, wszelkie ludzkie obciążenia są rozpraszane, a to, co jest najprawdziwsze i najbardziej szczere w osobistym życiu ludzkim na świecie jest wynoszone. Potwierdzane jest również to, co jest poza wszelkim ludzkim życiem, ale zawiera ludzkie życie. Dlatego też porażka drugiego jest wezwaniem do twojego zaangażowania w Wiedzę. Jest to wezwanie do twojego rozwoju i wzmocnienia, ponieważ przybyłeś na świat, aby dać.

CO GODZINĘ PRZYPOMINAJ SOBIE O TYM, a w swoich dwu dłuższych okresach praktyki aktywnie zaangażuj swój umysł w zrozumienie tej idei. Pomyśl o każdej osobie, która twoim zdaniem zawiodła i uświadom sobie znaczenie dzisiejszej lekcji w świetle tych, którzy służą tobie. Zdaj sobie sprawę z potrzeby Wiedzy w ich życiu i w swoim życiu. Popełniają oni błędy, aby wywołać twoje zobowiązanie wobec Wiedzy. Służą ci oni w tym zakresie, a to nawołuje do twojej wdzięczności, a nie twojego potępienia. Nauczają cię oni, aby cenić to, co wartościowe i uwolnić to, co bezwartościowe. Nie myśl, że nie oszczędzają ci oni czasu. Oszczędzają ci oni twój czas. Demonstrują oni to, czego musisz się nauczyć i zaakceptować. Dlatego też poświęć się ich dobrobytowi za nauczenie cię cenienia Wiedzy. Gdy cenisz Wiedzę, rezultat twojej wartości zostanie im w zamian zwrócony i zostaną oni wzmocnieni oraz zaszczyceni twoim osiągnięciem.

PRAKTYKA 245: *Dwa 30 – minutowe okresy praktyki.*
    Cogodzinna praktyka.

Krok 246

NIE MA USPRAWIEDLIWIENIA DLA NIEODZYSKANIA WIEDZY.

NIE MA USPRAWIEDLIWIENIA DLA BŁĘDU. Nie ma usprawiedliwienia dla negowania Wiedzy. Nie ma żadnego usprawiedliwienia. Nie staraj się usprawiedliwiać swoich błędów poprzez przypisywanie sobie winy albo poprzez oskarżanie życia o niedawanie ci tego, czego potrzebujesz. Nie usprawiedliwiaj swoich błędów poprzez obarczanie odpowiedzialnością swoje dzieciństwo, swoich rodziców albo swoje wychowanie w determinowaniu swojej obecnej sytuacji. Błędów nie można usprawiedliwiać. Wszystko, czego nie można usprawiedliwić, może zostać porzucone, brak temu bowiem prawdziwego znaczenia i wartości.

DZIŚ JEST ZATEM FORMĄ WOLNOŚCI, wyrazem wolności dla ciebie, który wciąż z przyzwyczajenia i samozadowolenia starasz się usprawiedliwiać swoje błędy poprzez obarczanie winą i odpowiedzialnością. Jest to bez znaczenia, gdyż dzisiaj dane ci jest przyjść do Wiedzy oraz poświęcić się w swoim podejściu do Wiedzy. Możesz jedynie usprawiedliwić swój błąd jako wymówkę, aby nie podejść do Wiedzy, a skoro nie ma usprawiedliwienia dla błędu, nie ma usprawiedliwienia, aby nie podejść do Wiedzy. Bez tego usprawiedliwienia jesteś usprawiedliwiony, stanowisz bowiem ekspresję Wiedzy. To jest twoje przeznaczenie i twój cel na świecie. Jeżeli błąd jest nieusprawiedliwiony, prawdzie dane jest całe usprawiedliwienie.

POZWÓL SOBIE POWTARZAĆ TĘ IDEĘ CO GODZINĘ. Przystąp do tego w swoich dłuższych okresach praktyki w wyciszeniu i receptywności. Bądź dzisiaj wdzięczny, że twoje błędy zostały wybaczone. Bądź dzisiaj wdzięczny, że potępianie jest nieuzasadnione. Bądź dzisiaj wdzięczny, że masz tę sposobność, aby podejść do Wiedzy, która potwierdzi to, co jest najprawdziwsze i największe w tobie. Bądź dzisiaj wdzięczny, że nie ma uzasadnienia w zaprzeczaniu temu, albowiem bez winy i potępiania możesz jedynie otrzymać to, co życie ma ci do zaoferowania.

NIECHAJ BĘDZIE TO DZIEŃ CELEBRUJĄCY TWOJĄ WOLNOŚĆ. Niechaj będzie to dzień potwierdzający, iż jesteś niewinny, jesteś bowiem studentem Wiedzy. Niechaj będzie to dzień potwierdzający, iż wszelkie problemy świata mogą zostać rozwiązane bez potępiania, albowiem bez potępiania wszystkie problemy na świecie mogą zostać rozwiązane.

PRAKTYKA 246: *Dwa 30 – minutowe okresy praktyki.*
Cogodzinna praktyka.

Krok 247

Wysłucham dzisiaj moich Wewnętrznych Nauczycieli.

Wysłuchaj swoich Nauczycieli, mają oni bowiem dla ciebie mądrą poradę. Zaakceptuj ich poradę i pracuj z nią, zdając sobie sprawę, iż jedynie poprzez postępowanie zgodnie z poradą zrozumiesz jej znaczenie oraz wartość.

Znajdź czas co godzinę, aby przypominać sobie, że twoi Wewnętrzni Nauczyciele są z tobą. Oczekuj dzisiaj z niecierpliwością tych dwu okresów medytacji, kiedy będziesz wolny od zewnętrznych zobowiązań i zaangażowań, aby spędzić czas ze swoimi Wewnętrznymi Nauczycielami. Przemówią oni do ciebie w tym dniu i pomogą ci nauczyć się wysłuchiwać oraz rozróżniać ich głos od innych głosów, które dręczą twój umysł. Reprezentują oni jeden prawdziwy głos, który przemówi do twojej duszy. Nie są oni zamiennikami, które tworzysz, by stale utrzymywać się w strachu. Dlatego też obdarz ich zaufaniem, tak jak oni obdarzyli zaufaniem ciebie, powierzają ci oni bowiem Wiedzę na świecie – większej formy zaufania i uznania nie możesz sobie wyobrazić. Aby być nośnikiem Wiedzy na świecie, musisz być świadkiem wielkości swojego pochodzenia i swojego dziedzictwa oraz wielkości szacunku Boga do ciebie.

Dlatego też w swoich dwu głębszych praktykach w tym dniu w spokoju i milczeniu skieruj swoje nasłuchiwanie do wewnątrz. Słuchaj z wielką uwagą. Pozwól sobie stać się receptywnym, a będziesz wiedział, że twoi Nauczyciele stoją z tyłu, obserwując cię, miłując cię i cię wspierając. I powiedzą ci oni w tym dniu o rzeczach poza światem oraz o rzeczach na świecie. Przypomną ci oni o twoim celu i twojej funkcji, gdy uczysz się słuchać w tym dniu.

Praktyka 247: *Dwa 30 – minutowe okresy praktyki.*
Cogodzinna praktyka.

Krok 248

ZDAM SIĘ NA MĄDROŚĆ WSZECHŚWIATA, ABY ZOSTAĆ POINSTRUOWANYM.

ZDAJ SIĘ NA MĄDROŚĆ WSZECHŚWIATA. Nie polegaj na samym sobie, sam nic bowiem nie wiesz. W samotności nie ma Wiedzy i nie ma relacji. Zdaj się na Mądrość wszechświata, która jest dostępna dla ciebie w ramach twojej Wiedzy, pobudzanej przez obecność twoich Nauczycieli. Nie myśl, że samodzielnie możesz coś zrobić, gdyż sam nic nie możesz zrobić. Jednakże wspólnie z życiem wszystko to, co jest przeznaczone dla twojego spełnienia i twojego największego wkładu jest wskazywane i tak przyrzeczone.

DLATEGO TEŻ PRZYPOMINAJ SOBIE O TEJ IDEI co godzinę, a w swoich praktykach medytacyjnych raz jeszcze poszukaj schronienia Wiedzy w spokoju i w milczeniu. Pozwól Mądrości wszechświata wyrazić się tobie, który uczysz się otrzymywać tę Mądrość w otwartości i w pokorze.

POZWÓL, ABY TEN DZIEŃ BYŁ DNIEM WYSŁUCHIWANIA, dniem kontemplacji oraz dniem receptywności. Nie padaj ofiarą nawykowych osądów lub trosk, lecz zezwól, aby ten dzień był dniem prawdziwego dostępu do życia, ażeby życie mogło obdarzyć ciebie, któryś jest jego sługą.

PRAKTYKA 248: *Dwa 30 – minutowe okresy praktyki.*
Cogodzinna praktyka.

Krok 249

SAM NIC NIE MOGĘ ZROBIĆ.

Sam nic nie możesz zrobić, w życiu bowiem niczego nie robi się samemu. Jest to tak bardzo oczywiste, jeżeli po prostu obserwujesz działania wokół siebie. Nikt nie robi niczego sam. Jest to tak bardzo prawdziwe; nie można temu zaprzeczyć, jeśli uczciwie spojrzysz na świat. Nawet gdybyś był sam na szczycie góry bez drugiej duszy w zasięgu wzroku, nie byłbyś samotny, ponieważ twoi Nauczyciele byliby z tobą, a wszystko, co byś tam osiągnął, byłoby wynikiem wspólnego wysiłku, tak jak wszystko, czego dokonujesz z innymi ludźmi, jest wynikiem wspólnego wysiłku. To potwierdza rzeczywistą naturę relacji oraz daje pełne świadectwo faktu, że niczego nie można zrobić samemu. Tym samym musisz nauczyć się cenić swoje relacje, są one bowiem nośnikami osiągnięcia we wszystkich dziedzinach i wszelkich sposobach ekspresji.

Dlatego też podkreślamy wartość twoich relacji dla ciebie, który pragniesz teraz odzyskać Wiedzę. Te relacje muszą zostać nasycone Wiedzą, którą odzyskujesz. Wtedy będą miały one stabilność, skuteczność oraz łaskę, które Wiedza zawiera dla ciebie. Albowiem jedynie relacje oparte na Wiedzy mogą nieść Mądrość, którą Wiedza okaże na świecie. Relacje oparte na osobistym przyciąganiu albo osobistej fantazji nie będą miały podstawy, aby nieść Wiedzę i gwałtownie zawiodą w obecności wymogów i potrzeb prawdziwego życia.

Dlatego też, gdy odzyskujesz Wiedzę, przyswajasz również lekcje dotyczące relacji. Co godzinę przypominaj sobie o tym i bądź świadkiem oczywistości dzisiejszej lekcji w jakimkolwiek kontekście się znajdziesz. Jeśli spojrzysz, dostrzeżesz, iż niczego nie można zrobić samemu – na jakimkolwiek poziomie, w jakiejkolwiek dziedzinie. Niczego nie można zrobić samemu. Nie ma indywidualnej twórczości. Nie ma indywidualnego wkładu. Nie ma indywidualnej inwencji. Jedyne, co można zrobić samemu, to fantazja, a w obszarze fantazji powstało bardzo wiele. Nawet to jednak jest podzielane i wzmacniane, gdy każda osoba wzmacnia to w ramach swojej własnej wyobraźni. Dlatego też nawet iluzja jest podzielana i uzasadniana poprzez relację. Niczego nie można zrobić samemu. Nawet iluzji nie można stworzyć samemu. Nie ma od tego ucieczki. Jednakowoż fakt, iż nie ma ucieczki od życia, stanowi prawdziwą obietnicę twojego odkupienia, tutaj bowiem życie cię zbawi, a wszystko, co sprowadziłeś na świat, zostanie aktywowane i ofiarowane.

DZISIAJ W SWOICH GŁĘBSZYCH OKRESACH PRAKTYKI zbliż się do Wiedzy i zbliż się do swoich Nauczycieli w wyciszeniu i pokorze. Uświadom sobie, że sam nic nie możesz zrobić. Nawet twoja próba dyscyplinowania swego umysłu i przygotowywania się do medytacji jest czymś, co dzielisz z innymi, którzy ćwiczą, jak i również ze swoimi Nauczycielami. Cała potęga Boga może zostać wyrażona poprzez ciebie, niczego bowiem nie można zrobić samemu.

PRAKTYKA 249: *Dwa 30 – minutowe okresy praktyki.*
Cogodzinna praktyka.

Krok 250

DZISIAJ NIE BĘDĘ SIĘ TRZYMAĆ Z DALA OD SIEBIE.

MOŻESZ BYĆ SAM JEDYNIE W FANTAZJI, a fantazja nie przyniesie ci niczego wartościowego, trwałego lub istotnego. Nie zdradzaj dzisiaj swojej Wiedzy poprzez trzymanie się z dala od siebie. Nie karz się za błędy, które nie mają znaczenia i które są w istocie jedynie wyrazem zamętu. Nie ma usprawiedliwienia dla błędu i nie ma usprawiedliwienia dla trzymania się z dala od siebie. Jesteś częścią życia i będziesz potrzebował polegać na swoich relacjach z innymi oraz z życiem jako całości, aby cokolwiek osiągnąć, nawet po to, aby przetrwać.

GDY ZASTANAWIASZ SIĘ NAD TYM, wdzięczność naturalnie pojawi się w tobie i zdasz sobie sprawę, że ziemia, po której stąpasz oraz wszystko, co widzisz i dotykasz będące pożyteczne i korzystne, jest wynikiem dawania i współpracy. Wtedy twoja wdzięczność naturalnie wywoła miłość, a z twojej miłości zaczniesz pojmować, jak wszystko jest realizowane we wszechświecie. To da ci siłę oraz zapewnienie co do tego, co ty sam musisz nauczyć się czynić.

CO GODZINĘ PAMIĘTAJ O TYM, a w swoich głębszych medytacjach pozwól sobie otrzymać. Nie trzymaj się z dala od Wiedzy, która oczekuje, aby błogosławić cię w twoich praktykach medytacyjnych. To właśnie wtedy przychodzisz do ołtarza Boga, aby być obecnym i tutaj Bóg przedstawia Boga tobie, który uczysz się otrzymywać Wiedzę.

PRAKTYKA 250: *Dwa 30 – minutowe okresy praktyki.*
Cogodzinna praktyka.

Krok 251

Jeżeli będę trwać przy Wiedzy, nie będzie zamętu w moich relacjach.

Jeżeli Wiedza nie jest zdezorientowana, jakżeż ty możesz zdezorientowany, który trwasz przy Wiedzy? Trwanie przy Wiedzy oznacza jednak, że nie próbujesz rozwiązać rzeczy, zrozumieć rzeczy, kontrolować albo przekonywać do czegoś bez Wiedzy. Nie próbujesz spełnić swojej wyjątkowości, wykorzystując drugiego, aby ją wzmocnić. Nie próbujesz uzasadnić swoich błędów, obarczając kogoś winą.

Wraz z Wiedzą nie ma zamętu w relacjach. Wiesz, z kim być należy i z kim być nie należy i nie ma w tym potępienia. Wiesz, gdzie należy się zaangażować oraz gdzie nie należy się angażować i nie ma w tym potępienia. Wybierasz to, ponad tamto, a nie to, co słuszne, ponad to, co niewłaściwe. Idziesz tu, a nie tam, ponieważ tu właśnie musisz się udać. Jakże proste to jest i jakże całkowicie skuteczne. To potwierdza Wiedzę we wszystkich jednostkach i nikt nie jest potępiany. Tutaj wrota piekieł stoją otworem i wszyscy są wolni, aby powrócić do Wiedzy, wrota piekieł już są bowiem otwarte, a Wiedza wzywa wszystkich, którzy tam przebywają, do powrotu do Boga. Czymże bowiem jest piekło jak życiem bez Boga oraz życiem bez Wiedzy? Jest to życie stworzone w umyśle, to wszystko.

Dlatego też przyjmij wezwanie Wiedzy, co jest wezwaniem Boga, abyś przebudził się i uczestniczył w życiu. Sam nic nie możesz zrobić, a twoje relacje będą oczywiste, kiedy trwasz przy Wiedzy. Co godzinę pamiętaj o tym, a dzisiaj w swoich dwu dłuższych okresach praktyki zaangażuj się aktywnie w przyglądanie się każdemu pojedynczemu zaangażowaniu w relację, którą miałeś. Rozpoznaj w nich frustracje oraz zamęt, wielkie oczekiwania oraz wielkie rozczarowania, rozgoryczenie nad błędem, poczucie porażki oraz obarczanie winą. Następnie rozpoznaj, że z Wiedzą nic z tego nic jest konieczne, z Wiedzą bowiem znaczenie oraz cel każdej relacji był rozpoznany na początku twojego zaangażowania i został potwierdzony na końcu.

Zdaj sobie sprawę w swoich obecnych relacjach, że z Wiedzą wszystko będzie jasne i możesz iść dalej bez poczucia winy oraz bez przymusu albo potrzeby. Z Wiedzą możesz podążać za tym, co jest dokładnie korzystne dla ciebie i dla twoich ukochanych, wszystkie bowiem relacje są uszanowane tudzież błogosławione poprzez Wiedzę oraz wszyscy odnajdują swoje właściwe miejsce ze sobą nawzajem. Tym samym każda osoba jest uszanowana, a jego lub jej Wiedza jest potwierdzona. Niech to stanowi dzisiaj twoje rozumienie.

Praktyka 251: *Dwa 30 – minutowe okresy praktyki.*
Cogodzinna praktyka.

Krok 252

PRZEGLĄD

Niech twój Przegląd każdej lekcji z minionych dwu tygodni będzie potwierdzeniem obecności Wiedzy w twoim życiu. Przejrzyj każdą lekcję i praktykę. Przejrzyj obiektywnie zakres swojego zaangażowania i zdaj sobie sprawę ze sposobności, aby poświęcić się pełniej i bardziej kompletnie. Uświadom sobie, jak nic nieznaczące jest twoje zaprzeczanie i jak wielka jest obietnica twojej nagrody, zważywszy na twoje uczestnictwo w życiu. Zdasz sobie z tego sprawę, gdy przejrzysz swoje praktyki, twoje praktyki bowiem demonstrują twoją ambiwalencję wobec Wiedzy oraz obecność samej Wiedzy.

Z czasem nauczysz się, że gdy zbliżasz się do Wiedzy, wszystko, co istotne i cenne będzie potwierdzane, a gdy odchodzisz od Wiedzy, wchodzisz w mrok swojej własnej wyobraźni. To wówczas przekona cię, gdzie musisz się przyłożyć. To wówczas przekona cię o wielkiej obecności, która jest w tobie, aby cię wspierać. To przekona cię, że jesteś włączony w życie oraz że twoi Nauczyciele są z tobą. Każdą przeszkodę lub niedoskonałość, którą dostrzegasz albo sobie wyobrażasz, można z łatwością przezwyciężyć z Wiedzą. To twoje pragnienie Wiedzy oraz twoja pojemność Wiedzy muszą zostać wzmocnione. A gdy tylko to zostanie dokonane, Wiedza wyrazi się, a ty będziesz beneficjentem największego daru życia.

Dzisiaj w swoim dłuższym Przeglądzie pozwól sobie podjąć się swojej praktyki z wielką szczegółowością i szczerością. Pozwól, aby ten dzień potwierdził twój status studenta. Pozwól, aby ten dzień potwierdził, że zostałeś ocalony.

Praktyka 252: *Jeden długi okres praktyki.*

Krok 253

Wszystko, czego naprawdę potrzebuję, zostanie mi zapewnione.

Temu oświadczeniu musisz całkowicie zaufać, chociaż twoja przeszłość była pasmem zniechęcenia i rozczarowania. Jednak nawet tutaj możesz zdać sobie sprawę, iż to, co było ci naprawdę potrzebne dla rozwoju Wiedzy i dla rozwoju twoich prawdziwych mentalnych i fizycznych zdolności, zostało ci zapewnione.

Wszystko, czego naprawdę potrzebujesz, zostanie ci zapewnione. To wtedy, kiedy pragniesz rzeczy, których tak naprawdę nie potrzebujesz, twoja świadomość tego staje się zmącona, a to prowadzi cię do mrocznej spekulacji i poważnego rozczarowania. To, czego potrzebujesz, uczyni cię szczęśliwym; to, czego nie potrzebujesz, uczyni cię zdezorientowanym. Jest to bardzo proste, bardzo jasne i bardzo bezpośrednie. Wiedza zawsze jest taka. Wiedza potwierdza to, co jest kluczowe. Tutaj twoje podejście do życia staje się proste i bezpośrednie. Tym samym doświadczasz życia jako coś prostego i bezpośredniego.

Jeżeli podejdziesz do życia w nikczemny sposób, życie wyda ci się nikczemne. Jeżeli podejdziesz do życia z prostotą i szczerością, życie wyda cię się proste i szczere. Wiedza wskaże to, co jest prawdziwie potrzebne oraz to, co jest nieistotne, rzeczy, które musisz nieść oraz to, co stanowi jedynie dodatkowy bagaż, który cię obciąży. Jeśli pragniesz tego, co nie jest konieczne i poświęcisz się temu, stracisz kontakt z tym, co jest rzeczywiste i autentyczne, a twoje życie stanie się zagmatwane i nieszczęśliwe.

Wypowiadaj te słowa co godzinę i je rozważaj. Życie wokół ciebie zademonstruje, że są one prawdziwe. W swoich głębszych praktykach medytacyjnych raz jeszcze wejdź w stan wyciszenia. Pokieruj swoim wysiłkami w swoim własnym imieniu, a twój umysł zareaguje na twoje polecenie. To twoje pragnienie Wiedzy pozwoli wszystkim rzeczom przyjść do ciebie. Owa pewność w życiu da ci zapewnienie, aby iść dalej. Owa pewność w życiu da ci zapewnienie, że twoje życie jest wysoce cenione na świecie. Owa pewność w życiu potwierdzi to, co prowadzi samo życie, w ramach życia bowiem jest Wiedza i jest fantazja, lecz życie samo w sobie jest Wiedzą.

Praktyka 253: *Dwa 30 – minutowe okresy praktyki.*
Cogodzinna praktyka.

Krok 254

UFAM MOIM NAUCZYCIELOM, KTÓRZY TRWAJĄ PRZY MNIE.

Ufaj swoim Nauczycielom, są oni bowiem całkowicie godni zaufania. Są oni tutaj, aby zainicjować w tobie Wiedzę, aby przypominać ci o twoim pochodzeniu i twoim przeznaczeniu oraz by prowadzić cię w sprawach wielkich i małych. Ufaj swoim Nauczycielom. Nie zajmą oni miejsca twojej Wiedzy, lecz odsuną się, gdy Wiedza w tobie się ujawni. Ufaj swoim Nauczycielom, oni już bowiem osiągnęli to, czego ty teraz próbujesz i uczą cię teraz tego, ażeby mogli oni wypełnić swoje przeznaczenie na świecie. Ufaj swoim Nauczycielom, nie mają oni bowiem celu czy ambicji poza Wiedzą. Tym samym ich podejście do ciebie jest całkowicie jednolite i szczere – bez podstępu, zamętu albo konfliktu umysłu.

GDY UCZYSZ SIĘ OTRZYMYWAĆ SWOICH NAUCZYCIELI, nauczysz się otrzymywać ich podejście do życia. W ten sposób podarują ci oni harmonię, równowagę, moc oraz kierunek. Nie możesz odpowiedzieć na szczerość brakiem szczerości. Musisz nauczyć się odpowiadać na szczerość szczerością. Musisz nauczyć się reagować na kierunek pragnieniem kierunku. Musisz nauczyć się odpowiadać na poświęcenie poświęceniem. Tak oto w swojej odpowiedzi dla swoich Nauczycieli uczysz się, jak odpowiadać. Uczysz się cenić to, co jest wartościowe i uczysz się uwalniać albo pomijać to, co jest bez znaczenia.

GDY ZAUFASZ SWOIM NAUCZYCIELOM, zaufasz sobie. Co godzinę pamiętaj o tym. W swoich dwu okresach wielkiego schronienia i szczęścia w medytacji powróć do swoich Nauczycieli, którym teraz ufasz. W wyciszeniu i spokoju będą oni trwać przy tobie, a ty możesz pławić się w głębi ich miłości. Możesz doświadczyć ich wszechstronnego przywiązania oraz przyjąć ich łaskę, która pobudzi jedynie twoją Wiedzę, albowiem jedynie twoja Wiedza zostanie pobudzona.

PRAKTYKA 254: *Dwa 30 – minutowe okresy praktyki.*
Cogodzinna praktyka.

Krok 255

BŁĘDY TEGO ŚWIATA MNIE NIE ZNIECHĘCĄ.

Nie pozwól, aby zamęt cię zniechęcił, cały błąd jest bowiem zrodzony z zamętu. Pamiętaj, że kiedy ludzie są bez Wiedzy, mogą oni jedynie popełnić błąd i wyrazić własny zamęt. Mogą oni jedynie ćwiczyć zamęt i mogą jedynie służyć zamętowi. To zatem nauczy cię, aby cenić to, co jest wartościowe i rozpoznawać to, co jest bez znaczenia. To nauczy cię, że zawsze służysz temu, co sobie cenisz; zawsze wzmacniasz to, co sobie cenisz; zawsze ćwiczysz to, co sobie cenisz.

Teraz uczysz się cenić Wiedzę. Uczysz się praktykować Wiedzę. Uczysz się rozpoznawać Wiedzę. I uczysz się służyć Wiedzy. To jest demonstracja, której wymagasz. Nie pozwól, aby zamęt tego świata cię zniechęcił, gdyż przypomina ci to o twojej wielkiej potrzebie. Jakżeż błędy tego świata mogą cię zniechęcać, skoro powinny cię one zachęcać? Właściwie postrzegane skłonią cię jedynie do oddania się teraz pełniej twojemu przygotowaniu. To przygotowanie, w które jesteś zaangażowany, daje obietnicę na aktywowanie Wiedzy w tobie. Musisz jedynie podążać zgodnie z jego krokami.

Nie odnajdziesz schronienia na świecie. Już tego próbowałeś i zawiodło cię to raz za razem, tak jak zawiedzie cię to wielokrotnie, jeżeli dalej będziesz tego próbował. To ty musisz podarować światu, ponieważ to ty masz Wiedzę.

Dlatego też otrzymaj Wiedzę w tym dniu w swoich cogodzinnych praktykach i w swoich głębszych okresach praktyki. Nie pozwól, aby błędy tego świata cię zniechęciły. Pozwól, aby błędy tego świata doprowadziły i zainspirowały cię w kierunku Wiedzy, ponieważ stanowi to część daru świata dla ciebie. Inna część daru świata to bycie miejscem, w którym pozwalasz Wiedzy ofiarowywać się poprzez ciebie. Tutaj świat jest błogosławiony i ty jesteś błogosławiony. Wtedy będziesz wdzięczny za błędy świata i za osiągnięcia świata, ponieważ jedno pobudza Wiedzę, a drugie spełnia Wiedzę. Dlatego też w tym dniu naucz się myśleć we właściwy sposób, aby twój umysł mógł być pożytecznym sługą Wiedzy i ażeby wszystkie twoje aspekty mogły zostać uszanowane.

PRAKTYKA 255: *Dwa 30 – minutowe okresy praktyki.*
  Cogodzinna praktyka.

Krok 256

Świat wyłania się do Większej Społeczności światów.

Jest to stwierdzenie prawdy w odniesieniu do ewolucji twojego świata. To nadaje znaczenie oraz kierunek twemu pojmowaniu twojego uczestnictwa i wnoszenia twojego wkładu na świecie. To nie ma na celu przestraszyć cię albo wywołać niepewność lub niepokój, ponieważ z Wiedzą niepewność i niepokój nie są konieczne. Wraz z Wiedzą nie ma niepewności, albowiem spokój Wiedzy jest twoją pewnością, głos Wiedzy jest twoją pewnością oraz przepływ Wiedzy jest twoją pewnością. Wszystkie twoje mentalne i fizyczne zdolności oraz umiejętności mogą służyć ekspresji tego, w jakiejkolwiek dziedzinie przeznaczone ci jest służyć.

Stwierdzenie, że świat wyłania się do Większej Społeczności światów, jest potwierdzeniem twojego celu, ponieważ twoje postrzeganie, twoje rozumienie i twoje docenienie świata muszą wzrastać. Twoje rozumienie trudności i sposobności świata musi wzrastać. Nie możesz utrzymywać małej wizji świata i w ogóle rozumieć znaczenie swojej własnej Wiedzy. Musisz myśleć w szerszym kontekście. Musisz myśleć nie tylko o sobie – swoich pragnieniach i swoich obawach – ponieważ stanowisz część większego życia, któremu przyszło ci służyć. Świat, któremu służysz teraz i któremu nauczysz się służyć w przyszłości, wyłania się do Większej Społeczności światów.

Powtarzaj tę ideę co godzinę i zastanawiaj się nad nią, gdy postrzegasz świat wokół siebie. W swoich głębszych praktykach zaangażuj swój umysł aktywnie w próbę zrozumienia dzisiejszej lekcji. Dzisiejsza praktyka nie koncentruje się na wyciszeniu, lecz na zrozumieniu. Tutaj umysł jest znacząco wykorzystywany, albowiem umysł powinien być wykorzystywany albo w sposób znaczący, albo wcale. Pozwól sobie rozważyć wszystkie swoje idee na temat dzisiejszej lekcji. Zajmij się zrozumieniem swoich zastrzeżeń, swoich przekonań, swoich obaw i swoich preferencji. Kiedy zostaną one rozpoznane, będziesz w pozycji, aby wiedzieć. Wiedza zostanie pobudzona dzisiejszą lekcją, dzisiejsza lekcja ma bowiem pobudzić Wiedzę.

PRAKTYKA 256: *Dwa 30 – minutowe okresy praktyki.*
Cogodzinna praktyka.

Krok 257

ŻYCIE JEST WIĘKSZE NIŻ KIEDYKOLWIEK MYŚLAŁEM.

Życie jest większe niż kiedykolwiek myślałeś i z pewnością większe niż kiedykolwiek sobie wyobrażałeś. Jego wielkość jest zrodzona z faktu, że żyjesz w Większej Społeczności światów. Jego wielkość jest zrodzona z faktu, że Wiedza stanowi kluczowy aspekt ciebie, który niesiesz w sobie. Wielkość życia jest potwierdzona obecnością twoich Nauczycieli oraz obecnością wszystkich, którzy przygotowują się do odzyskania Wiedzy z tobą.

Tak oto masz większy cel w większym wszechświecie. Tak oto możesz widzieć świat w jego odpowiednim kontekście. Tak oto możesz widzieć siebie w swoim odpowiednim kontekście, odegrasz bowiem niewielką część w większej ewolucji świata, a twoja część będzie kluczowa. Jej realizacja będzie w twoim zasięgu. Coś niewielkiego dokonane na rzecz czegoś wielkiego oznacza, iż najmniejszy wkład nosi wielkość tego, czemu służy. To odkupuje cię względem siebie samego; to odkupuje cię względem życia. To odrzuca cały mrok i rozprasza wszelkie negatywne wyobrażenia, służysz bowiem większemu życiu.

W swoich dłuższych praktykach zaangażuj się w próbę zrozumienia znaczenia dzisiejszej idei. Wykorzystaj swój umysł w sposób znaczący. Wykorzystaj go aktywnie i obiektywnie, taki jest bowiem cel twojego umysłu.

Praktyka 257: *Dwa 30 – minutowe okresy praktyki.*

Krok 258

Kim są dzisiaj moi przyjaciele?

Twoi przyjaciele dzisiaj, to ci wszyscy, którzy odzyskują Wiedzę i ci wszyscy, którzy odzyskali Wiedzę. Twoi jutrzejsi przyjaciele to ci wszyscy, którzy odzyskają Wiedzę. Dlatego też każdy jest albo twoim przyjacielem, albo zostanie twoim przyjacielem. Jest to tylko kwestia czasu, a czas może wydawać się długi jedynie tym, którzy przebywają w nim bez celu. Jednak dla tych, którzy przebywają w czasie, mając cel, czas porusza się szybko i prowadzi do tego wielkiego rezultatu.

Kim są dzisiaj twoi przyjaciele? Każdy jest twoim przyjacielem albo zostanie twoim przyjacielem. Po cóż zatem mieć wroga? Czemuż nazywać drugiego wrogiem, kto jest przeciw tobie, stanie się on bowiem twoim przyjacielem. Wiedza was połączy. Odzyskujesz Wiedzę, torujesz więc ku temu drogę.

Kim są dzisiaj twoi przyjaciele? Twoi Nauczyciele i twoja Duchowa Rodzina oraz wszyscy, którzy odzyskują Wiedzę. Tak więc twój zakres przyjaźni jest ogromny. Jest wiele ścieżek w odzyskiwaniu Wiedzy, ale istota nauczania zawsze polega na zawiązaniu się z samą Wiedzą oraz na pozwoleniu Wiedzy wyrazić się poprzez ciebie. W ten sposób wszechświat jest wypełniony twoimi przyjaciółmi – niektórych z nich możesz rozpoznać, a niektórych możesz nie być w stanie rozpoznać, z niektórymi będziesz w stanie współdziałać, a z niektórymi nie będziesz w stanie współdziałać, z niektórymi będziesz w stanie coś osiągnąć, a z niektórymi nie będziesz w stanie czegoś osiągnąć. To wszystko jest kwestią czasu.

Powtarzaj tę ideę co godzinę. Doświadczaj jej jako drogowskazu rzeczywistości dla ciebie. W swoich głębszych praktykach wejdź w stan spokoju i milczenia, ażebyś mógł doświadczyć głębi swojej relacji ze swoimi prawdziwymi przyjaciółmi. Twoje życie jest wypełnione miłością. Jest ono wypełnione osiągnięciem tych wszystkich, którzy teraz odzyskują Wiedzę. Twoje pragnienie Wiedzy jest umotywowane przez tych wszystkich, którzy wciąż odmawiają odzyskania Wiedzy, w przyszłości bowiem oni również będą twoimi przyjaciółmi. Zważywszy na ten punkt widzenia, rozpoznasz, iż nawet ci, którzy będą twoimi przyjaciółmi w przyszłości, są w rzeczywistości twoimi przyjaciółmi dzisiaj, ponieważ oddają ci posługę i proszą, ażebyś służył im poprzez swoją realizację Wiedzy.

PRAKTYKA 258: *Dwa 30 – minutowe okresy praktyki.*
  Cogodzinna praktyka.

Krok 259

Przybyłem na świat, aby nauczać.

Przybyłeś na świat, aby nauczać. Odkąd tu przybyłeś, wszystko, co robisz, to nauczanie. Twoje myśli i twoje zachowanie są nośnikami nauczania. Nawet jako małe dziecko uczyłeś i zachwycałeś, i frustrowałeś tych, którzy cię kochali. W przeciągu każdego etapu swojego życia uczyłeś, ponieważ nauczanie jest naturalną funkcją demonstrowania życia. Tym samym naturalnie pełnisz funkcję w nauczaniu. Nawet jeżeli nie wypełniasz tego w żaden formalny sposób z ludźmi, twoje życie jest demonstracją i dlatego też formą nauczania.

Właśnie dlatego, gdy twoje życie łączy się z Wiedzą i jest pełne wyrazu Wiedzy, twoje życie stanie się samym nauczaniem. Wtedy niezależnie od ścieżki, jaką wskazuje ci się wybrać do wyrażenia samego siebie, która będzie odpowiednia dla twojej natury, będziesz w stanie wyrazić swoje nauczanie gestami wielkimi i małymi, słowami i bez słów oraz osiągnięciami w każdej dziedzinie i drodze życia, przybyłeś bowiem na świat, aby nauczać. Świat może jedynie nauczyć cię, że musisz nauczać prawdy. To jest nauczanie świata dla ciebie. Naucza cię o wielkiej potrzebie Wiedzy i naucza cię o obecności Wiedzy. Tym samym świat służy i wspiera twoją prawdziwą funkcję, gdy służysz i wspierasz prawdziwą funkcję życia.

Pamiętaj o tej idei co godzinę. W swoich dwu głębszych praktykach kontemplacyjnych poświęć się rozważaniu tego bardzo, bardzo ostrożnie. Są to teraz praktyki umysłowego zaangażowania. Zastanów się nad znaczeniem dzisiejszej idei. Zdaj sobie sprawę, iż zawsze nauczałeś drogą demonstracji. Zastanów się nad tym, czego chcesz nauczać za sprawą swojego życia i zastanów się nad tym, co chcesz wzmocnić swoim życiem. Zastanów się nad tym, co chcesz podarować i zastanów się nad tym, co świat ci podarował, aby pobudzić to prawdziwe pragnienie. Wszystko to wytworzy właściwe myślenie i właściwe działanie, a poprzez właściwe myślenie i właściwe działanie Wiedza może przepływać bez wysiłku poprzez ciebie, aby błogosławić życie wokół ciebie i aby wnieść cel, znaczenie oraz kierunek twoim relacjom.

PRAKTYKA 259: *Dwa 30 – minutowe okresy praktyki.*
Cogodzinna praktyka.

Krok 260

JESTEM DZISIAJ PRZYJACIELEM ŚWIATA.

Jesteś dzisiaj przyjacielem świata, a gdy tego doświadczasz, doświadczysz świata jako swojego przyjaciela, świat może jedynie bowiem odzwierciedlić twój cel, gdy go wyrażasz i go doświadczasz. Tutaj doświadczysz nowego świata z Wiedzą, świat, jakiego nie rozważałeś nigdy wcześniej, świat, którego wcześniej doświadczyłeś tylko chwilowo.

Bądź dzisiaj przyjacielem świata, przybyłeś bowiem, aby być przyjacielem świata. Świat jest w wielkiej potrzebie. Demonstruje on wielkie zamieszanie oraz błąd, a jednak przybyłeś, aby być przyjacielem świata, ponieważ świat potrzebuje twojej przyjaźni. W ten sposób otrzymujesz większą nagrodę niż cokolwiek, co mógłbyś zabezpieczyć dla samego siebie, gdyż cokolwiek, co zabezpieczasz dla samego siebie, musisz odebrać życiu. Jednak wszystko, co dajesz i otrzymujesz jako przyjaciel świata, życie ci daje i nie traci ono na wymianie. Wtedy nie ma winy w twoim dawaniu i w twoim otrzymywaniu. Tutaj twoje zaangażowanie jest całkowite i czyste. Wraz z Wiedzą to staje się oczywiste i jest demonstrowane dzień po dniu, aż nauczysz się, że jest to prawdziwe bez wyjątku.

Co godzinę bądź przyjacielem świata. Rozpoznaj, że cały gniew pochodzi z zamętu oraz że Wiedza wyłania się teraz, aby rozwiązać wszelki zamęt. W rezultacie twoje życie jest teraz związane z prawdziwym rozwiązaniem, a nie z pogarszaniem problemu świata. Twoje życie kręci się wokół rozwiązania, a nie problemu. Bądź przyjacielem świata. W swoich dwu głębszych okresach praktyki w wyciszeniu poświęć się byciu przyjacielem świata, to bowiem złagodzi zamęt świata. Gdy uczysz się poświęcać temu z mądrością i rozróżnieniem, pozwolisz światu być twoim przyjacielem, świat bowiem również pragnie stać się twoim przyjacielem.

PRAKTYKA 260: *Dwa 30 – minutowe okresy praktyki.*
Cogodzinna praktyka.

Krok 261

MUSZĘ SIĘ NAUCZYĆ DAWAĆ Z ROZRÓŻNIENIEM.

JEŻELI DAJESZ BEZ OSOBISTEJ AMBICJI, dajesz zgodnie z Wiedzą, a twój dar będzie specyficzny i podarowany w taki sposób, że wzmocni ciebie oraz tych, którzy mogą otrzymać twój dar. To jest Wiedza cię prowadząca. Jeżeli próbujesz dawać dla własnego wywyższenia, jeżeli próbujesz dawać dla dodania pewności siebie albo jeżeli próbujesz dawać dla złagodzenia stałego poczucia winy lub niedowartościowania, nie podarujesz z rozróżnieniem. Twoje dawanie będzie zatem niewłaściwie usytuowane i wytworzy narastający konflikt i zniechęcenie dla ciebie.

ŻYCIE NIE CZYNI NICZEGO BEZCELOWO. Wszystko spełnia cel. Dlatego też twoje dawanie musi zostać dokonane z rozróżnieniem, a twoje rozróżnienie jest czymś, czego musisz się nauczyć krok po kroku, dzień po dniu. To Mądrość działająca na świecie. Wraz z Wiedzą musisz nauczyć się tej Mądrości; inaczej nie będziesz w stanie przekazać swoich prawdziwych darów skutecznie i niewłaściwie zinterpretujesz ich rezultaty. Wiedza podaruje ci, co musi zostać prawdziwie podarowane i nakieruje cię, aby prawdziwie dawać. Jeżeli nie będziesz w to ingerował albo nakładał dodatkowego ciężaru na swoje dawanie, wtedy twoje dawanie będzie całkowicie skuteczne i uzna zarówno ofiarodawcę, jak i odbiorcę.

CO GODZINĘ PAMIĘTAJ O TYM. Korzystaj z rozróżnienia. Są ludzie, którym nie powinieneś dać w bezpośredni sposób. Są ludzie, którym powinieneś dać w bezpośredni sposób. Są sytuacje, w które nie powinieneś wkraczać. Są sytuacje, w które musisz wkroczyć. Są problemy, w które nie powinieneś się angażować. Są problemy, w które powinieneś się zaangażować. Jakżeż możesz osobiście rozróżnić, gdzie twoje dary muszą zostać ulokowane? Jedynie Wiedza może to rozróżnić, a ty możesz to rozróżnić jedynie z Wiedzą. Dlatego też ufaj dzisiaj swoim najgłębszym skłonnościom. Nie pozwalaj przymusom zrodzonym z winy lub strachu prowadzić cię albo motywować cię w twoim pragnieniu dawania. Ćwicz w tym dniu, aby uczyć się rozróżnienia. Ćwicz w tym dniu, aby zestroić się z Wiedzą.

W swoich dłuższych okresach praktyki raz jeszcze zaangażuj się w próbę zrozumienia dzisiejszej lekcji. Nie zadowalaj się fałszywymi założeniami. Rozważ wszystkie myśli i uczucia za albo przeciwko dzisiejszej idei. Zacznij obserwować swoje własne ambicje. Zacznij obserwować, w jaki sposób są one zrodzone z twoich obaw. Zacznij rozróżniać, jakże proste jest podążanie za Wiedzą. Wraz z prostotą przychodzi potęga. Musisz nauczyć się rozróżniania. Nauczenie się tego zajmie trochę czasu. Tym samym uczysz się wykorzystywać wszystkie doświadczenia na rzecz dobra, żadnego doświadczenia nie należy bowiem potępiać. Zawsze powinno się je wykorzystywać do nauki i przygotowania. W ten sposób nie będziesz uzasadniał błędu, lecz wykorzystywał go do własnego rozwoju i do polepszenia świata.

Praktyka 261: *Dwa 30 – minutowe okresy praktyki.*
Cogodzinna praktyka.

Krok 262

JAKŻEŻ MOGĘ OSĄDZAĆ SIEBIE, SKORO NIE WIEM, KIM JESTEM?

JEŻELI NIE WIESZ, KIM JESTEŚ, możesz jedynie osądzać to, za kogo się uważasz. Twoje myśli o sobie samym są w dużej mierze oparte na twoich oczekiwaniach i rozczarowaniach. Bardzo trudno jest obserwować samego siebie ze swojego osobistego umysłu, ponieważ twój osobisty umysł składa się z twoich osobistych myśli, które nie są zrodzone z Wiedzy. Aby postrzegać samego siebie z Wiedzą, musisz być w relacji z Wiedzą. To doprowadzi cię do doświadczenia samego siebie w całkowicie nowy sposób. Owo doświadczenie musi zostać powtórzone i wyrażone wiele razy, nieustannie, w wielu, wielu sytuacjach. Wtedy zaczniesz mieć rzeczywiste poczucie i doświadczenie tego, kim jesteś. Owo poczucie i doświadczenie nie będzie zrodzone z potępienia i braku przebaczenia, jedynie bowiem twoja idea o tobie samym może przynieść rozczarowanie. Życie rozczaruje cię w ten sposób, życie może bowiem spełnić cię jedynie zgodnie z twoją prawdziwą naturą i Prawdziwym Ja. Uświadomienie sobie tego oznacza, iż uświadomiłeś sobie wartość oraz znaczenie życia, a także swoje włączenie w nie. To wymaga rozróżnienia. To wymaga mądrości. To wymaga przygotowania krok po kroku. To wymaga cierpliwości i tolerancji. To wymaga, byś uczył się wykorzystywać swoje doświadczenie dla dobra, nie dla zła.

DLATEGO TEŻ TWOJE POTĘPIANIE SIEBIE SAMEGO jest nieuzasadnione. Opiera się ono jedynie na założeniach. Co godzinę pamiętaj o tym i rozważaj to w świetle wszystkich wydarzeń w tym dniu, co nauczy cię znaczenia dzisiejszej lekcji. W swoich dwu dłuższych okresach praktyki raz jeszcze zaangażuj swój umysł aktywnie w próbę zrozumienia znaczenia dzisiejszej lekcji.

GDY ZGŁĘBIASZ SWÓJ OSĄD WOBEC SAMEGO SIEBIE, zdaj sobie sprawę, że jest on zrodzony z twojego strachu i oparty na założeniu. Jeżeli uświadomisz sobie, że nie wiesz, kim jesteś oraz że jesteś całkowicie zdezorientowany na ten temat, wtedy ustawisz się w pozycji, która pozwoli ci stać się prawdziwym studentem Wiedzy. Ustawisz się w pozycji, która pozwoli ci nauczyć się wszystkiego, zamiast próbować bronić swoich założeń. To reprezentuje twój status studenta. Twoja rola w życiu polega teraz na byciu studentem Wiedzy. Wykorzystaj dzisiaj swój umysł z determinacją. Wykorzystaj swój umysł obiektywnie. Wykorzystaj swój umysł, aby zdać sobie sprawę z tego, czego nie wiesz oraz ze wszystkiego, czego musisz się dowiedzieć. Wykorzystaj swój umysł, by docenić i wykorzystać kroki, które są ci teraz przekazane, ażeby odzyskać Wiedzę na świecie.

Praktyka 262: *Dwa 30 – minutowe okresy praktyki.*
                    Cogodzinna praktyka.

Krok 263

Z WIEDZĄ WSZYSTKO STAJE SIĘ JASNE.

Po co angażować się w dodatkowe przypuszczenia? Po co narzucać dalszą winę lub osąd? Po co komplikować sobie życie albo czynić je bardziej frustrującym, skoro wszystko staje się jasne z Wiedzą? Po co bardziej komplikować swój umysł? Po co przypisywać sobie coraz więcej cech? Po co wynajdywać nowe sposoby myślenia oraz bycia, skoro z Wiedzą wszystko staje się jasne? Po co narzucać coraz więcej odrębności na świecie? Po co sprawiać, że świat wydaje się tak beznadziejnie złożony i niezrozumiały, skoro z Wiedzą wszystko staje się jasne?

Musisz jedynie nauczyć się być z Wiedzą, aby widzieć to, co widzi Wiedza, czynić to, co czyni Wiedza oraz mieć pokój Wiedzy, łaskę Wiedzy, włączenie Wiedzy, relacje Wiedzy i wszystko to, co zawiera Wiedza, a czego świat nie może skopiować.

W swoich dwu głębszych praktykach powróć do bycia z Wiedzą, w pokorze i prostocie, w wyciszeniu i spokoju. Wdychaj Wiedzę. Pozwól Wiedzy wejść i wypełnić twoje ciało. Pozwól sobie zanurzyć się w Wiedzy, a wszystko stanie się jasne, z Wiedzą bowiem wszystko staje się jasne, a wszelkie pytania zanikają.

PRAKTYKA 263: *Dwa 30 – minutowe okresy praktyki.*

Krok 264

DOWIEM SIĘ DZISIAJ O WOLNOŚCI.

DZISIAJ BĘDZIESZ MIAŁ MOŻLIWOŚĆ DOWIEDZIEĆ SIĘ więcej na temat wolności. Krok, jaki dzisiaj podejmujesz, będzie bardzo istotny w daniu ci nowego punktu widzenia w odniesieniu do wolności, niewoli, rozwiązywania problemów oraz natury prawdziwego rozwoju.

DZISIAJ ZASTANAWIAJ SIĘ NAD SWOJĄ LEKCJĄ CO GODZINĘ i zastanawiaj się nad tym, czym jest wolność. W swoich dłuższych okresach praktyki zaangażuj swój umysł w rozmyślanie na temat wolności. Jest to bardzo ważny punkt centralny na dzisiaj. W szczególności w swoich dłuższych medytacjach zaangażuj swój umysł całkowicie w przeglądanie swoich idei dotyczących wolności. Jak myślisz, co stanowi wolność? Jak myślisz, co uniemożliwia ludziom bycie wolnym? Co tworzy wolność, która jest trwała i bezpieczna? Jak można to osiągnąć? Co wspomoże to w przyszłości? Po spędzeniu około trzydziestu minut na zastanawianie się nad tym wszystkim w każdej praktyce wejdź w stan spokoju i milczenia. Otwórz się, aby pozwolić Wiedzy do ciebie przemówić. Trwaj tam przy swoich Nauczycielach. Gdy wyczerpiesz swoje idee, wejdź w stan spokoju i receptywności.

JEST BARDZO WAŻNE, AŻEBYŚ BYŁ ŚWIADOMY własnych idei na temat wolności, ponieważ dopóki nie zostaną one rozpoznane i dopasowane, to w dalszym ciągu będą wywierać na ciebie swój wpływ. W dalszym ciągu będą dominować nad twoim myśleniem i tym samym nad twoim zachowaniem. Większa wolność jest teraz dostępna dla ciebie, musisz się jednak nauczyć, jak się do niej zbliżyć. Dzisiaj dowiesz się więcej na temat wolności – co uważasz za wolność i czym wolność jest naprawdę.

PRAKTYKA 264: *Dwa 40 – minutowe okresy praktyki.*
Cogodzinna praktyka.

Krok 265

Większa wolność czeka na mnie.

WIEDZA BĘDZIE WYMAGAŁA OD CIEBIE BYCIA WOLNYM OD PRZESZŁOŚCI oraz wolnym od niepokoju o przyszłość. Będzie wymagała, abyś był obecny wobec życia. Będzie wymagała, abyś był otwarty i szczery. Będzie wymagała od ciebie wiary oraz konsekwentnego stosowania własnych możliwości. Będzie wymagała, abyś nie był skonfliktowany. Będzie wymagała, abyś darzył siebie ogromną miłością oraz miał ogromny szacunek do siebie samego, a także wielkie uznanie dla świata. Będzie wymagała, abyś był w stanie doświadczyć swojej Duchowej Rodziny oraz rozpoznał swoje prawdziwe miejsce we wszechświecie.

WIEDZA WYMAGA TEGO OD CIEBIE celem pełnego rozszerzenia ciebie samego, by ją zaakceptować. W ten sposób stajesz się wolny, ucząc się być wolnym. Stajesz się prowadzony przez Wiedzę, ucząc się być prowadzonym przez Wiedzę. Tutaj osiągasz cel poprzez podejmowanie kroków. Nie ma tutaj magicznej formuły, gdzie nagle stajesz się wolny. Nie ma magicznego systemu wierzeń, który jak tylko zostanie przyjęty, uwalnia cię od ograniczeń twojej przeszłości i troski o własną przyszłość. Uczysz się tej prawdziwej wolności poprzez użycie, krok po kroku. Tym samym, gdy uczysz się odzyskiwać Wiedzę, Wiedza odzyskuje ciebie. A gdy uczysz się tego, czym wolność jest, w rzeczywistości stajesz się wolny.

TWOJA CZĘŚĆ JEST BARDZO MAŁA, A NASZA CZĘŚĆ JEST BARDZO DUŻA. Musisz tylko podążać za krokami i je stosować. Kroki, które są podarowane, zagwarantują wynik. Większa wolność czeka na ciebie, a gdy się do niej zbliżasz, przyjmujesz tę wolność i korzystasz ze wszystkich cech owej wolności oraz demonstrujesz wszystkie aspekty tej wolności. Taka jest natura doskonałego Planu, który jest poza ludzkim pojmowaniem. Jest on tak doskonały, że nie możesz go zniweczyć, jeśli wiernie go realizujesz. To odnawia i przywraca do ciebie zaufanie do samego siebie, pewność siebie, miłość do samego siebie oraz zrozumienie samego siebie na świecie.

Pomyśl dzisiaj o tej idei co każdą godzinę, a w swoich głębokich okresach medytacyjnych wkrocz w stan wyciszenia i wolności. Wielką wolnością jest mieć tę sposobność zanurzenia się w Wiedzy, zanurzenia się w obecności oraz zanurzenia się w rzeczywistej esencji prawdziwej relacji we wszechświecie. Gdy się do tego zbliżasz, będziesz wiedział, iż to jest twoja wolność i będziesz wiedział, że stajesz się wolny, aby ją przyjąć. Dlatego też dzisiaj podejmiesz wielki krok w kierunku uświadomienia sobie tego, że większa wolność czeka na ciebie. Ów wielki krok uwolni cię coraz bardziej od tego zmartwienia, niepokoju, bólu oraz rozczarowania twoją przeszłością. To pokaże ci, że większa wolność czeka na ciebie.

Praktyka 265: *Dwa 30 – minutowe okresy praktyki.*
Cogodzinna praktyka.

Krok 266

PRZEGLĄD

Dzisiaj, tak jak uprzednio, przejrzyj minione dwa tygodnie przygotowania. Skorzystaj dzisiaj z tej sposobności w swoim jednym długim okresie praktyki, aby przejrzeć wszystko to, co wydarzyło się w trakcie tych przeszłych dwu tygodni w odniesieniu do wskazówek danych w tym przygotowaniu, twoich doświadczeń tych praktyk oraz ogólnych rezultatów w swoim życiu. Przeprowadź ten Przegląd z jak największym obiektywizmem, zwłaszcza w odniesieniu do rezultatów w swoim życiu, z których wiele wciąż nie potrafisz ocenić obiektywnie.

Wiele zmieni się, gdy poczynisz postęp w swojej nauce. Niektóre rzeczy od ciebie odpadną; inne rzeczy zaczną się kształtować. Światowe problemy będą na ciebie naciskać tak, że będzie to wymagało twojego zaangażowania i stosowania swoich możliwości. Inne rzeczy, które uważałeś za problemy, staną się coraz bardziej odległe, a zajmowanie się nimi nie będzie dla ciebie konieczne. Tak oto twoje zewnętrzne życie dopasowuje się, abyś mógł rozpoznać, gdzie jesteś, ażeby zastosować teraz swoje możliwości. Wtedy twoje wewnętrzne życie i zewnętrzne życie mogą odzwierciedlać siebie nawzajem. Jest to bardzo ważne. Zaczynasz się uczyć, jak się uczyć i dostrzegasz, że w rezultacie świat się zmienia. Jakość twojego doświadczenia zostanie przekształcona z czasem, ażeby wszystko, co jest zarówno powszechne, jak i niezwykłe, mogło być postrzegane z innego niż wcześniej punktu widzenia. Możesz wtedy wykorzystać wszystkie sposobności i tym samym nauczyć się doceniać życie nawet w jego rozczarowaniach.

Przećwicz to w dzisiejszym Przeglądzie. Bądź bardzo skrupulatny w swym dochodzeniu. Zacznij od pierwszej lekcji w dwutygodniowym okresie i idź za nią dzień po dniu. Rozpoznaj, co wydarzyło się w twoim życiu każdego dnia. Staraj się pamiętać.

Staraj się tutaj koncentrować. W ten sposób poczujesz przepływ własnego życia. To poprzez rozpoznawanie z upływem czasu tego przepływu oraz dostrzeganie, w jaki sposób każdy etap twojego życia się rozwija, zdasz sobie sprawę, iż pewnie stoisz na drodze do Wiedzy. Dostrzeżesz wtedy, że coraz mniej będzie cię powstrzymywało oraz że przyszłość otwiera się, aby pójść ci na rękę coraz bardziej. To jest wspaniałomyślność życia kłaniającego się przed tobą, ty, który stajesz się studentem Wiedzy.

PRAKTYKA 266: *Jeden długi okres praktyki.*

Krok 267

ISTNIEJE PROSTE ROZWIĄZANIE NA WSZYSTKIE PROBLEMY, Z KTÓRYMI SIĘ DZISIAJ MIERZĘ.

Wszystkie problemy, z którymi się mierzysz osobiście, mają bardzo proste rozwiązanie. W jaki sposób znajdziesz to rozwiązanie? Czy odnajdziesz je poprzez zmaganie się ze sobą samym? Czy odnajdziesz je poprzez próbowanie każdego możliwego rozwiązania, jakie przyjdzie ci do głowy? Czy odnajdziesz je poprzez zamartwianie się o to i gryzienie się z tego powodu? Czy odnajdziesz je poprzez zaprzeczanie temu i w miejsce tego szukanie przyjemnego pobudzenia? Czy odnajdziesz je poprzez popadanie w depresję i myślenie, że życie jest tak ciężkie dla ciebie, że nie możesz sprostać wymogom własnych okoliczności?

Istnieje proste rozwiązanie na problemy, z którymi się dzisiaj mierzysz. Znajduje się ono w Wiedzy. Aby jednak odnaleźć Wiedzę, musisz stać się wyciszony i uważny oraz uczyć się uwalniać od strachu i niepokoju. Znaczna część twojego życia będzie się wiązała z rozwiązywaniem problemów, a właśnie w uczeniu się jak to wykonywać skutecznie, odpowiedzialnie, a nawet entuzjastycznie osiągniesz to, co przybyłeś tutaj osiągnąć.

Przypominaj sobie o tej idei w ciągu dnia i nie dawaj się zmylić złożonością problemów. Problemy są jedynie złożone, kiedy próbujesz czerpać korzyść z ich rozwiązania albo z ich unikania. Kiedy masz preferencję, która rządzi twoim umysłem, nie możesz dostrzec oczywistego. Gdy uczysz się teraz spoglądać na każdy problem z Wiedzą, dostrzeżesz, że rozwiązanie jest oczywiste. Dostrzeżesz, że nie mogłeś rozpoznać tego wcześniej, ponieważ obawiałeś się wyniku w jakiś sposób albo niepokoiłeś się, że rozwiązanie problemu pozostawi cię osamotnionego i biednego. Dzisiaj będziesz miał odmienną wizję.

W swoich dwu głębszych okresach praktyki trwaj przy Wiedzy. Nie staraj się rozwiązywać swoich problemów, lecz po prostu bądź wyciszony i receptywny. Wiedza jest świadoma tego, czym trzeba się zająć i wywrze swój wpływ na ciebie, ażebyś mógł zareagować na to i podążać zgodnie z jej kierunkiem. Bez nieustannej ingerencji z twojej strony to, co oczywiste powstanie, a ty dowiesz się co zrobić krok po kroku. W ten sposób zdasz sobie sprawę, że jest proste rozwiązanie na wszystkie problemy, z którymi się mierzysz. Będzie to potwierdzeniem Wiedzy, a ty będziesz szczęśliwy, że życie daje ci te problemy, ażebyś mógł wykorzystać swoje prawdziwe zdolności w odpowiedzi na nie.

PRAKTYKA 267: *Dwa 30 – minutowe okresy praktyki.*
Cogodzinna praktyka.

Krok 268

Nie dam się dzisiaj zwieść złożoności.

Problemy na świecie stają się złożone, kiedy jest trudność wymagająca naniesienia poprawki i rozwoju, a to miesza się z preferencjami wszystkich, pragnieniem każdego, aby bronić tego, co ma oraz rywalizacji każdego z każdym. Tak oto problemy na świecie stają się złożone i niezależnie od tego, czego próbujesz, aby je rozwiązać, ktoś jest pozbawiony prawa wyboru. Ktoś jest niezadowolony. Ktoś traci. W waszych społecznościach jest to oczywiste. To jednak reprezentuje jedynie obawy i ambicje ludzi w przeciwieństwie do ich Wiedzy. W Wiedzy jesteś skłonny do pozbycia się wszystkiego, co stoi na drodze Wiedzy. Jesteś skłonny do pozbycia się wszystkiego, co jest krzywdzące dla ciebie lub dla innych. Jesteś skłonny wycofać się z położenia, które nie jest już korzystne dla ciebie lub dla innych. Jest tak dlatego, że Wiedza umożliwia prawdziwą szczerość. Jest to bezinteresowna forma zaangażowania na świecie, a tym samym jest korzystna dla wszystkich.

Dlatego też, kiedy przyglądasz się problemowi na świecie i wydaje się on złożony, bardzo trudno jest na początku po prostu dostrzec, w czym tkwi problem. Jednak rozwiązanie zawsze jest bardzo proste. To obawy ludzi względem tego uniemożliwiają im rozpoznanie tego, co oczywiste. Jest to dane tobie w tym dniu, abyś zdał sobie sprawę, że istnieje proste rozwiązanie na wszystkie problemy, które wymagają rozwiązania. Czasami rozwiązanie jest z nagła oczywiste. Czasami trzeba podejść do tego etapami. Jednak każdy krok jest bardzo jasny, jeżeli podążasz za Wiedzą.

Aby podchodzić do problemów w ten sposób, musisz podchodzić do nich bez strachu lub preferencji. Musisz podążać za Wiedzą i nie usiłować wykorzystywać Wiedzy celem rozwiązania spraw zgodnie z własnym zamysłem. Nie możesz wykorzystać

Wiedzy w ten sposób, możesz jednak podążać za Wiedzą, a w podążaniu za Wiedzą będziesz podążał za ścieżką rozwiązania. Jest to ścieżka, którą niewielu ludzi na początku rozpozna, jest to jednak ścieżka, która z czasem okaże się całkowicie skuteczna, uwolni ona bowiem wszystkich zaangażowanych i zapewni środki do efektywnego wykorzystania możliwości przez wszystkich zaangażowanych. Tak oto mężczyzna albo kobieta Wiedzy na świecie staje się źródłem rozwiązania i odnowy na świecie. A ich obecność i ich działania zawsze wywierają pozytywny wpływ na każdą sytuację.

Nie dawaj się zwieść pozorną złożonością problemów świata, z Wiedzą bowiem wszystko jest po prostu rozwiązane. Wiedza nie jest zmylona, a gdy uczysz się być z Wiedzą, ty również nie będziesz zmylony.

Przypominaj sobie o tej idei co godzinę, a w swoich dwu głębszych praktykach medytacyjnych raz jeszcze wejdź do sanktuarium wyciszenia w swoim wnętrzu. Przyzwyczajaj się do wyciszenia, ponieważ Wiedza jest wyciszona. Przyzwyczajaj się do wyciszenia, ponieważ w wyciszeniu potwierdzasz swoją dobroć i swoją wartość. Umysł w stanie pokoju nie jest umysłem w stanie wojny. Umysł w stanie pokoju nie jest zmylony przez świat.

Praktyka 268: *Dwa 30 – minutowe okresy praktyki.*
Cogodzinna praktyka.

Krok 269

POTĘGA WIEDZY ROZWINIE SIĘ ZE MNIE.

POTĘGA WIEDZY ROZWINIE SIĘ z ciebie, który otrzymujesz Wiedzę. Na początku będzie to bardzo subtelne, ale gdy będziesz trwał w rozwijaniu i stosowaniu swoich możliwości, potęga Wiedzy będzie się stawała coraz silniejsza. Dla niektórych będzie ona stanowiła siłę przyciągania. Będzie ona stanowiła siłę odrzucenia dla innych, którzy nie są w stanie na nią zareagować. Będzie to wpływać na wszystkich. Oto dlaczego musisz nauczyć się być bardzo wnikliwy w relacjach, gdy bowiem czynisz postępy jako student Wiedzy, twój wpływ na innych będzie większy. Nie możesz wykorzystywać tego wpływu do egoistycznych celów, inaczej twoje działania będą destruktywne dla ciebie i dla innych.

WIEDZA ZAPEWNIA TEN UMIAR, o którym powiedzieliśmy, a ty musisz wykorzystywać to we własnym imieniu. Jeżeli jesteś ambitny w odniesieniu do Wiedzy, będziesz stanowił ogromne zagrożenie dla siebie i dla innych ludzi, albowiem mądrość, współczucie, umiar i samokontrola muszą towarzyszyć rozwojowi Wiedzy. Jeżeli usiłujesz wykorzystywać Wiedzę dla własnego zysku albo tego, co w twoim mniemaniu świat potrzebuje, sprowadzasz siebie na złą drogę, a Wiedza nie będzie ci towarzyszyć.

ZAAKCEPTUJ ÓW UMIAR ORAZ ROZWÓJ, które są teraz wymagane, ponieważ one cię ochronią i umożliwią ci udzielić dary z minimalną dysharmonią i osobistym ryzykiem. Zagwarantują one kompletność oraz wartościowość twojego wkładu, nie będzie on bowiem zanieczyszczony egoistycznymi pobudkami. Zaprawiaj się co godzinę i wejdź dzisiaj dwukrotnie w stan medytacji. Powtarzaj swoją ideę na ten dzień i wejdź w stan wyciszenia raz jeszcze. Zezwól, aby był to dzień, kiedy Wiedza jest wzmocniona.

PRAKTYKA 269: *Dwa 30 – minutowe okresy praktyki.*
Cogodzinna praktyka.

Krok 270

Z WŁADZĄ WIĄŻE SIĘ ODPOWIEDZIALNOŚĆ.

Z WŁADZĄ WIĄŻE SIĘ ODPOWIEDZIALNOŚĆ. Wiedza cię wzmocni, a ty musisz być odpowiedzialny wobec Wiedzy. Oto dlaczego musisz zostać naśladowcą. Poprzez stawanie się naśladowcą stajesz się przywódcą, jesteś bowiem w stanie otrzymać i jesteś w stanie być prowadzonym. W ten sposób będziesz uczył innych, jak otrzymywać i zapewniać im przewodnictwo. Jest to naturalne rozszerzenie daru, który teraz otrzymujesz, co z czasem odnajdzie wyraz poprzez ciebie w życiu.

JEST BARDZO WAŻNE, ABYŚ ROZPOZNAŁ relację pomiędzy władzą a odpowiedzialnością. Odpowiedzialność wymaga samodyscypliny, powściągliwości i samokontroli. Wymaga ona obiektywizmu wobec własnego życia, co bardzo niewielu osiągnęło w tym świecie. Odpowiedzialność jest ciężarem, dopóki nie zostanie rozpoznana jako źródło ochrony. Jest to gwarancja oraz zapewnienie, iż twój dar odnajdzie całkowitą i pożądaną ekspresję w tobie oraz że poczynisz postęp i spełnisz się poprzez udzielenie swego wkładu.

POWSZECHNYM ZJAWISKIEM NA ŚWIECIE JEST TO, ŻE LUDZIE pragną władzy bez odpowiedzialności, ponieważ ich idea wolności polega na tym, że nie są oni zobowiązani wobec czegokolwiek. To przynosi efekt całkowicie przeciwny do zamierzonego i ma bardzo niebezpieczne konsekwencje dla tych, którzy uparcie tego próbują. Ty, któryś jest studentem Wiedzy, musisz nauczyć się akceptować obowiązki, które są ci powierzane, zapewniają one bowiem ochronę oraz przewodnictwo, których potrzebujesz, ażebyś mógł rozwinąć się odpowiednio, pozytywnie i całkowicie. Stanowią one zapewnienie, że twoje przygotowanie przyniesie wielki efekt, jaki ma ono przynieść.

Zastanawiaj się nad tą ideą co godzinę i nie zapomnij dziś o niej. W swoich głębszych praktykach zastanów się bardzo ostrożnie, co to stwierdzenie oznacza. Pomyśl o każdej idei dotyczącej władzy i rozpoznaj, jak bardzo potrzebują one odpowiedzialności wobec Większego Źródła, aby zostały wykorzystane i wyrażone w sposób odpowiedni. Te dwa okresy praktyki będą okresami umysłowej aktywności i zastosowania. Zastanów się bardzo ostrożnie nad wszelkimi ideami związanymi z lekcją na dzisiaj. Jest kluczowe, abyś zbadał własne myślenie i przekonania, musisz bowiem pojąć swoją obecną mentalną charakterystykę celem uświadomienia sobie jej wpływu na twoje zewnętrzne życie. Dzisiejsza lekcja może się wydawać na początku otrzeźwiająca, lecz z czasem da ci ona pewność oraz przekonanie, których będziesz potrzebować, aby posuwać się naprzód całkowicie.

Praktyka 270: *Dwa 30 – minutowe okresy praktyki.*
　　　　　　 Cogodzinna praktyka.

Krok 271

ZAAKCEPTUJĘ DZIŚ ODPOWIEDZIALNOŚĆ.

Zaakceptuj odpowiedzialność, co stanowi twoją zdolność do zareagowania. Zaakceptuj ją, rozwijaj ją, pielęgnuj ją i ją przyjmij. To jest to, co uczyni cię silnym. To jest to, co uczyni cię oddanym. To jest to, co przywiedzie cię do relacji, których zawsze pragnąłeś. To jest wzmocnienie, którego tak desperacko potrzebujesz, które uczysz się teraz zdobyć dla siebie. Wraz z tym wzmocnieniem przychodzą warunki do wzmocnienia – żebyś reagował na Wiedzę i podążał za Wiedzą, żebyś powstrzymał się od wszystkich motywacji, które nie są zrodzone z Wiedzy, żebyś stał się obiektywny wobec siebie samego i swoich motywów, żebyś kwestionował siebie samego bez powątpiewania w siebie oraz żebyś otaczał się tymi, którzy mogą wesprzeć wyłonienie się Wiedzy w tobie i którzy są wolni, aby przedstawić ci ich własne spostrzeżenia. Jest to kluczowe dla twojego dobrobytu i rozwoju. To ochroni cię od własnych błędów, co będzie miało coraz większy wpływ na ciebie oraz innych, gdy stajesz się bardziej potężny.

Zaakceptuj dziś odpowiedzialność. Zaakceptuj ją, stanowi ona bowiem twoją największą i najprawdziwszą potrzebę. Odpowiedzialność umożliwi ci miłować i dać z siebie wszystko światu.

Co godzinę zastanawiaj się nad dzisiejszą ideą. A gdy wkraczasz dzisiaj dwukrotnie w stan medytacji, weź pełną odpowiedzialność za bycie studentem Wiedzy oraz wejdź w stan spokoju i milczenia całym swym jestestwem. Nie pozwól żadnej myśli albo zwątpieniu cię zniechęcić. Nie pozwól ambiwalencji cię powstrzymać. Idź naprzód. Otwórz się. Wejdź w tajemnicę swego życia, ażebyś mógł na nie zareagować, na tym bowiem polega odpowiedzialność.

PRAKTYKA 271: *Dwa 30 – minutowe okresy praktyki. Cogodzinna praktyka.*

Krok 272

MOI NAUCZYCIELE BĘDĄ MNIE PROWADZIĆ, GDY IDĘ NAPRZÓD.

BĘDZIESZ POTRZEBOWAŁ NAUCZYCIELI, ABY CIĘ PROWADZILI w drodze do Wiedzy, będziesz się bowiem zapuszczał daleko poza własne pojęcia i przypuszczenia. Będziesz zaangażowany w życie, którego jeszcze nie pojąłeś. Będziesz dostępował mocy i zasobów, których jeszcze w pełni nie rozpoznałeś. Będziesz się zapuszczał głębiej w życie poza ludzkie przypuszczenia, poza ludzkie przekonania i poza ludzkie konwencje. Będzie to wymagało bardzo silnego przewodnictwa dla ciebie zarówno ze strony Wiedzy, jak i ze strony twoich najważniejszych relacji. Twoi Wewnętrzni Nauczyciele reprezentują twoje najważniejsze relacje, te relacje są bowiem całkowicie oparte na Wiedzy i są ci one podarowane, aby rozwijać Wiedzę bezpiecznie i całkowicie.

DLATEGO TEŻ ZAAKCEPTUJ SWOJE OGRANICZENIA JAKO STUDENT Wiedzy, ażebyś mógł iść dalej ze wsparciem, jakie będzie wymagane. Bądź wdzięczny, że tak wielkie wsparcie może ci zostać podarowane oraz że może ono przeniknąć każdą okoliczność, ponieważ jest to niewidzialne dla twoich oczu. Bądź wdzięczny, że możesz tego doświadczyć w każdej okoliczności oraz że możesz otrzymać radę swoich Nauczycieli w tych kluczowych momentach w życiu, gdzie jest to wymagane.

POTWIERDŹ DZIŚ OBECNOŚĆ SWOICH NAUCZYCIELI, ażebyś mógł mieć wielką odwagę i entuzjazm w swoim wsparciu tyczącym się wyłonienia się Wiedzy. Co godzinę przypominaj sobie, że twoi Nauczyciele są z tobą. W swoich dwu głębszych okresach praktyki wejdź w stan spokoju i milczenia z nimi, ażeby mogli oni zapewnić cię o swojej obecności i udzielić ci swej rady w razie potrzeby. Zaakceptuj swój status studenta, ażebyś mógł nauczyć się dawać światu.

Praktyka 272: *Dwa 30 – minutowe okresy praktyki.*
Cogodzinna praktyka.

Krok 273

MOI NAUCZYCIELE PRZECHOWUJĄ DLA MNIE WSPOMNIENIE MOJEGO PRZEDWIECZNEGO DOMU.

TWOI NAUCZYCIELE REPREZENTUJĄ TWOJĄ DUCHOWĄ RODZINĘ, która jest poza światem. Przechowują oni wspomnienie twojego pochodzenia i twojego przeznaczenia dla ciebie, co musisz nauczyć się sobie uświadamiać drogą twojego doświadczenia na świecie. Oni przemierzyli drogi świata. Znają jego sposobności i jego trudności. Wiedzą o możliwych błędach, jakie możesz popełnić i są świadomi błędów, które już popełniłeś. Są w pełni przygotowani, aby cię prowadzić. Mają Mądrość i predyspozycje, aby tego dokonać.

DLATEGO TEŻ NIE LEKCEWAŻ ICH WARTOŚCI DLA CIEBIE i zawsze pamiętaj, że są oni obecni w twoim życiu, aby wtajemniczyć cię w arkana Wiedzy. Oni pragną, byś stał się silny w Wiedzy, koniec końców tak silny, jak oni się stali. W ten sposób służą oni twojej największej potrzebie i celowi, a ty musisz za nimi podążać, przyjąć ich i szanować ich obecność, tak jak student poważa nauczyciela. To pozwoli ci całkowicie otrzymać ich dary i uwolni cię od każdego fałszywego skojarzenia, jakie możesz mieć wobec nich. Jest to bardzo odpowiedzialna relacja, a ty dojrzejesz w jej ramach.

ZAAKCEPTUJ ZATEM OBECNOŚĆ SWOICH NAUCZYCIELI. Akceptuj ją co godzinę, gdy przypominasz sobie, że są oni z tobą i zaakceptuj ją w swoich dwu praktykach medytacyjnych, gdy otwierasz się, aby ich przyjąć. Stanowi to wspaniałą sposobność dla Wiedzy. Twoi Nauczyciele wprowadzą cię w arkana Wiedzy, mogą być oni bowiem tylko znani. Twoje wyobrażenia albo myśli odnoszące się do nich są stosunkowo bez znaczenia, wyjąwszy to, że mogą ograniczać twoje podejście. Musisz doświadczyć istoty swoich Nauczycieli, co stanowi ich obecność, aby w pełni ich poznać. A w wyniku tego doświadczenia, jak się ono rozwinie, dowiesz się, iż tak oto możesz doświadczyć życia jako całości.

Chociaż twoje zmysły dostrzegą formę rzeczy, twoje serce doświadczy istoty rzeczy, a w taki właśnie sposób rzeczy stają się znane. Gdy tylko rzeczy stają się znane, zdasz sobie sprawę, jak z nimi współuczestniczyć. Tym samym wszystkie twoje zdolności umysłu zostaną wykorzystane do jednego wielkiego celu, Wiedza bowiem wykorzysta wszystkie twoje zdolności tudzież zdolności świata dla zbawienia świata, co jest zbawieniem Wiedzy na świecie.

Praktyka 273: *Dwa 30 – minutowe okresy praktyki.*
    Cogodzinna praktyka.

Krok 274

SZUKAM DZIŚ WOLNOŚCI OD AMBIWALENCJI.

Szukaj wolności od ambiwalencji, gdyż stanowi to źródło wszelkiego ludzkiego zamętu, nieszczęścia i frustracji. Ambiwalencja to brak zdecydowania wobec uczestnictwa z życiem. Jest to niezdecydowanie wobec bycia w życiu. Jest to niezdecydowanie wobec bycia żywym. Z tego niezdecydowania wszelkiego rodzaju wprowadzone przez siebie narzucenia, wszelkiego rodzaju ataki i wszelkiego rodzaje konfrontacje są tworzone. To z powodu tego niezdecydowania ludzie żyją w fantazji bez Wiedzy.

Strzeż się zatem ambiwalencji. Jest to oznaka, że funkcjonujesz bez Wiedzy i że próbujesz podejmować swoje decyzje oparte na czystej spekulacji, osobistej preferencji oraz strachu. To podejmowanie decyzji bez podstawy prowadzi ludzkość na złą drogę. To podejmowanie decyzji bez podstawy prowadziło cię na złą drogę. Wiedza rozprasza ambiwalencję, wyznacza ona bowiem jasny kierunek. Nie jest zatroskana wyborami i rozważaniami, ponieważ ona po prostu wie, co jest właściwe i prowadzi cię w kierunku twego spełnienia krok po kroku, z pewnością i trwałym przekonaniem.

Pamiętaj co godzinę, że pragniesz uciec od ambiwalencji. Gdy powtarzasz swoją lekcję, zdaj sobie sprawę, jak bardzo twoje życie jest marnotrawione w próbach zdecydowania pomiędzy tym i tamtym, w pytaniu samego siebie: „Co powinienem teraz zrobić", w zastanawianiu się nad tym, co jest słuszne, a co nie jest słuszne oraz w rozmyślaniu tudzież zamartwianiu się nad najlepszym wyborem i jego możliwymi konsekwencjami. Wiedza uwalnia cię od tego trudnego i zbędnego zastosowania twego umysłu. Wiedza się nie zastanawia. Ona po prostu oczekuje na czas działania i wtedy działa. Jest absolutnie pewna w swym kierunku. Jest niezachwiana w swym przekonaniu. Jeśli będziesz za tym podążać, co stanowi największy dar Boga dla ciebie, który żyjesz w świecie ambiwalencji tudzież zamętu, odnajdziesz, że będziesz miał cel, znaczenie oraz kierunek i że dzień po dniu będą one dla ciebie szeroko dostępne.

W swoich głębszych medytacjach postaraj się oddać całkowicie swojej praktyce. Nie bądź ambiwalentny wobec swojej praktyki. Nie powstrzymuj się z powodu strachu lub niepewności, uczestniczysz bowiem w tym przygotowaniu, ponieważ Wiedza cię do tego wezwała, a każdego dnia się poświęcasz, gdyż Wiedza cię do tego wzywa. W ten sposób, gdy wspólnie przechodzimy przez Nasze przygotowanie, twoja Wiedza jest wzmacniana dzień po dniu, stanowi ona bowiem bazę twego uczestnictwa tutaj. Jakiż inny powód mógłbyś mieć na zostanie studentem Wiedzy?

Dlatego też w swoich głębszych praktykach i w swoich cogodzinnych przypomnieniach wzmocnij swoje przekonanie, że musisz uciec od ambiwalencji. Zdaj sobie sprawę ze śmiercionośnego kosztu ambiwalencji. Dostrzeż, jak trzyma ona ludzi zagubionych w swoich ideach, negując ich zaangażowanie w życie. Dostrzeż ludzki koszt wokół siebie. Jest on przeogromny. Uświadom sobie, iż wraz z pewnością wszystko odnajdzie swoje właściwe miejsce. Świat będzie szedł dalej bez tarcia, które musi teraz znosić. W ten sposób wszystko odnajdzie spełnienie wspólnie we włączeniu w życie. Oto jest Droga Wiedzy.

Praktyka 274: *Dwa 30 – minutowe okresy praktyki.*
Cogodzinna praktyka.

Krok 275

Dzisiaj szukam wolności od niepewności.

Poszukiwanie wolności od niepewności oznacza, iż poszukujesz wolności, która jest rzeczywista, która jest prawdziwa i która naprawdę zasługuje na miano wolności. W gruncie rzeczy albo wiesz, co czynisz, albo nie. Jeżeli nie wiesz, co czynisz, po prostu oczekujesz na Wiedzę. Jeżeli wiesz, co czynisz, po prostu podążasz za tym, co wiesz. Jest to tak proste. Zbędne przypuszczenia, próba podjęcia przedwczesnych decyzji bazujących na strachu lub preferencji, wymóg pewności, której ci brakuje oraz przypisywanie winy sobie bądź innym za porażki związane z podejmowaniem błędnych decyzji to rzeczy, które obarczyły ciężarem twój umysł, twoje ciało i twój świat. To od tego pragniesz dziś uciec, aby móc odnaleźć wolność w pewności, którą Bóg ci podarował. To tę pewność musisz odnaleźć i za którą musisz podążać. Podążając za tym, zgarniesz wszelkie tego korzyści i staniesz się ofiarodawcą tych korzyści na świecie.

Co godzinę pamiętaj o dzisiejszej idei i dostrzegaj jej całkowity związek ze światem wokół siebie. W swoich głębszych okresach praktyki poświęć się wyciszeniu. Poświęć się temu spotkaniu z Wiedzą. Poświęć się całkowicie i nie pozwalaj ambiwalencji ani niepewności trzymać cię z dala. W ten sposób wykorzystasz siłę Wiedzy poprzez podążanie za Wiedzą, a z czasem staniesz się tak silny, jak Wiedza jest prawdziwie. Dlatego też dzisiaj dąż do tego, by uciec od niepewności i od tego wszystkiego, co jej towarzyszy. To bowiem zniszczyło inspirację ludzkości i doprowadziło ludzkość do wojny ze sobą i ze światem.

Praktyka 275: *Dwa 30 – minutowe okresy praktyki.*
Cogodzinna praktyka.

Krok 276

WIEDZA JEST MOIM ZBAWIENIEM.

WIEDZA JEST TWOIM ZBAWIENIEM, wyprowadza cię ona bowiem poza twój beznadziejny problem, który jest zrodzony z próby życia w fantazji i wyobraźni. Prowadzi cię ona do blasku i jasności rzeczywistości. Prowadzi ona twoje działania i twoje myślenie, ażeby obie rzeczy mogły być skuteczne i prowadziły cię do prawdziwej samorealizacji. Tak oto Bóg podarował ci największy możliwy dar: środki w tobie, by naprawić wszelki błąd, rozwikłać wszelki zamęt i konflikt oraz by skierować twoje życie na prawdziwy kierunek wymierzony w twoje prawdziwe przeznaczenie. Tutaj zostajesz wzmocniony i uszanowany, a twoja wartość siebie samego zostaje odzyskana. To twoja wartość wobec samego siebie musi zostać odzyskana. Bóg nie wymaga, by wartość Boga została odzyskana, ponieważ nigdy nie została ona utracona. Jednakże twoja wartość wobec samego siebie została utracona, a to można odzyskać jedynie poprzez realizowanie Większego Planu nieopracowanego przez ciebie, lecz który został opracowany dla twojego całkowitego dobrobytu.

GDY ZDASZ SOBIE SPRAWĘ, JAK BARDZO TWOJE ŻYCIE zostało zmarnowane w ambiwalencji i jak niewiele rezultatów to przyniosło, wtedy rozpoznasz wielką potrzebę Wiedzy. To da ci siłę oraz przekonanie, aby iść dalej w swoim przygotowaniu z największym możliwym zaangażowaniem. Jak tylko rozpoznasz swoją wielką potrzebę, wtedy będziesz w stanie rozpoznać prawdziwe remedium, które zostało dostarczone.

TAK OTO TY JAKO STUDENT WIEDZY UŚWIADOMISZ SOBIE z jasnością umysłu oraz prostotą prawdy co dokładnie jest konieczne, Wiedza jest bowiem twoim zbawieniem. Co godzinę pamiętaj o tym i zastanów się nad tym w świetle swoich ostatnich praktyk. W swoich głębszych medytacjach pozwól sobie całkowicie wejść w stan wyciszenia, rozpoznając, iż podejmujesz się środków swego zbawienia, a poprzez ciebie zbawienia świata.

PRAKTYKA 276: *Dwa 30 – minutowe okresy praktyki.*
Cogodzinna praktyka.

Krok 277

MOJE IDEE SĄ MAŁE, LECZ WIEDZA JEST WIELKA.

UŚWIADOMIENIE SOBIE PRAWDZIWOŚCI TEGO STWIERDZENIA pozwoli ci zestroić się ze źródłem całej Wiedzy. Wówczas możesz uciec od mroku świata wyobraźni. Wyobraźnia jest niestabilna, a nawet jej najjaśniejsze momenty mogą momentalnie obrócić się w mrok. Nawet jej największe inspiracje można gorzko zniechęcić najmniejszą prowokacją. Tutaj nie ma pewności. Tutaj nie ma rzeczywistości. Tutaj nic nie jest godne zaufania, można bowiem oczekiwać jedynie zmiany. To, co jest uzdolnione i cenione, z pewnością zostanie utracone. To, co jest ponure i destruktywne, z pewnością będzie cię ścigać.

TAKIE JEST ŻYCIE PROWADZONE W WYOBRAŹNI. Takie jest życie prowadzone w izolacji własnego myślenia. Nie lekceważ potęgi Wiedzy do uwolnienia cię z tej beznadziejnej sytuacji, gdzie niczego autentycznego nie można rozeznać, gdzie nie można osiągnąć żadnego prawdziwego znaczenia i gdzie nic, co trwałe i rzeczywiste nie może zostać zrealizowane i ustanowione. To twoje zbawienie z mroku twojej oddzielonej wyobraźni doprowadzi cię do rzeczywistości życia i cię tam zbawi.

ZDAJ SOBIE SPRAWĘ, ŻE NAWET TWOJE NAJWIĘKSZE IDEE, nawet te idee zrodzone z Wiedzy, są małe w porównaniu do samej Wiedzy. Wiedza stanowi wielkie źródło twego Jestestwa, tak jak wyraża się ono w twoim życiu osobistym. Dlatego też uszanuj to, co wielkie i zdaj sobie sprawę z tego, co małe. Uświadom sobie, że z czasem, gdy Wiedza zacznie wyłaniać się w tobie i gdy będziesz pozwalał się jej wyrażać coraz bardziej swobodnie, zaczniesz rozpoznawać te myśli, które emanują z Wiedzy i te myśli, które są jedynie stworzone w umyśle. Jednak nawet myśli pochodzące z Wiedzy, które są dalece potężniejsze i bardziej skuteczne niż inne dowolne myśli, które możesz sobie wyobrazić, nawet te myśli będące ziarnem prawdziwego pojmowania na świecie, są małe w porównaniu z Wiedzą.

PAMIĘTAJ CO GODZINĘ O POTĘDZE TEJ IDEI, jest ona bowiem dana, by oswobodzić cię z twego własnego zamętu i fałszywych założeń. Dzisiaj w swoich głębszych okresach praktyki wykorzystaj swój umysł aktywnie. Spróbuj przyjrzeć się każdej idei, którą sobie cenisz, czy to pozytywnej, czy też negatywnej. Przyjrzyj się każdej idei, w którą wierzysz lub której się trzymasz. Oceń swoją relację wobec najważniejszych idei, które rządzą twoim życiem.
Następnie, gdy przyjrzysz się każdej z nich, przypomnij sobie, iż Wiedza jest znaczenie większa niż idea. Tutaj uświadomisz sobie, że istnieje dla ciebie sposób, by uciec ze świata idei i wkroczyć w świat relacji, gdzie wszystko jest realne, prawdziwe i oparte na fundamencie, który nigdy nie może się zmienić.

PRAKTYKA 277: *Dwa 30 – minutowe okresy praktyki.*
Cogodzinna praktyka.

Krok 278

TO, CO JEST NIEZMIENNE, WYRAZI SIĘ POPRZEZ MNIE.

PRAWDA JEST NIEZMIENNA, LECZ WYRAŻA SIĘ ONA w świecie zmieniających się okoliczności i zmieniającego się pojmowania. Tym samym wydaje się, że prawda jest zmienna, jednakowoż źródło prawdy nie jest zmienne. Ty, któryś żył w świecie przemiany i sam przechodzisz przemianę, musisz zdać sobie sprawę, iż twoje Źródło jest niezmienne. Uświadomienie sobie tego przyniesie podstawę pod zaufanie w twoje Źródło. Zaufanie może zostać prawdziwie ustanowione, kiedy jest ono oparte na tym, czego nie można zmienić, zaatakować lub zniszczyć. Tak oto twoja wiara i zaufanie będą miały prawdziwą podstawę. Zdasz sobie sprawę, że to, co niezmienne, będące źródłem twojego zaufania oraz odbiorcą twojego zaufania, wyrazi się w zmieniającym się świecie w zmieniający się sposób. W ten sposób ekspresja tego spełni każdą twoją potrzebę. Przysłuży ci się to w każdej okoliczności. Będzie to funkcjonowało na każdym poziomie rozumienia. Urzeczywistni się to w każdym miejscu ludzkiego przedsięwzięcia. Tym samym będzie się wydawało, że prawda jest zmienna, ponieważ działa ona w różny sposób w różnych środowiskach i jest ona rozpoznawana na różne sposoby z różnych punktów widzenia. Jednakże prawda sama w sobie, co stanowi samą Wiedzę, jest zawsze niezmienna, zawsze miłująca i zawsze rzeczywista.

DLATEGO TEŻ ZROZUM DZISIAJ, jak względne i zmienne są twoje idee oraz jak bardzo utożsamiasz się z tym, co jest zmienne, z tym, co nie może stanąć na własnych nogach. Gdy twoja tożsamość zostanie oparta na Wiedzy, a nie tylko na ideach, przypuszczeniach lub przekonaniach, zaczniesz doświadczać stałości oraz pewności, których może udzielić jedynie Wiedza. Gdy uświadomisz sobie, że twoje prawdziwe życie jest niezmienne, wtedy poczujesz się wolny, aby pozwolić wyrazić się temu w zmieniających się okolicznościach. Tutaj uciekniesz od wszelkiego strachu śmierci i zniszczenia. Tutaj odnajdziesz pokój na świecie, świat bowiem się zmienia, lecz ty nie.

PRAKTYKA 278: *Przeczytaj dzisiaj lekcję trzykrotnie.*

Krok 279

MUSZĘ DOŚWIADCZYĆ MOJEJ WOLNOŚCI, ABY JĄ SOBIE UŚWIADOMIĆ.

WOLNOŚĆ TO NIE POMYSŁ ALBO IDEA. To doświadczenie. Dlatego też trzeba to sobie uświadomić w wielu, wielu różnych okolicznościach, abyś dostrzegł tego uniwersalne zastosowanie. Dany ci jest czas, aby to osiągnąć. To sprawi, że wszystkie twoje działania będą istotne, sensowne oraz cenne. Wtedy nie będziesz miał podstaw do potępiania samego siebie albo świata, wszystko bowiem będzie wzmacniało twoje rozumienie konieczności Wiedzy i wszystko będzie odbiorcą Wiedzy.

DLATEGO TEŻ POŚWIĘĆ SIĘ PRAKTYCE, przygotowaniu i stosowaniu. Nie utożsamiaj się tylko z ideami, gdyż nawet największa idea ma służyć ekspresji w zmieniających się okolicznościach i sama w sobie będzie niestabilna. Aby mieć rzeczywistą równowagę na świecie, musisz utożsamiać się z Wiedzą i pozwalać Wiedzy demonstrować swoją potęgę, swoją skuteczność i swoją życzliwość na świecie. Musisz doświadczyć swojej wolności, aby ją sobie cenić i aby zrozumieć jej znaczenie na świecie. Oto dlaczego jesteś studentem Wiedzy. I oto dlaczego musisz stosować wszystko, czego się uczysz w swoim przygotowaniu tutaj.

CO GODZINĘ PAMIĘTAJ O TYM, gdy angażujesz się na świecie. Pamiętaj o tym w swoich głębszych praktykach medytacyjnych, gdzie angażujesz się w swoje życie wewnętrzne. W obu sferach Wiedza musi przeważać. W obu sferach twoja wolność musi zostać zastosowana, aby można ją było sobie uświadomić. W swoich głębszych medytacjach skorzystaj z siły swego umysłu, aby umożliwić mu osiągnięcie stanu wyciszenia i opanowania. Nie pozwól, aby strach lub ambiwalencja zdominowały cię w tym dniu.

Praktykujesz swoją wolność i z niej korzystasz, możesz być bowiem wolny jedynie wtedy, kiedy wewnątrz jesteś wyciszony, a jeżeli wewnątrz jesteś wyciszony, już jesteś wolny.

PRAKTYKA 279: *Dwa 30 – minutowe okresy praktyki.*
Cogodzinna praktyka.

Krok 280

PRZEGLĄD

Przejrzyj minione dwa tygodnie, poczynając od pierwszej lekcji w swoim okresie Przeglądu i kontynuując dzień po dniu aż do ostatniej lekcji. Spróbuj pozyskać ogólny zarys wszystkiego, co się wydarzyło w minionych dwu tygodniach. Spróbuj dostrzec, w jaki sposób mógłbyś pogłębić swoją praktykę. Rozpoznaj, jak wiele czasu i energii jest marnowanych w stanie ambiwalencji i na próżnych przypuszczeniach. Zdaj sobie sprawę, jak wiele twojej energii jest marnowanej w stanie zwątpienia i zamętu, kiedy musisz jedynie trwać przy Wiedzy. Twoja zdolność do podążania za tym, co jest poza twoim pojmowaniem, która jest tutaj konieczna, doprowadzi cię do największej możliwej pewności, jaką życie może ci ofiarować. Poprzez tę pewność twoje idee, twoje działania i twoje postrzeganie uzyskają jednolitość, która pozwoli im być potężną ekspresją na świecie, gdzie ludzkość jest zdezorientowana i zagubiona w ambiwalencji wyobraźni. To poprzez podążanie jesteś w stanie dawać i jesteś w stanie przewodzić. Rozpoznasz to z czasem, gdy korzystasz ze swojej wolności i gdy pozwalasz wolności samej się realizować poprzez ciebie.

Jesteś teraz studentem Wiedzy. Poświęć się zastosowaniu swojego przygotowania z rosnącym oddaniem i zaangażowaniem. Pozwól błędom twojej przeszłości cię motywować. Nie muszą być i nie powinny być źródłem oskarżania ciebie samego. Przeznaczone im jest teraz bycie zrozumianymi jako demonstracja twojej potrzeby Wiedzy. Tak oto możesz być wdzięczny, że Wiedza jest ci dana, zdajesz sobie bowiem sprawę, iż ponad wszystko inne to właśnie Wiedzy szukasz.

Praktyka 280: *Jeden długi okres praktyki.*

Krok 281

PONAD WSZYSTKO INNE SZUKAM WIEDZY.

PONAD WSZYSTKO INNE SZUKAJ WIEDZY, Wiedza bowiem da ci wszystko inne, czego potrzebujesz. Będziesz pragnął Wiedzy z całym przekonaniem, kiedy zdasz sobie sprawę, że każdy inny kierunek działań, a także każde inne wykorzystanie twojego umysłu oraz ciała będzie beznadziejne i doprowadzi cię do większego zamętu. Bez Wiedzy bowiem możesz jedynie nauczyć się, że potrzebujesz Wiedzy, a z Wiedzą całe prawdziwe nauczanie będzie postępowało. Twoja przeszłość już nauczyła cię o wielkiej potrzebie Wiedzy. Nie musisz uczyć się tego nieustannie. Po co wielokrotnie powtarzać tę samą lekcję, myśląc, że przyniesie ci inny rezultat?

SAM Z SIEBIE NIC NIE MOŻESZ ZROBIĆ. Bez Wiedzy możesz jedynie tworzyć więcej urojeń. Dlatego też istnieje jedna odpowiedź na twoją największą potrzebę, a ta jedna odpowiedź sprosta wszystkim innym potrzebom, które emanują z twojej jedynej wielkiej potrzeby. Twoja potrzeba jest fundamentalna i odpowiedź na twoją potrzebę jest fundamentalna. Nie ma tutaj złożoności, w gruncie rzeczy bowiem potrzebujesz Wiedzy, aby żyć w sposób znaczący. Potrzebujesz Wiedzy, aby się rozwijać. Potrzebujesz Wiedzy, aby uświadomić sobie swoje Prawdziwe Ja. Potrzebujesz Wiedzy, aby wypełnić swoje przeznaczenie na świecie. Bez Wiedzy będziesz się po prostu błąkał i ponownie uświadomisz sobie, że potrzebujesz Wiedzy.

JEST TO DZIEŃ DZIĘKCZYNIENIA, twoje modlitwy zostały bowiem wysłuchane. Twoja potrzeba została zaspokojona. Został ci udzielony dar, ażebyś odzyskał swoją Wiedzę. Ponad wszystko inne szukaj tego, co będzie służyło wszystkiemu poprzez ciebie. W ten sposób twoja potrzeba i lekarstwo na twoje życie staną się proste, a ty będziesz w stanie iść dalej w pewności i cierpliwości, stając się konsekwentnym studentem Wiedzy. Dzień po dniu odzyskujesz swoje Prawdziwe Ja. Dzień po dniu uciekasz od wszystkiego innego, co pociąga cię w mrok zamętu. Dzień po dniu to, co nierzeczywiste, zaczyna się rozpadać, a to, co rzeczywiste, zaczyna się wyłaniać.

Dzisiaj co godzinę pamiętaj i potwierdzaj tę wielką prawdę – że szukasz Wiedzy ponad wszystko inne. W swoich głębszych praktykach medytacyjnych pozwól sobie wejść w stan wyciszenia. Zezwól, by twoje życie zostało przekształcone. Pozwól Wiedzy się wyłonić, ażebyś mógł być nośnikiem jej ekspresji, w tym bowiem odnajdziesz szczęście.

Praktyka 281: *Dwa 30 – minutowe okresy praktyki.*
    Cogodzinna praktyka.

Krok 282

Nauczę się akceptować odpowiedzialność podtrzymywania Wiedzy na świecie.

Podtrzymywanie Wiedzy na świecie wymaga odpowiedzialności. Twoja odpowiedzialność polega na podążaniu za Wiedzą i nauczeniu się wyrażać Wiedzę właściwie i z determinacją. W ten sposób twoje ludzkie zdolności będą musiały zostać rozwinięte i ulepszone. Rozróżnienie i wszystkie inne wartościowe cechy w tobie również będą musiały zostać rozwinięte, musisz się bowiem nauczyć wyrażać to, co niesiesz. Musisz nauczyć się za tym podążać i stać się godnym tego nośnikiem. To jest prawdziwe znaczenie wszelkiego osobistego rozwoju. Oto gdzie osobisty rozwój ma rzeczywisty cel. Oto gdzie twój rozwój i postęp również mają kierunek.

Dlatego też pozwól sobie doświadczyć znaczenia dzisiejszej idei. Pozwól sobie zaakceptować odpowiedzialność. Nie stanowi to ciężaru na twoich barkach. Stanowi to rytuał inicjacyjny dla ciebie, a temu wszystkiemu, co cię dezorientowało i frustrowało w tobie samym będzie dane nowe i celowe zastosowanie. Uświadom sobie, że Wiedza pociąga za sobą odpowiedzialność. Tym samym musisz traktować ją z powagą, jakiej wymaga, a mimo to wraz z tą powagą otrzymujesz wielkość oraz pokój, jakie zostaną ci udzielone. Z czasem staniesz się bardzo, bardzo dostrojonym nośnikiem Wiedzy na świecie. W ten sposób wszystko, co wymaga rozwoju, znajdzie rozwój, a wszystko, co jedynie hamuje twój postęp, zostanie uwolnione.

Dzisiaj w swoich głębszych praktykach w wyciszeniu rozpoznaj, że masz odpowiedzialność, aby rozwijać swoje zdolności umysłu jako student Wiedzy. Wywiązuj się ze swoich obowiązków i nie oddalaj się w głąb wyobraźni. Zaangażuj się jako student Wiedzy zgodnie z wymogami swojego przygotowania, stajesz się bowiem teraz odpowiedzialną i wpływową osobą.

PRAKTYKA 282: *Dwa 30 – minutowe okresy praktyki.*

Krok 283

ŚWIAT JEST AMBIWALENTNY, ALE JA NIE JESTEM.

Rozejrzyj się wokół siebie na świecie, a dostrzeżesz, że świat ludzkości jest zagubiony w swojej ambiwalencji. Pragnie mieć to i pragnie pójść tam. Pragnie zatrzymać wszystko, co zdobył i niczego nie stracić, a mimo to pragnie więcej niż potrzebuje. Jest zdezorientowany względem swojego położenia. Jest zdezorientowany względem swojego rozwiązania. Jest zdezorientowany względem swojej tożsamości. Jest zdezorientowany względem tego, co cenić, a czego nie. Wszystkie argumenty i debaty, wszystkie konflikty i wszystkie wojny są zaangażowane w wyrażanie tej ambiwalencji.

Gdy trwasz przy Wiedzy, przyjrzysz się światu i rozpoznasz jego absolutne zdezorientowanie. To nauczy cię i przypomni ci o wielkiej potrzebie Wiedzy na świecie. Wiedza nigdy nie zaatakuje samej siebie i Wiedza nie jest w konflikcie sama ze sobą. Dlatego też dwie jednostki albo dwa narody, albo nawet dwa światy nie będą miały kwestii spornych, jeżeli są prowadzone przez Wiedzę, Wiedza bowiem zawsze pragnie połączyć jednostki w istotny sposób oraz wyklarować wzajemne relacje. Nie jest możliwe, aby Wiedza była w konflikcie sama ze sobą, ponieważ w Wiedzy nie ma sprzeczności. Ma ona jeden cel i jedno dążenie, a względem tego organizuje wszystkie działania. Organizuje ona wszelkie formy sprzeciwu do służenia jednemu celowi i jednemu kierunkowi. Tym samym jest ona wielkim rozjemcą na świecie. Gdy trwasz przy Wiedzy, staniesz się nośnikiem służącym jej ekspresji. Wtedy będziesz uczył pokoju, ponieważ pokój sam w sobie będzie uczył poprzez ciebie.

Spoglądanie na Wiedzę w ten sposób umożliwi ci rozpoznać swoje prawdziwe włączenie i twoją prawdziwą odpowiedzialność jako student Wiedzy. Świat jest w ambiwalencji. Jest on zdezorientowany i odczuwa wszelkie tego skutki. Jednak ty, który uczysz się teraz obserwować świat bez osądu lub potępiania i który uczysz się obserwować świat z miejsca pewności Wiedzy, będziesz w stanie po prostu rozpoznać problem świata oraz wiedzieć, że przechowujesz teraz w sobie rozwiązanie.

W SWOICH GŁĘBSZYCH PRAKTYKACH PONOWNIE WEJDŹ W STAN WYCISZENIA i wykorzystuj słowo RAHN, aby ci pomóc w razie konieczności. Przez wzgląd na to, że uczysz się być wyciszonym, uczysz się być pewnym. Każda osoba, która może osiągnąć stan wyciszenia na świecie, stanie się źródłem Wiedzy na świecie, Wiedza bowiem wyrazi się na świecie wszędzie tam, gdzie jest to możliwe w dowolnym umyśle. Twój umysł staje się teraz otwarty, aby Wiedza mogła się wyrazić.

PRAKTYKA 283: *Dwa 30 – minutowe okresy praktyki.*

Krok 284

SPOKÓJ JEST MOIM DAREM DLA ŚWIATA.

Jak spokój może być darem, możesz zapytać. Stanowi to dar, ponieważ jest to wyrażenie pewności i pokoju. Jak spokój może być darem dla świata? Przez wzgląd na to, że spokój pozwala Wiedzy wyrazić się poprzez ciebie. Jak spokój może być darem dla świata? Przez wzgląd na to, że spokój umożliwia wszystkim innym umysłom się uspokoić, ażeby mogły wiedzieć. Umysł targany konfliktem nie może się wyciszyć. Umysł desperacko szukający rozwiązania nie może się wyciszyć. Umysł wzburzony swoimi ocenami nie może się wyciszyć. Tak więc gdy przedstawiasz spokój, który teraz rozwijasz dla świata, dajesz wszystkim innym umysłom rozpoznającym ciebie sposobność oraz demonstrację, która umożliwi im samym wejść w stan spokoju. W gruncie rzeczy przekazujesz, że pokój tudzież wolność są możliwe oraz że istnieje wielka obecność Wiedzy na świecie wzywająca każdy oddzielony i udręczony umysł.

TWÓJ SPOKÓJ JEST DAREM. Uspokoi to wszystkie umysły. Ukróci to wszelkie kontrowersje. Będzie to miało uspokajający, kojący efekt na wszystkich, którzy cierpią pod ciężarem własnej wyobraźni. Stanowi to zatem wielki dar. To nie jest twój jedyny dar, podarujesz bowiem poprzez swoje idee, swoje działania i swoje osiągnięcia na świecie. Tutaj zademonstrujesz rozwijające się cechy umysłu, które są wymagane od ciebie jako studenta Wiedzy. Jednakże ze wszystkiego, co możesz ofiarować światu, twój spokój będzie miał największy wpływ, w spokoju bowiem będziesz współgrać ze wszystkimi innymi umysłami, uspokoisz wszystkie inne umysły i będziesz rozszerzać prawdziwy pokój na świecie oraz wolność, jaką to demonstruje.

DZISIAJ PAMIĘTAJ O ZNACZENIU SPOKOJU co godzinę. Przyjrzyj się burzliwości świata i zdaj sobie sprawę z jego wielkiego tam zastosowania. W swoich dwu głębszych praktykach medytacyjnych raz jeszcze poświęć się wyciszeniu. Pozwól sobie uciec od ambiwalencji i niepewności, które cię dręczą i które cię powstrzymują. Zbliż się do królestwa spokoju, co stanowi królestwo Wiedzy, tam bowiem odnajdziesz pokój oraz pewność. Stanowi to dar Boga dla ciebie, a to będzie twój dar dla świata.

Praktyka 284: *Dwa 30 – minutowe okresy praktyki.*
Cogodzinna praktyka.

Krok 285

W CISZY WSZYSTKO MOŻE BYĆ ZNANE.

W CISZY WSZYSTKO MOŻE BYĆ ZNANE, ponieważ umysł jest w stanie zareagować na Wiedzę. Wtedy Wiedza odnajdzie ekspresję we właściwych tobie myślach i działaniach. Twój umysł miał służyć Wiedzy, tak jak twoje ciało miało służyć twojemu umysłowi. W ten sposób wkład z twojego Prawdziwego Domu jest w stanie wyrazić się w świecie wygnania. Tutaj Niebo i Ziemia się stykają, a gdy się one stykają, prawdziwa komunikacja zaczyna być obecna i przekazywanie Wiedzy trafia do świata.

PRZYGOTOWUJESZ SIĘ, ABY STAĆ SIĘ NOŚNIKIEM WIEDZY, ażeby wszystko, co osiągniesz, wielkie i małe, wyjątkowe i prozaiczne, wyrażało obecność Wiedzy. Dlatego też twoja rola na świecie nie jest okazała; jest ona prosta. Istotne jest to, co jest wyrażane poprzez twoje działania, najprostszy bowiem czyn dokonany z Wiedzą stanowi wielkie nauczanie Wiedzy oraz odciśnie swoje piętno i wpłynie na wszystkie umysły na świecie.

DLATEGO TEŻ PRZYPOMINAJ SOBIE DZISIAJ CO GODZINĘ o znaczeniu rozwijania spokoju oraz natychmiastowej wolności od niepokoju i konfliktu, jaką ci to zapewnia. Pozwól, aby dzisiaj twoje głębsze okresy praktyki były okresami prawdziwego poświęcenia, gdzie przychodzisz do ołtarza Boga, aby się oddać. W gruncie rzeczy to jest prawdziwy kościół. To jest prawdziwa kaplica. Oto gdzie modlitwa staje się rzeczywista i gdzie twój umysł, który stanowi ekspresję Umysłu Boga, w wyciszeniu, pokorze i otwartości poddaje się swojemu wielkiemu źródłu. W ten sposób Bóg błogosławi cię i udziela ci daru do przekazania światu, który jest wynikiem twojego własnego rozwoju.

WSZYSTKO TO DZIEJE SIĘ W WYCISZENIU, w wyciszeniu bowiem przekazywanie Wiedzy może być zakończone. Jest to absolutnie naturalne i całkowicie poza twoim pojmowaniem. Dlatego też nie musisz poświęcać na to energii oraz czasu, zastanawiać się nad tym albo próbować zrozumieć mechanizm tego. To nie jest konieczne. Wymagane jest jedynie, abyś był odbiorcą Wiedzy. Nie stój z boku i nie dąż do zrozumienia tego.

Nie stój dzisiaj z boku, lecz wejdź w stan wyciszenia, to jest bowiem dar Boga dla ciebie. W wyciszeniu przekazywanie Wiedzy zostanie dokonane. Wraz z tym stajesz się nośnikiem Wiedzy na świecie.

Praktyka 285: *Dwa 30 – minutowe okresy praktyki.*
Cogodzinna praktyka.

Krok 286

Dzisiaj niosę ze sobą w świat spokój.

Nieś spokój ze sobą. Pozwól, aby twoje wewnętrzne życie było spokojne, gdy poruszasz się po świecie niepokoju i zamętu. Nie musisz teraz niczego rozwiązywać w swoich myślach, uczysz się bowiem być z Wiedzą. Wiedza zorganizujesz twoje myślenie i nada mu prawdziwą jednolitość oraz kierunek. Nieś spokój ze sobą i bądź pewien, iż wszelkie twoje wewnętrzne konflikty zostaną rozwiązane poprzez Wiedzę, podążasz bowiem za źródłem ich rozwiązania. Każdy dzień sprowadzi cię bliżej do pokoju i spełnienia. A to, co dręczyło cię wcześniej i rzucało wielkie, ciemne chmury nad twoim umysłem ulotni się, gdy kroczysz ścieżką Wiedzy.

Nieś ze sobą w świat spokój. To umożliwi ci być prawdziwie spostrzegawczym. To umożliwi ci postrzegać świat takim, jaki jest. To umożliwi ci rozładować konflikt świata, uczysz tutaj bowiem pokoju poprzez bycie w pokoju. To nie jest fałszywy pokój, jakiego uczysz. Jest on zrodzony z prawdziwego połączenia z Wiedzą, ponieważ podążasz tutaj za Wiedzą. Pozwalasz Wiedzy, aby zapewniała kierunek. Możesz tego dokonać jedynie w spokoju.

Nie myśl, że spokój uczyni cię niezdolnym do rzeczywistej aktywności na świecie. Będziesz aktywny na świecie i będziesz uczestniczył w jego mechanizmie, możesz być jednak spokojny, gdy tak czynisz. Ku swemu wielkiemu zachwytowi odnajdziesz, iż będziesz znacznie bardziej kompetentny, bardziej skuteczny i dalece bardziej wrażliwy na innych z większym zaangażowaniem i produktywnością, gdy niesiesz ten spokój w świat. Tutaj twoja energia może zostać wyrażona na świecie w znaczący sposób. Tutaj wszystkie moce twojego umysłu i twojego ciała są wnoszone i nie są one marnowane w wewnętrznym konflikcie. Stajesz się zatem potężniejszy i bardziej skuteczny, bardziej pewny i produktywny, gdy niesiesz spokój w świat.

W ciągu dnia przypominaj sobie, że niesiesz spokój w świat, a w swoich dwu głębokich okresach medytacyjnych szukaj schronienia spokoju. Ucieknij ze świata, o którym informują cię twoje zmysły i wejdź w spokój oraz sanktuarium wyciszenia i Wiedzy. W miarę postępów przekonasz się, że twoje dwa dłuższe okresy praktyki będą okresami wielkiego odpoczynku oraz ulgi, wielkimi momentami odnowy. Są tam, gdzie uczęszczasz do świętej kaplicy Świętego Ducha każdego dnia. Są tam, gdzie ty i Bóg spotykacie się poprzez Wiedzę.

Tak więc te okresy praktyki stają się najważniejszymi wydarzeniami każdego dnia, gdy uczysz się otrzymywać dary, które są ci przedstawiane. Będziesz z niecierpliwością oczekiwał na swoje sesje praktyki jako sposobność, aby się zregenerować i odświeżyć, aby odnaleźć prawdziwą inspirację tudzież komfort oraz celem umożliwienia własnemu umysłowi stawać się coraz silniejszym z Wiedzą, aby móc nieść spokój i wyciszenie w świat.

Praktyka 286: *Dwa 30 – minutowe okresy praktyki.*
Cogodzinna praktyka.

Krok 287

WRAZ Z WIEDZĄ NIE MOGĘ BYĆ W STANIE WOJNY.

WRAZ Z WIEDZĄ NIE MOŻESZ BYĆ W STANIE WOJNY. Nie możesz być w stanie wojny w sobie samym lub z innymi, wraz z Wiedzą bowiem istnieje tylko Wiedza oraz istnieje zamęt na świecie. Zamęt nie wymaga ataku. Dlatego też wraz z Wiedzą nie jesteś w stanie wojny, masz bowiem jeden umysł, jeden cel, jedną odpowiedzialność, jeden kierunek i jedno znaczenie. Im bardziej twój umysł staje się jednolity, tym bardziej twoje zewnętrzne życie również będzie stawało się jednolite. Jakżeż możesz być w stanie wojny w sobie samym, skoro podążasz za Wiedzą? Wojna jest zrodzona z ambiwalencji, gdzie przeciwstawne systemy wartości kolidują ze sobą, aby pozyskać twoje uznanie. Konkurencyjne idee, sprzeczne emocje i rywalizujące wartości wszystkie prowadzą ze sobą wojnę, a ty jesteś uwięziony w środku ich wielkich bitew.

WRAZ Z WIEDZĄ WSZYSTKO TO SIĘ ULATNIA. Wraz z Wiedzą nie możesz być w stanie wojny w sobie samym. Z czasem całe twoje zwątpienie w samego siebie, niepewność, strach i niepokój ustąpią. W trakcie tego coraz mocniej będziesz czuł, że nie jesteś w stanie wojny i będziesz czerpać pełne korzyści z bycia w pokoju. To umożliwi ci zwrócić swoje oczy na świat z pełną siłą swego zaangażowania, albowiem cała twoja mentalna i fizyczna energia będzie teraz dostępna dla ciebie, abyś wniósł wkład światu. To, co ofiarujesz, będzie większe niż twoje czyny albo twoje słowa, niesiesz bowiem wyciszenie i pokój w świat.

TUTAJ NIE BĘDZIESZ W OPOZYCJI DO NIKOGO, chociaż inni mogą wybrać bycie w opozycji do ciebie. Tutaj z nikim nie będziesz w stanie wojny, nawet jeśli inni wybiorą bycie w stanie wojny z tobą. To będzie stanowiło twój największy wkład i jest to coś, czego twoje życie będzie uczyło poprzez demonstrację. Tutaj Wiedza będzie obdarowywać sobą świat i udzielać wielkich lekcji, które teraz uczysz się odbierać dla siebie. To nauczanie wystąpi naturalnie. Nie musisz narzucać tego światu i nie musisz zmieniać nikogo innego, ponieważ Wiedza osiągnie swój cel poprzez ciebie.

Co godzinę uświadamiaj sobie znaczenie dzisiejszej idei i zdaj sobie sprawę z potęgi Wiedzy do zakończenia wszelkiego twojego cierpienia, a ostatecznie cierpienia świata. W swoich głębszych okresach praktyki powróć do swego wielkiego sanktuarium i raz jeszcze stań się odbiorcą Wiedzy w otwartości i w pokorze. Wtedy będziesz w stanie nieść ze sobą swoją stałą relację z Wiedzą w świat z coraz większą pewnością. Wówczas to, co należy ofiarować, będzie emanować z ciebie bez wysiłku.

Praktyka 287: *Dwa 30 – minutowe okresy praktyki.*
  Cogodzinna praktyka.

Krok 288

WROGOWIE TO TYLKO PRZYJACIELE, KTÓRZY NIE NAUCZYLI SIĘ ŁĄCZYĆ.

NIE MA PRAWDZIWYCH WROGÓW W ŻYCIU, albowiem wszelka wojna oraz konflikt są zrodzone z zamętu. Musisz to zrozumieć. Życie bez Wiedzy może być jedynie pomieszane i musi stworzyć swój własny wewnętrzny system naprowadzania, czyli tylko idee i przekonania, z którymi się ono samo utożsamia. Tym samym jednostki mają swój własny cel i poczucie własnej odrębności. Owe oceny ścierają się z tymi należącymi do innych jednostek i w ten sposób jeden przeciw drugiemu, grupa przeciw grupie, naród przeciw narodowi, wojna jest wywoływana i prowadzona.

W WIEDZY TO NIE JEST MOŻLIWE, w Wiedzy bowiem wszyscy są twoimi przyjaciółmi. Rozpoznajesz, że każda osoba jest na takim etapie rozwoju, na jakim on lub ona się obecnie znajduje. Możesz być związany z niektórymi z nich, a z niektórymi możesz nie być. Niektórzy z nich mogą być w stanie otrzymać twój wkład bezpośrednio, podczas gdy inni będą potrzebowali otrzymać go pośrednio. Oni wszyscy są jednak twoimi przyjaciółmi. Nie ma opozycji w Wiedzy, albowiem jest tylko jedna Wiedza we wszechświecie. Wyraża się ona poprzez każdą jednostkę. Gdy każda jednostka staje się coraz bardziej oczyszczona jako nośnik Wiedzy, gdy każda jednostka staje się większym odbiorcą Wiedzy i gdy każda jednostka podąża za Wiedzą i staje się bardziej odpowiedzialna wobec Wiedzy, wtedy sposobność dla niego lub dla niej na bycie w konflikcie zmniejszy się i ostatecznie zaniknie.

ROZPOZNAJ ZATEM, ŻE WSZELKA WOJNA ORAZ KONFLIKT po prostu wyrażają brak zdolności do łączenia się tych, którzy są zaangażowani. Kiedy jednostki się łączą, rozpoznają one wspólną potrzebę, która staje się ich główną potrzebą. Musi to być zrodzone z Wiedzy, a nie z idealizmu, jeśli ma to zostać urzeczywistnione. Musi to być zrodzone z Wiedzy, a nie ze zwykłej filozofii, jeśli ma to prowadzić do prawdziwego działania i prawdziwego zaangażowania. Tak oto stajesz się rozjemcą i obrońcą pokoju na świecie, gdy podążasz jako student Wiedzy. Im silniejsza jest Wiedza w tobie, tym słabszy będzie twój strach i twoja ambiwalencja. W ten sposób wojna w tobie zostanie zakończona, a twoje życie będzie demonstracją tego, że wojna nie jest konieczna.

Poświęć się dzisiaj zakończeniu wojny na świecie poprzez zakończenie wojny w sobie samym, ażebyś mógł być rozjemcą i obrońcą pokoju. Co godzinę przypominaj sobie o dzisiejszej lekcji i stosuj ją do świata, który widzisz wokół siebie. Stosuj ją do wszystkich konfliktów na świecie, których jesteś świadom. Postaraj się zrozumieć jej całkowity związek z tymi konfliktami. To będzie wymagało od ciebie postrzegania tych konfliktów z innego punktu widzenia celem uświadomienia sobie pełnego wpływu oraz znaczenia dzisiejszej idei. To ten punkt widzenia musisz rozwijać, musisz się bowiem nauczyć postrzegać tak, jak postrzega Wiedza, myśleć tak, jak myśli Wiedza oraz działać tak, jak działa Wiedza. Wszystko to z pewnością osiągniesz, gdy podążasz za Wiedzą każdego dnia.

W swoich głębszych okresach praktyki powróć do spokoju oraz milczenia, ażebyś mógł wzmocnić swoją zdolność do rozwijania i przygotowywania się na bycie emisariuszem Wiedzy na świecie. To jest dzisiaj twoja odpowiedzialność. To przeniknie wszystkie inne twoje działania i nada im wartość oraz znaczenie, dzisiaj bowiem jesteś studentem Wiedzy.

Praktyka 288: *Dwa 30 – minutowe okresy praktyki.*
Cogodzinna praktyka.

Krok 289

Dzisiaj jestem studentem Wiedzy.

Bądź dzisiaj prawdziwym studentem. Poświęć się całkowicie swojemu procesowi nauczania. Niczego nie zakładaj, prawdziwi studenci niczego bowiem nie zakładają, a to jest to, co umożliwia im nauczyć się wszystkiego. Zdaj sobie sprawę, że nie możesz zrozumieć Wiedzy; możesz ją jedynie otrzymać. Możesz jedynie doświadczyć jej rozszerzenia na świat za sprawą swojego życia.

Dlatego też pozwól sobie być otwartym na Wiedzę. Nie pozwalaj sobie być otwartym na ambiwalencję, która przenika świat. Utrzymuj swój dystans od tej ambiwalencji, nie jesteś jeszcze bowiem wystarczająco silny z Wiedzą, aby stawić czoła ambiwalencji i udzielić swego daru ambiwalentnemu światu. Nie bądź ambitny pod tym względem, inaczej przekroczysz swoją zdolność i w wyniku tego poniesiesz porażkę. Gdy Wiedza wzrasta i rozwija się w tobie, doprowadzi cię do miejsc, gdzie jesteś w stanie służyć. Doprowadzi cię ona do sytuacji, gdzie masz odpowiednią zdolność do jej udzielenia.

Bądź dzisiaj studentem. Nie próbuj wykorzystać nauczania, aby spełnić z nim swoje ambicje. Nie pozwalaj, aby osobiste idee cię dzisiaj prowadziły, lecz bądź studentem Wiedzy. Kiedy jesteś czegoś pewny, nieś to dalej tak mądrze i w sposób tak odpowiedni, jak dalece jest to możliwe. Kiedy jesteś czegoś niepewny, powróć do Wiedzy i po prostu bądź w pokoju z Wiedzą, Wiedza cię bowiem poprowadzi. W ten sposób staniesz się prawdziwym i aktywnym agentem Wiedzy na świecie. Wiedza rozszerzy się na świat poprzez ciebie, a wszystko, co otrzymujesz, zostanie podarowane światu poprzez ciebie.

Dzisiaj w swoich głębszych praktykach wzmocnij swoją zdolność do wejścia w sferę Wiedzy. Dzisiaj wejdź głębiej niż zaszedłeś kiedykolwiek wcześniej. Dzisiaj bądź studentem Wiedzy.

Wejdź w Wiedzę. Doznaj Wiedzy. W ten sposób staniesz się coraz bardziej zaangażowany w jej potęgę i jej łaskę. W ten sposób zdasz sobie sprawę z jej celu na świecie, który można sobie uświadomić jedynie drogą uczestnictwa.

Praktyka 289: *Dwa 30 – minutowe okresy praktyki.*

Krok 290

MOGĘ BYĆ TYLKO STUDENTEM.
BĘDĘ ZATEM STUDENTEM WIEDZY.

NA ŚWIECIE JESTEŚ STUDENTEM – ZAWSZE. Każdego dnia, w każdej godzinie i w każdej minucie uczysz się oraz usiłujesz przyswoić sobie swoje nauczanie. Jesteś albo studentem Wiedzy, albo studentem zamętu. Jesteś albo studentem pewności, albo studentem ambiwalencji. Jesteś albo studentem kompletności i prawości, albo jesteś studentem konfliktu i wojny. Możesz się uczyć wyłącznie poprzez bycie na świecie i możesz tylko demonstrować rezultat swojego nauczania.

DLATEGO TEŻ NIE MA WYBORU w kwestii tego, czy będziesz studentem, czy też nie, będziesz bowiem studentem, nawet jeśli postanowisz nie być studentem. Jeśli postanowisz nie być studentem, będziesz jedynie zgłębiał inny program nauczania. Nie masz w tej kwestii wyboru, albowiem bycie na świecie polega na nauce i demonstrowaniu rezultatu swego nauczania. Rozpoznając to, twoja decyzja zatem polega na określeniu, gdzie będziesz studentem i czego będziesz się uczył. To jest zdolność do podejmowania decyzji, jaka jest ci podarowana. Wiedza naturalnie poprowadzi cię, aby podjąć właściwą decyzję i doprowadzi cię aż do samej siebie, jest ci ona bowiem podarowana, ażebyś podarował ją światu. Tym samym, gdy zbliżasz się do Wiedzy, poczujesz, że jesteś zaangażowany w wielki powrót do domu. Poczujesz wielką integrację w sobie samym i poczujesz, że twój konflikt z samym sobą i twoja wojna z samym sobą zaczynają się zmniejszać i zanikać.

BĄDŹ DZISIAJ STUDENTEM WIEDZY, jesteś bowiem studentem. Wybierz program nauczania, który został dla ciebie wybrany. Wybierz program nauczania, który cię zbawi, a poprzez ciebie – świat. Wybierz program nauczania, który spełnia twój cel tutaj i który ilustruje twoje życie poza tym światem, które pragnie wyrazić się tutaj. Zostań studentem Wiedzy.

Uświadom sobie potęgę dzisiejszej idei i pamiętaj o niej co godzinę. Zawsze pamiętaj, aby przeczytać lekcję dnia przed wkroczeniem w świat, ażebyś mógł zacząć wykorzystywać jej praktykę na ten dzień. Potwierdź swój status studenta Wiedzy. Wzmocnij swoje zaangażowanie jako student Wiedzy. Podążaj za dzisiejszymi praktykami z coraz większym oddaniem.

W swoich dwu głębszych okresach praktyki aktywnie zaangażuj swój umysł w rozważanie tego, co to znaczy być studentem na świecie. Zaangażuj swój umysł w zrozumienie przesłania na dzisiaj i spróbuj uświadomić sobie, że jesteś studentem we wszystkich okolicznościach. Postaraj się sobie uświadomić, że nie masz tutaj wyboru, musisz się bowiem uczyć, przyswajać i demonstrować swoje nauczanie. Stanowi to podstawę pod prawdziwe nauczanie. Zdaj sobie sprawę, że twój cel na świecie polega na zostaniu studentem Wiedzy, przyswajaniu Wiedzy i pozwalaniu Wiedzy wyrażać się, ażebyś mógł demonstrować Wiedzę na świecie. W najprostszy sposób stanowi to ekspresję twojego celu, a z twojego celu określone powołanie wyłoni się, aby prowadzić cię w określony sposób na świecie zgodnie z twoją naturą i twoim przeznaczeniem.

W ten sposób dzisiaj będziesz wzmacniał siebie jako student Wiedzy. W swoich dłuższych okresach praktyki aktywnie zaangażuj swój umysł w próbę zgłębienia dzisiejszej idei oraz rozpoznanie jej absolutnego odniesienia do twojego życia.

Praktyka 290: *Dwa 30 – minutowe okresy praktyki.*
Cogodzinna praktyka.

Krok 291

JESTEM WDZIĘCZNY MOIM BRACIOM I MOIM SIOSTROM, KTÓRZY WYSTĘPUJĄ PRZECIW MNIE.

BĄDŹ WDZIĘCZNY TYM, KTÓRZY DEMONSTRUJĄ POTRZEBĘ Wiedzy. Bądź wdzięczny tym, którzy uczą cię, że beznadziejne jest zaangażowanie się w jakiekolwiek dążenie na świecie bez Wiedzy. Bądź wdzięczny tym, którzy oszczędzają twój czas poprzez demonstrowanie rezultatów tego, nad czym się zastanawiasz nawet teraz. Bądź wdzięczny tym, którzy pokazują ci twoją własną wielką potrzebę na świecie. Bądź wdzięczny tym, którzy demonstrują ci, co musisz dać światu. Bądź wdzięczny tym, którzy wydają się występować przeciw tobie, pokażą ci oni bowiem, co jest niezbędne w twoim życiu i przypomną ci oni, że Wiedza stanowi twój jeden prawdziwy zamiar, twój jeden prawdziwy cel i twoją jedną prawdziwą ekspresję.

W TEN SPOSÓB WSZYSCY, KTÓRZY WYSTĘPUJĄ PRZECIW TOBIE, stają się twoimi przyjaciółmi, ponieważ służą ci oni nawet we własnym nieszczęściu i wezwą cię, aby im służyć. Tutaj wszelkie szaleństwo, błąd, zamęt, ambiwalencja, konflikt i wojna na świecie mogą doprowadzić cię do przekonania co do Wiedzy. W ten sposób świat ci służy, wspiera cię i przygotowuje cię do służenia mu w jego wielkiej potrzebie. Tutaj stajesz się odbiorcą osiągnięć świata i ofiarowane ci jest przypomnienie o błędach świata. W ten sposób twoja miłość i współczucie wobec świata zostaną rozbudzone.

DZISIAJ PRZYPOMINAJ SOBIE CO GODZINĘ o tym przesłaniu i spróbuj uświadomić sobie jego znaczenie w kontekście wszystkich swoich działań, ażeby wszystko, co dzisiaj ma miejsce, zademonstrowało znaczenie dzisiejszej idei. W swoich głębszych okresach praktyki aktywnie zaangażuj swój umysł w próbę zgłębienia dzisiejszej idei. Przypomnij sobie o każdej osobie, która w twoim mniemaniu wystąpiła przeciw tobie. Przypatrz się, w jaki sposób ta osoba ci się przysłużyła i dalej będzie ci służyć jako przypomnienie. To może ci oszczędzić wielkie ilości czasu i energii drogą sprowadzenia cię bliżej do Wiedzy, poprzez zwiększenie twojej stanowczości względem Wiedzy i poprzez przypominanie ci, że nie ma alternatywy dla Wiedzy. W swoich dłuższych okresach praktyki pomyśl o każdym, kto według ciebie wystąpił przeciw tobie i z tego punktu widzenia uświadom sobie ich ogromną służbę dla ciebie.

Pozwól, aby ten dzień był dniem przebaczenia oraz dniem akceptacji, gdzie rozpoznajesz i rozszerzasz swoją wdzięczność na tych, którzy wystąpili przeciw tobie. Życie spiskuje, aby sprowadzić cię do Wiedzy. Gdy wkraczasz do Wiedzy, zdasz sobie sprawę z wielkiej posługi, którą życie ci udziela zarówno przez swoje osiągnięcia, jak i przez swoje niepowodzenia. Bądź odbiorcą tego daru, gdyż w miłości i wdzięczności zwrócisz się do świata i zapragniesz ofiarować to, co stanowi największy ze wszystkich darów. Tutaj ofiarujesz Wiedzę we wdzięczności i w służbie światu, który ci się przysłużył.

Praktyka 291: *Dwa 30 – minutowe okresy praktyki.*
Cogodzinna praktyka.

Krok 292

JAKŻEŻ MOGĘ SIĘ ZŁOŚCIĆ NA ŚWIAT, SKORO ON MI TYLKO SŁUŻY?

JAKŻEŻ MOŻESZ SIĘ ZŁOŚCIĆ, skoro świat ci służy? Kiedy rozpoznasz, jak bardzo świat ci służy, co można rozpoznać jedynie w kontekście Wiedzy, wówczas położysz kres wszelkiej swojej nienawiści wobec świata, wszelkiemu swojemu potępieniu świata i wszelkiemu swojemu sprzeciwowi wobec świata. To potwierdzi twoje prawdziwe przeznaczenie, twoje prawdziwe pochodzenie i twój prawdziwy cel istnienia na świecie.

PRZYBYŁEŚ NA ŚWIAT, ABY SIĘ NAUCZYĆ i aby się oduczyć. Przybyłeś na świat, aby rozpoznać, co jest rzeczywiste, a co nie jest. Przybyłeś na świat, aby przyczynić się do świata, być kimś, kto został posłany spoza świata, aby tutaj służyć. To jest prawdziwa natura twojej obecności tutaj i chociaż może się wydawać, że kłóci się to z twoimi ocenami siebie samego, niemniej jednak jest to prawdziwe i będzie prawdziwe niezależnie od twojego punktu widzenia, niezależnie od twoich ideałów tudzież przekonań oraz bez względu na dążenia, które możesz dla siebie wyznaczyć. Prawda oczekuje na ciebie i czeka, aż będziesz gotowy, aby ją docenić.

CO GODZINĘ PAMIĘTAJ O DZISIEJSZEJ IDEI i zobacz jej zastosowanie wszędzie, gdy patrzysz na świat. W swoich dwu głębszych praktykach raz jeszcze przypomnij sobie o każdej osobie, która według ciebie wystąpiła przeciw tobie i ponownie postaraj się zrozumieć ich dar dla ciebie w sprowadzeniu cię do Wiedzy, w nauczeniu cię, aby poważać Wiedzę i w nauczeniu cię, aby zdać sobie sprawę, że nie ma nadziei poza Wiedzą. Nie ma nadziei bez

Wiedzy. Dzisiejsza idea wywoła miłość i wdzięczność do świata oraz wzmocni ten punkt widzenia, który będzie niezbędny dla ciebie, abyś spoglądał na świat z pewnością, miłością i Wiedzą.

Praktyka 292: *Dwa 30 – minutowe okresy praktyki.*
Cogodzinna praktyka.

Krok 293

NIE PRAGNĘ DZIŚ CIERPIEĆ.

WZMOCNIJ SWOJĄ STANOWCZOŚĆ, ABY NIE CIERPIEĆ dzisiaj dzięki byciu studentem Wiedzy, poprzez trzymanie się Wiedzy i poprzez poświęcanie się Wiedzy. Nie pozwalaj, aby świat wciągał cię w nieistotne dążenia, w beznadziejne przedsięwzięcia albo w swoje zaognione konflikty. Wszystko to wciąż stanowi dla ciebie atrakcję, nie pozwalaj jednak oddawać się im dzisiaj, ponieważ perswazje świata są zrodzone z wielkiego niepokoju i strachu świata. Niepokój i strach są jak choroby, które wpływają na umysły. Nie pozwól, aby twój umysł został dzisiaj tak dotknięty. Nie chcesz dzisiaj cierpieć, a będziesz cierpieć, jeśli będziesz podążał za namowami świata. Uczestnicz na świecie i wypełniaj swoje przyziemne obowiązki, lecz wzmocnij swoją stanowczość, aby być studentem Wiedzy, to bowiem uwolni cię od wszelkiego cierpienia i zapewni ci wielkość, którą masz dać światu.

CO GODZINĘ POTWIERDZAJ, że nie chcesz dziś cierpieć i zdaj sobie sprawę z nieuchronności swojego cierpienia, jeżeli będziesz próbował angażować się na świecie bez Wiedzy. Świat może ci teraz tylko przypomnieć o twoim jednym wielkim celu i odpowiedzialności, to znaczy zostać studentem Wiedzy. Bądź wdzięczny, że świat wesprze cię w jedyny sposób, w jaki potrafi i bądź wdzięczny, że z twojego Przedwiecznego Domu Bóg rozciągnął Łaskę na świat, ażebyś ją otrzymał i nauczył się dawać.

PRAKTYKA 293: *Cogodzinna praktyka.*

Krok 294

PRZEGLĄD

Rozpocznij ten dwutygodniowy Przegląd następującą inwokacją:

„Jestem teraz studentem Wiedzy. Dowiem się o znaczeniu oraz celu Wiedzy poprzez moje uczestnictwo. Będę śledził moje uczestnictwo, nie próbując zmieniać jego metod albo jego lekcji w żaden sposób, ponieważ pragnę się nauczyć. Jestem studentem Wiedzy na świecie, gdzie Wiedza wydaje się nieobecna. Z tego powodu zostałem tutaj posłany, abym przygotował się przekazywać to, co Wiedza pragnie przekazywać światu. Jestem studentem Wiedzy. Jestem pewny swojej odpowiedzialności. W ten sposób otrzymam wszystko to, czego prawdziwie pragnę, albowiem prawdziwie pragnę miłować świat".

Podążając za tą inwokacją, rozpocznij swój dwutygodniowy Przegląd. Zaczynając od pierwszego dnia w tym dwutygodniowym okresie, przeczytaj lekcję na ten dzień i pamiętaj o swojej praktyce. Kontynuuj w ten sposób, aby prześledzić wszystkie dni w tym dwutygodniowym okresie, a następnie spróbuj dokonać ogólnego zarysu swego życia w trakcie tego czasu praktyki. Zacznij dostrzegać, co wydarzyło się w twoim życiu w tym dwutygodniowym okresie.

Gdy dokonasz ogólnego zarysu, zaczniesz dostrzegać przepływ swego życia. Być może będzie to na początku subtelne, lecz wkrótce zaczniesz zdawać sobie sprawę, że twoje życie gwałtownie się rozwija oraz że twoje wartości i twoje doświadczenie siebie samego się zmieniają. Zmieniasz się fundamentalnie. W końcu stajesz się sobą. Uświadomisz sobie, że wojna, która wciąż szaleje w tobie od czasu do czasu, będzie się zmniejszać i występować rzadziej. Można to rozpoznać, mając jedynie świadomy i obiektywny ogólny zarys, a gdy zostanie to rozpoznane, da ci to pewność oraz przekonanie, aby iść dalej, będziesz bowiem wiedział, że podążasz zgodnie ze swoim kierunkiem i swoim prawdziwym przeznaczeniem. Będziesz wiedział, że jesteś prawdziwym studentem Wiedzy oraz że podjąłeś właściwą decyzję w odniesieniu do swojego nauczania.

Praktyka 294: *Jeden długi okres praktyki.*

Krok 295

ZGŁĘBIAM TERAZ TAJEMNICĘ MOJEGO ŻYCIA.

ZGŁĘBIASZ TAJEMNICĘ SWOJEGO ŻYCIA, które dąży do ujawnienia się tobie. Tajemnica twojego życia jest źródłem wszystkiego, co jest namacalne w twoim życiu. Wszystko, co jest namacalne i co ma być namacalne, zawarte jest w tajemnicy twojego życia. Dlatego też twoje obecne zobowiązanie jako student Wiedzy jest absolutnie fundamentalne dla wszystkiego, co zrobisz na świecie oraz wszystkiego, co sobie uświadomisz i co wypełnisz w tym życiu. Jest to absolutnie fundamentalne dla twojej potrzeby.

POZWÓL, ABY TAJEMNICA BYŁA TAJEMNICZA. Pozwól, aby to, co namacalne, było namacalne. W ten sposób wejdziesz w tajemnicę Wiedzy z szacunkiem oraz otwartością i zaangażujesz się na świecie z praktycznym nastawieniem i konkretnym podejściem. To umożliwi ci być pomostem od swojego Przedwiecznego Domu do tego tymczasowego świata. Wtedy będziesz traktować życie we wszechświecie z szacunkiem i podziwem oraz będziesz traktować zastosowanie swoich zdolności na świecie z lakonicznością i odpowiedzialnością. Tutaj wszystkie twoje zdolności będą odpowiednio rozwijane i włączane, a ty będziesz nośnikiem dla Wiedzy.

ROZPOCZNIEMY TERAZ BARDZIEJ ZAAWANSOWANĄ CZĘŚĆ twojego programu nauczania. Możesz zdać sobie sprawę, że wiele z tego, czego się uczysz, nie jesteś w stanie jeszcze zrozumieć. Wiele z kroków, jakie należy podjąć, będą aktywować twoją Wiedzę, aby była ona silniejsza i częściej obecna w tobie oraz by wywołać w tobie pradawną pamięć o twoich prawdziwych relacjach we wszechświecie tudzież znaczeniu twojego celu tutaj. Dlatego też rozpoczniemy serię lekcji, których nie będziesz w stanie pojąć, ale w które musisz być zaangażowany. Zgłębiasz teraz tajemnicę swojego życia. Tajemnica twojego życia przechowuje obietnicę na twoje życie.

Pamiętaj o swojej lekcji w ciągu dnia. Recytuj ją co godzinę, a w swoich dwu głębszych okresach praktyki wejdź w stan wyciszenia i pokoju. Pozwól sobie zgłębić tajemnicę swojego życia, ażeby tajemnica twojego życia mogła ci zostać ujawniona. Wszelkie bowiem znaczenie, cel oraz kierunek są zrodzone z twojego pochodzenia i twojego przeznaczenia. Jesteś gościem w tym świecie, a twoje uczestnictwo tutaj musi ilustrować twoje większe życie poza światem. W ten sposób świat jest błogosławiony i spełniony. W ten sposób nie zdradzisz samego siebie, zostałeś bowiem zrodzony z większego życia, a Wiedza trwa przy tobie, aby ci o tym przypomnieć.

Praktyka 295: *Dwa 30 – minutowe okresy praktyki.*
Cogodzinna praktyka.

Krok 296

NASI NOVARE CORAM

PRADAWNE SŁOWA NA DZIŚ POBUDZĄ WIEDZĘ. Ich znaczenie można przetłumaczyć następująco: „Obecność Nauczycieli Boga jest ze mną". Jest to proste tłumaczenie tych słów, lecz ich potęga dalece wykracza poza ich oczywiste znaczenie. Mogą one wywołać w tobie głęboką reakcję, stanowią one bowiem wezwanie do Wiedzy zrodzone z przedwiecznego języka, który nie pochodzi z żadnego świata. Ów język reprezentuje język Wiedzy i służy tym wszystkim, którzy posługują się językiem i którzy wciąż potrzebują języka, aby się porozumiewać.

PAMIĘTAJĄC O WCZORAJSZEJ LEKCJI, nie staraj się zrozumieć pochodzenia tych słów albo mechanizmu ich posługi, ale bądź odbiorcą ich daru. Co godzinę recytuj dzisiejszą inwokację, a w swoich dwu głębszych okresach praktyki powtórz tę inwokację, a następnie wejdź w stan spokoju i milczenia, aby poczuć potęgę tych słów. Zezwól, aby wspomogły cię one przy wchodzeniu w głębię twojej własnej Wiedzy. Kiedy każda długa praktyka zostanie zakończona oraz gdy powrócisz do świata działania i formy, wyrecytuj inwokację ponownie i bądź wdzięczny, że tajemnica twojego życia jest zgłębiana. Bądź wdzięczny, że twój Przedwieczny Dom przybył z tobą do świata.

PRAKTYKA 296: *Dwa 30 – minutowe okresy praktyki.*
Cogodzinna praktyka.

Krok 297

NOVRE NOVRE COMEY NA VERA TE NOVRE

DZISIEJSZA INWOKACJA MÓWI O POTĘDZE CISZY w twoim umyśle oraz o potędze, jaką cisza w twoim umyśle będzie miała na świecie. Pozwól, aby twoja inwokacja była wypowiadana co godzinę z wielkim szacunkiem. Pozwól, aby tajemnica twojego życia odsłaniała się teraz przed tobą, ażebyś mógł ją spostrzec i nieść ją ze sobą w twojej przygodzie na świecie.

W SWOICH DWU GŁĘBSZYCH OKRESACH PRAKTYKI powtórz dzisiejszą inwokację i zanurz się ponownie w głębię wyciszenia, oddając się całkowicie swojej praktyce. Na zakończenie swojej praktyki powtórz ponownie dzisiejszą ideę. Gdy tak czynisz, zezwól sobie poczuć obecność tego, co jest z tobą, twój Przedwieczny Dom trwa bowiem przy tobie, gdy ty przebywasz na świecie. Pradawna pamięć twojego Domu oraz pamięć wszystkich prawdziwych relacji, które dotąd odzyskałeś w całej twojej ewolucji, są zachowywane wraz z dzisiejszą ideą. W wyciszeniu bowiem wszystko może być znane, a wszystko, co jest znane, ujawni się tobie.

PRAKTYKA 297: *Dwa 30 – minutowe okresy praktyki.*
Cogodzinna praktyka.

Krok 298

MAVRAN MAVRAN CONAY MAVRAN

*D*ZISIEJSZA INWOKACJA WZYWA TYCH, KTÓRZY praktykują Wiedzę z tobą w Większej Społeczności, ażeby siła ich zobowiązania oraz ich wielkie osiągnięcia mogły upiększyć wszelkie twoje starania i wszystkie twoje praktyki jako student Wiedzy. Dzisiejsza inwokacja łączy twój umysł ze wszystkimi umysłami, które są zaangażowane w odzyskanie Wiedzy we wszechświecie, jesteś bowiem obywatelem Większej Społeczności, jak również obywatelem swojego świata. Jesteś częścią wielkiego przedsięwzięcia istniejącego zarówno na świecie, jak i poza światem, Bóg działa bowiem wszędzie. Prawdziwa Religia to zatem odzyskiwanie Wiedzy. Odnajduje ona swoją ekspresję w każdym świecie oraz w każdej kulturze i nabywa tam swoją symbolikę tudzież swoje rytuały, lecz jej istota jest uniwersalna.

PRAKTYKUJ CO GODZINĘ POWTARZANIE DZISIEJSZEJ INWOKACJI, a gdy tak czynisz, poświęć chwilę, aby poczuć jej oddziaływanie. Możesz znaleźć sposób, aby to zrobić we wszystkich dzisiejszych okolicznościach, a to przypomni ci o twoim Przedwiecznym Domu oraz o potędze Wiedzy, którą niesiesz ze sobą. W swoich głębszych okresach praktyki powtórz swoją inwokację, a następnie wejdź w sanktuarium Wiedzy w wyciszeniu i w pokorze. Kiedy twój okres praktyki zostanie zakończony, raz jeszcze powtórz dzisiejszą inwokację. Pozwól, aby twój umysł zajął się tym, co jest poza ograniczonym zakresem ludzkiego zaangażowania, Wiedza mówi bowiem o większym życiu na świecie i poza światem. To właśnie tym większym życiem musisz się teraz zająć. To właśnie to większe życie musisz teraz otrzymać, jesteś bowiem studentem Wiedzy. Wiedza jest większa niż świat, lecz Wiedza przybyła na świat, aby służyć.

PRAKTYKA 298: *Dwa 30 – minutowe okresy praktyki.*
Cogodzinna praktyka.

Krok 299

NOME NOME
CONO NA VERA TE NOME

---

*D*ZISIEJSZA INWOKACJA PONOWNIE WZYWA POTĘGĘ przedsięwzięć innych w odzyskiwaniu Wiedzy celem wsparcia ciebie w twoim własnym. Raz jeszcze jest to potwierdzenie potęgi tego, co czynisz, a także twojego całkowitego włączenia w życie. To potwierdza prawdę w szerszym kontekście i potwierdza prawdę za pomocą słów, których nie używałeś przez stulecia, lecz które staną ci się znane, gdy będą rezonować głęboko w twoim umyśle.

ZAPRAWIAJ SIĘ CO GODZINĘ I POŚWIĘĆ CHWILĘ, aby poczuć skuteczność dzisiejszego oświadczenia. Wykorzystaj je jako inwokację, aby zacząć i jako błogosławieństwo, aby zakończyć swoje dwa dłuższe okresy praktyki. Pozwól sobie zgłębić tajemnicę swojego życia, tajemnica twojego życia jest bowiem źródłem wszelkiego znaczenia w twoim życiu, a to właśnie tego znaczenia dzisiaj szukasz.

PRAKTYKA 299: *Dwa 30 – minutowe okresy praktyki.*
Cogodzinna praktyka.

Krok 300

PRZYJMUJĘ TYCH WSZYSTKICH, KTÓRZY STANOWIĄ DZISIAJ MOJĄ DUCHOWĄ RODZINĘ.

PRZYJMIJ TYCH, KTÓRZY STANOWIĄ TWOJĄ DUCHOWĄ RODZINĘ, którzy cię prowadzą i wspierają, których wysiłki w imieniu Wiedzy dopełniają twoje własne i których obecność w twoim życiu stanowi potwierdzenie, że prawdziwa społeczność istnieje w służbie Wiedzy. Pozwól, by ich rzeczywistość wyklarowała twoją własną, aby rozproszyć wszelki mrok izolacji oraz wszelką słabość indywidualizmu, ażeby twój indywidualizm mógł odnaleźć siłę swojego prawdziwego wkładu. Nie pogrążaj się dzisiaj samotnie w swoich myślach, lecz wejdź w obecność swojej Duchowej Rodziny, jesteś bowiem zrodzony ze społeczności i w społeczność teraz wkraczasz, życie jest bowiem społecznością – społecznością bez wykluczenia i bez przeciwieństwa.

CO GODZINĘ PAMIĘTAJ DZIŚ O TYM. W swoim dłuższym okresie praktyki zaangażuj swój umysł aktywnie w próbę zrozumienia przesłania, jakie jest ci dzisiaj dane. Postaraj się zrozumieć, co Duchowa Rodzina naprawdę oznacza. Postaraj się zrozumieć, że jest ona z tobą nierozerwalnie związana. Nie wybrałeś jej. Jesteś z niej po prostu zrodzony. Reprezentuje ona twoje dotychczasowe osiągnięcie w Wiedzy. Wszelkie osiągnięcie w Wiedzy jest odzyskaniem relacji, a twoja Duchowa Rodzina to te relacje, które jak dotąd odzyskałeś w swoim powrocie do Boga.

BĘDZIE TO POZA TWOIM POJMOWANIEM, lecz twoja Wiedza wyrazi przesłanie na dzisiaj, a także inwokacje, które ćwiczyłeś w minionych dniach. Wiedza ujawni, co musisz wiedzieć i co musisz wykonać. Nie jest ci przeznaczone być obciążonym próbą zrozumienia tego, co jest poza twoim pojmowaniem. Jest ci jednak dana odpowiedzialność odpowiadania na komunikaty, które są ci przekazywane od tajemnicy własnego życia i ze strony potęgi Boga w twoim życiu.

Jesteś częścią Duchowej Rodziny. Otrzymujesz to drogą własnego doświadczenia, doświadczenia, które potwierdzi twoje uczestnictwo w życiu, a także wielki cel, któremu przybyłeś służyć.

Praktyka 300: *Dwa 30 – minutowe okresy praktyki.*
Cogodzinna praktyka.

Krok 301

NIE ZATRACĘ SIĘ DZISIAJ W NIEPOKOJU.

Nie pozwalaj nawykowi zatracania się w niepokoju zdominować twój umysł w tym dniu. Zaakceptuj, że wkraczasz w większe życie z większym poczuciem celu. Pozwól sobie polegać na pewności Wiedzy w tobie oraz na jej potwierdzeniu twoich prawdziwych relacji. Bądź w pokoju w tym dniu. Pozwól ciszy trwać przy tobie, gdy przemierzasz świat.

Co godzinę powtarzaj dzisiejszą ideę. W swoich głębszych praktykach wykorzystaj to jako inwokację, aby zacząć i jako błogosławieństwo, aby zakończyć swoją medytację. W swoich medytacjach pozwól sobie się wyciszyć. Nie pozwalaj dzisiaj niepewności tobą zawładnąć. Nie pozwalaj niepewności cię odciągnąć. Trwasz przy Wiedzy, co stanowi źródło wszelkiej pewności na świecie. Trwasz przy niej i pozwalasz jej rozprzestrzeniać jej moc i jej dary dla ciebie, który uczysz się teraz odzyskać pewność dla siebie. Pozwól, aby ten dzień był potwierdzeniem twojego statusu studenta. Pozwól, aby ten dzień był wyrazem Wiedzy.

PRAKTYKA 301: *Dwa 30 – minutowe okresy praktyki.*
Cogodzinna praktyka.

Krok 302

NIE BĘDĘ SIĘ DZISIAJ OPIERAĆ ŚWIATU.

Nie opieraj się światu, świat jest bowiem miejscem, do którego przybyłeś służyć. Jest to miejsce, w którym Wiedza będzie się wyrażać, gdy nauczysz się stawać się nośnikiem dla Wiedzy. Zezwól światu być takim, jaki jest, bez twojego potępiania bowiem będzie ci znacznie łatwiej być na świecie, aby wykorzystywać jego zasoby i rozpoznawać jego sposobności.

Nie opieraj się światu, pochodzisz bowiem spoza świata. Świat nie jest już więzieniem dla ciebie, lecz miejscem, do którego możesz się przyczynić. Do jakiegokolwiek stopnia nie byłeś w stanie dostosować się do świata w przeszłości i niezależnie od tego, w jakim stopniu bycie na świecie było dla ciebie trudne, teraz spoglądasz na świat w nowy sposób. Szukałeś świata, aby zastąpić Wiedzę, a teraz uświadamiasz sobie, że Wiedza jest ci przekazywana od twojego Źródła. Tym samym świat nie jest już wykorzystywany jako zamiennik dla Wiedzy i świat może teraz stać się płótnem, na którym możesz wyrazić potęgę Wiedzy. Tym samym świat staje się tym, czym słusznie jest w twoim życiu. Z tego powodu nie musisz opierać się dzisiaj światu.

Gdy przechodzisz przez świat w tym dniu, pamiętaj o tej idei co godzinę i pozwól sobie być obecnym wobec jakiejkolwiek okoliczności, w jakiej jesteś. Pozwól, aby twoje wewnętrzne życie było wyciszone, ażeby Wiedza mogła wywrzeć swój wpływ i udzielić swego przewodnictwa dla ciebie. Pozwól sobie nieść dzisiaj pewność – pewność Wiedzy. Jest to pewność, której nie wymyśliłeś ani nie stworzyłeś dla siebie. Ona zawsze jest przy tobie pomimo twojego zamętu.

Nie opieraj się dzisiaj światu, albowiem Wiedza jest z tobą. W swoich dłuższych okresach praktyki pamiętaj o tej idei zarówno przed swoimi medytacjami, jak i po nich. W swoich medytacjach ucieknij ze świata do sanktuarium spokoju. Im większe twoje zaangażowanie w sanktuarium spokoju, tym łatwiej przyjdzie ci być na świecie, nie będziesz się bowiem starał używać świata jako zamiennika dla swojego Przedwiecznego Domu. Tutaj świat przynosi ci korzyść, a ty przynosisz korzyść światu.

Praktyka 302: *Dwa 30 – minutowe okresy praktyki. Cogodzinna praktyka.*

Krok 303

Nie ulegnę dziś perswazjom świata.

Nie ulegaj perswazjom świata. Rozpoznaj, co jest pewne, a co jest zdezorientowane. Rozpoznaj, co jest oddane, a co jest ambiwalentne. Nie pozwól potędze zamętu oraz frustracji świata cię dzisiaj ogarnąć, lecz trzymaj światło Boga w swym sercu. Niech się ono jarzy w tobie, gdy wyruszasz w świat. W ten sposób przechodzisz przez świat bez szwanku i niedotknięty, ponieważ trwasz przy Wiedzy. Bez Wiedzy świat tylko porywa cię w swym szale. Porywa cię w swych zachętach i w swych szalonych dążeniach.

Dzisiaj trwasz przy Wiedzy, a więc jesteś wolny od perswazji świata. Powtarzaj dzisiejszą ideę co godzinę i rozpoznaj, jak istotne jest utrzymywanie wewnętrznej równowagi oraz swojego poczucia siebie i pewności. Zdaj sobie sprawę, jak ważna jest dzisiejsza idea w pozwoleniu ci na utrzymywanie ciszy przy życiu w sobie, ażeby twoje głębsze medytacje, w ramach których będziesz dzisiaj ponownie zaprawiać się w wyciszeniu, mogły wywrzeć swój wpływ i swoje rezultaty na wszystkie twoje działania, taki jest bowiem ich cel.

Rozpoznaj perswazje świata i się zdystansuj. Dane ci jest to do wykonania, tutaj bowiem zdolność do podejmowania decyzji należy do ciebie. Możesz tego dokonać, gdy tylko rozpoznasz perswazje świata i uświadomisz sobie, jak ważna jest Wiedza. To umożliwi ci egzekwować potęgę decyzji w swoim własnym imieniu. Tutaj świat cię nie pochłonie i tutaj będziesz siłą na rzecz dobra na świecie, taki jest bowiem twój cel.

W swoich głębszych praktykach medytacyjnych raz jeszcze wykorzystaj dzisiejszą ideę jako inwokację, aby się przygotować. W spokoju i w milczeniu wejdź do sanktuarium

Wiedzy, aby móc się tam odmłodzić i pokrzepić. Znajdź tam wytchnienie od swoich wewnętrznych konfliktów i od konfliktów, które szaleją na świecie. Kiedy powrócisz ze swego sanktuarium, przypomnij sobie, że nie będziesz pochłonięty przez zamęt świata. Przypomnij sobie, że nie padniesz ofiarą perswazjom świata. Wtedy będziesz nieść bezpieczeństwo, które teraz uczysz się przyjmować w otaczającym cię świecie.

PRAKTYKA 303: *Dwa 30 – minutowe okresy praktyki.*
Cogodzinna praktyka.

Krok 304

NIE BĘDĘ DZISIAJ STUDENTEM STRACHU.

PAMIĘTAJ, ŻE ZAWSZE JESTEŚ STUDENTEM – każdego dnia, w każdej godzinie i w każdej chwili. Dlatego też, gdy stajesz się bardziej sumienny, musisz wybierać to, czego się nauczysz. Tutaj jest ci dany prawdziwy wybór, ponieważ jesteś albo studentem Wiedzy, albo jesteś studentem zamętu. Nie bądź dzisiaj studentem zamętu. Nie bądź dzisiaj studentem strachu, bez Wiedzy bowiem jest niepewność i jest strach. Bez Wiedzy są bojaźliwe dążenia, które wzbudzają większy strach i większe poczucie straty.

ZDAJ SOBIE SPRAWĘ ZE SWOJEJ ODPOWIEDZIALNOŚCI JAKO STUDENTA. Zdaj sobie z tego sprawę i zaakceptuj to z ulgą, masz tutaj bowiem znaczący wybór – być studentem Wiedzy albo studentem zamętu. Wiedza wywrze swój wpływ na ciebie i umożliwi ci podjąć właściwy wybór, aby wybrać to, co zapewnia ci pewność, cel, znaczenie oraz wartość na świecie. Wtedy możesz stać się siłą dla Wiedzy na świecie, aby rozproszyć zamęt, mrok oraz strach ze wszystkich umysłów, które trudzą się pod ich przytłaczającym ciężarem.

NIE BĄDŹ STUDENTEM STRACHU. Podejmuj to postanowienie w sobie samym co godzinę, gdy rozpoznajesz przeraźliwe perswazje świata, zamęt świata i jego mroczny wpływ na wszystkich, którzy odczuwają jego ucisk. Pozwól sobie być wyzwoloną duszą na świecie. Utrzymuj klejnot miłości w swym sercu. Utrzymuj światło Wiedzy w swym sercu. Kiedy powrócisz dzisiaj do swoich dwu głębszych praktyk medytacyjnych, powtórz ideę na dzisiaj, ażeby móc wejść w stan spokoju i milczenia w swoim sanktuarium. Zregeneruj się w Wiedzy i pokrzep się, Wiedza jest bowiem wielkim światłem, które niesiesz. Im bardziej zbliżasz się do jej obecności, tym bardziej będzie ona promieniować na ciebie i tym bardziej będzie cię oświetlać, a poprzez ciebie – świat.

Praktyka 304: *Dwa 30 – minutowe okresy praktyki.*
Cogodzinna praktyka.

Krok 305

Czuję dzisiaj potęgę miłości.

Jeżeli nie jesteś pochłonięty perswazjami świata, poczujesz potęgę miłości. Jeżeli nie jesteś zwiedziony ambiwalencją świata, poczujesz potęgę miłości. Jeżeli jesteś z Wiedzą, poczujesz potęgę miłości. Jest to naturalne dla ciebie, dla twojego jestestwa, dla twojej natury i dla natury wszystkich, którzy przebywają tu z tobą. Dlatego też, gdy twoje nauczanie w zakresie Wiedzy się pogłębia, twoje doświadczenie miłości się pogłębi.

Pozwól, aby miłość była dzisiaj w twoim życiu, albowiem Wiedza i miłość stanowią jedno. Pozwól sobie być odbiorcą tego dzisiaj, w tym bowiem jesteś uhonorowany, a twoje poczucie marności jest rozproszone. Przyjmuj potęgę miłości co godzinę i przyjmij ją w swoich głębszych praktykach medytacyjnych, gdzie zaprawiasz się w prawdziwej receptywności.

Pozwól Wiedzy ujawnić ci naturę miłości. Pozwól twojej miłości do Wiedzy wytworzyć Wiedzę dla ciebie, Wiedza bowiem miłuje cię jak siebie samą, a gdy ty uczysz miłować Wiedzę jak siebie samego, twoje poczucie oddzielenia od życia zaniknie. Wtedy będziesz przygotowany jako ofiarodawca na świecie, ponieważ będziesz wtedy pragnął jedynie ofiarować to, co otrzymałeś. Zdasz sobie wtedy sprawę, iż żaden inny dar nie może w żaden sposób równać się z darem Wiedzy, który jest darem miłości. Będziesz pragnął obdarzyć tym świat całym sercem. Tutaj twoi Nauczyciele staną się dla ciebie bardziej aktywni, przygotują cię oni bowiem ofiarować to skutecznie, ażebyś mógł wypełnić swoje przeznaczenie na świecie.

Praktyka 305: *Dwa 30 – minutowe okresy praktyki.*
Cogodzinna praktyka.

Krok 306

Odpocznę dziś w Wiedzy.

W Wiedzy znajdziesz odpoczynek i wytchnienie od świata. W Wiedzy znajdziesz komfort i zapewnienie. W Wiedzy wszystko, co najprawdziwsze w życiu, trwa przy tobie, w Wiedzy bowiem Chrystus i Budda stanowią jedno. W Wiedzy wszystkie wielkie osiągnięcia wielkich Duchowych Emisariuszy jednoczą się i są ci ujawnione. W ten sposób ich obietnica jest spełniona, poświęcili się oni bowiem temu celowi. Tym samym Wiedza, jaką otrzymujesz dzisiaj, jest owocem ich dawania, ponieważ Wiedza została utrzymana przy życiu na świecie dla ciebie. Była ona utrzymywana przy życiu przez tych, którzy ją otrzymali i ofiarowali. Tak oto ich życie zapewnia podstawę pod twoje. Ich ofiarowanie zapewnia podstawę pod twoje ofiarowanie. Ich akceptacja Wiedzy wzmacnia twoją akceptację Wiedzy.

Celem wszystkich duchowych nauczań jest doświadczenie oraz manifestacja Wiedzy. To może nasycić najprostszy dar i największy dar, najbardziej przyziemne działanie i najbardziej niezwykłe działanie. Znajdujesz się we wspaniałym towarzystwie, ty, który praktykujesz Wiedzę. Otrzymujesz dar Chrystusa i Buddy. Otrzymujesz dar wszystkich Duchowych Emisariuszy, którzy zdali sobie sprawę z własnej Wiedzy. W ten sposób twojemu uczestnictwu dzisiaj dana jest siła i podstawa, gdy realizujesz wielki cel utrzymywania Wiedzy przy życiu na świecie.

Dzisiaj co godzinę i w swoich dwu głębszych praktykach medytacyjnych odpocznij w Wiedzy, która żyje teraz w tobie.

Praktyka 306: *Dwa 30 – minutowe okresy praktyki.*
Cogodzinna praktyka.

Krok 307

WIEDZA ŻYJE TERAZ WE MNIE.

Wiedza żyje w tobie, a ty uczysz się żyć z Wiedzą. Tym samym wszelki mrok oraz iluzja zostają wyparte z twojego umysłu, gdy zdasz sobie sprawę, na czym polegało twoje życie i na czym zawsze będzie polegało. Gdy zdasz sobie sprawę z niezmienności swojego prawdziwego istnienia, uświadomisz sobie, jak ono pragnie wyrazić się na świecie przemiany. Twoja Wiedza jest większa niż twój umysł, większa niż twoje ciało i większa niż twoje definicje o tobie samym. Jest ona niezmienna, jednakowoż zawsze zmienia się w swej ekspresji. Poza strachem, zwątpieniem i zniszczeniem trwa ona przy tobie, a gdy ty uczysz się trwać przy niej, wszystkie jej cechy staną się twoimi własnymi.

Nie ma nic, co świat mógłby zapewnić, co może w jakiś sposób się z tym równać, albowiem wszystkie dary świata są chwilowe i przejściowe. Gdy je poważasz, twoja obawa związana z ich utratą się zwiększy. Gdy trzymasz je przy sobie, twój niepokój tyczący się śmierci i zniszczenia będzie wzmacniany, a ty ponownie wkroczysz w zamęt i frustrację. Jednakże z Wiedzą możesz posiadać rzeczy na świecie bez utożsamiania się z nimi. Możesz je otrzymywać i pozbywać się ich zgodnie z potrzebą czynienia tego. Wtedy wielki niepokój świata nie wpłynie na ciebie, lecz potęga Wiedzy, którą niesiesz, wpłynie na świat. W ten sposób wpłyniesz na świat bardziej niż on wpłynie na ciebie. W ten sposób będziesz ofiarodawcą świata. W ten sposób świat zostanie pobłogosławiony.

Odnów się w Wiedzy w swoich głębszych okresach praktyki w wyciszeniu i przypominaj sobie co godzinę o potędze Wiedzy, którą niesiesz w tym dniu. Nie pozwalaj zwątpieniu lub niepewności cię zniechęcać, tutaj bowiem zwątpienie i niepewność są całkowicie nienaturalne. Uczysz się być kimś naturalnym, cóż bowiem mogłoby być bardziej naturalnego niż bycie sobą? I cóż mogłoby być czymś bliższym ciebie samego niż sama Wiedza?

PRAKTYKA 307: *Dwa 30 – minutowe okresy praktyki.*
Cogodzinna praktyka.

Krok 308

PRZEGLĄD

Dzisiaj w swoim jednym dłuższym okresie praktyki podejmij się Przeglądu minionych dwu tygodni treningu zgodnie z Naszymi poprzednimi instrukcjami. Jest to bardzo ważny okres Przeglądu, będziesz bowiem przeglądać inwokacje, które zostały ci przekazane i będziesz również przeglądać siłę działania zadania, którego się podejmujesz jako student Wiedzy. Rozpoznaj w tych minionych dwu tygodniach swój własny strach związany z Wiedzą. Zdaj sobie sprawę z własnego strachu wobec tajemnicy swego życia. Rozpoznaj każdą próbę, której mogłeś się podjąć, aby ponownie wejść w iluzję i wyobraźnię. Rozpoznaj ten kontrast w nauczaniu, który jest tak kluczowy dla twojego zrozumienia.

Przejrzyj to z obiektywizmem i współczuciem. Wiedz, iż należy sobie uzmysłowić własną ambiwalencję wobec życia oraz że dalej będzie się to wyrażać ze zmniejszoną siłą, gdy będziesz coraz bliżej Wiedzy. Pamiętaj, iż Wiedza to samo życie, sama istota życia. Jest ona niezmienna, a jednak nieustannie wyrażająca się poprzez zmianę. Aby jej doświadczyć, musisz wzmocnić swoje uczestnictwo jako student Wiedzy i pamiętać, że jesteś początkującym studentem Wiedzy, tak więc nie możesz polegać na własnych założeniach. Musisz otrzymać program nauczania i być prowadzonym w jego stosowaniu. W ten sposób będziesz bezpieczny od wszelkiego niewłaściwego zastosowania i wszelkiej mylnej interpretacji, a tym samym bezpieczny od błędu.

Ten Przegląd jest bardzo ważny, osiągasz teraz bowiem wielki punkt zwrotny we własnym uczestnictwie jako student Wiedzy. Wiedza zaczyna mieć teraz moc. Zaczynasz odczuwać jej potęgę. Zaczynasz sobie uświadamiać jej całkowite znaczenie dla ciebie. Ty, któryś był częściowo związany z życiem w przeszłości, teraz zdajesz sobie sprawę, że życie jest całkowicie przy tobie i będzie wymagało, abyś był przy nim całkowicie. To jest twoje zbawienie i twoje odkupienie, tutaj bowiem wszelkie oddzielenie, strach i nieszczęście są wyparte. Cóż możesz stracić, aby otrzymać taki dar? Stracisz jedynie swoją wyobraźnię, która cię dręczyła, zagrażała ci i która cię przerażała. Jednak nawet twojej wyobraźni będzie dany większy cel z Wiedzą, ma ona bowiem służyć ci w inny sposób.

Kontynuuj swój Przegląd z wielką głębią i szczerością. Nie zamartwiaj się tym, jak długo to zajmuje. Twój czas nie mógłby być lepiej wykorzystany. Przejrzyj minione dwa tygodnie, ażebyś mógł obserwować rozwój Wiedzy w sobie samym. Będziesz potrzebować tego zrozumienia, jeśli masz wspierać w przyszłości innych w odzyskaniu Wiedzy dla siebie samych.

Praktyka 308: *Jeden długi okres praktyki.*

Krok 309

ŚWIAT, KTÓRY POSTRZEGAM, USIŁUJE STAĆ SIĘ JEDNĄ SPOŁECZNOŚCIĄ.

ŚWIAT, KTÓRY POSTRZEGASZ, USIŁUJE STAĆ SIĘ jedną społecznością, taka jest bowiem jego ewolucja. Jakżeż świat może ewoluować, podczas gdy jest podzielony? Jakżeż ludzkość może się rozwijać, podczas gdy jest sobie przeciwna? Jakżeż świat może być w pokoju, podczas gdy jedna frakcja rywalizuje z drugą? Świat, który postrzegasz, jest jak umysł, którego doświadczasz w sobie samym – walczący ze sobą, jednak bez celu albo znaczenia. Świat, który postrzegasz, usiłuje stać się jedną społecznością, albowiem wszystkie światy, gdzie rozwinęło się inteligentne życie, musiały stać się jedną społecznością.

W JAKI SPOSÓB MOŻNA TO OSIĄGNĄĆ I KIEDY zostanie to osiągnięte, jest poza twoim obecnym zasięgiem, gdy jednak spoglądasz na świat bez osądzania, dostrzeżesz w każdej osobie pragnienie dołączenia. Dostrzeżesz chęć zakończenia oddzielenia. Naglące problemy świata jedynie ilustrują jego problem i wzywają do stworzenia jednej społeczności na świecie. Jest to tak oczywiste, jeśli tylko spojrzysz. Gdy ty sam stajesz się jedną osobą i leczysz wszystkie rany w sobie samym jako student Wiedzy, tak też świat leczy wszystkie swoje rany i wszystkie swoje wewnętrzne konflikty oraz oddzielenie. Dlaczego tak się dzieje? Dlatego, że Wiedza jest na świecie.

GDY ODKRYWASZ WIEDZĘ W SOBIE SAMYM, pamiętaj, iż Wiedza jest uśpiona w każdej osobie i nawet w swym uśpieniu wywiera swój wpływ i rozszerza swoje naprowadzanie. Świat również zawiera Wiedzę. Jest to większa reprezentacja ciebie samego, na którą spoglądasz. W ten sposób, gdy stajesz się studentem Wiedzy i jesteś w stanie obiektywnie rozpoznać swoje przygotowanie, zaczniesz mieć prawdziwy pogląd na ewolucję świata. Tutaj twój punkt widzenia nie będzie zniekształcony osobistymi preferencjami lub obawami, ponieważ ewolucja świata będzie dla ciebie po prostu oczywista. Ewolucja świata jest oczywista dla twoich Nauczycieli, którzy spoglądają na świat spoza jego ograniczeń. Jednak ty, który jesteś na świecie, który odczuwasz wpływ świata i który podzielasz zwątpienie oraz niepewność świata również musisz nauczyć się spoglądać na świat bez tych ograniczeń.

ŚWIAT USIŁUJE STAĆ SIĘ JEDNĄ SPOŁECZNOŚCIĄ. Co godzinę przypominaj sobie o tym, a w swoich dwu głębszych okresach praktyki zaangażuj swój umysł aktywnie w próbę zrozumienia dzisiejszej idei. Zastanów się nad problemami świata oraz rozwiązaniami, jakich się domagają. Zastanów się nad konfliktami na świecie oraz wymogiem, aby je rozstrzygnąć. Uświadom sobie, że jeśli dowolna jednostka lub grupa osób sprzeciwia się tym rozwiązaniom i wymogom, to skłoni ich to do prowadzenia wojny przeciwko światu i między sobą. Konflikty, które postrzegasz, stanowią jedynie próbę zachowania oddzielenia. Świat jednak usiłuje stać się jedną społecznością i niezależnie od oporu ku temu, będzie on nieustannie do tego dążył, taka jest bowiem jego ewolucja. To jest pragnienie wszystkich, którzy tu przebywają, wszelkie bowiem oddzielenie musi zostać zakończone i wszelki wkład musi zostać ofiarowany. To jest twój cel oraz cel wszystkich, którzy tu przybyli.

PAMIĘTAJ, ZOSTAŁEŚ WEZWANY i odpowiadasz na swój jeden prawdziwy cel. Z czasem inni zostaną wezwani i zareagują. Jest to nieuniknione. Osiągasz to, co nieuniknione, co zajmie mnóstwo czasu i będzie to wymagało wielu kroków. Wiedza jest twoim źródłem i Wiedza jest rezultatem. Dlatego też możesz być pewien ostatecznego wyniku swoich działań. Niezależnie od tego, jak świat postąpi w swoim przygotowaniu i w swoich trudnościach, musi on osiągnąć ten jeden cel. Tym samym możesz postępować z pewnością.

W SWOICH DŁUŻSZYCH MEDYTACJACH STARAJ SIĘ ZGŁĘBIĆ dzisiejszą ideę. Nie bądź tutaj beztroski, lecz aktywnie zaangażuj swój umysł, tak jak twój umysł miał być zaangażowany. Staraj się rozpoznać swoją ambiwalencję względem świata stającego się jedną społecznością. Staraj się rozpoznać swoje obawy i zmartwienie odnoszące się do tego. Staraj się również rozpoznać swoje pragnienie tyczące się jednej społeczności, a także swoje zrozumienie, iż jest to konieczne. Gdy tylko przeanalizujesz swoje myśli i uczucia dotyczące dzisiejszej idei, lepiej zrozumiesz, dlaczego świat znajduje się w obecnym kłopotliwym położeniu. Świat ma pewne przeznaczenie i pewną drogę, którą musi przebyć, jest jednak ambiwalentny wobec wszystkiego. Tym samym świat musi się oduczyć ambiwalencji, tak jak ty się teraz uczysz, a twoje osiągnięcia wspomogą go w jego wielkim przedsięwzięciu, to jest bowiem twój wkład dla świata.

Praktyka 309: *Dwa 30 – minutowe okresy praktyki.*
                    Cogodzinna praktyka.

Krok 310

JESTEM WOLNY, PONIEWAŻ PRAGNĘ DAWAĆ.

Twoja wolność zostanie spełniona, twoja wolność zostanie dopełniona i twoja wolność zostanie odzyskana na zawsze poprzez ofiarowanie swoich prawdziwych darów światu. Ty, który zajmujesz się teraz ofiarowywaniem oraz nauką natury swojego daru i swojej odpowiedzialności jako ofiarodawca przygotowujesz grunt pod własną wolność oraz zabezpieczasz własną wolność na świecie. Nie zniechęcaj się tym, że świat nie wyznaje twoich wartości i nie przerażaj się tym, że świat nie podziela twojego poświęcenia, jest bowiem wielu na świecie i poza światem, którzy podejmują się tego samego przygotowania, co ty. Jest wielu, którzy zakończyli twoje obecne przygotowanie, którzy służą teraz światu całym swoim sercem i duszą.

Tak więc jesteś częścią wielkiej społeczności edukacyjnej. To, czego się uczysz teraz, cały świat będzie się musiał ostatecznie nauczyć, wszyscy bowiem muszą odzyskać Wiedzę. Taka jest Wola Boga. Staramy się teraz zminimalizować ilość czasu, jaką to zajmie, a także trudność, jaka będzie napotkana. Rozumiemy jednak, iż ewolucja musi toczyć się swoim torem zarówno w obrębie jednostki, jak i również w obrębie ludzkości. W ten sposób Wiedza rozszerza się, aby wesprzeć prawdziwą ewolucję życia, ażeby życie mogło się realizować i spełniać. Ów proces trwa w tobie i w obrębie świata. Ty, który utrzymujesz swoje studiowanie Wiedzy, będziesz zabiegał o swoje orędownictwo dla Wiedzy. W ten sposób coraz bardziej będziesz się stawać siłą na rzecz dobra na świecie – siłą, która rozprasza ambiwalencję, zamęt oraz konflikt, siłą na rzecz pokoju, siłą na rzecz pewności oraz siłą na rzecz prawdziwej współpracy i relacji.

Pamiętaj o tej idei co godzinę w ciągu dnia, a w swoich dwu głębszych okresach praktyki aktywnie zaangażuj swój umysł w rozmyślanie nad tym. Niech twój umysł będzie pożytecznym instrumentem dochodzenia. Raz jeszcze przejrzyj wszystkie swoje idee oraz przekonania powiązane z dzisiejszą ideą. Raz jeszcze uświadom sobie, jak ambiwalencja wciąż okrada cię z inspiracji, okrada cię z motywacji, okrada cię z odwagi i okrada cię z relacji. Wzmocnij swój status studenta i swoje orędownictwo na rzecz Wiedzy, aby móc uciec dalej od ambiwalencji w tym dniu i otrzymać pewność stanowiącą twoją spuściznę.

PRAKTYKA 310: *Dwa 30 – minutowe okresy praktyki.*
Cogodzinna praktyka.

Krok 311

ŚWIAT MNIE WZYWA. MUSZĘ SIĘ PRZYGOTOWAĆ, ABY MU SŁUŻYĆ.

Przybyłeś, aby służyć światu, musisz się jednak przygotować, aby mu służyć. Sam nie możesz się przygotować, nie wiesz bowiem, na co się przygotowujesz i nie znasz metod przygotowania, muszą ci one bowiem zostać przekazane. Wiesz jednak, że musisz się przygotować i wiesz, że musisz podążać za krokami przygotowania, to bowiem już jest zawarte w twojej Wiedzy.

Przybyłeś, aby służyć światu. Jeśli jest to zaniedbywane lub negowane, popadniesz w zamęt w sobie samym. Jeśli twój cel nie jest realizowany i posuwany naprzód, poczujesz się wyobcowany w sobie samym i popadniesz w mrok własnej wyobraźni. Będziesz potępiać siebie i wierzyć, że Bóg również cię potępia. Bóg cię nie potępia. Bóg wzywa cię, abyś rozpoznał swój cel i go wypełnił.

Nie pozwól ambicji zabrać cię przedwcześnie w świat. Pamiętaj, że jesteś studentem Wiedzy. Podążasz za Wiedzą na świecie, ponieważ przygotowujesz się być nośnikiem do jej wkładu oraz odbiorcą jej darów. Będzie to wymagało powściągliwości z twojej strony. Będzie to wymagało przestrzegania większego przygotowania. Student musi jedynie podążać za przewodnictwem oraz instrukcją. Student musi jedynie ufać potędze instruktora. Twoja Wiedza to potwierdzi i rozproszy tutaj twoją niepewność, ponieważ Wiedza powraca do swojego Domu i swojego Źródła. Powraca ona do tego, do czego musi powrócić. Reaguje na to, co musi wypełnić na świecie.

Nie nienawidź świata ani mu się nie opieraj, jest to bowiem miejsce, gdzie wypełnisz swoje przeznaczenie. Tym samym zasługuje ono na twoją wdzięczność i docenienie. Pamiętaj jednak, aby mieć wzgląd na potęgę jego zamętu i jego pobudek.

Tutaj musisz być silny z Wiedzą i chociaż doceniasz świat za wzmacnianie twojego postanowienia względem Wiedzy, to również zwracasz uwagę na zamęt świata i wkraczasz do świata ostrożnie, z rozeznaniem i z przywiązaniem do Wiedzy. Wszystko to jest ważne i przypomnimy ci o tym w miarę postępów, jest to bowiem niezbędne, ażebyś zdobył Mądrość jako student. Zarówno twoje pragnienie Wiedzy, jak i twoją pojemność Wiedzy musimy rozwijać i które ty musisz nauczyć się otrzymywać.

PRAKTYKA 311: *Przeczytaj dzisiaj lekcję trzykrotnie.*

Krok 312

MAM DO ROZWIĄZANIA WIĘKSZE PROBLEMY NA ŚWIECIE.

WIELE Z TWOICH OSOBISTYCH PROBLEMÓW ZOSTANIE ROZWIĄZANYCH, gdy poświęcisz się większemu powołaniu. Do niektórych ze swoich osobistych problemów będziesz musiał podejść w sposób szczególny, lecz nawet tutaj odnajdziesz, że ich wielki ciężar na tobie zmniejszy się, gdy wkroczysz w większą arenę uczestnictwa w życiu. Wiedza daje ci ważniejsze rzeczy do wykonania, ale nie omija żadnego szczegółu związanego z tym, co musisz osiągnąć. Dlatego też małe szczegóły i wielkie szczegóły, małe modyfikacje i wielkie modyfikacje są uwzględnione. Nic nie jest pominięte. Ty sam nie mógłbyś zrównoważyć swojego przygotowania w tym zakresie, nie wiedziałbyś bowiem, jak wyznaczyć swoje priorytety pomiędzy tym, co jest wielkie i co jest małe. Twoja próba dokonania tego jedynie zepchnęłaby cię głębiej w zamęt i frustrację.

BĄDŹ WDZIĘCZNY ZATEM, ŻE OSZCZĘDZONO CI podejmowania próby niemożliwego dla siebie, ponieważ jest ci dane to, co rzeczywiste. To, co musisz wykonać, to stać się studentem oraz nośnikiem dla Wiedzy. Spowoduje to uaktywnienie wszelkiego istotnego rozwoju i wszelkiej osobistej edukacji. Będzie to wymagało od ciebie więcej niż ty wymagałeś od siebie, a wszystko, co tego wymaga, zostanie spełnione i przyniesie ci prawdziwą obietnicę.

CO GODZINĘ PRZYPOMINAJ SOBIE O TYM i nabierz otuchy, że większy udział jest obiecany, co zapewni ci ucieczkę od twojej osobistej niedoli. Dzisiaj w swoich dwu głębszych okresach praktyki aktywnie zaangażuj swój umysł, aby przejrzeć wszystkie swoje drobne, osobiste problemy. Przejrzyj wszystko, co twoim zdaniem cię powstrzymuje i wszystko, co twoim zdaniem musisz rozwiązać dla siebie. Gdy przypatrujesz się każdemu w sposób obiektywny bez zaprzeczania, pamiętaj i przypominaj sobie, że ważniejsze powołanie jest ci podarowane, co poprawi to wszystko albo sprawi, że korekta nie będzie potrzebna. Przypominaj sobie, że Wiedza zapewni korektę na wszystkich poziomach, gdy twoje życie staje się jednolite i ukierunkowane, gdy twoja Wiedza zaczyna się wyłaniać i gdy twoje prawdziwe poczucie siebie samego zaczyna być rozpoznawane i otrzymywane.

PRAKTYKA 312: *Dwa 30 – minutowe okresy praktyki.*
Cogodzinna praktyka.

Krok 313

Pozwólcie mi rozpoznać, że to, co złożone, jest proste.

Myślisz, iż twoje osobiste problemy są złożone. Myślisz, iż problemy świata są złożone. Myślisz, iż twoja przyszłość i twoje przeznaczenie są złożone. Jest tak dlatego, że żyłeś w wyobraźni i próbowałeś rozgryźć pytania bez pewności. Jest to rezultat wykorzystywania swoich osobistych przekonań, aby zorganizować wszechświat zgodnie ze swoim upodobaniem. Jest to rezultat próbowania niemożliwego i jest to rezultat nieosiągnięcia niemożliwego.

Zostałeś ocalony, ponieważ Wiedza jest z tobą. Zostałeś odkupiony, ponieważ uczysz się otrzymywać Wiedzę. W ten sposób wszystkie konflikty zostaną rozwiązane, a ty odnajdziesz prawdziwy cel, znaczenie oraz kierunek na świecie. Odnajdziesz, że wciąż próbujesz rozwiązać swoje problemy dla siebie, a to tylko przypomni ci, że potrzebujesz Wiedzy, aby cię prowadzić, ponieważ wszystkie twoje wysiłki bez Wiedzy mogą ci tylko przypomnieć o twojej potrzebie Wiedzy.

Dlatego też dzisiaj pamiętaj co godzinę, że Wiedza jest z tobą oraz że jesteś studentem Wiedzy. Miej pewność, że wszystkie problemy, które postrzegasz – wielkie i małe, w tobie samym i poza – zostaną rozwiązane poprzez Wiedzę. Przypominaj sobie również, że to nie stawia cię w pasywnym stanie. Będzie to wymagało twojego aktywnego zaangażowania jako studenta Wiedzy, a także aktywnego rozwoju twoich prawdziwych zdolności dla prawdziwego celu. Zaiste, wcześniej byłeś pasywny ze względu na swoje próby osiągnięcia niemożliwego i swoją porażkę osiągnięcia niemożliwego. Teraz stajesz się aktywny, a to, co jest aktywne w tobie, to Wiedza, uczysz się teraz bowiem otrzymywać swoje Prawdziwe Ja.

W swoich dwu dłuższych praktykach aktywnie zainteresuj się dzisiejszą ideą. Spróbuj przeniknąć jej znaczenie. Przejrzyj wszystkie idee i przekonania, jakie masz obecnie, które są z nią powiązane. Pozwól sobie przeanalizować swoje myśli i przekonania, ażebyś mógł rozpoznać pracę, jaka musi zostać wykonana w twoim wnętrzu. Jesteś pierwszym odbiorcą Wiedzy, a gdy tylko osiągniesz pewien stopień zaawansowania tutaj, Wiedza będzie naturalnie przez ciebie przepływać. Wtedy twoje działania będą coraz bardziej włączane w służbę świata wokół ciebie i ważniejsze problemy będą ci przedstawiane, ażebyś mógł zostać ocalony z własnego dylematu.

Praktyka 313: *Dwa 30 – minutowe okresy praktyki.*
Cogodzinna praktyka.

Krok 314

Nie będę się dzisiaj obawiał podążać.

Nie obawiaj się podążać, jesteś bowiem naśladowcą. Nie obawiaj się być studentem, jesteś bowiem studentem. Nie obawiaj się uczyć, jesteś bowiem uczniem. Zaakceptuj jedynie to, czym jesteś i wykorzystaj to na rzecz dobra. Tutaj kończysz wojnę przeciwko sobie, gdzie usiłowałeś być czymś, czym nie jesteś. Naucz się akceptować siebie, a zdasz sobie sprawę, że jesteś akceptowany. Naucz się miłować siebie, a zdasz sobie sprawę, że jesteś miłowany. Naucz się siebie przyjmować, a zdasz sobie sprawę, że jesteś przyjmowany. Jakżeż możesz miłować, akceptować i przyjmować samego siebie? Poprzez bycie studentem Wiedzy, ponieważ tutaj wszystkie te osiągnięcia są naturalne. Musisz je osiągnąć, aby być z Wiedzą, a Wiedza je osiągnie. Tym samym proste sposoby są ci dane, aby rozwiązać pozornie złożony dylemat.

Nie wątp w potęgę Wiedzy w tobie i w to, co może ona osiągnąć, nie jesteś bowiem w stanie zrozumieć znaczenia Wiedzy, źródła Wiedzy albo mechanizmu Wiedzy. Możesz jedynie otrzymać jej wspaniałomyślność. Jesteś jedynie proszony, aby otrzymać w tym dniu. Jesteś jedynie proszony, aby być odbiorcą Wiedzy.

Co godzinę pamiętaj o swojej idei i rozpatrz ją poważnie w ciągu dnia. Rozpoznaj wiele sposobności, aby ćwiczyć w tym dniu, gdy twój umysł jest teraz odciągany od fantazji i zamętu. Rozpoznaj, jak wiele czasu i energii jest do twojej dyspozycji. Będziesz zdumiony, jak twoje życie się otworzy i jak wielkie sposobności zaczną się wyłaniać dla ciebie.

Dzisiaj w swoich głębszych praktykach raz jeszcze wejdź w stan wyciszenia. Raz jeszcze znajdź schronienie od zmiennych kolei losu oraz zamętu świata. Raz jeszcze wejdź w sanktuarium Wiedzy, aby się oddać. To w tym dawaniu otrzymujesz. To w tym dawaniu odnajdziesz to, czego szukasz w tym dniu.

Praktyka 314: *Dwa 30 – minutowe okresy praktyki.*
Cogodzinna praktyka.

Krok 315

Dzisiaj nie będę sam.

Nie bądź dzisiaj sam. Nie izoluj się w swoim strachu albo w swojej negatywnej wyobraźni. Nie izoluj się w swoich fantazjach. Nie myśl, że jesteś sam, ponieważ jest to fantazja. Nie bądź dzisiaj sam. Zdaj sobie sprawę, że ci, którzy są z tobą, nie są przekonani twoim błędami albo przerażeni twoimi porażkami, lecz rozpoznają twoją prawdziwą naturę i twoją Wiedzę. Ci, którzy są dzisiaj z tobą, miłują cię bez wyjątku. Przyjmij ich miłość, to bowiem potwierdzi, że nie jesteś sam i to potwierdzi, że nie pragniesz być sam. Z jakiegoż innego powodu pragnąłbyś być sam, jak tylko ukryć swój ból, swoje poczucie porażki i swoje poczucie winy? Te rzeczy, które są wynikiem twojego oddzielenia, jedynie izolują cię głębiej.

Dzisiaj jednak nie jesteś sam. Dlatego też wybierz, aby nie być sam, a dostrzeżesz, że nigdy nie byłeś sam. Wybierz, aby się nie izolować, a dostrzeżesz, że już jesteś częścią życia. Co godzinę potwierdzaj to i ponownie zdaj sobie sprawę z wielu sposobności, aby rozpatrzeć to w ciągu dnia. W swoich głębszych praktykach medytacyjnych zacznij od inwokacji dzisiejszego przesłania. Następnie wejdź w stan spokoju i milczenia, gdzie nie ma oddzielenia. Pozwól sobie otrzymać wielkie dary miłości, które ci się należą i rozprosz jakiekolwiek poczucie niedoskonałości i bezwartościowości, które są jedynie pozostałością twojego oddzielonego, wyimaginowanego życia. Dzisiaj nie jesteś sam. Dlatego też jest nadzieja dla świata.

Praktyka 315: *Dwa 30 – minutowe okresy praktyki.*
Cogodzinna praktyka.

Krok 316

ZAUFAM DZIŚ MOIM NAJGŁĘBSZYM SKŁONNOŚCIOM.

TWOJE NAJGŁĘBSZE SKŁONNOŚCI EMANUJĄ z Wiedzy. Gdy twój umysł staje się oczyszczony ze swoich ograniczeń i gdy twoje życie zaczyna się otwierać na ważniejsze powołanie, które wyłania się teraz dla ciebie, te głębsze skłonności staną się bardziej potężne i bardziej widoczne. Będziesz w stanie je rozróżniać z większą łatwością. Będzie to wymagało głębokiego zaufania do samego siebie, co oczywiście będzie wymagało wielkiej miłości do samego siebie. Ufanie swoim najgłębszym skłonnościom, podążanie za Wiedzą i bycie studentem Wiedzy ustanowi na nowo twoją miłość do samego siebie i umieści ją na solidnym fundamencie, którego świat nie zdoła zachwiać.

TUTAJ ZOSTAJESZ ODKUPIONY WE WŁASNYCH OCZACH. Tutaj jesteś sprowadzony do relacji z życiem. Tutaj twoja miłość do samego siebie rodzi miłość do innych, nie ma tu bowiem nierówności. Zostajesz odzyskany, a w twoim odzyskaniu Wiedza zaczyna wyrażać się na świecie. Jesteś jej głównym beneficjentem, lecz nawet większe niż to jest jej wpływ na świat. W twoim dawaniu będziesz bowiem przypominać światu, że nie jest pozbawiony nadziei, że nie jest sam, że ty nie jesteś sam, że inni nie są sami oraz że wszystkie najgłębsze skłonności ku nadziei, prawdzie i sprawiedliwości, jakie czują inni, nie są bezpodstawne, ale są zrodzone z Wiedzy w nich samych. W ten sposób będziesz siłą potwierdzenia na świecie oraz siłą, która również potwierdza Wiedzę u innych.

PAMIĘTAJ O SWOJEJ IDEI CO GODZINĘ i spróbuj wykorzystać wszystkie sytuacje, które dzisiaj napotkasz, w celu odzyskania Wiedzy. W ten sposób dostrzeżesz, iż całe twoje życie może zostać wykorzystane do praktyki. Gdy tego dokonasz, wszystko, co się wydarza, będzie ci służyć, a ty poczujesz miłość do świata. Twoje głębsze skłonności wywołają i pobudzą głębsze skłonności u innych, a w ten sposób będziesz siłą dla Wiedzy na świecie.

W SWOICH DWU GŁĘBSZYCH PRAKTYKACH MEDYTACYJNYCH w wyciszeniu znajdź schronienie w świątyni Wiedzy w sobie. Spróbuj tutaj być wyciszonym i po prostu poczuć potęgę Wiedzy w swoim życiu. Nie wnoś żadnych pytań, ponieważ Wiedza odpowie na nie, gdy wyłania się w tobie. Przyjdź z otwartością, szukając wytchnienia, szukając pocieszenia, szukając siły i szukając pewności. Doświadczysz ich, ponieważ one emanują z istoty Wiedzy w tobie. Niechaj ten dzień będzie dniem zaufania do samego siebie, a tym samym dniem miłości do samego siebie.

PRAKTYKA 316: *Dwa 30 – minutowe okresy praktyki.*
Cogodzinna praktyka.

Krok 317

MUSZĘ TYLKO PORZUCIĆ MOJĄ AMBIWALENCJĘ, ABY POZNAĆ PRAWDĘ.

JAKŻE ŁATWO JEST POZNAĆ PRAWDĘ, kiedy prawda jest prawdziwie pożądana. Jakże łatwo jest rozpoznać ambiwalencję i dostrzec jej niszczycielski wpływ na swoje życie. Jakże łatwo jest dostrzec dowód ambiwalencji na świecie wokół siebie i jak podkopuje ona głębsze skłonności tych wszystkich, którzy tu przebywają. Szukaj zatem ucieczki od ambiwalencji, stanowi to bowiem zamęt. Szukaj zatem ucieczki od ciężaru nieustannego podejmowania decyzji i dokonywania wyboru, stanowi to bowiem ciężar.

MĘŻCZYZNA I KOBIETA WIEDZY nie muszą obciążać się nieustannym rozważaniem nad tym, co muszą wykonać, jacy muszą być, kim są i dokąd zmierzają w życiu, te rzeczy stają się bowiem znane, gdy każdy krok jest oczekiwany i podejmowany. W ten sposób wielki ciężar, jaki niesiesz na świecie, jest zdjęty z twoich barków. W ten sposób zaczynasz ufać sobie oraz światu. Tutaj pokój jest możliwy i zapewniony nawet dla tych, którzy są aktywni na świecie, niosą oni bowiem w sobie ciszę i otwartość. Nie są oni teraz obciążeni i są w pozycji, aby prawdziwie wnosić wkład.

PRZYPOMINAJ SOBIE O SWOJEJ LEKCJI CO GODZINĘ, a gdy spoglądasz na świat, przyjrzyj się, jaki efekt i wpływ ma ambiwalencja. Rozpoznaj, jak jest ona szkodliwa oraz jak emanuje z zamętu i jak go wspiera. Jest to rezultat próby cenienia sobie tego, co jest bez znaczenia oraz ignorowania tego, co jest istotne. Tutaj rzeczy niemające wartości rywalizują z rzeczami o prawdziwej wartości w ocenie tych, którzy je postrzegają. Rozpoznaj to, gdy przypatrujesz się światu. Nie pozwól dzisiaj żadnej godzinie przejść bez praktyki, w ten sposób bowiem ten dzień nauczy cię o wartości Wiedzy. Nauczy cię on, że należy uciec od ambiwalencji oraz że stanowi to klątwę zamętu na świat.

W SWOICH GŁĘBSZYCH OKRESACH PRAKTYKI ucieknij od swojej ambiwalencji i wejdź ponownie w sanktuarium Wiedzy, gdzie w wyciszeniu i w pokoju możesz w pełni doświadczyć potęgi Wiedzy oraz prawdy o własnej naturze. To jest dzień wolności. To jest dzień zrozumienia własnego dylematu i uświadomienia sobie, że twoja ucieczka jest w zasięgu ręki. Podejmij ten krok z pewnością, dzisiaj bowiem możesz uciec od ambiwalencji.

PRAKTYKA 317: *Dwa 30 – minutowe okresy praktyki.*
Cogodzinna praktyka.

Krok 318

Większa Moc działa na świecie.

Większa Moc działa na świecie, ponieważ Większa Moc działa w twoim życiu i ta Większa Moc działa w życiu wszystkich, którzy tu przebywają. Nawet jeśli większa część mieszkańców twojego świata nie jest jeszcze gotowa, aby zacząć odzyskiwanie Wiedzy, to Wiedza wciąż w nich przebywa i wywiera na nich swój wpływ – wpływ, który odciśnie na nich swoje piętno w pewien sposób i który zignorują innymi metodami. Gdy jednak stajesz się odbiorcą oraz reprezentantem Wiedzy i gdy stajesz się nośnikiem dla ekspresji Wiedzy na świecie, będziesz mieć moc, aby pobudzić i wpłynąć na wszystkich, którzy muszą przyjąć Wiedzę w nich samych. W ten sposób wszystko, czego się podejmujesz, wielkie i małe, staje się błogosławieństwem dla świata. Ty, który uczysz się teraz porzucać potępianie samego siebie i uciec od ambiwalencji dostrzeżesz skuteczność własnego Wewnętrznego Przewodnictwa rzucającego iskrę życia na świat. Tym samym stajesz się częścią siły na rzecz dobra, siły, która służy Większej Mocy na świecie.

Świat demonstruje swoje błędy z powagą i wielkością, te błędy są jednak równoważone poprzez obecność Większej Mocy na świecie. Bez tej Większej Mocy ludzkość nie wyewuluowałaby tak daleko. Bez tej Większej Mocy wszystko, co dobre w twoich objawach, wszystko, co służyło i inspirowało ludzkość oraz wszystko, co przemawiało o wielkości Wiedzy, bezpośrednio lub pośrednio, nie wydarzyłoby się. Większa Moc na świecie pozwoliła, aby ewolucja ludzkości szła dalej i utrzymywała Wiedzę przy życiu na świecie poprzez jednostki takie jak ty, które za sprawą iskry własnej Wiedzy zostały powołane do przygotowania, ażeby Wiedza mogła zostać odzyskana oraz wyrażana i w ten sposób utrzymywana przy życiu.

Miej zatem nadzieję, ponieważ Większa Moc jest na świecie. Nie sądź jednak, że to czyni cię pasywnym. Nie sądź, że to zdejmuje z twoich barków odpowiedzialność, która zawsze towarzyszy odzyskaniu Wiedzy. Ta Większa Moc na świecie wymaga, abyś był przygotowany ją otrzymać i ją wyrazić. Twój głos jest jej głosem; twoje ręce są jej rękami; twoje oczy są jej oczami; twoje uszy są jej uszami; twój ruch jest jej ruchem. Polega ona na twoim przygotowaniu i na twojej demonstracji, tak jak ty polegasz na niej w zakresie pewności i tak jak polegasz na niej w zakresie celu, znaczenia oraz kierunku. Tak oto poprzez twoje poleganie na Wiedzy i poprzez poleganie Wiedzy na tobie twoje zjednoczenie z Wiedzą staje się kompletne.

Co godzinę przypominaj sobie, że Większa Moc działa na świecie. Pomyśl o tym, gdy spoglądasz na świat w jego ambiwalencji i błędzie. Pomyśl o tym, gdy spoglądasz na świat w jego wspaniałości i jego inspirującej ekspresji. Jeśli tylko spojrzysz bez osądzania, dostrzeżesz niesamowitą obecność Wiedzy na świecie. To da ci pewność na świecie, gdy uczysz się teraz mieć pewność w sobie.

Dzisiaj w swoich głębszych okresach praktyki ponownie wejdź w swoje sanktuarium, gdzie oddajesz się Większej Mocy, która jest na świecie i która jest w tobie. Pozwól, aby twój umysł się wyciszył, ażebyś mógł otrzymać i doświadczyć tej Większej Mocy w swym życiu. Tutaj uczysz się przyjmować to, co ciebie przyjmuje. Tutaj uczysz się rozpoznawać to, co przyjmuje świat i co daje światu jego jedyną prawdziwą nadzieję.

Praktyka 318: *Dwa 30 – minutowe okresy praktyki.*
Cogodzinna praktyka.

Krok 319

Dlaczegóż miałbym się bać, skoro Większa Moc jest na świecie?

Kiedykolwiek pogrążasz się w mroku strachu, wycofujesz się z Wiedzy i wkraczasz w mrok wyobraźni. Kiedykolwiek pogrążasz się w mroku własnego strachu, zaprzeczasz rzeczywistości Większej Mocy na świecie i tym samym tracisz jej wspaniałomyślność. Kiedykolwiek pogrążasz się w mroku własnego strachu, postępujesz zgodnie z nauczaniem strachu, które panoszy się na świecie. Pozwalasz sobie być studentem strachu. Pozwalasz sobie być rządzonym przez strach. Rozpoznaj to, a uświadomisz sobie, że nie musi tak być, że masz moc, aby przekierować swoje nauczanie i że masz zdolność, aby ponownie przystąpić do prawdziwego przygotowania.

Zastanów się dzisiaj nad tym poważnie. Dlaczegóż miałbyś się bać, skoro Większa Moc jest na świecie? Ta Większa Moc, którą uczysz się teraz przyjmować, jest źródłem twego odkupienia. Cóż mógłbyś stracić, gdy to źródło zostanie rozpoznane, gdy nauczysz się wchodzić w relację z tym źródłem i gdy służysz temu źródłu i pozwalasz mu służyć tobie? Cóż świat mógłby ci zabrać, skoro źródło Wiedzy jest w tobie? Cóż świat mógłby sobie zrobić, skoro źródło Wiedzy jest na świecie?

Ta świadomość wzywa do twojego całkowitego uczestnictwa na świecie i do twojej całkowitej służby Wiedzy. Ona wzywa do twojego całkowitego zaangażowania w służbie innym, ponieważ jesteś nośnikiem Większej Mocy na świecie. Jednakże w tym aktywnym uczestnictwie rozumiesz również, iż to tylko kwestia czasu, zanim wszystkie umysły obudzą się na światło Wiedzy w nich samych. Może to potrwać bardzo długo, lecz czas jest z tobą, a w cierpliwości i w pewności możesz iść dalej, cóż bowiem może podkopać twoje przygotowanie i twój wkład, jak tylko zwątpienie w samego siebie oraz strach? Cóż może cię zniechęcić do postępowania z pewnością i z całkowitym zaangażowaniem, jak tylko wątpliwość, że Wiedza istnieje na świecie?

Dlatego też kiedykolwiek pogrążasz się w strachu, ćwicz w tym dniu rozpoznawanie, że Większa Moc jest na świecie. Wykorzystaj to rozpoznanie, aby wyprowadzić się ze strachu poprzez pamięć o tym, że Większa Moc jest na świecie oraz poprzez pamięć o tym, że Większa Moc jest w twoim życiu. Co godzinę zastanawiaj się nad tym, a w swoich dwu głębszych praktykach medytacyjnych wejdź ponownie w swoje sanktuarium, gdzie w wyciszeniu i w pewności przyjmujesz Większą Moc, która jest na świecie. Tutaj musisz zdać sobie sprawę, że twoje przygotowanie wymaga, byś odstąpił od strachu i mroku oraz byś udał się w kierunku światła prawdy. Te dwa działania potwierdzą twoją naturę i nie zdradzą niczego, co jest rzeczywiste w tobie albo na świecie.

Gdy spoglądasz na świat bez osądu i gdy spoglądasz na siebie bez osądu, dostrzeżesz, że Większa Moc prowadzi działania. To przywróci ci szczęście, zdasz sobie bowiem sprawę, że sprowadziłeś Przedwieczny Dom ze sobą oraz że twój Przedwieczny Dom jest tu również. To zdejmie ciężar strachu, ucisk niepokoju oraz zamęt ambiwalencji z twego umysłu. Wtedy będziesz pamiętać, dlaczego przybyłeś i poświęcisz swe życie, ofiarowując to, co przybyłeś ofiarować. Wtedy twoje życie będzie oświadczeniem szczęścia oraz włączenia, a wszyscy, którzy cię zobaczą, będą pamiętać, że oni również przybyli z twojego Przedwiecznego Domu.

Praktyka 319: *Dwa 30 – minutowe okresy praktyki.*
Cogodzinna praktyka.

Krok 320

JESTEM WOLNY,
ABY DZIAŁAĆ NA ŚWIECIE.

KIEDY ŚWIAT CIĘ NIE GNĘBI, jesteś wolny, aby działać na świecie. Kiedy świat nie wzbudza w tobie grozy, jesteś wolny, aby działać na świecie. Kiedy rozpoznajesz, że świat jest miejscem wzywającym do twojego wkładu, jesteś wolny, aby działać na świecie. Tym samym im większe twoje doświadczenie Wiedzy w twoim życiu, tym bardziej jesteś wolny, aby działać na świecie. Z czasem będziesz działać na świecie, a twoja działalność będzie znacznie bardziej skuteczna, dalece mocniej zajmująca i dalece bardziej kompletna niż cokolwiek, co wykonałeś do tej pory. W twojej przeszłości obawiałeś się świata, byłeś przerażony światem, byłeś rozgniewany światem i byłeś przygnębiony światem. Dlatego też twój przeszły wkład był ograniczony przez te reakcje. Byłeś ambiwalentny w stosunku do bycia na świecie, ponieważ obawiałeś się świata. Być może szukałeś schronienia w duchowości, lecz twoja prawdziwa duchowa natura przekieruje cię do świata i sprowadzi cię z powrotem z większą mocą, pewnością oraz celem, przybyłeś bowiem, aby być na świecie.

ROZUMIEJĄC TO, RAZ JESZCZE ZDASZ SOBIE SPRAWĘ ze znaczenia Wiedzy. Ponownie potwierdzisz, jak bardzo pragniesz dać światu i jak bolesne jest dla ciebie, kiedy to dawanie jest tamowane albo zatrzymywane. Przybyłeś, aby działać na świecie i pragniesz tego dokonać tak całkowicie, że kiedy odejdziesz, odejdziesz z przekazanymi darami i wszystkim, co zostało zaprezentowane. Nie masz nic do zabrania ze świata do Domu z wyjątkiem odzyskania relacji. Z takim rozumieniem staniesz się wolny, aby być na świecie.

CO GODZINĘ POWTARZAJ DZISIEJSZĄ IDEĘ i rozpoznaj, że do jakiegokolwiek rozmiaru wciąż jesteś ambiwalentny wobec bycia na świecie, twoja ambiwalencja jest wywoływana i utrwalana przez twój własny strach oraz obawę przed światem. Co godzinę pamiętaj o tym, by móc przyswoić sobie wielką lekcję, która jest dzisiaj udzielana, wielką lekcję, że stajesz się wolny, aby być na świecie. Tutaj wnosisz swój Przedwieczny Dom ze sobą. Tutaj nie będziesz próbować uciec ze świata po prostu dlatego, że cię on przeraża, zagraża ci albo przyprawia cię o przygnębienie.

Jesteś tutaj, aby dać światu, Wiedza jest bowiem większa niż świat – świat będący jedynie tymczasowym miejscem, gdzie Wiedza została tymczasowo zapomniana. W ten sposób zdasz sobie sprawę z tego, co daje i z tego, co otrzymuje, z tego, co jest wielkie i z tego, co jest małe. Twoja działalność na świecie może mieć teraz twoją całkowitą uwagę i oddanie. Twoja działalność może mieć teraz twoje całkowite zaangażowanie. Tym samym twoje fizyczne życie może stać się w pełni znaczące, sensowne i wypełnione wartością.

Dzisiaj w swoich dwu głębokich praktykach medytacyjnych raz jeszcze rozpal płomień Wiedzy w sobie poprzez ponowne wejście do swego sanktuarium. Pamiętaj, aby być wyciszonym. Pamiętaj, aby poświęcić się praktyce. To jest praca w zasięgu ręki. Z tej pracy twojej działalności na świecie będzie dana wolność, aby się wyrazić, a tobie, który jesteś na świecie, dana będzie pewność oraz otucha, że twój Przedwieczny Dom jest z tobą.

Praktyka 320: *Dwa 30 – minutowe okresy praktyki.*
    Cogodzinna praktyka.

Krok 321

ŚWIAT OCZEKUJE NA MÓJ WKŁAD.

ŚWIAT NAPRAWDĘ OCZEKUJE NA TWÓJ WKŁAD, pamiętaj jednak, że twój wkład wyrazi się we wszystkim, co czynisz, w tym, co wielkie i w tym, co małe. Nie wyobrażaj sobie zatem majestatycznej roli dla siebie albo takiej, która będzie niesamowicie trudna. To nie jest Droga Wiedzy. Wiedza wyrazi się poprzez wszystkie twoje działania, jest to bowiem obecność, którą niesiesz ze sobą. Gdy twój umysł i twoje życie stają się wolne od konfliktu, ta obecność będzie się wyrażać poprzez ciebie coraz silniej, a ty będziesz świadkiem Wiedzy w działaniu zarówno w sobie, jak i w swym życiu. Tutaj zaczniesz rozumieć, co oznacza sprowadzenie Wiedzy do świata.

TWOJA WYOBRAŹNIA NAMALOWAŁA DLA CIEBIE MAJESTATYCZNE OBRAZY i niszczycielskie koszmary. To nie jest w harmonii z życiem. To przejaskrawia życie w jego nadziei i w jego strachu. To przejaskrawia twoje poczucie siebie samego, głównie dla pomniejszania twoich własnych zasług. Kiedy twoja wyobraźnia zostaje przekierowana przez Wiedzę, zaangażuje się ona w całkowicie nowy sposób. Będzie ona służyć całkowicie nowemu celowi. Wtedy będziesz mógł być wolny, a twoja wyobraźnia cię nie zdradzi.

ŚWIAT CIĘ WZYWA. Teraz się przygotowujesz. W jego wielkiej potrzebie rozpoznajesz swój wielki wkład. Zawsze jednak pamiętaj, że twój wkład daje sam z siebie, a twoje pragnienie, aby to nastąpiło, jest twoim pragnieniem, aby dać. Twoje pragnienie, aby twoje życie stało się nośnikiem ekspresji, jest twoim pragnieniem, aby twoje życie było nieskrępowane konfliktem i ambiwalencją. Twoje pragnienie, aby dać, jest twoim pragnieniem, aby stać się wolnym i całym. To jest twoje pragnienie – aby twoje życie było nośnikiem Wiedzy.

Twoje zadanie jest zatem wielkie, lecz nie tak wielkie, jak by mogła wskazywać twoja wyobraźnia, ponieważ twoje zadanie polega na tym, aby udoskonalić swój nośnik tak, ażeby Wiedza mogła wyrażać się swobodnie. Nie musisz rozmyślać albo wyobrażać sobie, jak można to osiągnąć, jest to bowiem realizowane dzisiaj i będzie realizowane jutro. A gdy podążasz za krokami w ramach twojego obecnego przygotowania i gdy będziesz się uczył podążać za krokami poza tym przygotowaniem, to dostrzeżesz, że musisz jedynie podążać za krokami tak, jak są one podane, aby iść dalej.

Co godzinę przypominaj sobie o swojej lekcji i nie zapominaj. Spójrz na świat i uświadom sobie, że wzywa cię on, aby wnieść wkład. W swoich głębszych medytacjach wejdź ponownie w swoje sanktuarium w wyciszeniu i w receptywności. Czyniąc tak, zdajesz sobie sprawę, że Wiedza potrzebuje, abyś stał się jej nośnikiem. Ona potrzebuje, abyś stał się jej odbiorcą. Ona potrzebuje spełnić się poprzez ciebie. Tak oto ty i Wiedza spełniacie się wspólnie.

Dzisiaj co godzinę i w swoich głębszych praktykach zdaj sobie sprawę ze znaczenia swojej roli. Zdaj sobie również sprawę, iż wszelkie prawdziwe wsparcie jest ci podarowane, aby się przygotować i będzie trwało przy tobie, gdy uczysz się wyrażać Wiedzę i pozwalasz Wiedzy wyrażać się poprzez ciebie.

Praktyka 321: *Dwa 30 – minutowe okresy praktyki.*
Cogodzinna praktyka.

Krok 322

PRZEGLĄD

Przejrzyjmy teraz minione dwa tygodnie przygotowania. Raz jeszcze przejrzyj każdy krok, ostrożnie czytając ponownie jego instrukcje i przypominając sobie o swojej praktyce na tamten poszczególny dzień. Podtrzymuj ten proces dalej na wszystkie dni w tym dwutygodniowym okresie. Bądź obiektywny i rozpoznaj, gdzie twoja praktyka mogła stać się głębsza albo bardziej skrupulatna. Rozpoznaj, jak wciąż pozwalasz światu cię przytłaczać i jak musisz ponownie stosować swoje możliwości z większą pewnością oraz determinacją. Dokonaj tego w sposób obiektywny. Potępianie jedynie cię zniechęci i doprowadzi cię jedynie do opuszczenia swojego uczestnictwa, potępianie bowiem jest po prostu decyzją, aby nie uczestniczyć oraz usprawiedliwieniem do braku uczestnictwa.

Dlatego też nie popadaj w ten nawyk, lecz obserwuj swoje uczestnictwo w sposób obiektywny. Tutaj nauczysz się, jak się uczyć oraz nauczysz się jak się przygotowywać i zarządzać sobą samym. Musisz wybrać, aby uczestniczyć, i musisz wybrać, aby pogłębić swoje uczestnictwo. Każda decyzja, jaką podejmujesz w imieniu Wiedzy, jest wspierana poprzez decyzje wszystkich innych, którzy podejmują te same decyzje i poprzez potęgę oraz obecność Nauczycieli, którzy są z tobą. W ten sposób twoja decyzja w odniesieniu do Wiedzy, kiedykolwiek podejmowana i wspierana, jest wzmacniana poprzez obecność tych wszystkich, którzy ćwiczą z tobą i poprzez obecność twoich Duchowych Nauczycieli. To jest z pewnością wystarczające, aby przezwyciężyć dowolną przeszkodę, którą postrzegasz w sobie samym albo na świecie.

Zdolność do podejmowania decyzji jest ci dana. Tutaj zdolność do podejmowania decyzji polega na postrzeganiu swojego uczestnictwa obiektywnie i na rozpoznaniu, gdzie można je pogłębić i wzmocnić. Postanów, że w przeciągu następnych dwu tygodni praktyki będziesz dalej realizować to, co uznałeś w tym dniu za konieczne. Tutaj będziesz silnie działać we własnym imieniu, a zastosowanie twojej siły będzie miało miejsce w służbie Wiedzy, przygotowujesz się bowiem, aby przyjąć Wiedzę. Tutaj twoja wola i twoja determinacja są potwierdzone, służą one bowiem większemu dobru.

PRAKTYKA 322: *Jeden długi okres praktyki.*

Krok 323

MOJA ROLA NA ŚWIECIE JEST ZBYT ISTOTNA, ŻEBY JĄ ZANIEDBAĆ.

TWOJA ROLA NA ŚWIECIE JEST ZBYT ISTOTNA, żeby ją zaniedbać. Dlatego też nie zaniedbuj jej w tym dniu. Podtrzymuj postanowienie, jakie przyniósł ci wczorajszy Przegląd. Podtrzymuj to, co musisz wykonać, aby pogłębić swoją praktykę, aby wykorzystać swoją praktykę, aby wykorzystać swoje doświadczenia na świecie dla praktyki, aby wnieść swoją praktykę do świata i aby pozwolić swojemu światu wspierać twoją praktykę. Nie zaniedbuj tego, jeśli to bowiem zaniedbasz, zaniedbasz tylko siebie, swoją pewność, swoje spełnienie i swoje szczęście.

NIE ZANIEDBUJ PRZYGOTOWANIA, które jest teraz w toku. Wzmacniasz to każdego dnia, a gdy tak czynisz każdego dnia, dajesz świadectwo Wiedzy. Wspierasz swoje uczestnictwo w życiu. Zaiste, nawet w swoim przygotowaniu teraz uczysz Wiedzy i wzmacniasz Wiedzę na świecie. Być może nie możesz tego jeszcze dostrzec, lecz z czasem stanie się to dla ciebie tak oczywiste, że nauczysz się cenić każdą chwilę, każde spotkanie z drugą osobą, każdą myśl i każdy oddech. Będziesz cenił każde doświadczenie w życiu, ponieważ będziesz obecny wobec nich i zdasz sobie sprawę, że w ramach każdego z nich możesz wyrazić Wiedzę i doświadczyć wyrażającej się Wiedzy.

PAMIĘTAJ DZISIAJ CO GODZINĘ. Dokonaj tego poświęcenia na początku tego dnia i na początku wszystkich dni, które nadejdą, aby wykorzystać swoje kroki tak kompletnie, jak to możliwe. W swoich dwu głębszych okresach praktyki wejdź ponownie w stan wyciszenia, aby odnowić swój umysł. Wzmocnij swoją zdolność i swoje postanowienie, aby pozwolić swojemu umysłowi stać się wyciszonym i otwartym. Musisz to wzmacniać każdego dnia, ponieważ stanowi to część twojej praktyki. Musisz się temu poświęcać każdego dnia, ponieważ tak oto poświęcasz się sobie oraz światu.

Nie lekceważ znaczenia swojej roli, lecz nie obciążaj się myśleniem, że twoja rola jest poza twoim zrozumieniem, cóż bowiem mogłoby być dla ciebie bardziej naturalne, jak odegranie roli, dla której przybyłeś? Cóż mogłoby bardziej potwierdzać znaczenie oraz wartość twojego życia, jak realizowanie tego, czym miało być twoje życie? Zdolność do podejmowania decyzji jest ci dzisiaj dana do wzmocnienia i stosowania, jednak Większa Moc stojąca za twoją decyzją jest nawet większa niż twoja decyzja. Większa Moc trwa teraz przy tobie. Nie zaniedbuj swojego przygotowania. Nie zaniedbuj tego, aby iść w kierunku zakończenia oraz spełnienia swojej funkcji na świecie, gdy się bowiem do tego zbliżasz, szczęście zbliży się do ciebie.

Praktyka 323: *Dwa 30 – minutowe okresy praktyki.*
Cogodzinna praktyka.

Krok 324

NIE BĘDĘ DZISIAJ OSĄDZAĆ DRUGIEGO.

PONOWNIE ĆWICZ POTWIERDZANIE TEJ IDEI. Ponownie zastosuj ją do swojego rzeczywistego doświadczenia. Ponownie wzmocnij swoje rozumienie, że Wiedza jest z tobą i że nie wymaga twojego osądu lub oceny.

NIE OSĄDZAJ DZISIAJ DRUGIEGO. Naucz się widzieć. Naucz się słuchać. Naucz się patrzeć. Nie ma jednej osoby na świecie, która by nie mogła podarować ci czegoś korzystnego, jeśli nie będziesz jej osądzać. Nie ma jednej osoby na świecie, która poprzez swoje osiągnięcia albo błędy nie mogłaby potwierdzić znaczenia Wiedzy i nie mogłaby zademonstrować jej potrzeby na świecie. W ten sposób ci, których miłujesz i ci, którymi pogardzasz, wszyscy oferują ci dary o równej wartości. Ci, którzy twoim zdaniem są cnotliwi i ci, którzy twoim zdaniem nie są cnotliwi, wszyscy oferują to coś zasadniczego. Świat w prawdzie demonstruje wszystko to, co to przygotowanie ci zapewnia, jeśli tylko spoglądasz na świat bez osądu lub potępiania. Do tego rozmiaru, do jakiego spoglądasz na drugiego bez osądu, będziesz osądzać siebie. Nie chcesz własnego osądu wobec siebie samego, nie osądzaj więc drugiego.

PAMIĘTAJ CO GODZINĘ. Nie zaniedbuj dzisiaj swojej praktyki, jest ona bowiem niezbędna do twojego szczęścia. Jest ona niezbędna dla dobrobytu i rozwoju świata. W swoich dwu głębszych okresach praktyki wejdź ponownie w stan wyciszenia. Przyjdź, aby oddać się praktyce. Przyjdź, aby się oddać. Poczujesz swoją siłę, gdy tak czynisz. Tutaj zdolność do podejmowania decyzji jest twoja do wykorzystania. Gdy tak czynisz, stanie się ona silniejsza i bardziej skuteczna w rozpraszaniu wszystkiego, co stoi na jej drodze. Pamiętaj, że jesteś studentem Wiedzy, a studenci muszą ćwiczyć, aby się rozwijać i aby iść dalej. Nie osądzaj dzisiaj drugiego, a będziesz postępować w prawdzie.

PRAKTYKA 324: *Dwa 30 – minutowe okresy praktyki.*
Cogodzinna praktyka.

Krok 325

ŚWIAT WYŁANIA SIĘ DO WIĘKSZEJ SPOŁECZNOŚCI ŚWIATÓW. MUSZĘ BYĆ ZATEM UWAŻNY.

ŚWIAT WYŁANIA SIĘ do Większej Społeczności światów. Jak możesz to rozpoznać, jeżeli jesteś zajęty własnymi troskami, własnymi nadziejami i własnymi ambicjami? Jak możesz rozpoznać to, co się dzieje w twoim świecie? Jak możesz rozpoznać te siły, które wpływają na twoje zewnętrzne życie i które kierują twoimi sprawami do tak wielkiego stopnia? Częścią stawania się silnym w Wiedzy jest stawanie się uważnym. Możesz stać się uważnym tylko wtedy, gdy twój umysł nie jest zajęty własnymi wyobrażeniami i fantazjami.

ŚWIAT PRZYGOTOWUJE SIĘ, ABY WYŁONIĆ SIĘ do Większej Społeczności światów, a to leży teraz u podstaw jego ewolucji i wszelkiego jego rozwoju. Oto dlaczego konflikt wybucha na świecie, ponieważ ci, którzy opierają się ewolucji świata, będą przeciwko niej walczyć. Ci, którzy pragną wspierać rozwój świata, będą starać się wzmocnić dobroć ludzkości oraz poczucie, że ludzkość stanowi jedną społeczność, która musi troszczyć się i wspierać siebie poza wszelkie podziały narodu, rasy, religii, kultury i plemienia. Tym samym ty, który stajesz się reprezentantem oraz odbiorcą Wiedzy będziesz wzmacniać pokój, jedność, rozumienie oraz współczucie na świecie. Wszystko to jest częścią przygotowania świata na wyłonienie się do Większej Społeczności światów, ponieważ to reprezentuje ewolucję świata. To reprezentuje Wiedzę na świecie.

WIEDZA NA ŚWIECIE NIE WSPIERA KONFLIKTU W ŻADEN SPOSÓB. Nie promuje nienawiści albo podziału. Nie promuje niczego, co stwarza podziały ani niczego, co jest okrutne lub destruktywne. To kolektywne doświadczenie Wiedzy na świecie porusza świat w kierunku zjednoczenia i społeczności. Przez wzgląd na to, że twój świat jest częścią Większej Społeczności, porusza się on w kierunku zjednoczenia i społeczności z uwagi na jego ewolucję i z uwagi na to, że reaguje na Większą Społeczność, której jest częścią. Nie możesz poznać znaczenia tej idei, chyba że możesz być uważny wobec świata i nie możesz poznać znaczenia tego dla ciebie, ty, któryś przybył, aby służyć temu wyłonieniu się, chyba że staniesz się uważny wobec siebie samego.

Pamiętaj raz jeszcze, że możesz stracić kontakt z samym sobą tylko wtedy, gdy ponownie wkroczysz w wyobraźnię albo fantazję, taka jest bowiem jedyna alternatywa do bycia uważnym wobec siebie samego i swojego świata. Obudź się zatem ze swoich snów i stań się uważny. Pamiętaj co godzinę, aby spoglądać na świat bez osądu, a dostrzeżesz, że świat próbuje stać się jedną społecznością, ponieważ próbuje rozszerzyć się do Większej Społeczności. Większa Społeczność reprezentuje społeczność, która wzywa ludzkość do wejścia i do uczestnictwa. Nie możesz zrozumieć mechanizmu tego procesu, teraz jest on bowiem zbyt wielki dla twoich oczu i dla twojej zdolności umysłowej, lecz ruch tego jest tak oczywisty i widoczny, jeśli tylko spojrzysz.

Co godzinę spoglądaj, a w swoich głębszych praktykach kontemplacyjnych aktywnie zaangażuj swój umysł w rozważanie tej idei. Dzisiejsza praktyka nie jest praktyką polegającą na wyciszaniu się, lecz praktyką polegającą na aktywnym i pożytecznym zaangażowaniu swojego umysłu. Rozważ własną reakcję na dzisiejszą ideę. Zwróć uwagę na swoje myśli stojące za nią i przeciwko niej. Zwróć uwagę na swoje obawy, zwłaszcza dotyczące świata, który staje się jedną społecznością w swoim wyłonieniu się oraz uczestnictwie w Większej Społeczności. Zwróć uwagę na te rzeczy, tutaj bowiem zrozumiesz to, co wspiera twój rozwój i to, co mu zaprzecza. Gdy nauczysz się spoglądać na te rzeczy bez potępiania, lecz z prawdziwym obiektywizmem, zrozumiesz, dlaczego świat jest skonfliktowany. Zrozumiesz to i nie będziesz postrzegać tego z nienawiścią, złośliwością lub zazdrością. Będziesz postrzegać to ze zrozumieniem i współczuciem. To nauczy cię zatem w jaki sposób musisz nauczyć się działać na świecie, aby móc wypełnić swój cel tutaj.

Praktyka 325: *Dwa 30 – minutowe okresy praktyki.*
Cogodzinna praktyka.

Krok 326

WIĘKSZA SPOŁECZNOŚĆ JEST CZYMŚ, CO MOGĘ POCZUĆ, ALE CZEGO NIE MOGĘ ZROZUMIEĆ.

JAKŻEŻ MOŻESZ ZROZUMIEĆ WIĘKSZĄ SPOŁECZNOŚĆ, skoro ledwo możesz zrozumieć społeczność, w której żyjesz, a co dopiero naród, w którym żyjesz i świat, w którym żyjesz? Tutaj musisz jedynie zrozumieć, że Większa Społeczność tam jest oraz że stanowi ona szerszy kontekst, w którym życie się wyraża. Gdy ludzkość usiłuje stać się jedną społecznością i gdy ty usiłujesz stać się jedną osobą, zamiast wieloma osobami, zdasz sobie sprawę, że wyłaniasz się do świata jako większa osoba i świat wyłania się do Większej Społeczności jako większa społeczność. Tutaj wszelki indywidualizm poszukuje społeczności, w społeczności bowiem odnajduje swoją prawdziwą ekspresję, swój prawdziwy wkład i swoją prawdziwą rolę. Jest to prawdziwe zarówno dla ciebie, jak i dla świata.

MOŻESZ TO POCZUĆ. Jest to tak oczywiste. Możesz to poznać, ta idea jest bowiem zrodzona z Wiedzy. Nie obciążaj się próbą zrozumienia tego wszystkiego, zrozumienie nie jest tu bowiem konieczne. Jedynie wiedz i czuj rzeczywistość tego. Gdy tak czynisz, twoje zrozumienie naturalnie wzrośnie. Nie będzie ono zrodzone z twojej fantazji albo idealizmu, lecz miast tego będzie ono zrodzone z Wiedzy i doświadczenia. W ten sposób będzie ono trwało przy tobie, służyło ci i sprawi, że twoje życie stanie się bardziej rzeczywiste i efektywne.

PAMIĘTAJ, ŻE ZROZUMIESZ W MIARĘ POSTĘPÓW, zrozumienie jest bowiem zrodzone z perspektywy czasu i prawdziwego zastosowania. Miej zatem pewność, że twoje zrozumienie wzrośnie, gdy wzrasta twoje uczestnictwo. Nie musisz rozumieć wszechświata, ale musisz go doświadczyć. Musisz go poczuć w sobie i wokół siebie. Musisz postrzegać siebie jako jedną osobę, musisz postrzegać świat jako jedną społeczność i musisz postrzegać wszechświat jako Większą Społeczność, który w ramach rozleglejszej sfery uczestnictwa również próbuje się zjednoczyć. Tym samym Wiedza działa we wszystkich dziedzinach i na wszystkich poziomach uczestnictwa – w każdej osobie, w każdej społeczności, w każdym świecie, pomiędzy każdym ze światów i we wszechświecie jako całości. Oto dlaczego Wiedza jest tak wielka i dlaczego, chociaż możesz otrzymać ją w sobie, jest znacznie większa niż to, co możesz sobie wyobrazić.

Tak więc teraz możesz doświadczyć Większej Społeczności i nie oddzielać się w próbie jej zrozumienia. Zrozumienie przychodzi za sprawą uczestnictwa. Przypominaj sobie o dzisiejszej idei co godzinę, a w swoich dwu głębszych okresach praktyki raz jeszcze spróbuj zastanowić się aktywnie nad tym, co ta lekcja oznacza. Zastosuj ją do swojego doświadczenia. Zastosuj ją do swojej percepcji wobec świata. Rozpoznaj te myśli, które są za nią i te, które są przeciwko niej. Rozpoznaj inspirację oraz nadzieję, jaką to daje i rozpoznaj niepokoje, jakie mogą zostać wywołane. Przeanalizuj swoje myśli i doświadczenia odnoszące się do dzisiejszej idei, nie osądzaj jednak tego, emanuje to bowiem z Wiedzy. Ma to na celu oswobodzić cię z ułomności twojej wyobraźni. Ma to na celu cię oswobodzić, jak i również świat.

Dzisiaj wykorzystaj swój umysł i swoje ciało, aby stać się studentem Wiedzy. W ten sposób nauczysz się rozumieć znaczenie samego siebie, swojego świata, a także Większej Społeczności światów.

Praktyka 326: *Dwa 30 – minutowe okresy praktyki.*
Cogodzinna praktyka.

Krok 327

BĘDĘ DZISIAJ W POKOJU.

Możesz być dzisiaj w pokoju, nawet gdy rozważasz większe rzeczy na świecie i poza światem. Możesz być dzisiaj w pokoju, nawet gdy stawiasz czoła wyzwaniu, które polega na stawaniu się studentem Wiedzy oraz wyzwaniu, które polega na obserwowaniu swojego świata z obiektywizmem. Jakżeż możesz być tak aktywny, mieć takie wyzwanie i wciąż być w pokoju? Odpowiedź polega na tym, że Wiedza jest z tobą. Gdy trwasz przy Wiedzy, czuj Wiedzę i nieś Wiedzę w świat, w sobie samym będziesz wyciszony, chociaż na zewnątrz możesz być aktywnie zaangażowany. Nie ma sprzeczności pomiędzy pokojem a ruchem, pomiędzy wewnętrznym wyciszeniem a zewnętrznym zaangażowaniem. Chociaż świat jest trudnym i frustrującym miejscem do bycia, jest on naturalnym odbiorcą Wiedzy. Jego trudności i jego frustracje nie muszą wpływać na twój stan wewnętrzny, który staje się coraz bardziej zjednoczony i zharmonizowany.

PRZYPOMINAJ SOBIE CO GODZINĘ, aby być w pokoju, gdy jesteś na świecie. Uwolnij wszelki strach oraz niepokój, aby wzmocnić swoje przywiązanie do Wiedzy, gdy tak czynisz. W swoich dwu głębszych okresach praktyki, kiedy znajdujesz schronienie przed światem, rozpal ponownie ogień Wiedzy i znajdź pocieszenie w jego ciepłej obecności. Zdaj sobie sprawę, iż w ramach tego ognia wszystko, co urojone i szkodliwe, jest pochłaniane. Ogień Wiedzy nie oparzy cię, lecz ogrzeje twą duszę. Możesz wejść w ten ogień bez strachu przed bólem lub krzywdą. Oczyści cię on i przemyje, jest to bowiem ogień miłości. Bądź dzisiaj w pokoju, dzisiaj jest bowiem dzień pokoju, a pokój jest ci dany, aby go przyjąć w tym dniu.

PRAKTYKA 327: *Dwa 30 – minutowe okresy praktyki.*
Cogodzinna praktyka.

Krok 328

Dzisiaj uszanuję tych, którzy mnie obdarowali.

Raz jeszcze potwierdzamy tę lekcję, która potwierdzi rzeczywistość miłości i dawania na świecie. Twoje idee dotyczące dawania są zbyt ograniczone i małe. Będą one musiały zostać poszerzone, ażebyś mógł rozpoznać rozmiar dawania na świecie.

Co godzinę przypominaj sobie, aby pamiętać o tych, którzy cię obdarowali. Nie myśl jedynie o tych, co do których jesteś pewien, że cię obdarowali, lecz pamiętaj o tych, którzy w twoim odczuciu cię skrzywdzili, którzy ci zaprzeczyli i którzy stali na twojej drodze. Pamiętaj o nich, ponieważ oni również ci coś podarowali. Podarowali ci oni przypomnienie, że Wiedza jest konieczna i zademonstrowali ci życie bez Wiedzy. Zademonstrowali ci oni, że Wiedza próbuje się wyłonić również u nich. Niezależnie od tego, czy zaakceptowali, czy też oparli się temu wyłonieniu, to wciąż jest ona obecna i wciąż się ona manifestuje.

Rozwijasz się, ponieważ inni demonstrowali ci swoje inspiracje i swoje błędy – swoją akceptację Wiedzy i swoją negację Wiedzy. Gdyby nie było negacji Wiedzy na świecie, nie mógłbyś się tutaj uczyć. Nie mógłbyś rozpoznać znaczenia Wiedzy. Kontrast w nauczaniu nauczy cię, co jest wartościowe, a co nie jest, a to nauczy cię, aby mieć współczucie oraz być miłosiernym. Zrozumienie tego umożliwi ci służyć na świecie.

Co godzinę rozpoznawaj, kto cię obdarowuje w danym momencie i rozpoznawaj, kto cię obdarował w przeszłości. W ten sposób będzie to dzień wdzięczności oraz docenienia. Zrozumiesz, jak istotne jest twoje przygotowanie i jak wielu cię obdarowało, by ci służyć, ażebyś mógł podjąć się tego przygotowania.

W swoich dwu głębszych praktykach medytacyjnych powtórz dzisiejszą ideę, a następnie pozwól, by w twoim umyśle pojawiła się każda osoba, która oczekuje na to, aby zostać rozpoznaną i pobłogosławioną przez ciebie. A gdy tak czynisz, zaprezentują ci się wszystkie jednostki, które tego potrzebują. Spójrz i zobacz, jak ci się przysłużyli i podziękuj im za ich służbę tobie. Podziękuj im za pomoc tobie w rozpoznawaniu twojej potrzeby Wiedzy. Podziękuj im za pokazywanie ci, że nie ma alternatywy dla Wiedzy. I podziękuj im za wzmacnianie twojego uczestnictwa w Wiedzy. Pobłogosław każdego i pozwól następnemu pojawić się w umyśle. W ten sposób pobłogosławisz wszystkich, którzy byli w twoim życiu i którzy obecnie są w twoim życiu. W ten sposób nauczysz się doceniać swoją przeszłość i nie potępiać jej. W ten sposób miłość będzie naturalnie z ciebie emanować, ponieważ miłość musi być zrodzona z wdzięczności, a wdzięczność musi być zrodzona z prawdziwego rozpoznania. Dzisiaj będziesz zaprawiać się w tym prawdziwym rozpoznaniu.

Praktyka 328: *Dwa 30 – minutowe okresy praktyki.*
Cogodzinna praktyka.

Krok 329

JESTEM WOLNY,
ABY MIŁOWAĆ DZISIAJ ŚWIAT.

JEDYNIE WOLNI MOGĄ MIŁOWAĆ ŚWIAT, albowiem jedynie wolni mogą dać światu. Jedynie oni mogą w pełni rozpoznać potrzebę świata oraz własny wkład. Jedynie wolni mogą miłować świat, ponieważ jedynie oni mogą dostrzec, że świat ich wspierał oraz im służył, aby mogli zostać wolnymi i stać się ofiarodawcami świata. Przez wzgląd na to, że świat tak pragnie twojego wkładu, poświęcił się on twemu przygotowaniu, ażebyś mógł nauczyć się być ofiarodawcą. Wzmocnił on to poprzez prawdę, która istnieje na świecie i poprzez negację prawdy, która istnieje na świecie.

NA WSZYSTKIE SPOSOBY ŚWIAT SŁUŻY WYŁANIANIU SIĘ Wiedzy. Chociaż świat zaprzecza Wiedzy i wydaje się wypierać, odrzucać i atakować Wiedzę, jeśli spojrzeć z tej perspektywy, uświadomisz sobie, że w rzeczywistości służy on Wiedzy. Jakżeż cokolwiek może rywalizować z Wiedzą? Jakżeż cokolwiek może zaprzeczać Wiedzy? Wszystko, co wydaje się zaprzeczać Wiedzy, jedynie wzywa Wiedzę i błaga o przybycie Wiedzy. Ci w zamęcie, pogrążeni w mroku i rozpaczy pragną ukojenia oraz pocieszenia. I chociaż nie rozumieją oni przesłania własnej niedoli, to ci, którzy są z Wiedzą, mogą to zobaczyć i poprzez Wiedzę nauczyć się, jak służyć tym jednostkom, wszystkim jednostkom oraz światu jako całości.

DZISIAJ CO GODZINĘ PRZYPOMINAJ SOBIE, że gdy stajesz się wolny, będziesz w stanie miłować świat. Gdy uczysz się miłować świat, będziesz w stanie stawać się wolny, ponieważ jesteś na świecie, ale nie przynależysz do świata. Przez wzgląd to, iż jesteś na tym świecie, reprezentujesz to, co sprowadziłeś ze sobą ze swojego Przedwiecznego Domu. Jakże proste i jasne jest to z Wiedzą, a jednak jakże trudno jest to pojąć, kiedy jesteś w swojej wyobraźni i zabawiasz się swoimi oddzielonymi ideami. Oto dlaczego ćwiczysz – ażebyś mógł potwierdzić to, co jest naturalne dla ciebie i odszedł od tego, co jest dla ciebie nienaturalne.

W SWOICH GŁĘBSZYCH PRAKTYKACH MEDYTACYJNYCH raz jeszcze przyjmij wolność, która przychodzi wraz z wyciszeniem i receptywnością. Umysł, który jest wyciszony, jest umysłem, który jest nieskrępowany i wolny. Rozszerzy się on naturalnie, a w ramach tego rozwoju naturalnie wyrazi to, co jest dla niego najbardziej naturalne. Tym samym w swoich głębszych medytacjach zaprawiasz się w otrzymywaniu, a w swoich cogodzinnych praktykach zaprawiasz się w dawaniu. Jesteś wolny, aby miłować dzisiaj świat, a świat potrzebuje twojej wolności, ponieważ potrzebuje on twojej miłości.

PRAKTYKA 329: *Dwa 30 – minutowe okresy praktyki.*
Cogodzinna praktyka.

Krok 330

NIE BĘDĘ ZANIEDBYWAĆ DROBNYCH RZECZY W MOIM ŻYCIU.

Raz jeszcze potwierdzamy tę ideę mówiącą o tym, że nie musisz być niedbały w stosunku do tych drobnych, praktycznych zadań, które umożliwiają ci być studentem Wiedzy. Pamiętaj, że nie próbujesz uciec od świata, lecz pracujesz, aby stać się silny na świecie. Dlatego też nie zaniedbuj tych prostych, drobnych rzeczy, które umożliwiają ci i dają ci wolność, aby stać się studentem Wiedzy. Tutaj wszystkie twoje działania, nawet najbardziej przyziemne i powtarzalne, mogą być postrzegane jako forma służby i wkładu. W ten sposób wszystkie drobne rzeczy, jakkolwiek przyziemne i powtarzalne, mogą służyć światu, ponieważ reprezentują to, że szanujesz swoje Prawdziwe Ja. To jest Ja, które istnieje we wszystkich jednostkach, Ja, które istnieje na świecie oraz Ja, które istnieje w Większej Społeczności światów.

Bądź uważny wobec drobnych rzeczy, jakie wykonujesz w tym dniu i nie zaniedbuj ich. Jeśli się ich nie obawiasz, nie będziesz się im opierał. Jeśli się im nie opierasz, będziesz w stanie do nich przystąpić. A gdy do nich przystępujesz, będziesz w stanie się im poświęcić. Tutaj Wiedza wyraża się we wszystkich działaniach i Wiedza będzie nauczana oraz wzmacniana we wszystkich działaniach. Świat potrzebuje tej demonstracji, świat myśli bowiem, że Bóg, miłość, prawdziwa moc oraz inspiracja istnieją jedynie w idealnych stanach i wyłącznie w idealnych sytuacjach. Świat nie rozumie, że Bóg wyraża Boga wszędzie oraz że Wiedza wyraża się wszędzie i we wszystkim.

Gdy zrozumiesz tę wielką prawdę, będziesz dostrzegać obecność Wiedzy we wszystkim. Będziesz dostrzegać Wiedzę na świecie. Będziesz dostrzegać Wiedzę w sobie. To da ci całkowitą pewność we własnym uczestnictwie i w swojej służbie Wiedzy. Zdasz sobie wtedy sprawę, że oszczędzasz światu czas w jego ewolucji, rozwoju i odkupieniu. Jest to tak ważne dla twojej pewności. Jednakowoż nawet ważniejsze jest, abyś uświadomił sobie wielkość Wiedzy, a także wielkość, jakiej doświadczysz w sobie, gdy nauczysz się ją przyjmować.

Co godzinę pamiętaj o dzisiejszej idei i stosuj ją tak, ażebyś mógł być skrupulatny w obrębie każdej godziny. W swoich dwu głębszych praktykach medytacyjnych wejdź ponownie w stan wyciszenia, abyś mógł rozpalić swoje doświadczenie ognia Wiedzy, ażeby ogień Wiedzy mógł oczyścić i przemyć twój umysł oraz oswobodzić go ze wszystkich ograniczeń. W ten sposób będziesz w stanie być na świecie bardziej kompletnie, a drobne rzeczy nie zostaną zaniedbane.

Praktyka 330: *Dwa 30 – minutowe okresy praktyki.*
                                Cogodzinna praktyka.

Krok 331

TO, CO MAŁE, WYRAŻA TO, CO WIELKIE.

SPÓJRZ NA NATURĘ WOKÓŁ SIEBIE. Spójrz na najdrobniejsze stworzenie i zdaj sobie sprawę z tajemnicy istnienia tego stworzenia, cudu jego fizycznego mechanizmu oraz prawdy jego całkowitego włączenia w naturę jako całości. Najdrobniejsze stworzenie może wyrazić największą prawdę. Najprostsza rzecz może wyrazić potęgę wszechświata. Czy stworzenie, które jest małe, wyraża życie oraz włączenie w życie w mniejszym stopniu niż stworzenie, które jest wielkie? Wykorzystując tę analogię, uświadom sobie, że najdrobniejsze działanie może zawrzeć największe nauczanie. Uświadom sobie, że najprostsze słowo, najbardziej przyziemny gest może wyrazić najgłębsze uczucie oraz emocję. Uświadom sobie, że najprostsza rzecz może dołożyć się do twojej praktyki i potwierdzić obecność Wiedzy w tobie.

GDY STAJESZ SIĘ UWAŻNY WOBEC ŻYCIA, zaczniesz być świadkiem tajemnicy życia we wszystkim. Jakże wspaniałe to będzie dla ciebie, który budzisz się teraz ze snu swojej oddzielonej wyobraźni. Tajemnica życia cię zainspiruje i cię przywoła. Ona potwierdzi tajemnicę twojego życia, która staje się dla ciebie coraz bardziej rzeczywista i wyraźna.

MOŻESZ CZUĆ SIĘ MAŁYM, lecz wyrażasz to, co wielkie. Nie musisz być wielki, aby wyrażać to, co wielkie, ponieważ wielkość jest w tobie, a twój fizyczny nośnik jest mały w porównaniu do tego. Twoja rzeczywistość jest zrodzona z wielkości tego, co jest z tobą, co pragnie wyrazić się w prostocie twojego niewielkiego nośnika. Tutaj rozumiesz, że przynależysz do tego, co wielkie i działasz poprzez to, co małe. Tutaj nie będziesz zaprzeczał relacji pomiędzy wielkim i małym, gdzie małe musi wyrazić to, co wielkie, co czyni naturalnie. Czy małe stworzenie musi próbować wyrazić to, co wielkie? Nie. To, co wielkie, jedynie wyraża się poprzez małe stworzenie.

Tak więc w twoim życiu – które w dowolnym momencie może wyglądać dla ciebie na małe, które w dowolnym momencie może wyglądać na oddzielone i ograniczone – wielkość jest z tobą. Dlatego też to, co małe, jest wykorzystywane, potwierdzane, szanowane i błogosławione. Wtedy nie ma podstawy do potępiania samego siebie oraz nienawiści. Wszystkie rzeczy wielkie i małe stają się doceniane, albowiem wszystkie rzeczy wielkie i małe są razem.

Co godzinę zatem w ramach dowolnego zadania, w ramach dowolnej ekspresji albo gestu i w ramach dowolnego, małego poglądu pozwól temu, co wielkie się wyrazić. W swoich dwu głębszych okresach praktyki ponownie podejdź w pobliże tego, co jest wielkie w tobie. Wejdź ponownie w ogień Wiedzy, który cię oczyszcza. Znajdź schronienie w sanktuarium Wiedzy. Tutaj napotykasz to, co wielkie całkowicie. Jest to poza wszelką formą. Tutaj to, co nasyca wszelką formę i nadaje jej cel, znaczenie oraz kierunek oczekuje, abyś je przyjął. To, co małe, wyraża to, co wielkie, a wielkie błogosławi to, co małe.

Praktyka 331: *Dwa 30 – minutowe okresy praktyki.*
Cogodzinna praktyka.

Krok 332

Dopiero zaczynam pojmować znaczenie Wiedzy w moim życiu.

Dopiero zaczynasz pojmować znaczenie tego, ponieważ twoje pojmowanie zostanie zrodzone z doświadczenia, rozpoznania oraz będzie wynikiem twojego zastosowania. Przez wzgląd na to, że jesteś początkującym studentem Wiedzy, masz początkujące pojmowanie. Weź to sobie do serca, gdyż to uwalnia cię od próby wyciągania wniosków w odniesieniu do swojego uczestnictwa i swojego życia. W ten sposób nie musisz dążyć do niemożliwego i możesz uwolnić swój umysł od wielkiego ciężaru, który by w przeciwnym wypadku przyćmiewał twoje szczęście i rozpraszał twoje poczucie pokoju oraz znaczącą aktywność dzisiaj. Kiedy akceptujesz, że dopiero zaczynasz pojmować znaczenie swojego życia oraz znaczenie Wiedzy w ramach swojego życia, to uwalnia cię do uczestnictwa i do tego, by dowiedzieć się więcej. Bez ciężaru osądzania, którym w przeciwnym razie obarczyłbyś swoje życie, jesteś wolny, aby uczestniczyć, a twoje uczestnictwo sprawi, że będziesz wolny.

Przypominaj sobie co godzinę, że dopiero zaczynasz pojmować znaczenie Wiedzy w swoim życiu. W swoich głębszych okresach praktyki raz jeszcze wejdź w swoje sanktuarium Wiedzy, ażeby twoja pojemność Wiedzy mogła wzrastać, ażeby twoje pragnienie Wiedzy mogło wzrastać i ażeby twoje doświadczenie Wiedzy mogło wzrastać. Dopiero, gdy te rzeczy wzrastają, wtedy twoje pojmowanie może wzrastać. Dlatego też jesteś uwolniony od osądu. Jesteś wolny, aby uczestniczyć, gdzie wszelkie rozumienie się wyłoni.

Praktyka 332: *Dwa 30 – minutowe okresy praktyki.*
Cogodzinna praktyka.

Krok 333

OBECNOŚĆ JEST ZE MNĄ.
MOGĘ JĄ POCZUĆ.

POCZUJ DZISIAJ OBECNOŚĆ SWOICH NAUCZYCIELI, którzy trwają przy tobie i którzy nadzorują twoje przygotowanie jako student Wiedzy. Poczuj dzisiaj ich obecność, a odczujesz własną obecność, jesteście bowiem połączeni w tej obecności, którą odczuwasz. Pamiętaj, że nie jesteś sam, a nie zostaniesz odizolowany we własnych myślach. Nie zostaniesz odizolowany w swoich bojaźliwych rozważaniach.

CO GODZINĘ DOŚWIADCZAJ TEJ OBECNOŚCI, ta obecność jest bowiem z tobą co godzinę. Odczuwaj tę obecność niezależnie od tego, gdzie dzisiaj jesteś, czy jesteś pracy albo w domu, czy jesteś sam albo z kimś innym, ta obecność jest bowiem z tobą, dokądkolwiek się wybierasz.

W SWOICH DWU GŁĘBOKICH PRAKTYKACH MEDYTACYJNYCH pozwól sobie doświadczyć obecności miłości, która jest obecnością Wiedzy, która jest obecnością Mądrości, która jest obecnością pewności, która jest źródłem twojego celu, znaczenia oraz kierunku na świecie i która zawiera dla ciebie twoje powołanie na świecie. Zbliż się i doświadcz tej obecności w swoich głębszych medytacjach. Nie zaniedbuj tego, tutaj bowiem doświadczysz miłości do samego siebie, własnej wartości oraz prawdziwego włączenia w życie. Weź dzisiaj tę obecność ze sobą i przyjmij tę obecność w swoich głębszych medytacjach, a będziesz wiedział, że obecność jest z tobą każdego dnia.

PRAKTYKA 333: *Dwa 30 – minutowe okresy praktyki.*
Cogodzinna praktyka.

Krok 334

OBECNOŚĆ MOICH NAUCZYCIELI JEST ZE MNĄ KAŻDEGO DNIA.

KAŻDEGO DNIA, NIEZALEŻNIE OD TEGO, GDZIE JESTEŚ, niezależnie od tego, dokąd się wybierasz, obecność twoich Nauczycieli jest z tobą. Ta idea ma ci przypomnieć, że nie jesteś sam. Ta idea ma ci dać sposobność, aby wyjść z izolacji własnej wyobraźni i doświadczyć tej obecności oraz otrzymać dar tej obecności. W ramach tego daru twoi Nauczyciele podarują ci idee oraz inspirację, których potrzebujesz. W ten sposób wyrazisz to, co otrzymałeś i tym samym potwierdzisz to, co otrzymałeś.

CO GODZINĘ ĆWICZ PAMIĘĆ O TYM poprzez ponowne koncentrowanie się na obecności, która jest z tobą. Musisz się jedynie odprężyć, aby to poczuć, ponieważ jest to z tobą z całą pewnością. W swoich głębszych praktykach raz jeszcze wejdź w stan wyciszenia w sanktuarium Wiedzy, aby móc otrzymać tę obecność oraz wielkie potwierdzenie i komfort, jakie ci to daje. Pozwól sobie odsunąć zwątpienie w samego siebie oraz poczucie braku wartości, te rzeczy bowiem zostaną pochłonięte w ogniu Wiedzy i oczyszczone z twojego umysłu. Kiedy zostanie to dokonane, nie będziesz musiał przypisywać sobie majestatycznych idei. Nie będziesz musiał fałszywie się przedstawiać, próbując uciec od swojego poczucia winy i nieodpowiedniości, ponieważ wina i nieodpowiedniość są pochłaniane w ogniu Wiedzy. Dlatego też wnieś wszystko to, co blokuje twoje uczestnictwo oraz wszystkie obawy, które nawiedzają i gnębią cię do ognia Wiedzy, aby mogły zostać pochłonięte. Usiądziesz na wprost tego ognia i będziesz widział, jak są pochłaniane oraz poczujesz, jak twój umysł jest obmywany i oczyszczany w miłującym ogniu Wiedzy. Obecność jest z tobą każdego dnia. Ogień Wiedzy jest z tobą każdego dnia.

PRAKTYKA 334: *Dwa 30 – minutowe okresy praktyki.*
Cogodzinna praktyka.

Krok 335

OGIEŃ WIEDZY JEST ZE MNĄ KAŻDEGO DNIA.

DOKĄDKOLWIEK SIĘ WYBIERASZ, COKOLWIEK CZYNISZ, ogień Wiedzy płonie w tobie. Poczuj, jak płonie. Co godzinę odczuwaj, jak płonie. Niezależnie od tego, co widzisz i co myślisz, odczuwaj, jak ogień Wiedzy płonie. To jest obecność Wiedzy, którą czujesz w sobie, gdy odczuwasz obecność Nauczycieli wszędzie wokół siebie. Ogień Wiedzy płonie, a gdy tego doświadczasz, pochłonie on wszystko, co cię powstrzymuje – wszystko, co cię nawiedza i cię blokuje, wszelkie poczucie braku wartości i winy, a także wszelki ból oraz konflikt. Gdy te rzeczy zostaną pochłonięte, nie będą już dłużej wywierały swojego wpływu na twoje życie, a twoje życie naturalnie stanie się bardziej jednolite i zharmonizowane.

DZISIAJ PODEJMIJ DUŻY KROK W TYM KIERUNKU poprzez pamięć i doświadczanie ognia Wiedzy co godzinę. W swoich dwu głębszych okresach praktyki wejdź ponownie w ogień Wiedzy w sanktuarium Wiedzy. Pamiętaj, że ten ogień cię pocieszy i cię uwolni. Nie oparzy cię on, lecz tylko ogrzeje twą duszę. Da ci on pocieszenie i zapewnienie. Da ci on potwierdzenie znaczenia oraz cclu twego życia, a także wielkości, którą niesiesz w sobie.

NIE ZANIEDBUJ DZISIAJ SWOJEJ PRAKTYKI, lecz zdaj sobie sprawę z jej całkowitej korzyści dla ciebie. Nic co widzisz na świecie, nie może dać ci pewności, potęgi, pokoju oraz poczucia włączenia, jakie może zapewnić ogień Wiedzy. Nic nie może ci bardziej przypomnieć o twoim całkowitym włączeniu w życie niż obecność twoich Nauczycieli, którzy trwają przy tobie. Dlatego też już masz doświadczenie, którego potrzebujesz, a w wyniku tego doświadczenia z czasem nauczysz się rozszerzać je na wszystkie swoje relacje – z innymi, ze światem i z Większą Społecznością światów, w której żyjesz.

PRAKTYKA 335: *Dwa 30 – minutowe okresy praktyki.*
Cogodzinna praktyka.

Krok 336

PRZEGLĄD

Rozpocznij swój dwutygodniowy Przegląd od przejrzenia pierwszej lekcji w dwutygodniowym okresie, czytając ponownie lekcję i przypominając sobie swoją praktykę na tamten dzień. Idź tym torem kolejno każdego dnia. Przejrzyj swoją praktykę. Zdaj sobie sprawę z tego, czemu służy twoja praktyka i rozpoznaj, co twoja praktyka w tobie wzmacnia. Rozpoznaj, jak bardzo pragniesz, aby to wzmocnienie miało miejsce i zdaj sobie sprawę z ogromnej wartości, jaką otrzymujesz i jaką próbujesz otrzymać, gdy przygotowujesz się jako student Wiedzy. Niechaj twój dzisiejszy Przegląd będzie potwierdzeniem znaczenia twojego przygotowania. Rozpoznaj, jak bardzo potrzebujesz wzmocnić swoje uczestnictwo i jak bardzo musisz porzucić idee, które są wyniszczające albo które zaprzeczają istnieniu Wiedzy w twoim życiu. Pamiętaj, że Wiedza jest z tobą oraz że twoi Nauczycie są z tobą, których możesz doświadczyć i przyjąć w każdym momencie. Gdy nauczysz się to przyjmować, naturalnie to wyrazisz.

Dzisiaj w swoim jednym długim okresie praktyki przejrzyj minione dwa tygodnie praktyki i zdaj sobie sprawę, co jest ci oferowane. Uświadom sobie, jak wiele musisz otrzymać. Uświadom sobie, jak wiele pragniesz otrzymać.

Praktyka 336: *Jeden długi okres praktyki.*

Krok 337

SAM NIC NIE MOGĘ ZROBIĆ.

Sam nic nie możesz zrobić, nie jesteś jednak sam. Tak, jesteś jednostką, ale jesteś większy niż jednostka. Tak więc nie możesz być sam i tym samym twoja indywidualność ma wielką obietnicę oraz cel na świecie. Tym samym ty, któryś jest częścią wielkości większej niż twoja indywidualność oraz ty, któryś jest częścią swojej indywidualności, również stajesz się cały i zjednoczony. W ten sposób wszystko, co stworzyłeś dla siebie, jest zwrócone w stronę dobra. Wszystkim twoim wytworom jest dany cel, znaczenie, kierunek oraz włączenie w życie. Tym samym twoje życie jest odkupione i odzyskane, a ty stajesz się częścią życia oraz nośnikiem do jego wyjątkowej ekspresji. Takie jest prawdziwe znaczenie dzisiejszej lekcji.

Jedynie w ciemności oraz w mroku wyobraźni możesz schować się przed światłem prawdy. Musisz wierzyć, że jesteś sam, aby myśleć, że twoje wyobrażenia są rzeczywiste. Nauczenie się, że nie jesteś sam, może na początku się wydawać bojaźliwe, ponieważ boisz się, że twoje wyobrażenia i wina zostałyby ujawnione. Jednakowoż, gdy rozważasz to szczerze i bez potępiania, zdajesz sobie sprawę, że to oznacza, iż zostałeś odzyskany, odnowiony i jesteś teraz przygotowywany, aby otrzymać moc, która trwa przy tobie, moc, która stanowi twoje Źródło oraz Prawdziwe Ja.

Powtarzaj dzisiejszą ideę co godzinę i uświadamiaj sobie, iż jest to potwierdzenie twojej siły oraz włączenia w życie. W swoich głębszych medytacjach pozwól sobie wejść ponownie w stan wyciszenia swojego sanktuarium Wiedzy, gdzie oczywistym będzie dla ciebie to, że nie jesteś sam. Tutaj jesteś w prawdziwym związku z życiem oraz w prawdziwej unii z tymi, którzy przybyli, aby służyć ci i prowadzić cię oraz z tymi, którzy zaprawiają się teraz z tobą. W twoim włączeniu jest twoje szczęście. W twojej izolacji jest twoja niedola. Twoja niedola nie ma podstaw, nie jesteś bowiem sam, a twój sukces jest gwarantowany, albowiem sam nic nie możesz zrobić.

PRAKTYKA 337: *Dwa 30 – minutowe okresy praktyki.*
Cogodzinna praktyka.

Krok 338

DZISIAJ BĘDĘ UWAŻNY.

BĄDŹ DZISIAJ UWAŻNY, ażebyś mógł dostrzec to, co dzieje się wokół ciebie. Bądź dzisiaj uważny, ażebyś mógł doświadczyć siebie na świecie. Bądź dzisiaj uważny, ażebyś mógł doświadczyć tego, że ogień Wiedzy płonie w tobie. Bądź dzisiaj uważny, ażebyś mógł doświadczyć tego, że obecność twoich Nauczycieli jest z tobą. Bądź dzisiaj uważny, ażebyś mógł dostrzec, że ogień Wiedzy płonie na świecie oraz że obecność twoich Nauczycieli jest obecna również na świecie. Te rzeczy pojawią się naturalnie, gdy staniesz się uważny, bez potępiania bowiem będziesz dostrzegać to, co rzeczywiście się dzieje. To potwierdzi twoją duchową naturę oraz cel na świecie. To potwierdzi twoją prawdziwą tożsamość i nada znaczenie twojemu osobistemu życiu.

BĄDŹ DZISIAJ UWAŻNY CO GODZINĘ i miej pewność, że bycie uważnym przyniesie ci swoje prawdziwe rezultaty. Bez osądzania i oceniania będziesz widzieć poprzez wszelkie bojaźliwe pozory, które świat może ci przedstawiać. Będziesz widzieć poprzez wszelkie bojaźliwe pozory, jakie twoja wyobraźnia może ci przedstawiać, albowiem wszystkie bojaźliwe pozory są zrodzone i utwierdzane przez wyobraźnię. W byciu uważnym wobec świata rozpoznasz zamęt świata i jego potrzebę Wiedzy. To potwierdzi twój własny zamęt i potrzebę Wiedzy oraz uczyni cię szczęśliwym, ponieważ przygotowujesz się teraz, aby przyjąć samą Wiedzę.

BĄDŹ UWAŻNY W SWOICH GŁĘBSZYCH PRAKTYKACH MEDYTACYJNYCH, bądź obecny i poświęć się wyciszeniu w sanktuarium Wiedzy. Musisz tylko być uważny. Osąd nie jest konieczny. Bądź uważny, a zgłębisz to, co fałszywe i otrzymasz to, co prawdziwe. Albowiem prawdziwa uwaga zawsze da ci to, co prawdziwe, a fałszywa uwaga zawsze da ci to, co fałszywe.

DZISIAJ WZMACNIASZ TEN WYDZIAŁ UMYSŁU, tę zdolność umysłu do bycia uważnym. Wzmacniasz to dla siebie i dla świata, który musi zostać rozpoznany. Świat musi być bowiem miłowany, a miłość przychodzi tylko poprzez prawdziwe rozpoznanie.

PRAKTYKA 338: *Dwa 30 – minutowe okresy praktyki.*
Cogodzinna praktyka.

Krok 339

OBECNOŚĆ MIŁOŚCI JEST TERAZ ZE MNĄ.

OBECNOŚĆ MIŁOŚCI JEST Z TOBĄ, w ogniu Wiedzy w tobie. Na przykładzie obecności twoich Nauczycieli, ta obecność przenika wszystko na świecie. Jest to kontekst, w ramach którego istnieje świat. Jest ona spokojna; dlatego też czuwa przy wszystkim. Czy ty, który postrzegasz świat, możesz dostrzec tę stałą obecność? Czy ty, który działasz na świecie, możesz dostrzec wpływ tej obecności na świecie? Gdyby tej obecności nie było na świecie, świat dokonałby samozniszczenia dawno temu i nie byłoby nadziei na twoje zbawienie. Nie byłoby nadziei na prawdziwą społeczność i na wszystko, do czego zdolne są istoty ludzkie w ich tymczasowym życiu tutaj. Wszystkie rzeczy o prawdziwej wartości nie wypłynęłyby, gdyż mrok wyobraźni oraz mrok strachu permanentnie przykryłby świat i wszyscy żyliby w całkowitym mroku. Bez obecności miłości na świecie to by właśnie nastąpiło. Twoje życie tutaj zostałoby zapieczętowane mrokiem i nigdy nie byłbyś w stanie uciec.

OTO DLACZEGO TWOJE ŻYCIE NA ŚWIECIE JEST TYMCZASOWE. Nie mogłoby ono być permanentne, jesteś bowiem zrodzony ze światła, do którego powrócisz. Jakżeż mógłbyś żyć na stałe w mroku, skoro jesteś zrodzony ze światła, do którego powrócisz? Zostałeś posłany na świat, aby sprowadzić światło do świata, nie po to, aby potwierdzić mrok świata. Wolą Boga jest, abyś sprowadził światło do świata, nie to, abyś został wypędzony do świata w mrok. Jesteś tutaj, aby sprowadzić światło do świata.

TY, KTÓRYŚ JEST STUDENTEM WIEDZY, uczysz się teraz krok po kroku, aby przyjąć światło Wiedzy oraz ogień Wiedzy. Gdy doświadczasz tego w sobie, będziesz dostrzegać ogień Wiedzy palący się na świecie, jest to bowiem obecność miłości. To jest Bóg na świecie. To, co Bóg czyni na świecie, Bóg uczyni poprzez ciebie, lecz obecność Boga na świecie uaktywnia Wiedzę we wszystkich umysłach i wzywa wszystkie umysły do przebudzenia się. To uzasadnia, potwierdza i wzmacnia wyłanianie się Wiedzy, gdziekolwiek to ma miejsce.

Obecność Boga jest permanentna. Świat sam w sobie jest tymczasowy. Fizyczny wszechświat jest tymczasowy. Obecność Boga jest permanentna. Czy możesz zatem dostrzec to, co wielkie i to, co małe? Czy możesz zatem dostrzec to, co daje i to, co musi nauczyć się przyjmować? Czy możesz zatem zdać sobie sprawę ze znaczenia swojego przygotowania? Czy możesz zatem zdać sobie sprawę ze znaczenia swojej służby na świecie?

Co godzinę bądź uważny i doświadczaj obecności miłości na świecie. Doświadczysz tego, jeżeli jesteś uważny. W swoich głębszych praktykach medytacyjnych doświadczaj obecności miłości w sobie, co jest ogniem Wiedzy. Pamiętaj, gdy na to spoglądasz w obrębie świata i w sobie samym, że ze spokoju tej obecności emanują wszelkie dobroczynne działania, wszelkie ważne idee oraz motywacja dla wszystkich istotnych działań. To jest to, co napędza ludzkość i nawet Większą Społeczność światów w kierunku Wiedzy, a wraz z Wiedzą w kierunku stawania się jedną społecznością.

Praktyka 339: *Dwa 30 – minutowe okresy praktyki.*
Cogodzinna praktyka.

Krok 340

MOJA PRAKTYKA JEST MOIM WKŁADEM DLA ŚWIATA.

Jesteś początkującym studentem Wiedzy. Jako początkujący student całkowicie angażujesz się w swoją praktykę. Nie wyobrażaj sobie wielkiej roli dla siebie jako zbawca albo odkupiciel na świecie, to tylko bowiem cię zniechęci, ponieważ nie jesteś jeszcze przygotowany, aby nieść dalej rzeczy o wielkiej wartości. Twój obowiązek polega na podążaniu za krokami tak, jak są one podane. Taki jest wymóg. Z czasem wielkość wzrośnie w ramach twojego doświadczenia, a ty doświadczysz wielkości na świecie. Jednakowoż, jak wcześniej wskazywaliśmy w Naszym dotychczasowym przygotowaniu, wielkość, jakiej doświadczysz, wyrazi się w prostych i w przyziemnych rzeczach. Dlatego też nie wyobrażaj sobie okazałych idei o sobie samym jako zbawcy. Nie postrzegaj siebie ukrzyżowanego na świecie, te obrazy są bowiem zrodzone z ignorancji, a ty nie pojmujesz ich prawdziwego znaczenia.

Podążaj za każdym krokiem, każdy będzie bowiem wymagał twojej całkowitej uwagi i zaangażowania. Bez twojej próby dodawania tego, co nie jest konieczne w twoim przygotowaniu, możesz wówczas stać się w pełni zaangażowany w swoje przygotowanie. To cię w pełni zaangażuje i wyniesie wszystkie twoje fizyczne tudzież mentalne zdolności, a także nada im jednolity cel oraz kierunek. Twoja praktyka jest twoim darem dla świata. Z twojej praktyki wszystkie dary, jakie podarujesz w przyszłości, będą mogły zostać podarowane z przekonaniem, z miłością i z pewnością.

Co godzinę przypominaj sobie, że twoja praktyka jest twoim darem dla świata. Jeżeli naprawdę pragniesz służyć światu i jeżeli naprawdę pragniesz ilustrować na świecie to, co sobie najbardziej cenisz i to, co szanujesz w sobie samym, w takim razie poświęć się swojej praktyce i nie zaniedbuj jej w tym dniu. W swoich głębszych medytacjach poświęć się praktyce, praktyka jest bowiem formą dawania. A ty, który uczysz się teraz przyjmować, poświęcasz się również, aby nauczyć się przyjmować. Tym samym uczysz się również dawać. Jeżeli nie możesz poświęcić się praktyce, nie będziesz w stanie dać światu, dawanie światu bowiem również jest formą praktyki. Pamiętaj, że wszystko, co możesz robić, to ćwiczyć. Bez względu na to, co czynisz, zaprawiasz się w czymś i coś studiujesz. Zważywszy na to pojmowanie, poświęć się swojemu prawdziwemu przygotowaniu, to jest bowiem twój dar dla samego siebie i dla świata.

PRAKTYKA 340: *Dwa 30 – minutowe okresy praktyki.*
                    Cogodzinna praktyka.

Krok 341

JESTEM SZCZĘŚLIWY, PONIEWAŻ MOGĘ TERAZ OTRZYMAĆ.

NAUCZ SIĘ OTRZYMYWAĆ, A NAUCZYSZ SIĘ BYĆ SZCZĘŚLIWYM. Naucz się dawać, a twoje szczęście zostanie potwierdzone. W najprostszych słowach to jest to, czego się podejmujesz. Jeżeli nie skomplikujesz tego własnymi ideami albo oczekiwaniami, będziesz w stanie dostrzegać zawsze obecną prawdę tego i dowiesz się, co dokładnie to oznacza i czego będzie to wymagało. Pamiętaj, że złożoność jest negacją prostoty prawdy. Prawda będzie nieść dalej swoje działanie każdego dnia, krok po kroku, gdy dalej realizujesz swoje przygotowanie każdego dnia, krok po kroku. Gdy nauczysz się stawać studentem Wiedzy, uczysz się żyć prawdą. Prostota tego jest zawsze obecna dla ciebie, prawda jest bowiem prosta i oczywista dla wszystkich, którzy poszukują prawdy i dla wszystkich, którzy spoglądają bez ciężaru potępienia lub osądu.

PAMIĘTAJ O SWOJEJ PRAKTYCE CO GODZINĘ, a w swoich głębszych medytacjach raz jeszcze wzmocnij swoją zdolność oraz pragnienie wyciszenia. Jeśli będziesz bowiem doświadczać trochę więcej wyciszenia każdego dnia, będzie ono ciągle wzrastać oraz wypełni twoje życie i będzie emanować z twojego życia jako wielkie światło, jesteś tu bowiem, aby być światłem na świat.

PRAKTYKA 341: *Dwa 30 – minutowe okresy praktyki.*
Cogodzinna praktyka.

Krok 342

Jestem dzisiaj studentem Wiedzy.

Dzisiaj jesteś studentem Wiedzy. Postępujesz zgodnie z przygotowaniem krok po kroku. Uczysz się być odciążonym od własnego osądu i niepokoju. Uczysz się być potwierdzanym poprzez obecność Wiedzy w tobie i poprzez obecność miłości w twoim życiu. Uczysz się szanować siebie i uczysz się doceniać swój świat. Uczysz się rozpoznawać swój obowiązek i uczysz się rozpoznawać potrzebę świata na spełnienie tego obowiązku. Uczysz się być wyciszonym w sobie i konkretnie zaangażowanym na zewnątrz. Uczysz się przyjmować. Uczysz się dawać. Uczysz się rozpoznawać, iż twoje życie jest odzyskiwane.

Bądź dzisiaj studentem Wiedzy i trzymaj się dzisiejszych wskazówek tak całkowicie i tak dokładnie, jak tylko potrafisz. Przypominaj sobie co godzinę, że jesteś studentem Wiedzy i co każdą godzinę poświęcaj chwilę, aby zastanowić się, co to oznacza, zwłaszcza w twoich obecnych okolicznościach. W swoich głębszych okresach praktyki aktywnie zaangażuj swój umysł w rozważanie, kim jest student Wiedzy. Przypomnij sobie, czego zostałeś dotąd nauczony. Rozpoznaj, co jest wzmacniane krok po kroku i do porzucenia czego jesteś zachęcany. Twoje dwa okresy praktyki są okresami aktywnego umysłowego zaangażowania, gdzie przyglądasz się dzisiejszej idei i próbujesz dostrzec jej znaczenie w warunkach swojego życia. Kiedy myślisz, myśl konstruktywnie, wszelkie myślenie musi być bowiem konstruktywne. Kiedy myślenie nie jest konieczne, Wiedza będzie niosła cię dalej. Na świecie musisz mieć Wiedzę i musisz nauczyć się myśleć konstruktywnie, ponieważ jesteś studentem Wiedzy. Dzisiaj bądź studentem Wiedzy, a uszanujesz to, co cię naprowadza, to, co cię prowadzi i to, co cię błogosławi. Będziesz reprezentować Wiedzę, jesteś bowiem studentem Wiedzy.

Praktyka 342: *Dwa 30 – minutowe okresy praktyki.*
Cogodzinna praktyka.

Krok 343

Dzisiaj uszanuję źródło mojego przygotowania.

Uszanuj źródło swojego przygotowania poprzez bycie dzisiaj studentem Wiedzy. Co godzinę pamiętaj o tym i raz jeszcze zastanów się, co to znaczy być studentem Wiedzy. Postaraj się przypomnieć sobie wszystko to, co zostało ci podarowane i wszystko to, co jest wzmacniane oraz postaraj się rozpoznać obiektywnie to, co cię blokuje i powstrzymuje. Wzmocnij swoją wiarę. Wzmocnij swoje przygotowanie. Wykorzystaj swoją zdolność do podejmowania decyzji, aby tak zrobić i pamiętaj, że gdy tak czynisz, szanujesz oraz reprezentujesz to, co cię prowadzi, a także to, czemu służysz.

W swoich dwu głębszych okresach praktyki aktywnie zaangażuj swój umysł w rozważanie tego, co dzisiejsza idea oznacza. Pamiętaj, że możesz jedynie służyć temu, co sobie cenisz. Jeżeli cenisz sobie Wiedzę, będziesz służyć Wiedzy. Jeżeli cenisz sobie ignorancję i mrok, będziesz temu służyć. To, co sobie cenisz, jest twoim mistrzem, a twój mistrz da ci to, czego musisz się nauczyć. Jesteś studentem Wiedzy. Jesteś studentem Wiedzy, ponieważ dokonałeś wyboru, że twoje nauczanie i twój mistrz, który cię prowadzi, odzwierciedlają Wiedzę oraz prawdę na świecie. Tutaj masz tylko dwa wybory, możesz bowiem tylko służyć Wiedzy oraz temu, co stara się zastąpić Wiedzę. Skoro nic nie może naprawdę zastąpić Wiedzy, pragnienie służenia temu, co zastępuje Wiedzę, jest pragnieniem, aby niczemu nie służyć, aby być niczym i aby nie mieć niczego. To jest to, co mamy na myśli, kiedy mówimy o ubóstwie. Jest to stan, w którym niczemu się nie służy, niczym się nie jest i niczego się nie ma.

Dlatego też szanuj to, co ci służy. Szanuj to, co uznaje twoją rzeczywistość oraz znaczenie tudzież wartość twojej obecności na świecie, a będziesz służyć czemuś, co jest rzeczywiste, będziesz czymś rzeczywistym i będziesz mieć coś rzeczywistego. Tym samym ty, który uczysz się służyć, będziesz tym, który uczy się przyjmować.

PRAKTYKA 343: *Dwa 30 – minutowe okresy praktyki.*
Cogodzinna praktyka.

Krok 344

MOJA WIEDZA TO DAR, KTÓRY PRZEKAZUJĘ ŚWIATU.

WIEDZA JEST TWOIM DAREM DLA ŚWIATA, lecz najpierw musisz stać się nośnikiem, aby mogła się wyrazić. Musisz ją zaakceptować, przyjąć ją, uczyć się od niej i ofiarować to, co przekazuje ci ofiarować. Musisz się otworzyć, aby poprzez ciebie mogła ona naturalnie oświecać świat. Z twojej Wiedzy wszystko się wyłoni – wszystkie istotne działania, wszystkie istotne dary, wszystkie istotne myśli, wszystkie istotne ekspresje emocji i wszelka motywacja, aby pokrzepić, aby podnieść na duchu, aby miłować, aby leczyć, aby dołączyć oraz aby oswobodzić innych. To po prostu oznacza, że prawdziwy ty w końcu się wyrażasz. To jest twój dar dla świata.

CO GODZINĘ PRZYPOMINAJ SOBIE O TYM i czuj ogień Wiedzy płonący w tobie. Poczuj się jak nośnik niosący Wiedzę na świecie. Bądź wdzięczny, że nie musisz dręczyć swego umysłu próbą zrozumienia, jak przekażesz Wiedzę, jak Wiedza się odda i co w rezultacie się wydarzy. Po prostu podążaj za krokami. Tak jak widziałeś do tej pory, kroki wymagają tego, abyś rozwinął swoje mentalne zdolności i stosował je odpowiednio. One wymagają, abyś był mentalnie obecny. One wymagają, abyś zrównoważył i zharmonizował swoje życie. Nawet tak daleko w swoim przygotowaniu zdajesz sobie sprawę, że wiesz wiele o swoim życiu, czego jeszcze nie zaakceptowałeś albo nie wprowadziłeś. Wiedza była z tobą cały czas i nawet teraz w twoim początkowym przygotowaniu, gdy rozwijasz się z innymi, którzy rozwijają się z tobą, potęga oraz skuteczność Wiedzy staje się coraz bardziej rzeczywista dla ciebie. To jest twój dar dla świata.

DZISIAJ W SWOICH DWU DŁUŻSZYCH OKRESACH PRAKTYKI w wyciszeniu i receptywności zaprawiaj się w otrzymywaniu potęgi Wiedzy, ażeby mogła ona rosnąć w tobie i ażebyś mógł coraz bardziej jej doświadczać, gdy wyruszasz w świat. Te dłuższe okresy praktyki są tak kluczowe dla twojego przygotowania, zwiększają one bowiem twoją zdolność, zwiększają one twoje zrozumienie, zwiększają one twoje doświadczenie i sprawiają, że coraz łatwiej przychodzi ci doświadczać Wiedzy, gdy jesteś na świecie. Twoja Wiedza jest bowiem twoim darem dla świata, a twoja Wiedza jest twoim darem dla samego siebie.

PRAKTYKA 344: *Dwa 30 – minutowe okresy praktyki.*
Cogodzinna praktyka.

Krok 345

MOJA WIEDZA JEST MOIM DAREM DLA MOJEJ DUCHOWEJ RODZINY.

TWOJA WIEDZA JEST TWOIM DAREM dla twojej Duchowej Rodziny, przybyłeś bowiem na świat nie tylko po to, aby rozwinąć siebie oraz świat, lecz po to, by rozwinąć swoją Duchową Rodzinę. Właściwa tobie ucząca się grupa wymaga, żebyś się rozwinął, ażeby ona sama mogła się rozwinąć, ponieważ ona również szuka większej jedności. Na przestrzeni czasu rozwijałeś swój zakres i swoją zdolność do relacji. Wszystkie twoje dotychczasowe sukcesy są zawarte w ekspresji oraz w świadectwie twojej Duchowej Rodziny.

POWRÓT DO BOGA JEST POWROTEM DO WŁĄCZENIA w relację. To jest poza twoją zdolnością pojmowania i z pewnością jest to poza twoimi ideami i twoim idealizmem. Można tego tylko doświadczyć. Należy tego doświadczyć, a poprzez to doświadczenie zrozumiesz, że przybyłeś tu nie tylko dla własnego odkupienia i nie tylko po to, aby służyć światu, lecz po to, aby służyć tym, którzy cię posłali. W ten sposób twoja rola staje się coraz bardziej istotna. W ten sposób twoje przygotowanie staje się coraz bardziej istotne. Jeśli się nad tym zastanowisz, będziesz wiedział, że jest to prawda.

DZISIAJ CO GODZINĘ zastanawiaj się nad tą ideą i pamiętaj o swojej Duchowej Rodzinie, o której teraz uczysz się pamiętać. W swoich dwu głębszych praktykach medytacyjnych wejdź ponownie w sanktuarium Wiedzy i spróbuj doświadczyć obecności swojej Duchowej Rodziny. Jeśli twój umysł jest wyciszony, zdasz sobie sprawę, że są oni teraz z tobą. Jakżeż mogliby oni być oddzieleni od ciebie, który nie możesz być od nich oddzielony i są oni teraz z tobą, gdy jesteś na świecie.

PRAKTYKA 345: *Dwa 30 – minutowe okresy praktyki.*
Cogodzinna praktyka.

Krok 346

JESTEM NA ŚWIECIE, ABY PRACOWAĆ.

JESTEŚ NA ŚWIECIE, aby pracować. Praca to jest to, co pragniesz robić. Przybyłeś ze względu na pracę. Czym jednak jest ta praca, o której mówimy? Czy to twoje obecne zatrudnienie, któremu się opierasz i z którym masz trudności? Czy to wiele zadań, które twoim zdaniem należą do ciebie i które sobie wyznaczasz? Twoja prawdziwa praca może być wyrażana w dowolnym z tych działań, jest ona jednak prawdziwie ważniejsza. Twoje szczęście i twoje spełnienie będzie polegało na realizowaniu każdego kroku twojej prawdziwej pracy. Twoja prawdziwa praca na świecie polega na odkryciu twojej Wiedzy i pozwoleniu jej na wyrażanie się poprzez ciebie. Twoja prawdziwa praca na świecie polega na odpowiadaniu na właściwe tobie powołanie, które angażuje cię z pewnymi ludźmi na pewne sposoby, ażebyś mógł spełnić swoje osobiste przeznaczenie na świecie.

TO JEST TWOJA PRACA. Nie myśl, że w tym momencie możesz zrozumieć, na czym polega ta praca i nie próbuj nadawać jej definicji poza to, co ci przekazaliśmy. W porządku jest nie wiedzieć do końca, co to znaczy. W porządku jest podchodzić do tajemnicy swojego życia bez próby jej skonkretyzowania.

JESTEŚ NA ŚWIECIE, ABY PRACOWAĆ. Dlatego też zastosuj swoje zdolności, ażeby twoje zastosowanie mogło ujawnić ci źródło swojego celu, znaczenia oraz kierunku. To poprzez swoją pracę oraz znaczącą działalność doświadczysz swojej wartości – wartości swojego osobistego życia oraz zapewnienia swojego prawdziwego przeznaczenia. Twoja prawdziwa praca gwarantuje wszystko, co ma wartość i zapewnia ci ucieczkę od wszystkiego, co cię skrywa oraz czyni cię bezradnym i nieszczęśliwym.

PRZYPOMINAJ SOBIE O DZISIEJSZEJ IDEI co godzinę. W swoich dwu głębszych okresach praktyki raz jeszcze zaangażuj swój umysł aktywnie w rozmyślanie nad dzisiejszą ideą. Rozważ, jak postrzegasz samą pracę, a także wszystkie swoje skojarzenia z pracą. Przejrzyj, jak reagowałeś na pracę w przeszłości – swoją chęć do pracy, swoją ambiwalencję odnoszącą się do pracy i swój opór wobec pracy. Rozpoznaj, jak wszelkie pragnienie, by uciec od pracy, tak naprawdę było pragnieniem odkrycia Wiedzy. Zdaj sobie sprawę, że Wiedza zaangażuje cię w pracę z nowym celem, nowym znaczeniem oraz nowym kierunkiem. Sprawdź swoje myśli. Musisz zrozumieć swoje myśli, wciąż są one bowiem skuteczne w wywieraniu wpływu na twoją percepcję i twoje rozumienie. Kiedy możesz stać się obiektywny wobec własnego umysłu, będziesz w stanie pozwolić Wiedzy go oświecać, a ty będziesz w stanie wykorzystać potęgę decyzji, by się przygotować oraz by pracować z zawartością swego umysłu. Jest to skuteczne w twoim zakresie partycypacji, nie jest ci to bowiem dane, aby wyznaczać cel, znaczenie oraz kierunek Wiedzy, lecz stać się odbiorcą Wiedzy, doświadczać Wiedzy i pozwalać Wiedzy na wyrażanie się poprzez ciebie.

Tym samym w swoich dwu dłuższych okresach praktyki zaangażuj swój umysł aktywnie. Skoncentruj się na tej jednej idei. Rozpoznaj wszystkie myśli i uczucia, które są z nią związane. W ostatniej części każdego z długich okresów praktyki zezwól, aby wszystkie myśli cię opuściły. Wejdź ponownie w stan wyciszenia i receptywności, ażebyś mógł wiedzieć. Wiedza nie wymaga twojego myślenia, kiedy doświadczasz samej Wiedzy, wszelkie myślenie bowiem jest zamiennikiem dla Wiedzy. Wiedza jednak przekieruje wszelkie twoje myślenie, aby służyło ważniejszemu celowi.

Praktyka 346: *Dwa 40 – minutowe okresy praktyki.*
Cogodzinna praktyka.

Krok 347

POZWOLĘ, ABY MOJE ŻYCIE SIĘ DZISIAJ ROZWINĘŁO.

Pozwól, aby twoje życie się dzisiaj rozwinęło. Bez twojej wewnętrznej dezorientacji, bez mroku twojej własnej wyobraźni i bez twojego własnego zamętu oraz konfliktów, możesz być świadkiem rozwoju swojego życia. Dziś reprezentuje krok w kierunku rozwoju twojego życia, w kierunku wyłonienia się Wiedzy, w kierunku rozwoju twojego prawdziwego zrozumienia oraz w kierunku ekspresji twoich prawdziwych osiągnięć. Bądź uważny w tym dniu i naucz się obserwować swoje życie obiektywnie. W ten sposób możesz doświadczyć tego, co naprawdę tam jest i będziesz miłować to, co naprawdę tam jest, ponieważ to, co jest tam naprawdę, jest prawdziwe i odzwierciedla samą miłość.

Co godzinę przypominaj sobie, aby obserwować swoje życie, które się rozwija. W swoich głębszych praktykach medytacyjnych w wyciszeniu i w receptywności obserwuj, jak twoje wewnętrzne życie się rozwija. Obserwuj, jak twoje zewnętrzne życie i wewnętrzne życie rozwijają się razem, tak jak muszą. Tutaj poczujesz przepływ swojego życia. Tutaj będziesz wiedzieć, iż twoje życie jest prowadzone i kierowane. Tutaj będziesz wiedzieć, że powstaje wszystko, co prawdziwie sobie cenisz i co jest ci najdroższe oraz wszystko, co wskazaliśmy do tej pory w Naszym przygotowaniu. Tutaj pozwalasz, aby pewne rzeczy odpadły oraz by pewne rzeczy się wyłoniły. Tutaj zarządzasz częścią swojego życia, która tobie podlega, to znaczy twoim myśleniem i zachowaniem. Tutaj pozwalasz, aby ta część twojego życia, którą nie możesz zarządzać, to znaczy twoim celem, znaczeniem oraz kierunkiem, naturalnie się wyłoniła i wyrażała siebie. Tutaj jesteś świadkiem swojego życia, które w tym dniu się wyłania i rozwija.

PRAKTYKA 347: *Dwa 30 – minutowe okresy praktyki.*
Cogodzinna praktyka.

Krok 348

DZISIAJ BĘDĘ ŚWIADKIEM ROZWIJAJĄCEGO SIĘ ŚWIATA.

Bez twojej bojaźliwej spekulacji, bez twoich niespokojnych reakcji na budzące lęk zjawiska oraz bez twoich ambicji i zaprzeczeń możesz dzisiaj ujrzeć rozwijający się świat. Twoje oczy to zobaczą, twoje uszy to usłyszą, twoja skóra to poczuje, a ty odczujesz to całym swoim fizycznym i mentalnym jestestwem. Będzie ci to znane, ponieważ twoje jestestwo wie, podczas gdy twój umysł myśli, a ciało działa. Tak więc to potęga Wiedzy stanowi potęgę jestestwa, którego jesteś częścią.

To właśnie dzięki tej potędze możesz obserwować rozwijający się świat, świat ma bowiem swoją istotę, umysł i ciało. Jego istota wie, jego umysł myśli, a jego ciało działa. Natura stanowi jego ciało. Wasze kolektywne myślenie stanowi jego umysł. Wiedza stanowi jego istotę. Tym samym, gdy zaczynasz zdawać sobie sprawę z Wiedzy w swoim życiu, zdasz sobie sprawę z Wiedzy na świecie. Gdy widzisz Wiedzą oczyszczającą i przemywającą twój umysł, będziesz widzieć Wiedzę oczyszczającą i przemywającą wszystkie umysły w twoim świecie. Gdy widzisz Wiedzę prowadzącą cię do skutecznego działania, będziesz widzieć Wiedzę na świecie prowadzącą innych do skutecznego działania. Tym samym, gdy uczysz się mieć współczucie wobec siebie, będziesz uczyć się mieć współczucie wobec świata. A gdy jesteś świadkiem własnego rozwoju, będziesz świadkiem rozwoju świata.

Dzisiaj co godzinę powtarzaj dzisiejszą ideę i bądź świadkiem rozwoju świata. Dzisiaj w swoich dwu dłuższych okresach praktyki, mając oczy otwarte, spoglądaj na świat wokół siebie. Spędź ten czas samotnie, spoglądając na świat wokół siebie. Patrz bez osądu. Czuj rozwijający się świat. Nie musisz próbować tego poczuć. Poczujesz to, ponieważ jest to naturalne. Bez przeszkody lub interwencji z twojej strony to doświadczenie będzie coraz silniej obecne i bardziej dostępne dla ciebie. Poczuj rozwijający się świat, potwierdzi to bowiem wszystko to, czego teraz się uczysz, a wszystko to, czego teraz się uczysz, posłuży światu w jego rozwoju.

PRAKTYKA 348: *Dwa 30 – minutowe okresy praktyki.*
Cogodzinna praktyka.

Krok 349

Jestem szczęśliwy, że w końcu mogę służyć prawdzie.

Twoją największą radością, twoim największym szczęściem i twoim największym zadowoleniem jest w końcu służyć prawdzie. Twoja przeszłość była zniechęcająca i ponura, ponieważ próbowałeś służyć rzeczom bez podstawy i znaczenia. Próbowałeś utożsamiać się z rzeczami bez celu i kierunku. To przyniosło ci uczucie, że nie masz celu, znaczenia albo kierunku. Czuj się teraz szczęśliwy, że możesz reprezentować prawdę oraz służyć prawdzie, prawda bowiem daje ci wszystko to, co jest prawdziwe. Daje ci ona cel, znaczenie oraz kierunek, które stanowią to, czego szukałeś we wszystkich swoich zajęciach, relacjach, działaniach i przedsięwzięciach. To jest to, czego poszukiwałeś we wszystkich swoich fantazjach, we wszystkich swoich troskach i we wszystkich swoich nadziejach.

Wszystko to, czego prawdziwie pragnąłeś, jest ci teraz ofiarowane. Naucz się teraz otrzymywać to, czego prawdziwie pragnąłeś, a zdasz sobie sprawę z tego, co jest prawdziwe. Zdasz sobie również sprawę z tego, czego zawsze prawdziwie pragnąłeś. To umożliwia prawdzie stać się prostą i oczywistą. To umożliwia twojej indywidualnej naturze stać się prostą i oczywistą, w prostocie bowiem wszystko staje się znane. W złożoności wszystko jest zakryte. Jedynie mechaniczne rzeczy na świecie mogą być złożone, ich istota jest jednak prosta i można jej bezpośrednio doświadczyć. Jedynie w kontrolowaniu mechanicznych rzeczy, co musisz robić do pewnego stopnia, mogą występować złożoności, lecz nawet te złożoności są proste do ustalenia krok po kroku. W ten sposób twoje podejście do życia musi być proste niezależnie od tego, czy zajmujesz się prostymi rzeczami, czy też złożonymi. Złożoność, o jakiej mówimy, która jest formą negacji, reprezentuje złożoność twojego myślenia oraz trudność w twoim podejściu.

Bądź zatem szczęśliwy, że możesz służyć temu, co jest prawdziwe, to bowiem uprości wszystko i pozwoli ci radzić sobie z mechaniczną złożonością w bezpośredni i skuteczny sposób. Bądź zatem szczęśliwy, że twoje życie ma cel, znaczenie oraz kierunek, służysz bowiem temu, co ma cel, znaczenie oraz kierunek. Co godzinę pamiętaj o tym, a w swoich dwu głębszych okresach praktyki wejdź ponownie w stan wyciszenia z wielką otwartością oraz poświęceniem. Pamiętaj, że się tutaj oddajesz, że praktyka jest formą dawania, że uczysz się dawać oraz że uczysz się służyć. Dajesz to, co prawdziwe i służysz temu, co prawdziwe, a w rezultacie doświadczasz tego, co prawdziwe i otrzymujesz to, co prawdziwe. Dlatego też jest to dzień szczęścia, ponieważ służysz temu, co jest prawdziwe.

Praktyka 349: *Dwa 30 – minutowe okresy praktyki.*
Cogodzinna praktyka.

Krok 350

PRZEGLĄD

Raz jeszcze przejrzyj minione dwa tygodnie swojego treningu, czytając każdą lekcję i przeglądając każdy dzień praktyki. Raz jeszcze rozwiń swoją zdolność do bycia obiektywnym. Raz jeszcze rozpoznaj ogólny przepływ swojego życia – powolne, lecz bardzo ważne i konkretne zmiany zachodzące w twoich wartościach, w twoich zobowiązaniach z innymi, w całym twoim poczuciu siebie samego.

Miej na uwadze to, że ważna zmiana jest stopniowa i często przechodzi niezauważona, dopóki jej rezultaty nie stają się oczywiste. Zdaj sobie sprawę z tego, że drobna albo nieznaczna zmiana pociąga za sobą wielki niepokój emocjonalny, gdzie ludzie uważają, że coś ogromnego się zdarzyło. Poważniejsza zmiana jest bardziej dogłębna i wszystko odmienia. Niewielka, stopniowa zmiana zmienia twój punkt widzenia natychmiast, lecz jej ogólny efekt nie jest trwały. Jedynym wyjątkiem jest, kiedy twoi Nauczyciele interweniują w twoją osobistą sferę, aby zademonstrować własną obecność lub by dostarczyć przesłanie mocy, którego absolutnie potrzebujesz w tym momencie. Owe interwencje są rzadkie, lecz mogą wystąpić okazjonalnie, gdy jest to wymagane ze względu na twoje potrzeby.

Dlatego też obserwuj ogólny przepływ swojego życia. Obserwuj, jak twoje życie się rozwija. To przygotowuje cię na przyszłość, albowiem ten program przygotowuje cię na przyszłość. Wszystko, co jest tutaj przekazywane, musisz wykorzystywać i wzmacniać oraz musisz ćwiczyć zarówno w zakresie tego przygotowania, jak i również daleko poza nim. Dzisiaj w swoim dłuższym okresie praktyki stań się mądrym obserwatorem własnego rozwoju. Rozpoznaj, gdzie twoja praktyka musi zostać wzmocniona. Zdaj sobie sprawę, iż emanuje to z twojej Wiedzy. Podążaj za tym, najlepiej jak potrafisz, gdy zbliżamy się do ostatnich lekcji na tym etapie Kroków do Wiedzy.

Praktyka 350: *Jeden długi okres praktyki.*

Kroki do Wiedzy

OSTATNIE LEKCJE

Właśnie przystępujesz do ostatnich Kroków w Naszym przygotowaniu. Nie są to twoje ostatnie kroki w twoim ogólnym podejściu do Wiedzy albo w twoim wykorzystywaniu i doświadczaniu Wiedzy. Są to jednak ostatnie kroki na tym jednym wielkim etapie rozwoju, w który jesteś teraz zaangażowany. Dlatego też oddaj się następnej części praktyki ze zwiększonym pragnieniem oraz intensywnością. Pozwól Wiedzy naprowadzić cię w twoim przygotowaniu. Pozwól sobie być tak potężnym, tak silnym i tak zaangażowanym. Nie myśl o swojej przeszłości, lecz zdaj sobie sprawę z rzeczywistości Wiedzy na dany moment oraz jej wielką obietnicę na przyszłość. Jesteś uszanowany, ty, który szanujesz źródło swojego przygotowania. Jesteś uszanowany w tym dniu, gdy rozpoczynasz ostatnie Kroki na tym niezbędnym etapie swojego rozwoju.

Krok 351

SŁUŻĘ WAŻNIEJSZEMU CELOWI, KTÓREGO TERAZ ZACZYNAM DOŚWIADCZAĆ.

POWTARZAJ TĘ IDEĘ CO GODZINĘ i nie zapominaj. Gdy wzmacniasz to rozumienie, stanie się ono dla ciebie coraz bardziej rzeczywiste i widoczne. Gdy staje się ono coraz bardziej rzeczywiste, zanikną wszystkie inne idee i poglądy, które z nim rywalizują, gdyż ta jedna wielka prawda ma treść. Zanikną wszystkie inne rzeczy, które pretendują do bycia prawdą i są z tym skonfliktowane, ponieważ nie mają one treści. To, co prawdziwe, istnieje niezależnie od tego, czy tego chcesz, czy też nie, niezależnie od tego, czy wierzysz w to, czy też nie i niezależnie od tego, czy stosujesz się do tego, czy też nie. To jest to, co czyni to prawdziwym.

W PRZESZŁOŚCI MYŚLAŁEŚ, że wszystkie rzeczy istnieją, ponieważ tak chciałeś. Jest to tylko prawdziwe w sferze wyobraźni, sferze, której teraz uczysz się unikać. Nawet w sferze wyobraźni uczysz się cenić to, co jest najbliższe prawdzie, aby móc uciec ze sfery wyobraźni. Sfera wyobraźni nie jest bowiem sferą Stworzenia. To, co tworzy, pochodzi z Wiedzy. To jest Stworzenie, które jest permanentne, znaczące i ma prawdziwą moc oraz wartość nawet na świecie. To nie jest sfera wyobraźni.

W SWOICH GŁĘBSZYCH OKRESACH PRAKTYKI WEJDŹ W STAN WYCISZENIA. Przyjdź z wielkim szacunkiem wobec tego, co starasz się wykonać. Przypominaj sobie o znaczeniu tych okresów wyciszenia. Przypominaj sobie, że to są okresy oddawania czci, okresy prawdziwego poświęcenia, okresy, gdzie się otwierasz i okresy, gdzie Wiedza się otwiera. Pozwól, aby ten dzień był dniem większego zrozumienia. Pozwól, aby ten dzień był dniem większego poświęcenia, jesteś dzisiaj bowiem prawdziwym studentem Wiedzy.

Praktyka 351: *Dwa 30 – minutowe okresy praktyki.*
Cogodzinna praktyka.

Krok 352

JESTEM DZISIAJ PRAWDZIWYM STUDENTEM WIEDZY.

Co godzinę potwierdzaj to, a w swoich dwu praktykach medytacyjnych wejdź w swoje okresy milczenia z wielkim szacunkiem i poświęceniem. To są twoje okresy oddawania czci. Prawdziwie chodzisz teraz do kościoła – nie z tytułu zobowiązania, nie ze strachu lub niepokoju i nie z poczucia obowiązku wobec niekochającego Boga, lecz z poczucia wielkiej radości i w wyniku pragnienia oddania siebie temu, co samo oddaje się tobie. Bądź prawdziwym studentem Wiedzy. Pamiętaj o wszystkim, co zostało ci dotąd powiedziane i co każdą godzinę to wykorzystuj. Zaangażuj się konkretnie w praktykę zarówno wewnętrznie, jak i zewnętrznie. Wzmocnij to dzisiaj. Poświęć ten dzień Wiedzy, tak jak Wiedza poświęca ten dzień tobie, ażebyś mógł nauczyć się o obecności Wiedzy w swym życiu.

Wiedza jest darem Boga dla ciebie, ponieważ Wiedza jest rozszerzeniem Boga do ciebie. W ten sposób Wiedza będzie dla ciebie Bogiem, ale przemówi o wielkości poza sobą, Wiedza jest tu bowiem, aby umożliwić ci być konkretnie w relacji z sobą samym, z innymi oraz z życiem. Dzięki temu będziesz w stanie odzyskać relacje i tym samym udać się w kierunku swojego Prawdziwego Domu w Bogu.

Praktyka 352: *Dwa 30 – minutowe okresy praktyki.*
Cogodzinna praktyka.

Krok 353

Mój Prawdziwy Dom jest w Bogu.

Twój Prawdziwy Dom jest w Bogu. Twój Prawdziwy Dom jest. Twój Dom jest prawdziwy. Ty jesteś prawdziwy. Jesteś w domu, nawet gdy jesteś na świecie, chociaż świat nie jest twoim Prawdziwym Domem. Przez wzgląd na to, że jesteś w domu na świecie i przez wzgląd na to, że jesteś z Wiedzą, możesz dać światu i zapewnić dokładnie to, czego potrzebuje i będziesz chciał dać to poczucie domu dla świata, który czuje się bezdomny i zagubiony.

Co godzinę powtarzaj tę ideę i spoglądaj na ludzi na świecie oraz przypatrz się, jak bezdomni się wydają. Pamiętaj, jak prawdziwie są w domu, lecz nie zdają sobie z tego sprawy. Tak jak ty sam, są pogrążeni we śnie w domu. Uczysz się teraz budzić ze swojego snu i zdajesz sobie sprawę, że wciąż jesteś w domu, ponieważ twoja Duchowa Rodzina jest z tobą, Wiedza jest z tobą i twoi Nauczyciele są z tobą.

Tak oto jesteś w domu w Bogu, chociaż nawet wydajesz się być teraz daleko od swojego Prawdziwego Domu. Sprowadziłeś swój Prawdziwy Dom ze sobą. Jakżeż możesz być tam, gdzie nie ma Boga, skoro Bóg jest wszędzie? Jakżeż możesz nie być ze swoimi Nauczycielami, skoro oni ci towarzyszą? Jakżeż możesz nie być ze swoją Duchową Rodziną, skoro twoja Duchowa Rodzina jest zawsze obecna? Może się to wydawać sprzeczne, że możesz być z dala od swojego Prawdziwego Domu i być w domu, lecz ty tylko wydajesz się z dala od Domu, gdy spoglądasz na świat i utożsamiasz się ze światem, który postrzegasz. W sobie samym jednak niesiesz Wiedzę, która jest przypomnieniem, że prawdziwie jesteś w domu i że jesteś na świecie, aby rozszerzyć swój Prawdziwy Dom na świat. Twój Prawdziwy Dom bowiem pragnie oddać się światu, ażeby świat mógł odnaleźć swój Powrót do Domu.

Co godzinę pamiętaj o tym, a w swoich dwu głębokich medytacjach powróć do domu do Wiedzy. Powróć do domu w sanktuarium swojej wewnętrznej świątyni. Tutaj doświadczasz swojego Prawdziwego Domu i tutaj staje się on dla ciebie bardziej rzeczywisty. Gdy staje się on dla ciebie bardziej rzeczywisty, trwa on przy tobie coraz bardziej w twoim doświadczeniu. Musisz doświadczać swojego Prawdziwego Domu, gdy jesteś na świecie.

Praktyka 353: *Dwa 30 – minutowe okresy praktyki.*
Cogodzinna praktyka.

Krok 354

MUSZĘ DOŚWIADCZAĆ MOJEGO PRAWDZIWEGO DOMU, GDY JESTEM NA ŚWIECIE.

W SWOIM PRAWDZIWYM DOMU JESTEŚ SZCZĘŚLIWY, jesteś włączony, jesteś kompletny, jesteś w relacji, jesteś pełnym uczestnikiem, jesteś niezbędny i jesteś istotny. Twój Prawdziwy Dom jest niezrozumiały dla ciebie, gdy jesteś na świecie. W rzeczywistości twój Prawdziwy Dom będzie dla ciebie niezrozumiały, dopóki w końcu nie pojawisz się w swoim Prawdziwym Domu, dopóki twoja Duchowa Rodzina nie przyłączy się powtórnie do innych Duchowych Rodzin i dopóki wszelkie przyłączanie się nie zostanie zakończone we wszechświecie.

JEDNAKŻE, CHOCIAŻ NAWET TWÓJ PRAWDZIWY DOM JEST NIEZROZUMIAŁY, nie myśl, że jest on poza twoim zasięgiem. Jest ci to dane w tym dniu, aby doświadczyć swojego Prawdziwego Domu, niesiesz bowiem Wiedzę w sobie. Twoim jedynym ograniczeniem tutaj jest twoja zdolność do doświadczania i wyrażania Wiedzy. Gdy jednak podejmujesz się każdego kroku i gdy otrzymujesz każdy krok w swoim przygotowaniu, twoja zdolność do doświadczania relacji i komunikacji wzrasta. Gdy coraz bardziej szukasz wolności od swojej wyobraźni i własnego, odizolowanego myślenia, doświadczasz swojego włączenia w życie w coraz większym stopniu. Tym samym twoja ewolucja może zostać wymierzona w kategoriach twojej rosnącej zdolności do doświadczania relacji oraz komunikacji tudzież coraz większej zdolności do doświadczania i wyrażania Wiedzy. Tym samym jesteś w domu, gdy jesteś na świecie, twój Prawdziwy Dom wzrasta bowiem w tobie w twoim własnym doświadczeniu. Ogień Wiedzy potężnieje, a jego pochłaniająca życzliwość jest coraz bardziej widoczna, gdy twój umysł staje się wolny, cały i ukierunkowany.

Co godzinę pamiętaj o tym i powróć do swojego Prawdziwego Domu w swoich głębszych okresach praktyki. Jesteś w domu na świecie. Dlatego też możesz być w pokoju na świecie.

Praktyka 354: *Dwa 30 – minutowe okresy praktyki.*
Cogodzinna praktyka.

Krok 355

MOGĘ BYĆ W POKOJU NA ŚWIECIE.

Jest możliwe bycie w pokoju na świecie, ponieważ sprowadziłeś źródło pokoju ze sobą. Możesz być w pokoju na świecie, pomimo że świat jest miejscem aktywnego zaangażowania, miejscem trudności, miejscem wyzwania oraz miejscem niezbędnego osiągnięcia, ponieważ niesiesz pokój ze sobą i przez wzgląd na ogień Wiedzy. Z Wiedzy wyłoni się wszelkie znaczące myślenie oraz działanie – wszelka prawdziwa inspiracja, wszelkie istotne idee i wszelkie wielkie ekspresje. Jednak Wiedza jest większa niż swoje ekspresje, stanowi ona bowiem światło dla świata.

Jesteś w pokoju na świecie, ponieważ jesteś ze światłem świata, a jednak jesteś zaangażowany na świecie, ponieważ przybyłeś tu, aby pracować. Jedynie drogą uczestnictwa, realizując każdy krok, możesz zdać sobie sprawę, że nie ma sprzeczności pomiędzy pokojem a pracą. Nie ma oddzielenia pomiędzy wyciszeniem a działaniem. Musisz tego w pełni doświadczyć, jest to bowiem kompletne doświadczenie, a twoja zdolność ku temu doświadczeniu musi być stale poszerzana. Twoje rozumienie i pojmowanie muszą być stale poszerzane. Twoje zaangażowanie w życie musi być coraz bardziej zharmonizowane i ujednolicone. Twoje rozeznanie w odniesieniu do relacji musi zostać zwiększone i rzeczywiście zastosowane. Wszystkie cechy, które są związane z rozwojem Wiedzy, również muszą zostać wyniesione. To sprawi, że możliwe będzie dla ciebie zaznanie pokoju na świecie, przeznaczone ci było bowiem mieć pokój na świecie. Pokój na świecie jest wyrazem twojego Prawdziwego Domu na świecie, a w tym odnajdziesz swoje Ja.

Praktyka 355: *Przeczytaj dzisiaj lekcję trzykrotnie.*

Krok 356

ODNAJDĘ DZISIAJ MOJE JA.

Twoje Ja jest większe niż twoja zdolność do doświadczenia go. Jednak nawet w swojej obecnej zdolności możesz odnaleźć własne Ja i go doświadczyć. Pamiętaj, iż jest to twoje wielkie pragnienie. Co godzinę pamiętaj o tym. Pamiętaj, że chcesz odnaleźć własne Ja, bez własnego Ja jesteś bowiem zagubiony w swoim myśleniu i w zmiennym myśleniu świata. Bez własnego Ja będziesz się czuł tak tymczasowy i tak zmienny, jak świat. Bez własnego Ja będziesz się czuł tak zagrożony i tak groźny, jak świat. Dlatego też twoim prawdziwym pragnieniem jest odzyskanie własnego Ja, a wraz ze swoim Ja wszystkich rzeczy, które są nieodłączne w twoim Ja, które są zrodzone z twojego jednego Prawdziwego Źródła, które są wyrażane poprzez twoją Wiedzę i które żyją w twoim Przedwiecznym Domu.

Dzisiaj w swoich głębszych okresach praktyki przyjdź ponownie do Wiedzy. Przyjdź, aby się oddać. Przyjdź, aby oddać cześć. Przyjdź z poświęceniem i z szacunkiem, aby móc zwiększyć swoją zdolność do doświadczenia własnego Ja zarówno w swoim okresie praktyki medytacyjnej, jak i w swoim czasie na świecie. Przybyłeś na świat, aby odzyskać swoją Wiedzę i aby pozwolić swojej Wiedzy się wyrazić. Wyrazisz wtedy własne Ja, jesteś bowiem na świecie, aby wyrazić własne Ja.

PRAKTYKA 356: *Dwa 30 – minutowe okresy praktyki.*
Cogodzinna praktyka.

Krok 357

JESTEM NA ŚWIECIE, ABY WYRAZIĆ MOJE JA.

WSZYSTKO, CO KIEDYKOLWIEK POWIEDZIAŁEŚ i wszystko, czego kiedykolwiek dokonałeś, było próbą wyrażenia twojego Ja. Twój dylemat w przeszłości polegał na próbie wyrażenia ja, które nie jest twoim Ja. To tymczasowe ja, to osobiste ja, było wykorzystywane jako substytut dla twojego Prawdziwego Ja, chociaż jego jedynym przeznaczeniem jest bycie pośrednikiem pomiędzy twoim Prawdziwym Ja a światem. Przez wzgląd na to, że było ono wykorzystywane jako substytut, jego nieodłączny zamęt oraz brak podstawy zablokowały twoją komunikację tudzież ekspresję. Dlatego też nie znalazłeś źródła swojej ekspresji albo najlepszego nośnika dla swojej ekspresji.

TO, ŻE TWOJE PRAWDZIWE JA PRAGNIE SIĘ WYRAZIĆ, jest widoczne we wszystkich twoich przeszłych działaniach, jeśli zrozumiesz je obiektywnie. Wszystko, co kiedykolwiek powiedziałeś do kogokolwiek, zawierało w sobie ziarno prawdziwej ekspresji. Wszystko, co kiedykolwiek wykonałeś albo próbowałeś zademonstrować, zawierało ziarno prawdziwej demonstracji oraz ekspresji. Musisz jedynie oczyścić swoją ekspresję, aby była kompletna i była prawdziwie reprezentatywna dla twojej natury, przeto prawdziwie satysfakcjonująca dla ciebie.

ZE WZGLĘDU NA TO, ŻE JESTEŚ TUTAJ, ABY WYRAZIĆ WŁASNE JA, musisz się również nauczyć, jak wyrażać własne Ja, jak twoje prawdziwe ekspresje wpłyną na innych i jak ten wpływ może zostać wykorzystany w sposób odpowiedni dla twojego dobrobytu i również dla ich dobrobytu. Tutaj uczysz się, co pragniesz wyrazić i jak to wyrazić. I uczysz się również uświadamiać sobie swój wpływ na świat. To wymaga rozwoju Wiedzy w tobie, rozwoju twoich osobistych zdolności oraz przekształcenia twojego osobistego ja od bycia substytutem Wiedzy do bycia pośrednikiem

Wiedzy. Jako pośrednik twoje osobiste ja musi być odpowiednio rozwinięte i pobudzone. Tutaj służy ono Większemu Ja w tobie, gdy twoje Większe Ja służy Wielkiemu Ja wszechświata. Tutaj wszystko znajduje swoje właściwe miejsce i swoją jednolitą ekspresję.

Przypominaj sobie co godzinę, że pragniesz wyrazić własne Ja, a w swoich głębszych doświadczeniach medytacyjnych, gdzie przychodzisz w wyciszeniu i z poświęceniem, pozwól swojemu Prawdziwemu Ja wyrazić się tobie. Poza słowami i poza działaniami, twoje Prawdziwe Ja się wyrazi, a ty poznasz jego ekspresję. Będziesz wiedzieć, że pragniesz otrzymać jego ekspresję oraz rozszerzyć jego ekspresję na świat. Świat jest miejscem, gdzie przybywasz, aby wyrazić swoje Ja, ponieważ świat jest miejscem, gdzie pragniesz być w domu.

Praktyka 357: *Dwa 30 – minutowe okresy praktyki.*
Cogodzinna praktyka.

Krok 358

Pragnę być w domu na świecie.

Pragniesz być w domu na świecie. Nie przybyłeś tutaj, aby uciec ze świata. Przybyłeś tutaj, aby być w domu na świecie. Zrozumienie tego umożliwi ci cenić swój wkład i angażować się całkowicie w jego ekspresję. Ucieczka ze świata bez przysłużenia się światu jedynie pogłębi twój dylemat, a ty powrócisz do swojej Duchowej Rodziny z nieotwartymi i niedostarczonymi darami. Zdasz sobie wtedy sprawę, że musisz powrócić, ponieważ praca, jaką zamierzałeś wykonać na świecie, nie została wykonana.

Bądź wdzięczny zatem, że jesteś na świecie teraz i że nie musisz czekać, aby wkraczać ponownie. Już tu jesteś. Dotarłeś tak daleko. Znajdujesz się w doskonałej pozycji, aby wypełnić tutaj swoje przeznaczenie. Sprowadziłeś swój Przedwieczny Dom ze sobą – w ziarnie i w świetle swojej Wiedzy, która teraz wzrasta, wyłania się i kiełkuje.

Świat nie jest twoim domem, lecz jest ci przeznaczone być w domu na świecie. Co godzinę zastanawiaj się nad tym i zdaj sobie sprawę, jak bardzo pragniesz być w domu na świecie. Zdaj sobie sprawę, jak bardzo nie chcesz potępiać świata albo po prostu uciec ze świata. Kiedy jesteś w domu na świecie, będziesz w stanie wyjść poza świat, aby służyć w większy sposób oraz by doświadczyć większej rzeczywistości niż świat może ci zaprezentować. Nie odejdziesz jednak z żalem, gniewem lub rozczarowaniem. Odejdziesz szczęśliwy i usatysfakcjonowany. To zakończy twoje doświadczenie tutaj. To pobłogosławi świat i ciebie pobłogosławi, ty, który pobłogosławiłeś siebie oraz świat, gdy byłeś na świecie.

W swoich głębszych praktykach medytacyjnych pozwól sobie poważnie rozważyć, co dom oznacza dla ciebie. Powtarzamy, to jest praktyka aktywnego umysłowego zaangażowania. Wykorzystaj swój umysł, aby rozważyć ważne rzeczy, które są ci teraz przekazywane. Będziesz musiał zbadać wszystkie myśli w odniesieniu do dzisiejszej idei celem zrozumienia tego, jak podchodzisz do dzisiejszej idei i jak na nią zareagujesz. Zdolność do podejmowania decyzji należy do ciebie, musisz jednak zrozumieć obecną zawartość swojego umysłu. Wraz z tym będziesz w stanie podjąć odpowiednią i mądrą decyzję we własnym imieniu w swoim zakresie odpowiedzialności. Jest ci przeznaczone być w domu na świecie. Sprowadź dom ze sobą, ażeby inni mogli poczuć się w domu na świecie. W ten sposób świat zostaje pobłogosławiony, ponieważ nie jest już osobnym miejscem. Nie uciekaj dzisiaj ze świata, ale bądź obecny, aby służyć światu.

PRAKTYKA 358: *Dwa 30 – minutowe okresy praktyki.*
                      Cogodzinna praktyka.

Krok 359

Jestem obecny, aby służyć światu.

Bądź obecny, aby służyć światu, a obecność, która służy światu, przemówi poprzez ciebie. Bądź obecny, aby służyć światu, a będziesz obecny wobec tej obecności. Będziesz zaangażowany w każde działanie, a każde działanie będzie ważne i znaczące. Wtedy nie będziesz szukać ucieczki od swojego doświadczenia, nie będziesz szukać ucieczki ze świata i nie będziesz szukać mrocznego miejsca do ukrycia się, zdasz sobie bowiem sprawę, że światło Wiedzy jest całkowicie korzystne. Będziesz pragnął kąpać się w nim coraz więcej i wyrażać je coraz mocniej na świecie. To jest twój obowiązek tutaj i twoja wielka miłość.

Co godzinę przypominaj sobie, że pragniesz być obecny, aby służyć światu. Przypominaj sobie również, że pragniesz być obecny, aby świat służył tobie. Przypominaj sobie, że musisz się uczyć, jak otrzymywać oraz jak dawać i właśnie dlatego jesteś początkującym studentem Wiedzy. Nie obciążaj się oczekiwaniami wobec siebie samego poza to, co jest wskazywane w twoim programie przygotowania. Twoi Nauczyciele rozpoznają twój obecny etap i rozpoznają twój obecny krok. Nie zaniżają oni wartości twojej mocy, ale nie przeceniają oni również twoich obecnych zdolności. Oto dlaczego będziesz ich potrzebował, aby kroczyć dalej z pewnością, szczerością oraz niezawodnością.

W swoich głębszych praktykach bądź obecny, aby oddać się swojej praktyce w wyciszeniu. Raz jeszcze pamiętaj, że wszelka praktyka jest dawaniem. Oddajesz się, ażeby twoje Prawdziwe Ja mogło ci zostać podarowane. Tutaj sprowadzasz to, co małe, do tego, co wielkie, a to, co wielkie, sprowadza się do tego, co małe. Tutaj zdajesz sobie sprawę, że ty również jesteś wielki oraz że małe ma wyrazić wielkość tego, którego jesteś częścią. Świat rozpaczliwie wzywa do ujawnienia tej wielkości, musisz się jednak nauczyć, jak ujawniać wielkość na świecie.

Praktyka 359: *Dwa 30 – minutowe okresy praktyki.*
Cogodzinna praktyka.

Krok 360

MUSZĘ SIĘ NAUCZYĆ, JAK UJAWNIAĆ WIELKOŚĆ NA ŚWIECIE.

Z PROSTOTĄ, POKORĄ i bez fałszywych założeń, pamiętając, że jesteś początkującym studentem Wiedzy, będziesz w stanie nauczyć się, jak ujawniać wielkość na świecie. Jest to dość istotne, ponieważ świat jest ambiwalentny wobec wielkości, wobec Wiedzy i wobec miłości. Jeśli zaprezentujesz światu jego pragnienie, kiedy świat jest w ambiwalentnym stanie, nie będzie on wiedział, jak zareagować. Dlatego też jego reakcja zademonstruje, że albo sprzyja twojemu darowi, albo jest mu przeciwny. Każda jednostka, każda społeczność lub każdy świat, który jest dręczony ambiwalencją, zareaguje na więcej niż jeden sposób, ponieważ jest ambiwalentny. Z tego powodu musisz się nauczyć podchodzić do ambiwalencji z mądrością, ci bowiem, którzy są ambiwalentni, muszą się nauczyć, jak otrzymać swoją pewność, tak jak ty uczysz się tego teraz.

ROZPOZNAJ, JAK DOTYCHCZAS BYŁEŚ AMBIWALENTNY w odniesieniu do swojego życia i w odniesieniu do tego przygotowania. Zdaj sobie sprawę, że z tego powodu to przygotowanie zostało ci przekazane w bardzo stopniowych krokach, krok po kroku, dzień po dniu. Krok po kroku uczysz się rozwijać i akceptować swoje pragnienie oraz zdolność do Wiedzy i uczysz się również wyrażać Wiedzę. Bycie studentem oznacza, że jesteś tutaj, aby się nauczyć, a w trakcie nauki będziesz demonstrować, nauczać i osiągać wspaniałe rezultaty, które Wiedza pragnie osiągnąć. Wiedza jednak nie może przekroczyć twoich ograniczeń, ponieważ Wiedza dba o ciebie i chroni ciebie jako nośnika. Przez wzgląd na to, że jesteś częścią Wiedzy, ty również będziesz pragnął troszczyć się o swój nośnik. Oto dlaczego musisz w najwyższym stopniu zadbać o swój umysł i ciało w miarę postępów.

Dzisiaj w swoich głębszych okresach praktyki pozwól sobie zostać poinstruowanym, jak ujawniać wielkość na świecie. Zdaj sobie sprawę, że świat jest ambiwalentny i zaakceptuj to, taki jest bowiem obecny stan świata. Zdaj sobie sprawę, że musisz dawać z mądrością i rozeznaniem. I zdaj sobie sprawę, że musisz pozwolić Wiedzy się oddać i nie próbować dawać w wyniku ambicji lub potrzeby uniknięcia poczucia niedoskonałości. Zezwól, by twoje dawanie było prawdziwe, a twoje dawanie będzie prawdziwe. Twoje dawanie zatem odda się samo w odpowiedni sposób, który cię zachowa i uszanuje tych, którzy otrzymają twój dar. To wyprowadzi ich z własnej ambiwalencji, tak jak ty sam uczysz się teraz być prowadzonym do światła.

Praktyka 360: *Dwa 30 – minutowe okresy praktyki.*

Krok 361

JESTEM DZISIAJ PROWADZONY DO ŚWIATŁA WIEDZY.

NIESIESZ ŚWIATŁO. Nieś je ze sobą o każdej godzinie i w każdej okoliczności. Wykorzystaj cały swój dzień, aby zaprawiać się w niesieniu Wiedzy. Nie próbuj wyrażać Wiedzy, Wiedza sama tego bowiem dokona, kiedy będzie to stosowne. Twoje zadanie dzisiaj polega na niesieniu Wiedzy, byciu uważnym oraz pamiętaniu, że Wiedza jest z tobą. Niezależnie od tego, czy jesteś sam, czy też z innymi, czy jesteś w pracy, czy też w domu, czy jesteś w sytuacji, która jest przyjemna lub nieprzyjemna, nieś Wiedzę w sobie. Czuj, jak płonie w twym sercu. Poczuj, jak wypełnia wielką przestrzeń twojego umysłu.

W SWOICH DWU GŁĘBSZYCH OKRESACH PRAKTYKI wejdź ponownie w sanktuarium Wiedzy, ażebyś mógł zostać odświeżony i odnowiony, ażebyś mógł zostać pobłogosławiony i uszanowany, i ażebyś mógł odnaleźć ulgę oraz wolność. Im bardziej odnajdziesz to w swoim wewnętrznym życiu, tym bardziej będziesz w stanie ponieść to w swoje zewnętrzne życie, jest ci bowiem przeznaczone nieść dzisiaj Wiedzę w świat.

PRAKTYKA 361: *Dwa 30 – minutowe okresy praktyki.*
Cogodzinna praktyka.

Krok 362

UCZĘ SIĘ UCZYĆ, PONIEWAŻ NIOSĘ DZIŚ WIEDZĘ W SOBIE.

UCZYSZ SIĘ UCZYĆ. Uczysz się otrzymywać Wiedzę. Uczysz się cenić Wiedzę. Uczysz się nieść Wiedzę. Uczysz się wyrażać Wiedzę. Uczysz się rozwijać wszystkie swoje mentalne i fizyczne zdolności, które są niezbędne dla tego całkowitego przygotowania. Jesteś studentem doprowadzanym do perfekcji. Dlatego też bądź dzisiaj całkowicie zaangażowany w swoje nauczanie, które uwolni cię od fałszywych założeń i od obarczania siebie niemożliwymi ciężarami. To, co jest dane w prawdzie, naturalnie będziesz w stanie zrobić, jesteś bowiem do tego naturalnie stworzony. Twoje fizyczne i mentalne nośniki, te rzeczy, które są związane z tym światem, zostaną naturalnie zaangażowane w twoje prawdziwe spełnienie.

UCZ SIĘ UCZYĆ. Uczenie się, aby się nauczyć, oznacza, że uczysz się uczestniczyć. To oznacza, że jednocześnie podążasz i przewodzisz. Podążasz za swoimi Nauczycielami oraz ich programem rozwoju i przewodzisz swoim mentalnym i fizycznym nośnikom. W ten sposób przewodzenie i naśladowanie stają się tym samym, tak jak dawanie i otrzymywanie są tym samym. Tym samym ci, którzy otrzymują, będą dawać, a ci, którzy podążają, będą przewodzić. Tym samym ci, którzy dają, nadal będą musieli otrzymywać, a ci, którzy przewodzą, nadal będą musieli podążać. Tutaj dualizm takich rzeczy zanika. Ich jednolitość oraz ich komplementarne natury są rozpoznane, ponieważ jest to proste, ponieważ jest to oczywiste i ponieważ jest to prawda.

PAMIĘTAJ O TEJ IDEI CO GODZINĘ i wykorzystaj swoje dwa okresy praktyki, aby związać się z Wiedzą w wyciszeniu i prostocie. Pozwól, aby te ostatnie okresy praktyki w tym programie miały wielką głębię. Oddaj się im tak kompletnie, jak potrafisz, gdyż czyniąc tak, zwiększysz swoją zdolność do Wiedzy i swoje doświadczenie Wiedzy. Gdy twoja zdolność i doświadczenie Wiedzy wzrastają, twoje pragnienie Wiedzy również wzrośnie, Wiedza bowiem jest twoim prawdziwym pragnieniem.

PRAKTYKA 362: *Dwa 30 – minutowe okresy praktyki.*
Cogodzinna praktyka.

Krok 363

WIEDZA JEST MOIM PRAWDZIWYM PRAGNIENIEM, PONIEWAŻ JESTEM STUDENTEM WIEDZY.

WIEDZA JEST TWOIM PRAWDZIWYM PRAGNIENIEM. Nie myśl, że twoje pragnienia są fałszywe, gdyż wszystkie pragnienia, jeśli rozpoznane, dotyczą Wiedzy. Jest tak, ponieważ mylnie zinterpretowałeś swoje pragnienia albo próbowałeś wykorzystać je do wzmocnienia innych rzeczy, które sprowadziły cię na złą drogę. Nie próbuj nie mieć pragnienia, życie bowiem jest pragnieniem. Pragnienie to cel. Pragnienie to znaczenie oraz kierunek. Musisz jednak rozpoznać swoje prawdziwe pragnienie, które jest pragnieniem polegającym na tym, aby Wiedza się spełniła i odzyskała, pragnieniem, aby Wiedza cię ocaliła i abyś ty ocalił Wiedzę. Jak możesz ocalić Wiedzę? Poprzez przechowywanie jej w sobie, poprzez bycie studentem Wiedzy, poprzez niesienie Wiedzy wszędzie dokąd się udasz, poprzez wzmacnianie swojej świadomości Wiedzy, poprzez bycie prostym z Wiedzą i poprzez niedążenie do tego, by wykorzystać Wiedzę celem spełnienia własnych zamiarów i własnych celów.

WYKONUJ NORMALNE DZIAŁANIA NA TEN DZIEŃ, lecz nieś Wiedzę ze sobą. Jeżeli Wiedza nie ma wątpliwości, ty nie musisz mieć wątpliwości. Jeżeli Wiedza się nie obawia, ty nie musisz się obawiać. Jeżeli Wiedza nie zmienia sytuacji, ty nie musisz zmieniać sytuacji. Jednak jeżeli Wiedza cię powstrzymuje, powstrzymaj siebie. Jeżeli Wiedza zmienia sytuację, zmień sytuację. Jeżeli Wiedza mówi ci, aby zostawić okoliczność, zostaw okoliczność. Jeżeli Wiedza mówi ci, aby zostać przy okoliczności, zostań przy okoliczności. Tutaj stajesz się tak prosty i tak potężny, jak Wiedza. Tutaj stajesz się samą Wiedzą.

CO GODZINĘ POWTARZAJ IDEĘ NA DZIŚ i jej doświadczaj. W ramach swojego wewnętrznego życia doświadczaj jej również w swoich głębszych praktykach medytacyjnych. Twoje wewnętrzne i zewnętrzne życie jest tam, gdzie stosujesz własne zdolności i gdzie się oddajesz. Jest tam, gdzie niesiesz Wiedzę. Z czasem dostrzeżesz, że Wiedza będzie nieść ciebie.

Praktyka 363: *Dwa 30 – minutowe okresy praktyki.*
Cogodzinna praktyka.

Krok 364

WIEDZA MNIE NIESIE, PONIEWAŻ JESTEM STUDENTEM WIEDZY.

GDY NIESIESZ WIEDZĘ, będziesz czuł, że Wiedza cię niesie. Będziesz czuł, że Wiedza cię prowadzi i naprowadza, ochrania cię, broni cię przed krzywdą, trzyma cię z dala od trudnych i szkodliwych zobowiązań, angażuje cię z osobami, z którymi musisz być zaangażowany i prowadzi cię z dala od spornych zobowiązań, które nie mają celu. W ten sposób stajesz się przywódcą i naśladowcą, podążasz bowiem za Wiedzą i prowadzisz siebie. Poddajesz się Wiedzy, jednak korzystasz z potęgi decyzji we własnym imieniu. Tym samym stajesz się wielkim naśladowcą i wielkim przywódcą. Tym samym jesteś w pozycji, aby służyć i coraz mocniej będziesz czuć, jak gdyby Wiedza niosła cię przez życie. I będziesz czuć, że ty również niesiesz Wiedzę. Postrzegając to właściwie, zdasz sobie sprawę ze swojej prawdziwej relacji z Wiedzą. Uświadomisz sobie, że niesiesz Wiedzę ze sobą oraz że Wiedza niesie twój dobrobyt w sobie. To jest doskonale komplementarne. Jest to doskonałe, ponieważ jest to zrodzone z samej doskonałości.

BĄDŹ PRAWDZIWYM STUDENTEM WIEDZY. Zaangażuj się w praktykę. Oddaj się w czasie praktyki. Nie zmieniaj swojej praktyki. Nie zaniedbuj swojej praktyki. Wszystko, co musisz robić to zaprawiać się i być uważnym, zaprawiać się i być uważnym. Co godzinę i w swoich dwu głębszych praktykach medytacyjnych, gdzie pogrążasz się w ciszy, aby być z samą ciszą, ćwicz, aby ćwiczyć, ćwicz, aby się uczyć, i ucz się, aby się nauczyć. Dzisiaj uczysz się, aby się nauczyć. Dzisiaj jesteś studentem Wiedzy.

PRAKTYKA 364: *Dwa 30 – minutowe okresy praktyki.*
Cogodzinna praktyka.

Krok 365

JESTEM ZOBOWIĄZANY UCZYĆ SIĘ, ABY SIĘ NAUCZYĆ.
JESTEM ZOBOWIĄZANY PRZEKAZAĆ TO, CO MAM PRZEKAZANIA.
JESTEM ZOBOWIĄZANY, PONIEWAŻ JESTEM CZĘŚCIĄ ŻYCIA.
JESTEM CZĘŚCIĄ ŻYCIA, PONIEWAŻ STANOWIĘ JEDNO Z WIEDZĄ.

Czym jest zobowiązanie jak tylko naturalnym wyrazem swojego prawdziwego pragnienia? Ono cię uwalnia; ono cię nie wiąże. Ono cię angażuje; ono cię nie przymusza. Ono cię wzmacnia; ono cię nie ogranicza. Prawdziwe zobowiązanie jest zrodzone z prawdziwej Wiedzy, z której ty sam jesteś zrodzony. W tym ostatnim kroku na tym etapie twojego przygotowania poświęć siebie i cały swój dzień praktyce.

Uszanuj siebie za osiągnięcie niezwykłego i namacalnego zadania polegającego na ukończeniu tego jednego roku przygotowania. Uszanuj swoją Wiedzę za obdarowywanie cię pragnieniem uczestnictwa oraz siłą do uczestnictwa. Uszanuj swoją Wiedzę za obdarowywanie cię wizją, która się teraz wyłania. Uszanuj wszystkich, którzy przysłużyli się tobie w twym życiu – swojej rodzinie, swoim rodzicom, swoim przyjaciołom oraz swoim pozornym wrogom i przeciwnikom. Uszanuj wszystkich, którzy umożliwili ci cenić Wiedzę i którzy podarowali ci siłę oraz stanowczość, aby podjąć się przygotowania do Wiedzy. Pamiętaj również o swoich Nauczycielach, pamiętają oni bowiem o tobie i trwają oni przy tobie nawet teraz. Pamiętaj, że jesteś studentem Wiedzy, a wraz z tym będziesz w stanie kroczyć dalej w swoim przygotowaniu.

Dzisiaj co godzinę i w swoich dwu głębszych praktykach medytacyjnych poświęć siebie. Rozważ wszystko, co jest ci podarowane. Niechaj będzie to dzień osiągnięcia oraz wdzięczności. Niechaj będzie to dzień uszanowania tego, że Wiedza jest prawdziwa w tobie oraz że ty jesteś prawdziwy w Wiedzy. Otwórz się na następny krok poza tym programem. Następny krok czeka na ciebie – krok, który znacząco zaangażuje cię z innymi studentami Wiedzy, krok, który znacząco zaangażuje cię z tymi, którzy rozwinęli się poza to, co osiągnąłeś do tej pory, krok, który zaangażuje cię w służbę tym, którzy dopiero zaczynają się rozwijać na etapie, który dopiero zakończyłeś. Tym samym otrzymujesz od tych przed tobą i dajesz tym za tobą. Tym samym wszyscy są otoczeni opieką i wspierani w swoim powrocie do Domu do Boga. Tym samym podążasz i przewodzisz, otrzymujesz i dajesz. Tym samym wszystkie twoje działania stają się jednolite i odnajdujesz ucieczkę od wszelkich negatywnych wyobrażeń. Tym samym jesteś studentem Wiedzy. I tym samym Wiedza błogosławi ci, któremu przeznaczone jest błogosławić świat.

Nasi Novare Coram

Konkordancja

Ambicja: Krok: 219, 243, 269
Ambiwalencja: Krok: 172, 252, 274, 280, 283, 310, 317, 360

Błąd: Krok: 26, 27, 73, 77, 241, 245, 246, 255, 261
Bogactwo: Krok: 158, 160, 171, 185
Bóg: Krok: 40, 43, 96, 103, 104, 127, 318, 319, 339, 353
Bycie na Świecie: Krok: 118
Bycie Spokojnym: Krok: 109, 111
Bycie Studentem: Krok: 34, 42, 47, 100, 109, 150, 196, 230, 237, 262, 269, 270, 289, 290, 294, 304, 332, 342, 343, 352, 363, 364

Cel: Krok: 20, 71, 92, 93, 94, 105, 131, 134, 136, 179, 185, 188, 190, 193, 212, 231, 290, 306, 345, 346, 351, 357
Ciało: Krok: 201
Cierpienie: Krok: 27, 229, 293
Cierpliwość: Krok: 59, 79, 101, 116

Dawanie: Krok: 53, 86, 101, 105, 121, 122, 147, 148, 149, 156, 158, 159, 171, 173, 178, 217, 237, 242, 244, 245, 260, 261, 284, 321, 329, 344
Dom: Krok: 353, 354, 358
Doświadczenie: Krok: 27, 183, 241
Duchowa Obecność: Krok: 69, 216, 339
Duchowa Rodzina: Krok: 186, 189, 211, 238, 300, 345

Emocje: Krok: 89, 241
Ewolucja: Krok: 179, 190, 199, 325

Głębokie Skłonności: Krok: 72, 316

Idealizm: Krok: 54, 55, 66, 67, 106, 125, 199
Indywidualność: Krok: 11, 12, 13, 45, 232, 243

Komunikacja: Krok: 153, 193, 201, 285
Konieczność: Krok: 172, 173
Konsekwentność: Krok: 142
Konstruktywne Myślenie: Krok: 97, 127, 151, 152, 166, 179, 188, 189, 199, 200, 201, 208, 220, 226, 233, 237, 240, 256

Leczenie: Krok: 188, 189, 198, 206, 287, 309
Ludzkość: Krok: 190, 191, 202

Miłość: Krok: 24, 48, 57, 61, 181, 205, 206, 258, 305, 328, 329, 339
Misja: Krok: 33, 36, 165, 166
Mistrzostwo: Krok: 106, 140
Moc Boga: Krok: 39, 40, 41
Modlitwa: Krok: 28, 121, 122
Modlitwy oraz Inwokacje: Krok: 28, 197, 238, 294, 296, 297, 298, 299

Narzekanie: Krok: 66, 180
Nauczanie: Krok: 237, 244, 259, 306
Nauczyciele: Krok: 22, 23, 36, 47, 48, 78, 114, 128, 129, 146, 215, 216, 224, 237, 247, 254, 272, 273, 333, 334
Nauka: Krok: 47, 50, 77, 84, 91, 102, 119, 126, 133, 136, 138, 139, 150, 179, 254, 281, 282, 314, 362
Niepewność: Krok: 79, 81, 275

Obiektywizm: Krok: 63, 126, 189, 202, 203, 204, 208, 210, 224, 228
Obserwacja: Krok: 29, 30, 62, 202
Oddzielenie: Krok: 13
Odpowiedzialność: Krok: 270, 271
Ogień Wiedzy: Krok: 97, 334, 335, 338, 339, 344
Ograniczenia: Krok: 44, 45, 46, 51, 233

Osąd: Krok: 30, 49, 60, 76, 82, 99, 151, 193, 205, 213, 214, 262, 324
Oszukiwanie Samego Siebie: Krok: 81, 227, 228
Otrzymywanie: Krok: 24, 155, 159, 181, 223, 328, 341

Pewność: Krok: 141, 173, 230, 236
Plan Boga: Krok: 85, 92, 96, 186, 241, 276, 318
Pochodzenie: Krok: 6, 174, 186, 211
Poczucie Własnej Wartości: Krok: 24, 144, 171, 172, 174, 276
Podejmowanie Decyzji: Krok: 176, 236, 322
Pokój: Krok: 74, 193, 204, 268, 287, 327, 355
Pokój na Świecie: Krok: 288, 309
Potęga: Krok: 269
Potrzeby Materialne: Krok: 159, 253, 330
Powołanie na Świecie: Krok: 185, 231, 232, 312, 323
Powściągliwość: Krok: 101, 220, 269
Praca: Krok: 65, 165, 166, 173, 192, 218, 320, 330, 346
Pragnienie: Krok: 253, 363
Praktyka: Krok: 80, 91, 120, 148, 149, 170, 181, 197, 212, 226, 340
Prawda: Krok: 17, 18, 27, 196, 278, 317, 341, 349
Prostota: Krok: 117, 140, 166, 253, 313
Przebaczenie: Krok: 86, 123, 178, 205, 207, 209, 222, 229, 241, 245, 246, 255, 262, 291
Przekonania: Krok: 5, 213
Przeznaczenie: Krok: 135
Przyjaciele: Krok: 114, 211, 258, 288

Relacje: Krok: 25, 129, 130, 131, 132, 157, 169, 170, 186, 211, 212, 232, 234, 244, 245, 249, 250, 251, 258, 260, 271
Rozczarowanie: Krok: 66, 67, 262
Rozwiązywanie Problemów: Krok: 267, 268, 312, 313

Samodyscyplina: Krok: 118, 177
Samoekspresja: Krok: 337
Samotność: Krok: 53, 78, 157, 249, 250, 315, 337
Słuchanie: Krok: 15, 62, 64, 75, 193
Służba: Krok: 60, 86, 89, 101, 139, 141, 190, 194, 195, 234, 255, 257, 292, 310, 311, 312, 319, 320, 331, 343, 349, 359
Spełnienie: Krok: 95, 97, 320
Społeczność: Krok: 300, 309
Społeczność Studentów: Krok: 170, 171
Strach: Krok: 41, 51, 87, 103, 128, 151, 152, 162, 195, 219, 226, 228, 293, 319
Studiowanie Programu Nauczania: Krok: 42, 58, 91, 98, 119, 138, 147, 161, 181, 182, 185, 196, 198, 224, 235, 244, 255, 265, 266, 308, 322, 344
Szczerość: Krok: 98, 110, 177
Szczęście: Krok: 85, 96, 107, 108, 124, 225, 341
Świat: Krok: 63, 65, 66, 67, 145, 160, 179, 190, 205, 213, 218, 255, 256, 259, 260, 283, 292, 302, 311, 312, 320, 348

Tajemnica: Krok: 36, 39, 110, 137, 138, 139, 186, 295
Tożsamość: Krok: 125, 356, 357

Ubóstwo: Krok: 117, 159, 160, 228, 343
Umysł Osobisty: Krok: 87, 200, 201
Uważność: Krok: 338
Użalanie się nad Sobą: Krok: 123, 124, 127

Wdzięczność: Krok: 86, 178, 179, 245, 250, 291, 328
Wewnętrzna Siła: Krok: 44
Wewnętrzne Przewodnictwo: Krok: 29, 128, 194, 215, 247, 248
Wiara: Krok: 68, 156
Wielkość: Krok: 46, 142, 191, 171, 234, 237, 257, 331, 360

Większa Społeczność: Krok: 187, 189, 190, 199, 202, 203, 211, 256, 325, 326
Władza: Krok: 270
Wola: Krok: 43, 96, 197
Wolność: Krok: 57, 94, 132, 167, 209, 220, 239, 246, 264, 265, 274, 275, 279, 310, 320
Wpływy: Krok: 113, 203, 212, 269, 303
Wyciszenie: Krok: 9, 48, 57, 69, 85, 143, 177, 184, 187, 235, 284, 285, 286
Wyobraźnia: Krok: 95, 128, 277, 321, 351
Wyższe Ja: Krok: 88

Założenia: Krok: 4, 6, 90
Zamęt: Krok: 20, 165, 213, 214, 221, 222, 230, 267, 274, 283, 288
Zaufanie: Krok: 72, 83, 87, 164, 253, 254, 316
Zbawienie: Krok: 276
Zdolność Rozróżniania: Krok: 176, 179, 193, 261
Zdolność Widzenia: Krok: 19, 23, 30, 31, 35, 48, 62, 99, 138, 179, 199, 213, 224
Zemsta: Krok: 127
Zjednoczenie: Krok: 11, 140, 196, 288
Złożoność: Krok: 117, 267, 268, 313
Zmiana: Krok: 84, 266, 294, 347, 348, 350
Zobowiązanie: Krok: 365
Zwątpienie: Krok: 20

Wiedza nie została uwzględniona na powyższej liście, ponieważ prawie wszystkie kroki w *Krokach do Wiedzy* znacząco do niej nawiązują.

O Procesie Tłumaczenia

Posłaniec Marshall Vian Summers otrzymuje Nowe Posłanie od Boga od 1982 roku. Nowe Posłanie od Boga jest największym Objawieniem kiedykolwiek podarowanym ludzkości, podarowanym teraz piśmiennemu światu z globalną łącznością i rosnącą, ogólnoświatową świadomością. Nie jest ono przeznaczone jednemu plemieniu, jednej nacji bądź wyłącznie jednej religii, ale ma dotrzeć do całego świata. To wywołało potrzebę tłumaczenia na największą możliwą liczbę języków.

Proces Objawienia jest teraz ujawniany po raz pierwszy w historii. W tym wyjątkowym procesie Obecność Boga komunikuje się w nieopisany sposób ze Zgromadzeniem Anielskim, które nadzoruje ten świat. Następnie Zgromadzenie tłumaczy ten przekaz na ludzki język i przemawia jednym głosem poprzez swojego Posłańca, którego głos staje się instrumentem dla tego większego Głosu – Głosu Objawienia. Słowa są wypowiadane w języku angielskim i bezpośrednio rejestrowane w formie audio, w dalszej kolejności zapisywane oraz sukcesywnie udostępniane w pismach i nagraniach dźwiękowych Nowego Posłania. W ten sposób zostaje zachowana czystość oryginalnego Posłania Boga, które może być doręczone wszystkim ludziom.

Występuje tutaj również proces tłumaczenia. Jako że oryginalne Objawienie zostało dostarczone w języku angielskim, stanowi to podstawę do wszystkich tłumaczeń na wiele języków ludzkości. Ze względu na fakt, że ludzie na świecie posługują się wieloma językami, tłumaczenia są niezbędne, aby dostarczyć Nowe Posłanie ludziom wszędzie. Z upływem czasu studenci Nowego Posłania zgłosili się dobrowolnie, aby tłumaczyć Posłanie na ich języki ojczyste.

W tym czasie w historii Stowarzyszenie nie może sobie pozwolić na opłacanie tłumaczeń w tak wielu językach i to tak rozległego Posłania, Posłania, które należy pilnie przekazać światu. Poza tym w ocenie Stowarzyszenia jest istotne, aby nasi tłumacze byli studentami Nowego Posłania celem zrozumienia i doświadczenia tak bardzo, jak to możliwe, esencji tego, co jest tłumaczone.

Zważywszy na pilność oraz potrzebę dzielenia się Nowym Posłaniem na całym świecie, zapraszamy do udzielenia dodatkowej pomocy w tłumaczeniach, aby poszerzyć zasięg Nowego Posłania na świecie, dostarczając więcej pism Objawienia w językach, których tłumaczenie już się rozpoczęło oraz wprowadzając również nowe języki. Z czasem będziemy też dążyć do poprawy tych tłumaczeń. Wciąż pozostaje tak wiele do zrobienia.

Historia Posłańca

Marshall Vian Summers jest Posłańcem Nowego Posłania od Boga. Od ponad trzech dekad jest on odbiorcą Boskiego Objawienia podarowanemu, aby przygotować ludzkość na wielkie przemiany o charakterze środowiskowym, społecznym i gospodarczym, które zbliżają się do świata oraz na kontakt ludzkości z inteligentnym życiem we wszechświecie.

W 1982 roku, w wieku 33 lat, Marshall Vian Summers został wezwany na pustkowia Amerykańskiego Południowego Zachodu, gdzie dostąpił bezpośredniego spotkania z Anielską Obecnością, która prowadziła i przygotowywała go na jego przyszłą rolę i powołanie. To spotkanie na zawsze zmieniło bieg jego życia i zainicjowało w nim głębszą więź ze Zgromadzeniem Anielskim, które wymagało, aby oddał swoje życie Bogu. To rozpoczęło długi, tajemniczy proces otrzymywania Nowego Posłania Boga dla ludzkości.

W następstwie tej tajemniczej inicjacji otrzymał on pierwsze objawienia Nowego Posłania od Boga. Od tamtej pory przez dziesięciolecia obszerne Objawienie dla ludzkości rozrastało się czasem powoli, a czasem bardzo gwałtownie. Podczas tych długich lat musiał działać przy wsparciu tylko kilku osób, nie wiedząc, co to rosnące Objawienie będzie oznaczało ani dokąd to ostatecznie zaprowadzi.

Posłaniec podążał długą i trudną ścieżką, aby otrzymać i zaprezentować największe Objawienie kiedykolwiek ofiarowane ludzkiej rodzinie. Jeszcze dzisiaj Głos Objawienia nadal przez niego przemawia, gdy stoi on w obliczu wielkiego wyzwania sprowadzenia Nowego Objawienia Boga do niespokojnego i podzielonego świata.

Przeczytaj więcej na temat życia i historii Posłańca Marshalla Viana Summersa: www.newmessage.org/pl/about/about-marshall-vian-summers

Przeczytaj i wysłuchaj oryginalnego objawienia Historia Posłańca (po angielsku): www.newmessage.org/pl/the-message/volume-1/new-messenger/the-story-of-the-messenger

Wysłuchaj i obejrzyj światowe nauki Posłańca: www.marshallsummers.com

Głos Objawienia

Po raz pierwszy w historii możesz wysłuchać Głosu Objawienia, tego Głosu, który przemawiał do proroków i Posłańców przeszłości i który teraz przemawia ponownie poprzez Nowego Posłańca, który jest dzisiaj na świecie.

Głos Objawienia nie jest głosem jednej osoby, lecz całego Zgromadzenia Anielskiego przemawiającego wspólnie, wszyscy jako jeden. Tutaj Bóg porozumiewa się w nieopisany sposób ze Zgromadzeniem Anielskim, które następnie tłumaczy Posłanie Boga na ludzkie słowa oraz język, które możemy zrozumieć.

Objawienia tej księgi zostały pierwotnie wypowiedziane w ten sposób przez Głos Objawienia za pośrednictwem Posłańca Marshalla Viana Summersa. Ten proces Boskiego Objawienia jest realizowany od 1982 roku.

Objawienie trwa do tej pory.

Wysłuchaj oryginalnych nagrań dźwiękowych Głosu Objawienia, który jest Źródłem tekstu zawartego w tej księdze i w całym Nowym Posłaniu: www.newmessage.org/pl/the-message

Dowiedz się więcej na temat Głosu Objawienia, czym on jest i jak przemawia on poprzez Posłańca: www.newmessage.org/pl/the-message/volume-1/the-time-of-revelation/the-voice-of-the-revelation

O Stowarzyszeniu na rzecz Nowego Posłania

Założone w 1992 roku przez Marshalla Viana Summersa, Stowarzyszenie na rzecz Nowego Posłania od Boga jest 501(c)(3) organizacją religijną non-profit wspieraną przez czytelników i studentów Nowego Posłania.

Misją Stowarzyszenie jest zapewnić edukację oraz przygotowanie na wyłonienie się ludzkości do Większej Społeczności – większego wszechświata inteligentnego życia, w którym zawsze żyliśmy – oraz by poszerzyć ludzką świadomość oraz inteligencję, które to umożliwiają.

Wraz z tym, Stowarzyszenie działa, aby sprowadzić ludzi na ścieżkę Drogi Wiedzy Większej Społeczności celem pozyskania dostępu do głębszego duchowego umysłu oraz inteligencji w każdej osobie zwanej Wiedzą.

Stowarzyszenie zachęca do oddania się Wiedzy oraz Duchowości Większej Społeczności, ażeby ludzie odkryli i wnieśli swój wkład na rzecz rozwoju świata w tym czasie.

Dzięki wsparciu setek wolontariuszy, tłumaczy i osób wspierających finansowo na całym świecie Stowarzyszenie jest w stanie udostępniać księgi oraz nauczania Nowego Posłania ludziom w ponad 35 językach, jak również przesyłać liczne podarunki bezpłatnie.

Jeżeli ta księga cię zainspirowała i chciałbyś mieć swój udział w udostępnianiu tego przesłania światu, zachęcamy, abyś dowiedział się więcej o tym, jak ty możesz wspomóc Stowarzyszenie, odwiedzając newmessage.org/support.

THE SOCIETY FOR THE NEW MESSAGE
Skontaktuj się z nami:
P.O. Box 1724 Boulder, CO 80306-1724
(303) 938-8401 (800) 938-3891
011 303 938 84 01 (International)
society@newmessage.org
www.newmessage.org/pl
www.marshallsummers.com
www.alliesofhumanity.org/pl
www.newknowledgelibrary.org

Dołącz do nas:
www.youtube.com/thenewmessagefromgod
www.youtube.com/@noweposanieodboga529
www.facebook.com/newmessagefromgod
www.youtube.com/marshalviansummers
www.facebook.com/marshallsummers
www.facebook.com/NowePoslanieOdBoga
www.twitter.com/godsnewmessage

Przekaż darowiznę, aby wesprzeć Stowarzyszenie i dołączyć do społeczności darczyńców, którzy pomagają przekazać światu Nowe Posłanie: www.newmessage.org/donate

Księgi Nowego Posłania

God Has Spoken Again
(Bóg Przemówił Ponownie)

The One God
(Jeden Bóg)

The New Messenger
(Nowy Posłaniec)

The Greater Community
(Większa Społeczność)

The Power of Knowledge
(Potęga Wiedzy)

The Journey to a New Life
(Podróż do Nowego Życia)

The New World
(Nowy Świat)

The Pure Religion
(Czysta Religia)

Preparing for the Greater Community
(Przygotowanie na Większą Społeczność)

The Worldwide Community of the New Message from God
(Światowa Społeczność Nowego Posłania od Boga)

Steps to Knowledge
(Kroki do Wiedzy)

Living The Way of Knowledge
(Żyjąc Drogą Wiedzy)

Greater Community Spirituality
(Duchowość Większej Społeczności)

Relationships and Higher Purpose
(Relacje i Wyższy Cel)

Life in the Universe
(Życie we Wszechświecie)

The Great Waves of Change
(Wielkie Fale Przemian)

Wisdom from the Greater Community Books One and Two
(Mądrość z Większej Społeczności Księgi Pierwsza i Druga)

Secrets of Heaven
(Tajemnice Niebios)

www.ingramcontent.com/pod-product-compliance
Lightning Source LLC
Chambersburg PA
CBHW020630230426
43665CB00008B/105